Lofoten Top Ten

1. TROLLFJORD: Diese wie mit einer Axt in die bis über 1000 m hohe Bergwelt der Lofoten gehackte Fjordkerbe wird in Norwegen nur vom berühmten Geirangerfjord an Popularität übertroffen; zu erreichen mit Ausflugsbooten ab Svolvær oder mit der Hurtigruten. Siehe Seiten 146 und 318.

2. MAGIC ICE: Mit Abstand das coolste Erlebnis im Inselreich dürfte der Besuch in dieser Galerie und Bar in der Lofoten-Hauptstadt Svolvær sein. Selbst das Interieur besteht aus durchsichtigem Eis, das Ganze ist fast mystisch beleuchtet und mit »magischer« Musik untermalt. Siehe Seite 126.

3. WALSAFARIS: Zwischen November und Januar starten in Svolvær, Kabelvåg und Henningsvær Schwertwal-Fotosafaris im Vestfjord, während man im Sommer in Andenes, auf dem benachbarten Archipel Vesterålen, sogar an Pottwal-Safaris teilnehmen kann. Siehe Seite 318 ff.

4. STORVÅGAN: Zur Wikingerzeit die erste permanent bewohnte Ortschaft nördlich von Trondheim – wer sich für Kultur und Kunst interessiert, seien das Lofoten-Museum und die Galleri Espolin empfohlen, während Naturfreunde das benachbarte Lofoten-Aquarium ansprechen wird. Siehe Seite 129 ff.

5. HENNINGSVÆR: Ein traditionelles Fischerdorf mit dicht ums Hafenbecken gedrängten Holzhäusern, Fischerhütten und Trockenfischspeichern, und dies vor der Kulisse gewaltiger Berge und des Vestfjords; dazu die Galleri Lofotens Hus und das Forschungszentrum Ocean Sounds. Siehe Seite 138 ff.

6. LOFOTR WIKINGERMUSEUM: An historischer Stätte hat man das größte je entdeckte Langhaus aus der Wikingerzeit originalgetreu wieder aufgebaut. Im Sommer startet zudem ein Nachbau des berühmten Gokstad-Schiffes zu Touren ins Nordmeer. Einmalig in Nordnorwegen. Siehe Seite 166 f.

7. HAUKLAND/UTAKLEIV: Medien küren heute Sportler und Modeschöpfer, Hotels und Restaurants zu den besten ihrer Art. Auf den Lofoten sind es zwei schneeweiße Traumstrände, nahe beieinander am offenen Nordmeer gelegen, die es in solche Hitlisten von Gazetten geschafft haben. Siehe Seite 163 f.

8. NUSFJORD: Der malerisch in einer Fjordklamm verborgene Fischerort ist fast auf der World Heritage List der UNESCO gelandet – mit seiner dichten Sammlung original erhaltener Gebäude aus dem frühen 19. Jahrhundert gehört er zu den beliebtesten Fotomotiven auf den Lofoten. Siehe Seite 173.

9. HAMNØY/REINE: Diese beiden über Brücken miteinander verbundenen Nachbarorte breiten sich vor der Mündung des Kjerkfjords in den Vestfjord auf Schären und Inseln aus; ihre bunten Holzhäuser klammern sich an jeden freien Felsen und stehen oft genug im und über dem Wasser. Siehe Seite 180 f.

10. MOSTADHEIA: Der Vogelberg von Værøy – im Rahmen einer Wanderung am eindrucksvollsten zu erkunden – gehört zu den größten Norwegens. Wer einmal auf der Höhe in »Wolken« von Papageitauchern zu stehen kam, wird dieses Erlebnis nie wieder vergessen. Siehe Seiten 187 f. und 271 f.

DIE AUTOREN: Michael Möbius und Annette Ster haben als freie Reisejournalisten mehr als 25 Reiseführer über den pazifisch-australischen, asiatischen, südamerikanischen, südeuropäischen und eben auch den skandinavischen Raum veröffentlicht. Doch selbst als »Nomaden« brauchen sie immer wieder einen Rast- und Ruhepunkt, den sie Anfang der 1990er Jahre auf der Lofoten-Insel Austvågøya fanden. Dort leben sie, sofern nicht auf Reisen, zusammen mit ihren zwei Kindern. Und nach wie vor genießen sie dort vor allem die Eindrücke, die unvergesslichen Augenblicke, die sie wann immer möglich im Rahmen von Bergbesteigungen und Klettertrips, Wanderungen, Kajak- und Fahrradtouren erleben. Trotz – oder gerade wegen – der Polarnacht sind sie auch im Winter aktiv, wenn sie an der Lofoten-Fischerei teilnehmen sowie zu Ski- und Schneeschuhtouren aufbrechen, die bis nach Zentral-Lappland hinüberführen, wo sie schon ungezählte Kilometer per pedes zurückgelegt haben.

Autoren und Verlag bedanken sich ganz herzlich bei allen Fotografen, bei der Galleri Espolin für die zur Verfügung gestellten Illustrationen sowie bei allen LeserInnen, die uns ihre Erfahrungen auf den Lofoten mitgeteilt haben, besonders bei Britta Ludwig Breu und Thomas Breu, bei Familie Christmeier, Thomas Franke, Mathias Günther, Birger Holtermann, Gert Imbeck, Adolph Jansen, Klaus Muchow, Margret Mühlenberg, Barbara Müßig, Anne Pelzer, Hans-Dieter Reeker, Gisa Scheschonka, Familie Thorsten Schmidt, Bernd und Helga Schulze, Markus Schumacher, Petra Schuppert, Brunhilde und Klaus Stelter, Familie Katrin Winkler, Familie Wissler sowie Madita Zetsche.

Michael Möbius und Annette Ster

LOFOTEN

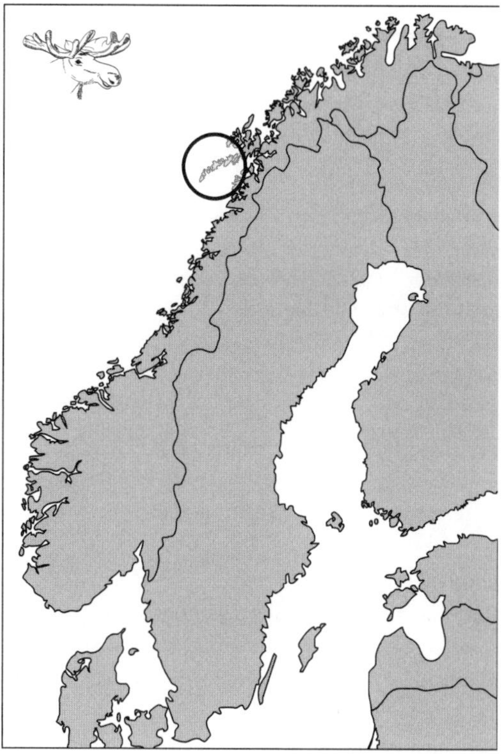

Edition Elch

Die Autoren dieses Reiseführers haben die zusammengetragenen Angaben nach bestem Wissen erstellt, die Redaktion hat sie mit größtmöglicher Sorgfalt überprüft. Trotzdem sind inhaltliche Fehler nicht vollständig auszuschließen. Daher besteht auf die Angaben keinerlei Garantie seitens des Verlages oder der Autoren. Im Fall von inhaltlichen Abweichungen übernehmen weder der Verlag noch die Autoren dafür Verantwortung und Haftung; dies gilt sowohl für »normale« Änderungen, zum Beispiel von Telefonnummern, Preisen und Öffnungszeiten, als auch im Hinblick auf mögliche Unfälle.
Bitte denken Sie vor Ort zuallererst an Ihre Verantwortung für sich und Ihre Mitreisenden und gehen Sie niemals ein Risiko ein. Auf den Lofoten gilt dies vor allem für Wanderungen und Seekajaktouren. Abgesehen von einigen leichten Wegen entlang der Küste, verlaufen die Pfade in die Bergwildnis häufig durch anspruchsvolles Terrain. Und um geschützte Uferzonen mit einem (tauglichen) Seekajak zu verlassen, bedarf es so einiger Erfahrung sowie der Kenntnis des zu erwartenden Wetters und der Gezeiten.

LESERTIPPS

Schreiben Sie uns bitte, sofern Sie vor Ort Änderungen erlebt oder falls Sie Ergänzungsvorschläge haben. Wird Ihr Tipp in der nächsten überarbeiteten Ausgabe verwendet, bedanken wir uns mit einem Freiexemplar. Verlag und Autoren freuen sich über jede Zuschrift:

Edition Elch
Stichwort: Lofoten
Hamburger Straße 70
D – 63073 Offenbach am Main
E-mail: ee12@edition-elch.de
Internet : www.edition-elch.de

Sechste, vollständig aktualisierte Auflage 2008

Elch-Logo: © *Petra Gran*
Redaktion und Satz: *Pelle Lindholm*
Fotos: *siehe Bildnachweis auf Seite 372*
Karte auf Seite 3: *Peter Bickel*
Karten und s/w-Scans: *monthi., Konstanz*
Produktion: *druckhaus köthen, Köthen/Anhalt*

Inhalt

STECKBRIEF LOFOTEN

◎ **LAGE**: um 100 bis 200 km nördlich des Polarkreises im Europäischen Nordmeer, etwa auf dem 67./68. Breitengrad; das entspricht ungefähr der Lage von Zentral-Grönland und Nord-Alaska.

◎ **ENTFERNUNGEN**: ca. 2700 km ab Frankfurt am Main, 1700 km ab Oslo, 1000 km zum Nordkap, 1300 km bis Kirkenes, 2500 km zum Nordpol.

◎ **FLÄCHE**: Gesamtfläche ca. 1227 km^2, die sich verteilen auf die Kommunen Vågan (477 km^2), Vestvågøy (423 km^2), Flakstad (180 km^2), Moskenes (117 km^2), Værøy (18 km^2), Røst (11 km^2); davon landwirtschaftliche Nutzfläche etwa 50 km^2, Waldfläche etwa 55 km^2.

◎ **MITTERNACHTSSONNE**: Auf der West- und Nordseite (sowie von den Bergen aus) kann die Mitternachtssonne vom 27. Mai bis zum 17. Juli beobachtet werden – die besten Orte hierzu finden Sie auf Seite 156.

◎ **BEVÖLKERUNG**: insgesamt rund 24.000 Einwohner (1950 waren es noch 30.000 Einwohner), davon etwa 9000 in Vågan, 10.800 in Vestvågøy, 1450 in Flakstad, 1170 in Moskenes, 760 auf Værøy, 590 auf Røst.

◎ **BEVÖLKERUNGSDICHTE**: ca. 20 Einwohner/km^2 – in der BRD sind es rund 223 Einwohner/km^2, in ganz Norwegen rund 14 Einwohner/km^2.

◎ **STÄDTE**: Die größten Städte sind Svolvær / Austvågøya (ca. 4290 Einwohner), Gravdal / Vestvågøya (ca. 2100 Einwohner), Leknes / Vestvågøya (ca. 2050 Einwohner), Kabelvåg / Austvågøya (um 1920 Einwohner), Stamsund / Vestvågøya (um 1400 Einwohner).

◎ **VERKEHRSVERBINDUNGEN**: Seit Ende 2007 ist LOFAST fertiggestellt, die 53 km lange Festlandverbindung zwischen Gullesfjordbotn (an der E 10 westlich von Lødingen) und Fiskebøl (auf Austvågøya). Es gibt Flughäfen (mit Verbindungen nach Bodø u.a.) auf Austvågøya (Svolvær), Vestvågøya (Leknes), auf Røst und Værøy (nur noch mit Helikopter); Fährverbindungen bestehen zwischen Svolvær und Skutvik/Hamarøy (Autofähre), Melbu/Vesterålen und Fiskebøl (Austvågøya), Moskenes (sowie Værøy und Røst) und Bodø sowie Moskenes, Værøy und Røst; Schnellboote verkehren auf der Strecke von Svolvær via Skutvik nach Bodø sowie nach Narvik; das Hurtigruten-Schiff legt in Stamsund/Vestvågøya und in Svolvær/ Austvågøya an.

◎ **WIRTSCHAFT**: Noch rund 15 % der Erwerbstätigen sind im Primärsektor (Landwirtschaft/Fischerei) beschäftigt (Norwegen-weit sind es unter 3 %), etwa 14 % in der Industrie (insbesondere Schiffbau), 9 % im Bauwesen sowie ca. 62 % im Dienstleistungsbereich. Hauptexportgut ist Fisch.

◎ **TOURISMUS**: profitabelster Wirtschaftssektor der Lofoten noch vor dem Fischgeschäft; insgesamt wird der Archipel jährlich von rund 300.000 Touristen besucht, wobei die Deutschen die Mehrheit unter den ausländischen Reisenden bilden.

Inseln über dem Polarkreis

Die 190 km lange Inselgruppe der Lofoten umfasst ein Reich, in dem die Natur in spektakulären, ja geradezu unwahrscheinlichen Erscheinungsformen auftritt. Dinge, die anderswo gewöhnlich wirken, sind hier ins scheinbar Verrückte übersteigert, die Landschaft wird zur surrealen Fantasie.

Da ist die LOFOTEN-WAND, eine Bergkette, die sich mit Kegeln und Pyramiden, Tafelbergen und Monolithen als bizarr skulptierte Zackenlinie 1000 m hoch aus dem Atlantik aufwirft. Hier stehen lauter Kathedralen, überzogen von Lisenen aus Eis. WASSERFÄLLE hängen wie kalligrafische Muster an endlos senkrechten Wänden, zwischen die gewaltige TROGTÄLER ausgeklügelte geometrische Muster weben. Vegetationslose SCHÄREN liegen als schwarze Tuschestriche auf dem Wasser, und von kotweißen Felsgesimsen werfen sich hunderttausend VÖGEL wie zerfetzte Fahnen in den Wind. Es gibt SEEN, in deren Tiefen sich urzeitliches Meerwasser findet; GEZEITENSTRÖME, die alles zermalmen, was ihnen in die Quere kommt; schneeweiße, fast karibisch anmutende STRÄNDE, die sich an schwarz geschmiedete Felsen lehnen.

Und in launischen Momenten führt sich die Natur in einer Weise auf, die über die menschliche Vorstellungskraft hinausgeht. Orkane schleudern die Gischt hundert Meter hoch in die Luft, peitschen Hagel, Schnee und Regen vor sich her, reißen Sekunden später den Himmel auf, und in einem homerisch anmutenden Licht fließen Wolken wie Wasserfälle die Berge herab, um sich in Regenbogenfarben aufzulösen.

Wenn dann noch die MITTERNACHTSSONNE als gelber Lampion über dem Horizont schwimmt oder die grünweißen oder rosaroten Lichtfahnen von Aurora borealis (NORD-/POLARLICHT) gegen die schwarzen Silhouetten der Berge branden – dann wird der ganze Archipel endgültig Mythe, nordische

Sage, und es wird verständlich, warum die Wikinger, die hier schon im 9. Jahrhundert einen Stützpunkt errichteten, dem Archipel mit feinem Sprachgefühl den Beinamen »Inseln der Götter« gaben.

Der Name LOFOTEN kam erst später auf und leitet sich ab von *Lofotr,* was so viel wie »Luchsfuß« bedeutet: Ursprünglich nur die umgangssprachliche Bezeichnung für Vestvågøya, die mit 423 km^2 Fläche größte Insel, steht sie heute für die gesamte Inselgruppe, die sich etwa 100 bis 200 km nördlich des Polarkreises über den 67. und 68. Breitengrad in einem leichten Bogen hoher Berge ins Europäische Nordmeer streckt. Vom Festland trennt sie der keilförmige VESTFJORD, im Norden schließen sich die nur wenige Kilometer entfernten Vesterålen an; die wichtigsten Inseln des Archipels sind (von Nordost nach Südwest) AUSTVÅGØYA, GIMSØYA, VESTVÅGØYA, FLAKSTADØYA und MOSKENESØYA, die mittlerweile alle durch Brücken und Tunnel miteinander verbunden sind. Weiter südwestlich dieser Hauptgruppe der Lofoten-Inseln liegt jenseits des MOSKENSTRAUMEN – des zweitstärksten Gezeitenstroms der Erde – die nur knapp 18 km^2 große Insel VÆRØY, an die sich, am äußersten Lofoten-Ende, die aus 365 Eilanden bestehende Inselgruppe von RØST anschließt. Die Gesamtfläche der Lofoten beträgt 1227 km^2, auf denen heute rund 24.000 Menschen leben.

Die Lofoten haben viele Gesichter, und wer sie einmal betrachtet, kommt entweder niemals wieder oder verbindet den Gedanken an (landschaftliche) Schönheit für alle Zeiten mit dem hohen Norden. So geht es uns, die wir diesen Archipel über alles lieben. Entsprechend kann auch das vorliegende Buch nicht stets im Kleid der Objektivität daherkommen – denn wer ist, wenn er liebt, schon objektiv oder kann das Objekt seiner Sucht hinreichend beschreiben, wenn er sich nicht hier und da subjektiver Bilder bedient? Dass Sie unsere Liebe und Sucht teilen mögen, ist Anliegen dieses Buches, das Sie über ausgewählte Wege, längst kein Geheimtipp mehr, aber dennoch voller Höhepunkte und auch Geheimnisse führen möchte. Aber wir helfen auch ganz praktisch, sagen Ihnen beispielsweise, wo die schönsten Camping- und Wildcamp-Plätze, Rorbuer und Hotels zu finden sind, wo die wenigen Restaurants und Kneipen, in die einzukehren sich lohnt, wo und wann und wie man fischt, informieren über Outdoor-Aktivitäten und Badeplätze ebenso wie über Museen, Kirchen und vieles andere mehr. Viel Freude im hohen Norden!

GESCHÜTZT FÜR DIE MENSCHHEIT ODER AUSGEBEUTET FÜR WENIGE ?

In einer Zeit, da die Landschaften unserer Erde in kaum überschaubarem Maße verändert werden, nehmen sich die Lofoten fast wie ein Anachronismus aus: In weiten Teilen erscheint der Archipel heute ebenso unschuldig und friedvoll wie am ersten Tag. Aber auch in kultureller Hinsicht bietet die Inselgruppe Herausragendes, und gäbe es einen Preis für die Landschaft mit der größten Anzahl weltweit einzigartiger Natur- sowie auch Kultur-Highlights: die Lofoten, vielfach als eines der schönsten Reiseziele überhaupt bezeichnet, wären seiner würdig.

Solch außergewöhnliche Zeugnisse kultureller Traditionen sowie überragender Naturerscheinungen oder ausnehmender Naturschönheit unter besonderen Schutz zu stellen, hat sich das World Heritage Committee der UNESCO zum Ziel gesetzt, das seit 1975 nicht weniger als 851 Stätten in 140 Ländern zum Welterbe der Menschheit erklärt hat. Davon sind 660 als Kulturdenkmäler und 166 als Naturdenkmäler gelistet, weitere 25 werden sowohl als Kultur- als auch als Naturerbe geführt. In Norwegen stehen insgesamt 7 Stätten auf der World Heritage List (darunter die Tyske Brygge in Bergen sowie der Geirangerfjord und Nærøyfjord), doch keine wird bislang sowohl als Natur- als auch Kulturerbe geführt. Geht es nach den Vorstellungen der norwegischen Naturschutzbehörde Direktoratet for naturforvaltning sowie des Denkmalschutzes Riksantikvaren, so werden es ab Sommer 2011 die Lofoten sein, die diese allerhöchste Stellung im Lande innehaben: Alle Kriterien der UNESCO sind erfüllt, das Prozedere der Aufnahme ist eingeleitet, und im Sommer 2011 wird das besagte Committee darüber entscheiden.

Die Voraussetzungen für die Aufnahme könnten besser nicht sein – und doch sind die Lofoter selbst geteilter Meinung, denn wirtschaftliche Interessen gibt es, die in eine diametral entgegengesetzte Richtung weisen. Die hinter ihnen stehende politische Macht wie auch Finanzmacht ist enorm, die Medien zucken ohnehin als Marionetten in den Händen einiger Weniger. Wie man sich denken kann, geht es im LAND DES SCHWARZEN GOLDES, als das Norwegen aufgrund seines horrenden Ölreichtums auch genannt wird, vor allem anderen sonst um die Ressource Erdöl. Wie zahlreiche Probebohrungen im Vestfjord und auch anderswo ergeben haben, lagern unter dem Meeresboden Ölreservoirs von enormem Ausmaß. Auch an Erdgas dürfte kein Mangel herrschen, und obendrein sind im Parlament, dem Storting im fernen Oslo, ein paar besonders desorientierte Politiker auf die Idee gekommen, dass man endlich auch das Windpotenzial der Lofoten für gigantische Windparks nutzen solle…

FORTSETZUNG NÄCHSTE SEITE

FORTSETZUNG: **GESCHÜTZT FÜR DIE MENSCHHEIT ODER AUSGEBEUTET FÜR WENIGE?**

Die Zukunft der Lofoten wird von unterschiedlichen Interessengruppen eben auch ganz kontrovers gesehen. Es bleibt abzuwarten, wer am längeren Hebel sitzt: die Bewahrer oder die Ausbeuter, die »natürlich« nicht die geringsten Risiken und Schäden darin sehen, zahllose Windkraftwerke in die einzigartige Natur und Ölbohrplattformen aufs Meer zu setzen. – »Haben wir alles unter Kontrolle«, lautet auch hier das Motto jener Macher, so dass sich eventuell auch am Lofoten-Beispiel zu beweisen scheint, dass Umweltschutz im Kleinen von vornherein zum Scheitern verurteilt ist und dass wir unser auf hemmungsloser Ausbeutung der Natur beruhendes Wirtschaftssystem mit allen Konsequenzen in ein ökologisches umbauen müssen!
Wer sich über den Stand des möglichen Welterbes Lofoten informieren will, besuche die Webseite www.verdensarvlofoten.no, die aber bislang nur auf Norwegisch abgerufen werden kann. Die atemberaubenden Naturbilder, die unter der Seite zu betrachten sind, sprechen auch ohne Worte eine klare Sprache zugunsten der Heritage List der UNESCO.

Dem Meer entstiegen, aus Feuer und Eis geboren

ZWISCHEN »MUSPELHEIM« UND »NIFELHEIM«

Am Anfang, so überliefern es die Mythen des heidnisch-germanischen Glaubens, gab es nicht etwa das Nichts oder das Chaos, sondern vielmehr die seit jeher bestehenden REICHE DER HITZE (Muspelheim) UND DER EWIGEN KÄLTE (Nifelheim), deren Wechselspiel auch die Lofoten unserer Tage prägt. In der Tat zählt man in der Schöpfungsgeschichte des Nordens drei Eiszeiten sowie zwei interglaziale Perioden, während deren das Klima warm und angenehm war. Die Geologen meinen, dass der Eisrand der letzten Glazialzeit (die vor ca. 70.000 Jahren begann) vor rund 10.000 Jahren den Rückzug antrat. Aber er vollzog sich nicht kontinuierlich. Das Eis fasste immer wieder Mut, die gigantische Walze blieb stehen oder machte sogar Vorstöße, und insgesamt währte es weitere 6000 Jahre bis zum völligen Abschmelzen. Da sich zur Zeit des Nifelheim kein menschliches Leben entwickeln konnte, wird heute davon ausgegangen, dass die überkommenen Mythen der Altvorderen nicht über den Zeitraum der letzten Vergletscherung zurückgreifen, sondern lediglich die Furcht davor andeuten, dass es zu einer Wiederholung kommen könne, oder – frei nach der Sage: dass der »Fimbulwinter« erneut den Sommer überspringt und so »Ragnarøk« einleitet, den Weltuntergang, auf den die Wiedergeburt folgt.

Aber der altnordische Glaube (in dem Mythen und Sagen Legion sind) gibt noch weitere interessante Hinweise. Zum Beispiel auf die SINTFLUT: Nifelheim und Muspelheim waren durch den Riesenschlund »Ginungagapet« voneinander getrennt, in den ununterbrochen »Etter« einströmte, ein Gift, aus dem der Leib des Riesen Ymer entstand, der sich von der eisgeborenen Kuh Audumbla nährte. Und als die Götter diesen Titan töteten, war die Ge-

◄ Dem Meer entstiegen – Blick vom Varden auf Vestvågøya Richtung Gimsøya und Austvågøya

walt seines ausströmenden Blutes dermaßen groß, dass es zu einer Sintflut kam. Tatsache ist, dass die Rede von der »großen Flut« keineswegs sinnlos ist; vielmehr gilt es als erwiesen, dass Teile Skandinaviens – und mithin der Lofoten – UNTER DEM WASSER GEBOREN sind, dessen Oberfläche einst über 250 m höher lag als heute. Auch hierfür war der glaziale Eispanzer verantwortlich, der stellenweise bis zu 3000 m dick gewesen sein soll und dessen gigantisches Gewicht die Erdkruste zusammenstauchte sowie schließlich in die Tiefe presste. Als dann die Gletscher abschmolzen, nahm der enorme Druck ab, und das Land begann sich zu heben – in mancher Region bis zu 300 m. Im Kleinen setzt sich die Küstenhebung noch immer fort; als sichtbare Zeichen gelten Strandlinien, die in Form von Geröllstränden oder Strandwällen deutlich über dem heutigen Meeresspiegel liegen.

Auch dieses Auftauchen der Landmasse aus dem Meer kann als Wiedergeburt interpretiert werden, doch schon in den Jahrmilliarden zuvor hat der Archipel mehrmals den »Kreislauf zwischen Tod und Reinkarnation durchlebt«. Einer wissenschaftlichen Theorie zufolge (die heute allerdings kontrovers diskutiert wird) ist er nämlich einer der »Erstgeborenen« auf diesem Planeten und damit fast so alt wie die Erde selbst, die vor etwa 4,5 Mrd. Jahren entstanden sein soll. Als sich der flüssige Erdball allmählich abkühlte, bildete sich demzufolge über dem noch glühend heißen Mantel eine Kruste, aus der im Archaikum (vor etwa 3,5 Mrd. Jahren), herausgepresst von Kräften im Inneren der Erde (Konvektionsströme), die ersten Berge emporstiegen.

Die UR-LOFOTEN waren demnach geboren; noch mehr als 3 Mrd. Jahre sollten bis zur Genese des »Mutterlandes« Norwegen vergehen. Sie bestanden AUS Granit und Gneis, ERUPTIVGESTEINEN, aus dem Magma (Gesteinsschmelzfluss) der Erde selbst. Die Erosion nahm ihre nagende Arbeit auf und begann, die Berge wieder abzutragen. Was übrig blieb, das sank vor 2,3 Mrd. Jahren (Proterozoikum) erneut ins Erdinnere zurück, wurde dort – in 25 bis 35 km Tiefe – gefaltet und zusammengestaucht, unter unvorstellbarem Druck und Temperaturen umgewandelt und mit Sedimenten (Ablagerungen) bedeckt, von denen diejenigen, die zuunterst lagen, zu metamorphem (den Zustand wandelnden) Gestein, meist Kalkstein und Schiefer, wurden.

Abermals fand im Erdinneren eine gewaltige Umwälzung statt, abermals – vor etwa 1,8 Mrd. Jahren – wurden Berge emporgehoben, das Meer zog sich zurück, Erosion legte die Sediment- und metamorphen Gesteine frei, die nun in Form gemaserter und geschichteter Gneise erschienen. Ein paar Mio. Jahre später drängten große Mengen magmatischer Gesteinsarten (sogenannte Mangerite) aus dem Erdinneren nach; vor 1,7 Mrd. Jahren folgte der Dolerit (grobkörniger Basalt), dann der Granit. Und wieder tauchte das Land in den Erdmantel ein – Glimmerschiefer und Quarzit entstanden durch Metamorphose –, bis es vor ca. 1 Mrd. Jahre erneut gehoben wurde.

Vor rund 250 Mio. Jahren faltete sich in einer Schwächezone der Erdkruste (Geosynklinale) das KALEDONISCHE GEBIRGE auf, das heute den Bergboden des norwegischen Festlandes prägt. Aber merkwürdigerweise hat diese gigantische Aufwerfung, die in direkter Nähe der heutigen Lofoten stattfand, den Archipel kaum beeinflusst. Lediglich Pegmatiten (Granit-Gestein) zeugen von jener Zeit, der eine Ruhepause von fast 200 Mio. Jahren folgte.

Erst im Tertiär (vor ca. 50 Mio. Jahren), während dem auch die Faltung der Alpen geschah, wurden die Lofoten noch einmal – und zwar in einer Reihe von Blöcken – gehoben. Im Quartär dann folgten die erwähnten Angriffe der Eiszeit, dem das Land weitgehend seine heutige Topografie verdankt.

STRUKTUREN DER EISZEIT

Warum die Eiszeiten entstanden, wird immer noch kontrovers diskutiert. Die Wissenschaft hält verschiedene Hypothesen bereit, etwa die einer kurzzeitigen Abnahme der Strahlungsintensität der Sonne, einer geringen Änderung des Standes der Erdachse oder der Bewegung der Erde um die Sonne, eines gewaltigen Vulkanausbruches, der die Sonne verdunkelte, und noch einige mehr. Immerhin herrscht Einigkeit darüber, dass die Vereisung als Folge von Klimaverschlechterungen entstand, wobei diese wiederum nicht Ursache, sondern Wirkung waren.

Der EINBRUCH DER KALTZEIT führte dazu, dass die Sommer immer kürzer, die Winter immer länger wurden, der Schnee in größeren Mengen fiel und länger liegen blieb, bis es zuletzt das ganze Jahr über schneite. Die weiße Pracht häufte sich an – insbesondere natürlich in den Gipfelzonen der Berge – und wandelte sich nach Überschreiten eines Grenzwertes durch den entstandenen Druck in Firnschnee (dichter, körniger und luftärmer als Schnee), sodann in Firneis (plastische, dadurch bewegliche, gekörnte Masse mit Luftzwischenräumen) und schließlich in dichtes, da luftloses Gletschereis, dessen spezifisches Gewicht ca. 0,9 kg/dm^3 beträgt (weshalb Eisberge schwimmen können) und dessen Eiskörnchen lamellar aufgebaut sind, weshalb es sich unter Druckeinwirkung verschiebt. So kam das Eis, der Schwerkraft folgend, in Bewegung, stieß von den Bergen herab und vereinigte sich mit den aus Richtung Pol kommenden Gletscherströmen zu einer Eiskappe, die mit einer Geschwindigkeit von bis zu 30 km pro Jahr nach Süden floss, in der Mitte bis zu 3 km stark gewesen sein soll und sich zu guter Letzt bis zu den Britischen Inseln und hinunter nach Norddeutschland erstreckte.

Dieser Glazialpanzer band unvorstellbar viel Wasser, und so schrumpften die Ozeane derart stark zusammen, dass der Meeresspiegel nahezu 90 m unter den heutigen sank. Dennoch nahm die Landmasse nicht etwa zu, sondern sogar ab, da unter der gigantischen Eislast große Teile Skandinaviens bis zu 900 m in die Erdrinde hinabgedrückt wurden. Und als sich das Eis – besiegt von seinem einzigen Feind: einem Klimawechsel zum Wärmeren hin – schließlich zurückzog, hob sich das Land wieder, und zwar an manchen Stellen bis zu 300 m – ein Vorgang, der noch immer nicht abgeschlossen ist, auch wenn er heute mit maximal 9 mm pro Jahr relativ langsam verläuft.

Die Eiswalze stauchte das Land nicht nur zusammen, sondern veränderte es grundlegend. Sie arbeitete wie eine Kombination aus Planierraupe, Bulldozer, Fräse und Dampfwalze. Nichts konnte widerstehen, am wenigsten der präglaziale Schutt, den sie forttrug und an den Rändern ihres späteren Abschmelzens (etwa in Südschweden und Norddeutschland) als Endmoränen wieder preisgab. Die feste Gesteinsoberfläche wurde von der zusammenhängenden Inlandeisdecke in charakteristischer Weise und je nach Gesteinsvorkommen modelliert, wodurch der beherrschende Relieftypus entstand, das **FJELL**, mit dem die hügeligen Regionen oberhalb der Baumgrenze gemeint sind. Drei Arten Fjell gilt es zu unterscheiden:

Das ALLGEMEINE FJELL umfasst die für Teile der Lofoten typische Buckelberg- oder Rundhöcker-Landschaft, deren Namen gebende Hügel sich über die geschliffene und felsige ehemalige Gletschersohle in Richtung der Eisbewegung erheben. Auf der Stoßseite sind sie flach ansteigend, auf der Leeseite steiler abfallend. Zwischen ihnen erstrecken sich, als Resultate selektiver Erosion im Bereich weicherer Schichten, lang gedehnte Furchen oder flache, ausgeschliffene Wannen verschiedener Ausprägungen. Meist sind sie von Seen und/oder Mooren erfüllt sowie durch Flüsse verbunden. Solche Landschaftsformen sind auch für die zweite Variante des Fjell charakteristisch: das mäßig reliefierte, sanft GEWELLTE PLATEAUFJELL, über dem sich schließlich das ALPINE FJELL erstreckt, das eigentliche Hochgebirge.

Hier hinterließ die Vergletscherung Spuren in einer Reihe von Formen, die in eisfrei gebliebenen Gebieten vollkommen fehlen. Unter den Firsten der Gebirgskämme trifft man steilwandig in die Hänge eingelassene Felskessel, die einen flachen, oft von einem See bedeckten Boden haben sowie eine Schwelle aus aufgelagertem Schutt. Das sind die unterschiedlich großen, rund, eckig, länglich, geknickt oder gewunden ausgebildeten **KARE** – die URSPRUNGSSTELLEN der alpinen Gletscher.

Oft sind die Berggestalten derart von allen Seiten von Karen (auch: Botner) angefressen, dass die trennenden Kämme zu schmalen Graten reduziert sind und die Berge, die früher eine Hauben- oder Kegelform gehabt haben dürften, nunmehr als scharfkantige Pyramiden oder Trapeze oder lang gestreckte Felsmauern erscheinen. Solche Berge werden als **KARLINGE** bezeichnet; sie bilden BIZARRE GESTEINSFORMATIONEN, scheinen sie doch in ihren plastischen Konturen die Grundgesetze der Gravitation zu verhöhnen.

An das Kar schließt sich das Talstück an, in dem sich das Gletschereis talabwärts bewegte. Man nennt es das **TROGTAL** oder den Taltrog, weil es häufig steilfelsige Talhänge und einen im Querschnitt gerundeten Talboden aufweist, der dem Ganzen die Form eines Troges gibt. Besonders steil sind die Hänge an der Außenseite einer Biegung, und überall fallen die Schleifwirkungen des Eises auf, die dem Fels oft den Anschein eines monumentalen Kunstwerkes geben.

Die Böden der in das Trogtal des Hauptgletschers mündenden Seitentalgletscher enden oft hunderte Meter über dem Haupttal. Es sind glaziale **HÄNGETÄLER**, aus denen sich nicht selten kräftige Wasserfälle ergießen.

Diejenigen Trogtäler schließlich, die nach Abschmelzen der Gletscher durch

Landsenkung vom Meer überflutet wurden, werden **FJORDE** genannt. Auf den Lofoten gibt es allenthalben Fjorde, die weit ins Land reichen und deren Grund oft wesentlicher tiefer liegt als der des Meeres. Dieses PHÄNOMEN ist Fjord-typisch; es resultiert daraus, dass die Gletscher, die diesen Relieftypus schufen, an ihren Mündungen ins Meer an Dicke abnahmen – weshalb die Mündungsschwellen relativ flach sind –, daher im eigentlichen Trog auf der Stelle schürften. 1000 m Tiefe und mehr wurden schon ausgelotet, und wieder 1000 m hoch und mehr recken sich die umwandenden Steilflanken aus grün oder silbrig, türkis oder tiefblau leuchtenden Wassern in die Höhe. Jeder Fjord hat seinen ganz eigenen Charakter, jeder ist eine perfekte Metapher für die Sage, aber ihn in Worte zu fassen ist unmöglich, denn nicht mal im Sehen kann man ihn ganz erleben, ist er doch Bild und Ereignis zugleich.

WERKZEUGE DER EROSION

Als die Gletscher abgeschmolzen waren – ein Vorgang, der im anstehenden Bereich erst vor ca. 4000 Jahren ein Ende fand –, wurde ein völlig entblößter Fels-Archipel freigelegt, der schutzlos den Kräften der Erosion ausgeliefert war. Diese sind unverändert am Werk und führen dazu, dass die Landschaft der Lofoten nicht anders wie ein Lebewesen ständigen Veränderungen unterworfen ist – fast unmerklich zwar gemessen an einem Menschenleben, aber dennoch unaufhaltsam.

Eines der wichtigsten Werkzeuge sind die **NIEDERSCHLÄGE**, die Jahr für Jahr auf die Lofoten herabprasseln und die vom ständig wehenden Südwestwind gegen den von Norden nach Süden streichenden Bergwall des Archipels gepeitscht werden. Regen und geschmolzener Schnee SAMMELN SICH IN FELSSPALTEN, dehnen sich winters aus, wenn sie gefrieren, und sprengen dadurch Felsen, erweitern Spalten, vertiefen Rinnen. Die weicheren Gesteinsschichten – etwa die sedimentären – sind natürlich am anfälligsten, aber selbst härtestes Gestein (wie Gneis und Granit) wird schließlich auf diese Weise bezwungen. In den Monaten zwischen Mai und Oktober nun, wenn die Temperaturen größtenteils über dem Gefrierpunkt liegen, muss das Regenwasser, das auf die Berge fällt, auf seinem Weg zum Meer einen Höhenunterschied von bis über 1000 m überwinden. Somit ist die Kraft, mit der es in den Fels eindringt und Gestein davonträgt, das zuvor vom Frost herausgesprengt wurde, viel größer als die des Regens, der sich über eine Küstenebene ergießt.

Mindestens ebenso wirkungsvoll sind die **WELLEN** und die **SEDIMENTFRACHTEN**, die sie mitbringen, wenn sie gegen die Küste anbranden und ihr mit jedem Wogenschlag zusetzen. Wasser wird in natürlichen Felsspalten eingeschlossen, wodurch es zu solch starker Komprimierung der Luft kommt, dass Druckkräfte entstehen, die tonnenschwere Felsbrocken ABZUSPRENGEN in der Lage sind. Gegen Klippen anbrandende Wellen umfluten und vergrößern unaufhörlich alle Spalten und Risse im Gestein, tragen den Fuß des Felsens ab, bis der unterspülte Überhang herabstürzt.

Andere Bereiche werden so weit abgetragen, bis nur noch waschbrettartige Felsbänder übrig sind. Aber auch sie werden von den wie Schmirgel wirkenden Felsbrocken und Kieseln abgeschliffen, die sie selbst den Wellen überlassen haben. Durch diesen Prozess werden die Felsbänder weiter abgetragen, bis sie unter Wasser liegende Plattformen bilden. Auf ihnen lagert sich Gesteinsschutt, der immer feiner zermahlen wird, bis er jene Körnigkeit aufweist, dass man ihn als Sand bezeichnen kann. Anfangs ist die Sandschicht noch dünn, aber innerhalb weniger Jahrhunderte kann ein echter STRAND entstehen: schmal und begrenzt durch Felszungen und Klippen, die das Meer jetzt in seinem unablässigen Kampf gegen die Küste angreifen kann.

AUF DEN SPUREN DER ZEIT

Eine kurze geologische Exkursion führt uns zunächst nach Moskenesøya, wo wir uns während der Wanderung Nr. 10 im Schatten ARCHAISCHER GNEISE aufhalten werden: wahrscheinlich 3,5 Mrd. Jahre alt und Reste eines Stützpfeilers der Erde selbst (siehe Seite 14). Nur an wenigen Orten auf der Erde tritt solches Urgestein zu Tage.

Den sedimentären KALKSTEIN- UND GRAPHITSCHICHTEN des Kambrium begegnen wir insbesondere auf Austvågøya am Morfjord – wo sogar zwei alte Graphitminen zu finden sind – und auf dem Berg Matmora, über den uns die Wanderung Nr. 2 führen wird. Am Westhang des Matmora wurde früher der ölreiche ÖLSTEIN abgebaut, der auch ALAUNSCHIEFER enthält.

Auf Schichtungen und Faltungen der jüngeren sedimentären Gesteinsarten (GEMASERTE UND GESCHICHTETE GNEISE) kann man während einer Bootsfahrt durch den Raftsund in Richtung Trollfjord ausgiebige Blicke werfen (westliche Sundseite), während der GRAUE MANGERIT – der älteste – die gesamten mittleren Gebiete von Austvågøya prägt (siehe Wanderung Nr. 1). Der BRAUNE MANGERIT ist sowohl auf Gimsøya und Vestvågøya (siehe Wanderung 6) als auch auf Flakstadøya (siehe Wanderung 9) allgegenwärtig, während der 1,7 Mrd. Jahre alte Raftsund-Mangerit im nördlichen Raftsund zu sehen ist, wo er die wohl größte Formation dieser Art überhaupt bildet.

DOLERIT tritt im Tunnel unterhalb von Nonshaugen bei Svolvær deutlich zu Tage, aber auch im Trollfjord kann man ihn anhand seiner dunklen Farbe deutlich ausmachen. GLIMMERSCHIEFER findet sich rund um die Bucht von Lilleeidet auf Vestvågøya, während mächtige Aufschlüsse von PEGMATITEN an den Felsklippen bei Å und Moskenes aufzuspüren sind.

Die Spuren der Erosion schließlich braucht man auf den Lofoten nicht zu suchen: Sie sind allgegenwärtig, präsentieren sich am spektakulärsten auf den Westseiten der Inseln (dort auch in Form atemberaubend schöner Strände). Auch die Hinterlassenschaften der Eiszeiten sind überall zu entdecken, wobei sie auf Moskenesøya in ihren dramatischsten Formen auftreten (siehe die Wanderungen Nr. 10–13).

Wer schließlich die STRANDLINIEN sucht, die anzeigen, dass das Land einst unter Wasser lag, findet sie bei Fredvang auf Moskenesøya, bei Sand, Unstad und Eggum auf Vestvågøya, bei Vik und Saupstad auf Gimsøya sowie bei Grunnfør, Sand und Strømstad auf Austvågøya.

SELTSAME SEEN

Wie dunkle Edelsteine sind über alle Höhenlagen des Archipels viele Gebirgsseen verstreut, deren Betten durch einstige Gletscherarbeit geschaffen wurden. Manche von ihnen liegen isoliert in ehemals von Gletschern ausgefüllten Karböden und werden von den Geologen **CIRQUE-SEEN** genannt. Andere liegen in Linien aufgereiht in Tälern, durch die vor langer Zeit einmal die Eiswalzen langsam herabglitten. Jeder dieser Seen markiert eine Stelle, wo ein Felsriegel den glazialen Panzer aufhielt und ihn zwang, sich erst einmal eine Zeitlang horizontal zu bewegen, bevor er seinen Weg nach unten fortsetzen konnte. So bildete sich eine Reihe von Vertiefungen, die sich dann, alle vom selben Flusslauf gespeist, mit Wasser füllten und die, weil sie wie Perlen eines Rosenkranzes aufgereiht sind, **PATERNOSTER-SEEN** heißen.

Mit beiden Seetypen hat es auf den Lofoten eine besondere Bewandnis, denn sie sind SEHR TIEF im Verhältnis zu ihrer Größe: am tiefsten auf Austvågøya und insbesondere auf Moskenesøya. Die Seen (*vatn/vann:* See) Studalsvatn, Reinevatn, Ternnesvatn und Botnvann ragen bezüglich der relativen Tiefe gravierend hervor. Nur wenige vergleichbare Seen in erloschenen Vulkanen gibt es (beispielsweise den Crater Lake in den USA), die sich mit ihnen messen können. Auch dies ist eine Folge der Eiszeiten, denn die Kraft eines Gletschers korreliert mit seiner Mächtigkeit und auch mit dem Gefälle des Zehrgebietes, das eben im anstehenden Archipel außerordentlich groß war.

DIE TIEFSTEN SEEN DER LOFOTEN

	Oberfläche	*Tiefe*	*Höhe ü.d.M.*
auf Moskenesøya:			
Reinevatn	0,170 km^2	69 m	60 m
Solbjørnsvatn	5,120 km^2	171 m	70 m
Studalsvatn	0,444 km^2	127 m	77 m
Ternnesvatn	0,873 km^2	168 m	230 m
auf Austvågøya:			
Botnvann	0,293 km^2	122 m	495 m
Langstrandvann	0,207 km^2	65 m	212 m
Rørhopvann	0,600 km^2	92 m	3 m
Svolværvann	0,890 km^2	41 m	2 m

Die Lofoten-Seen gelten auch als BESONDERS KLAR: Eine nur Handteller-große, weiße Scheibe (die sogenannte Secchi-Scheibe) kann bis auf ca. 25 m Tiefe versenkt werden und ist dann noch immer sichtbar. So wie der Boden hier sehr kalkarm ist, verhält es sich auch mit dem Seewasser. Kalk aber ist ein wichtiges Nährsalz für die in Binnenseen vorkommenden Mikroorganismen, und fehlt er, fehlt das Leben, mithin auch die Wassertrübung.

Eine dritte Besonderheit haben die Seen Studalsvatn und Solbjørnvatn auf Moskenesøya sowie Svolværvann und Rørhopvann auf Austvågøya inne. Sie erregten vor einigen Jahren die Aufmerksamkeit internationaler Geografen, denn in ihren Tiefen findet sich nicht etwa Süßwasser, sondern URZEITLICHES MEERWASSER, KONSERVIERT in einer »toten Welt« und fossiles Überbleibsel jener Zeit, als das Land unter Wasser lag. Im Rørhopvann beispielsweise, 92 m tief, beträgt die Mächtigkeit des Meerwassers 48 m und die des Süßwassers 44 m. Warum es zu keiner Vermischung kommt, liegt einerseits in der Schwere der beiden Wasserarten begründet, andererseits darin, dass steile Berglehnen diese Seen dermaßen abschirmen, dass der Wind ihr Wasser nicht in Zirkulation versetzen kann; jedenfalls nicht in dem Grad, wie es nötig wäre, um eine zur Vermischung führende Strömung hervorzurufen.

Segen der nördlichen Breite

VON »POLAR« UND »SOLAR«

Dass im Winter eine beträchtliche Wärmemenge über den Atlantik nach Nordskandinavien gelangt, schrieb man früher normalerweise dem Golfstrom zu, in dessen direktem Einflussbereich die Lofoten liegen. Da aber dieser, wie jede Meeresströmung, primär eine Folge der vorherrschenden Winde ist, beruht das Temperatur-Plus in erster Linie auf den Bewegungen der Luftmassen. Es sind also die **WEST- UND SÜDWESTWINDE**, um die sich hier (fast) alles dreht. Der Transport von warmem Wasser aus dem Golf von Mexiko in nördliche Breiten und die Erwärmung der Luft darüber ist zwar ein sekundärer Faktor, aber ein folgenreicher: besonders für das Winterklima der Lofoten, das mit Temperaturen aufwartet, die IM JANUAR/FEBRUAR UM 24°C ÜBER DEM DURCHSCHNITT DIESER BREITENLAGE gemessen werden. Überall sonst auf gleicher geografischer Breite ist es während dieser Monate also um durchschnittlich 24°C kälter.

Während nur 100 km landeinwärts in Lappland die Temperaturextreme über 30°C im Sommer und unter –40°C im Winter erreichen können, sind die Schwankungen im Jahres-, aber auch Tagesverlauf auf dem Archipel derart gering, dass man von einem MARITIMEN KLIMA spricht. Die Temperatur-Minima liegen im Jahresmittel nur 2,7°C (auf Røst) bzw. 4,3°C (auf Vestvågøya) unter den -Maxima. Der Jahresdurchschnitt beträgt auf Vestvågøya 5°C, auf Røst fast 6°C, was immerhin den Werten von Oslo entspricht und rund 3°C unter denen von Bremen liegt, das rund 2500 Autokilometer entfernt ist!

Die Lofoten-Wand pflegt zwischen Oktober und Juni mit Schnee bedeckt zu sein, während die Küste meistens schneefrei und der Ozean stets EISFREI bleibt. Das Wasser ist im Februar mit knapp 7°C am kältesten und im August mit bis zu 12°C am wärmsten. Dementsprechend sind auch die durchschnitt-

◀ **Blick auf die Middagsheia über Eggum, auf Vestvågøya**

GOLFSTROM: DER ERDE GRÖSSTE WARMWASSERHEIZUNG

Wie sich alles zwischen Gegensätze spannt, so lebt auch die Luft vom Antagonismus: Am Äquator fallen die Sonnenstrahlen senkrecht ein, wird die Erdoberfläche am stärksten erwärmt; entsprechend hoch steigen die aufgeheizten Luftmassen, entsprechend tief fällt der Luftdruck darunter. Es entsteht ein relatives Vakuum, ein äquatoriales Tiefdruckgebiet, in das aus Richtung Nordpol (und Südpol) kühle Luftmassen eindringen, die gemäß der physikalischen Trägheitskraft abgelenkt und so zum Nordostpassat (und Südostpassat) werden. Der streicht, vereinfacht gesagt, über den Atlantik und ruft so eine in gleiche Richtung verlaufende Meeresströmung hervor. Der warme Nordäquatorialstrom speist, von der Westseite Afrikas kommend, neben dem Antillen-, dem Karibischen- und dem Floridastrom auch den Golfstrom, der – als westlicher Teil des ozeanischen Zirkulationssystems – die Wassermassen aus dem Golf von Mexiko in den Nordatlantik transportiert, wo er sie an den nordwärts führenden Nordatlantischen Strom abgibt. Der teilt sich in den Irminger- und den Norwegischen Strom, den Portugal- und den Kanarenstrom; dieser führt zunehmend kältere Wassermassen nach Süden zurück und schließt so den Kreislauf mit seiner Einspeisung in den Nordäquatorialstrom.

lichen Lufttemperaturen im Januar/Februar mit ca. –1°C am geringsten, im Juli/August mit bis über 12°C am höchsten. Allerdings bedürfen diese statistischen Werte einer Erläuterung: Die Wassertemperatur ist die am offenen Meer gemessene, und am Vestfjord oder überhaupt an tief im Land liegenden Fjordteilen kann sich das Wasser so aufheizen, dass Temperaturen zwischen 16 und 19°C durchaus zum Baden einladen. Die Luftwerte hingegen werden stets im Schatten gemessen, und 12°C dort entsprechen nicht selten mehr als 24°C in der Sonne. Auch in T-Shirt und Shorts kann es einer/m im Sommer also warm werden.

Dass es nicht »zu« warm wird, man womöglich ins Schwitzen gerät, dafür sorgt der WIND, der zwischen Juni und August an rund 96% aller Tage weht, im Winterhalbjahr fast ununterbrochen. Aus welcher Richtung er kommt und welche Stärke er hat, hängt insbesondere von den Jahreszeiten ab:

Das Ungewöhnliche des Golfstroms – 1513 vom Spanier *Ponce de León* entdeckt und seit 1786 systematisch erforscht – ist seine hohe Fließgeschwindigkeit: Bis zu 250 cm in der Sekunde treibt er sich voran, was etwa 4 – 5 Seemeilen pro Stunde entspricht.
Dieser »speed« entsteht durch die Eigenart des Stromkreises, dessen Wassermassentransport auf der Westseite in einem nur ungefähr 60 bis 100 km breiten Band erfolgt (Golfstrom), während sich der Rücktransport auf der Ostseite über eine Breite von mehreren tausend Kilometern verteilt.
Durch diese »Verjüngung« wird der Massetransport, der mit bis zu 150 Mio. Kubikmeter pro Sekunde etwa tausendmal größer ist als der des Mississippi und dessen Wassersäule von der Meeresoberfläche bis zum Meeresboden reicht, in rasche Bahnen gedrückt und erreicht außergewöhnliche Entfernungen.
So beschert der Golfstrom nicht nur Mitteleuropa und den Britischen Inseln, Island und Lappland, sondern sogar den immerhin auf dem 80. Breitengrad gelegenen Inseln Spitzbergen und Franz-Josef-Land sowie Sewernaja Semlja ein Klima, das wesentlich durchwärmter ist, als sonst in solchen Breiten üblich. Zum Vergleich: Auf der südlichen Erdhälfte beginnt das Inlandeis des Antarktischen Kontinentes bereits am südlichen Polarkreis.

Im Winter sind Winde aus westlicher Richtung absolut dominierend; ihre durchschnittliche Geschwindigkeit beträgt 3,0 Bft. bei Nordwestwind, 5,4 Bft. bei West- und sogar 7,1 Bft. bei Südwestwind, der demgemäß auch den Übernamen *husvarver* (Wind, dass die Häuser beben) trägt. Im Sommer dann halten sich nordöstliche und westliche Winde in etwa die Waage; die durchschnittlichen Stärken liegen zwischen 2 und 3,5 Bft. Die Niederschlagsmengen sind mit 37 mm im Juni und 61 mm im Juli nicht mal halb so hoch wie beispielsweise im November und Dezember.

Wie die Lofoten in vielerlei Hinsicht mit Superlativen aufwarten, so auch in Sachen **REGEN**: Liegt der Jahresniederschlag in Nordnorwegen zwischen 1000 und 1500 mm, in Mittelnorwegen stellenweise bei 3000 (bis 6000 mm), auf den Färöern bei durchschnittlich 1500 mm und in Bremen unter 700 mm, so rühmt sich das Inselreich mit 552 mm auf der Ostseite von Austvågøya, mit 750 mm auf der Westseite und 709 mm auf Røst.

Für die Lofoten-Urlauber, die sich ja die meiste Zeit unter freiem Himmel aufhalten, sind Klima und Wettergeschehen deshalb von ziemlicher Bedeutung. Gehen wir also einmal kurz die **JAHRESZEITEN** durch und beginnen mit dem WINTER, der zwischen November und März herrscht und für den zwei verschiedene Wetterlagen typisch sind. Bei West- und Südwestwind (an mehr als 80 % aller Tage) wird erwärmte Polarluft herangetragen. Dann steigen die Temperaturen, und es kommt vor, dass die Quecksilbersäule bis an die 10°C-Marke heranreicht; gleichzeitig gehen ordentliche Niederschlagsmengen nieder, und der Regenhut trägt nicht ohne Grund den Namen *sørvesten* (Südwester). Im anderen Fall erstreckt sich ein Hochdruckrücken von Sibirien bis weit auf den Atlantik hinaus, und dann bringen östliche (Land-)Winde (*lanrøning*) kontinentale Polarluft, vertreiben die Wolken. Das Thermometer fällt auf bis zu –10 °C.

Auch im April wird es noch empfindlich kalt, denn häufig bildet sich zwischen Skandinavien und Grönland ein Hochdruckgürtel, und kalte Polarluft strömt aus Nord- oder Nordost nach Westen. Der Mai dann macht den FRÜHLING, wenn das Wetter maßgeblich von einem Hochdruckgebiet über dem Polarmeer sowie einem zweiten über dem südlichen Atlantik bestimmt wird. Die Lofoter holen die Sommerkleider hervor, die ersten Touristen treffen ein, und weil es nachts schon nicht mehr dunkel wird, kann sich die Landmasse stark aufwärmen. Das Ergebnis ist ein häufiger Nordostwind, der zwar keine hohen Temperaturen (durchschnittlich werden im Mai 7 °C gemessen), aber eitel Sonnenschein beschert: Der Mai hat laut Statistik die meisten Sonnenstunden im Jahr.

Bis in den Juni hinein können aber durchaus auch Hagel oder Schneeregen niedergehen: dann nämlich, wenn der Wind aus Nordwest bläst. West- und Südwestwind machen sich in diesem Monat rar, was die Niederschlagsmenge von nur 37 mm deutlich belegt.

Der Nordostwind, der dem Mai die Sonne beschert, dreht jetzt auf Ost bis Südost, führt warme Luft heran und leitet mit Temperaturen von durchschnittlich 10 °C (bis 23 °C) den SOMMER ein, der bis August, durchaus aber auch bis Mitte/Ende September regiert. Zwar driften während dieser Monate häufig Regen bescherende Zyklone gegen die Lofoten (weshalb die Niederschlagsmengen doppelt so hoch sind wie im Juni), aber die Wolken stauen sich nicht an, und die Tiefausläufer ziehen binnen weniger Stunden über den Archipel hinweg nach Festland-Norwegen, wo sie sich abregnen. Die regionalen Wetterunterschiede sind jetzt gravierend: So kann es durchaus sein, dass auf der Westseite der Lofoten (dort wo die Wolken zum Aufsteigen gezwungen werden und sich abregnen) tagelang eine »dicke Suppe« und eine steife Brise die Urlaubszeit vermiesen, während nur 5 km entfernt auf der Ostseite eitel Sonnenschein bei Windstille gute Laune verbreitet.

Ab September, wenn es nachts wieder richtig dunkel wird, kühlt das Land schnell ab und gerät zunehmend in den Einflussbereich atlantischer Tiefausläufer, die sich dann im Oktober mit solcher Häufigkeit abwechseln, dass oft den ganzen Monat lang keine Sonne gesehen werden kann: HERBST auf den Lofoten. Der Wind frischt auf, bläst aus meist westlicher und südwestlicher Richtung, und mit Sturm bis über Orkanstärke und mitunter sintflutartigen Regenfällen dämmert der Archipel in den Winter hinüber.

KLIMAWANDEL, STATISTIK, WETTERBERICHT

»Das Wetter spielt verrückt« ist eine Redensart, die nicht nur den Bewohnern unserer mitteleuropäischen Breiten ständig über die Lippen kommt und auch nicht erst in unseren Tagen erfunden wurde. Als der Lofoten-»Jahrhundertsommer« 2002 wochenlanges Sonnenwetter bei Temperaturen bis über 30 °C bescherte, sahen manche Bewohner darin ebenso die Auswirkungen der globalen Klimaverschiebung wie 2006, als der Lofoten-Sommer bei »Eiseskälte« nahezu buchstäblich ins Wasser fiel, während zur selben Zeit Südskandinavien ebenso wie Mitteleuropa unter einer »Brutofenhitze« zu leiden hatten. Im Juni 2007, der den Lofoten nahezu ausschließlich Bilderbuchwetter bescherte, während Südnorwegen und Mitteleuropa so ziemlich »baden gingen«, war es dann wieder anders herum. Was wir hier sagen wollen, ist, dass man sich nicht allzu sehr auf Statistiken über das Wetter verlassen (ebenso die immer neuen Hiobsbotschaften der Medien zum Klimawandel mit Vorsicht genießen) und sich stattdessen lieber an den kurz- und mittelfristigen Wetterberichten orientieren sollte, die man unter www.met.no abrufen kann; klickt man dann im Hauptmenü unter »Velg sted« Svolvær an, geht es direkt zum aktuellen Lofoten-Wetter sowie zur Wettervorhersage, die dank der verwendeten Symbole einfach zu verstehen ist.

Licht über Lofot

Farben sind die lebendige Sprache des Lichts, und was sich auf den Lofoten in besonderem Maße erfahren lässt, ist der ungeheure Einfluss, den Farben auf die menschliche Psyche nehmen können. Abgesehen von dem ästhetischen Genuss am Schönen, den sie vermitteln, wird noch etwas Tieferes und Subtileres durch den Einfluss der Farben im Bewusstsein ausgelöst: STILLE. Genau diese Stille prägt das Licht über Lofot. Seine andere Qualität ist die TRANSPARENZ. Die Konturen ferner Gebirge wirken wie aus einem Glaskasten, die Unendlichkeit als Relief.

Und welche Farben dieses Licht hat! Mal hält es sich schwebend zwischen Blau und Grau mit Andeutungen eisigen Gelbs, dann scheint es aus Ultramarin gewebt oder aus jenem Blau, wie es im Perlmutt schimmert. Mal ist es von solcher Kraft, dass sich die Landschaft vom Himmel abhebt, als ob sie die Quelle des Lichts wäre. Dann wieder ist es grau, und Seen und Fjorde liegen wie blind gewordene Spiegel silbergrau unter einem eintönigen, doch nie langweiligen Lofoten-Himmel. Natürlich kennt es auch alle Rot- und Brauntöne samt den Nuancen dazwischen.

Das Licht herrscht nicht über die Lofoten, es ist die Lofoten!

ZWISCHEN MITTERNACHTSSONNE UND POLARNACHT

In kräftigen Tönen streichen die Lofoter ihre Häuser und Dächer, zumindest aber die Türen und Fensterrahmen. – DIE FARBEN SIND EMINENT WICHTIG FÜR DIE MENSCHEN, denn im Winter, wenn die Allnacht zum Alltag wird, ist alles schwarz, weiß und grau.

Licht über Lofot: Blick vom Campingplatz Sandvika Richtung Vågakallen ▶

Ab Ende September, wenn der Äquinoktialpunkt überschritten ist, dehnt sich die Nachtzeit beschleunigt aus, und schon die Novembertage, in denen die Sonne oft wie ein Glutball nur noch knapp über dem Horizont steht, kennen eigentlich lediglich noch Morgen- und Abendrot. Langsam sinkt der Archipel in die Schatten, bis ab Mitte Dezember vom Tageslicht nichts mehr zu sehen ist. Rings um den Horizont herrscht sternentiefe Polarnacht, die aber eigentliche keine Nacht; sondern eher eine graue, diffuse Helligkeit ist – dank Sternenlicht, Mondenschein und dem Polarlicht, das sich meist als grünweiß-blaue Lichtfahne über den hoch gewölbten Himmel spannt. Es gibt wohl nichts Vergleichbares auf Erden, alles Landschafts-Erleben wird über den Haufen geworfen, und selbst völlig unromantisch veranlagte Naturen können schier süchtig werden nach diesem »Astrallicht«.

Mitte Januar lichtet sich die Nacht, und erst ist es nur ein Hauch von Rosa, der den Himmelsrand illuminiert. Dann erscheint ein pastellener Lichtstreifen, der täglich breiter wird, kräftiger in den Farben. Bis plötzlich und zum ersten Mal seit über 30 Tagen die Sonne auftaucht, um glutrot und seltsam geformt wie eine riesige Banane das Land in ein homerisch anmutendes Licht zu tauchen. Erst nur für Sekunden, dann für Minuten, bald für Stunden.

Mit jedem Tag wird es größer und heller, dieses verheißungsvolle Gestirn, und wird das Glühen der Polarnacht schwächer. Im März kennt das Licht bereits wieder alle Rot- und Braun-, Gelb- und Blautöne, im April währt der Tag bereits mehr als 12 Stunden, und ab Anfang Mai bezieht der Tag die Nacht mit ein. Für mehr als zwei Monate lassen die Strahlen der **MITTERNACHTSSONNE** die Inseln in farbigem Licht ertrinken: Diese Farben, die alle Skalen durchlaufen, sind von einer glühenden Tiefe, wie man sie im mittleren Europa nie in der Landschaft, sondern höchstens in auserlesenen Blumen findet.

Noch sind die Berge schneebedeckt und ihre herrlichen Schwingen in Gold und Rosa getaucht. Dann fällt der weiße Schleier, die verschiedenfarbigen Steine treten hervor, und was die Berge in die Helle stellen, ist ein seltsam unwirkliches Licht. Die Granite variieren zwischen zartgelb und leuchtendrot, die Mangerite strahlen orangen, die Gneise sind schwarzrot oder graugrün gezeichnet, und am smaragdblauen Himmel treiben weiße Wolken, die sich an der Lofoten-Wand zu blauvioletten Mauern auftürmen oder an ihnen wie Wasserfälle herabfließen, um sich in Regenbogenfarben und Sonnenrauch aufzulösen.

In Straumsnes bei Laukvik, auf der Insel Austvågøya, ist das Ende 2007 eröffnete Polarlightcenter beheimatet, das u.a. mit Fotoausstellungen sowie Kursen zum Thema »Aurea borealis« beitragen möchte. Als Service des Zentrums ist dabei ...

Diese Ausführungen mögen helfen, sich auf einer Lofoten-Fahrt von Stimmungen berühren lassen, von Augen-Blicken, der Essenz des Reisens selbst, lassen aber freilich noch viele Fragen offen.

Grob verallgemeinert, ist die geografische Breite für all diese Lichtphänomene verantwortlich. Weil die Achse der Erde nicht rechwinklig zur Umdrehungsebene steht, sondern eine Neigung (von 23,5°) hat, die das ganze Jahr über konstant bleibt, kommen die Gebiete nördlich (wie auch südlich) des Polarkreises zeitweise in den vollen Strahlungsbereich der Sonne.

Das bedingt, dass die Sonne in diesen Zeiten, die desto länger dauern, je weiter nördlich man kommt, nicht untergeht, sondern als Flammenball im Abendrot zum Himmel sinkt und kurz vor dem Untergang im Morgenrot wieder aufsteigt. Die Kehrseite der Mitternachtssonne, korrekter wäre der Begriff Polartag, ist die Polarnacht, wenn die Gebiete über dem Polarkreis aus dem Strahlungsbereich der Sonne geraten.

Doch dunkel ist es während der Nacht, die den Tag umfasst, keineswegs. Denn nun erscheint am Horizont, was den Völkern des Nordens stets ein Mirakel, denen des Südens hingegen ein Menetekel und den Wissenschaftlern seit langem Objekt der Forschung ist: Das **POLARLICHT** auch Nordlicht genannt bzw. Aurora borealis, »Morgenröte des Nordens«, wie der französische Wissenschaftler *Pierre Gassendi* das Schauspiel auf himmlischer Bühne im 17. Jahrhundert getauft hatte, hat nichts von seiner FASZINATION eingebüßt.

Schon im 18. Jahrhundert hatte der schwedische Astronom *Celsius* festgestellt, dass es einen Zusammenhang zwischen der Aurora und der Magnetnadel gibt; nämlich den, dass gleichzeitig mit dem Nordlicht die Magnetnadel um mehrere Grade abgelenkt wird. So wurde der Kompass auch zum Wegweiser für die Erforschung dieses Phänomens, das, wie man heute weiß, exakt nach den magnetischen Feldlinien der Erde ausgerichtet ist und sich in Höhen zwischen 80 und 1000 km als rote, grüne, violette oder blaue Draperien, Strahlen, Bögen oder Bänder in Szene setzt, die wie Tänzer oder Schleier über das Firmament hüpfen oder wehen.

Wie stark es leuchtet und wie weit es über die Polkappen hinaus zu sehen ist, korreliert mit den magnetischen Störungen, die uns die Sonne beschert. Bei starken Magnetstürmen, wie sie vereinzelt vorkommen, kann das Nordlicht in Mitteleuropa, ja sogar im Mittelmeerraum beobachtet werden, in Deutschland eindrucksvoll zum Beispiel im Winter 2000 und im Herbst 2003;

... der Vorhersagedienst gedacht, der darüber informiert, wann mit einem starken Polarlicht zu rechnen ist. Von September bis April werden zudem geführte Nordlicht-Wanderungen arrangiert. www.polarlightcenter.com

zwischen zehn und zwanzig Polarlicht-Nächte zählte man hier in jedem Jahr zwischen 2001 und 2005. Als die südlichste je nördlich des Äquators gesichtete Aurora borealis gilt die am 25. September 1909 über Singapur.

Heinrich Schwabe war es, Apotheker und Astronom aus Dessau, der 1826 den Sonnenflecken-Zyklus entdeckte und herausfand, dass mit der Zahl der Flecken auch das Magnetfeld der Erde und die Aktivität des Polarlichtes schwankt. Heute gilt als erwiesen, dass die Sonnenflecken und andere »magnetisch wirksame« Regionen auf dem Gestirn etwas abstrahlen, was aus Elektronen, Protonen und schweren Kernen besteht sowie Materie mit sich führt, das sogenannte Plasma, das zu gleichen Teilen aus positiver und negativer Ladung besteht, also elektrisch neutral ist. Diese Strahlung wird »Sonnenwind« genannt, ihre Temperatur liegt um 100.000°C. Sie stürzt sich mit der unvorstellbaren, rasenden Geschwindigkeit von 300–900 km/s mitsamt dem eigenen Magnetfeld auf das der Erde. Die mitfließenden Dynamoströme von mehreren Mio. Ampère deformieren diesen Magnetosphäre genannten Raum, der das Plasma nun solange speichert, bis seine Aufnahmekapazität erschöpft ist. Wird diese überschritten, gibt er es explosionsartig frei, und mit nun über 10.000 km/s folgt die jetzt Polarlichtteilchen genannte Materie den magnetischen Feldlinien der Erde, die in die Atmosphäre der Polkappen münden. Dort werden sie schrittweise abgebremst; ihre Energie geht auf die Atome und Moleküle der Luft über, die sie als Licht innerhalb der Ionosphäre zwischen meist 120 und 130 km Höhe wieder abstrahlen. Die Farbe des Lichts korreliert mit der Höhe, und seine Helligkeit selbst beträgt 5000 Kilorayleigh, was unter der des Vollmondes (130 Millionen Kilorayleigh), aber über der des totalen Sternenlichtes (0,4 Kilorayleigh) liegt.

So ist also die Sonne der Sender, die Magnetosphäre der Empfänger und die Atmosphäre der Bildschirm, den wir staunend betrachten, wenn er uns Bilder von »Götterfackeln« übermittelt, wofür viele Naturvölker die Lichterscheinungen hielten. Gigantische Fackeln sind es, oft tausende von Kilometern lang, doch dabei nur einige hundert Meter bis wenige Kilometer dick. Und MASSLOS ENERGIEGELADEN, denn wie errechnet wurde, verbraucht ein eine Stunde währendes Nordlicht rund 100 Milliarden Kilowattstunden, was etwa dem Stromverbrauch Norwegens in einem ganzen Kalenderjahr entspricht.

INDIAN SUMMER

Die Laubfärbung der **FOLIAGE**, wie die Kanadier (und US-Amerikaner, vornehmlich in Neuengland) ihr flammendes Feuermeer des Spätsommers und Frühherbstes nennen, hat ausnahmsweise einmal nichts (bzw. nichts Ausschließliches) mit der Breitenlage der Lofoten zu tun, sondern vielmehr etwas mit der Biochemie sowie natürlich den vorkommenden Bäumen und Sträuchern. Im Sommer, wenn es Tag und Nacht hell ist, produzieren die Blätter mit Sonnenenergie Zucker und andere Nährstoffe, die die Pflanze zum Leben benötigt. Konkret findet in diesen »Zuckerfabriken« eine Umwandlung von Kohlendioxid und Wasser statt, wofür neben Licht auch CHLOROPHYLL vorhanden sein muss: ein grünes Pigment, das in den Blättern ebenso enthalten ist wie gelbe, goldene und rote Farbstoffe.

Letztere kommen sommers, wenn Chlorophyll dominiert, nicht zum Zug, sehr wohl aber im Herbst, wenn die Blätter die Produktion drosseln und ihre Lager an Zucker und anderen verwertbaren Stoffen räumen, die nun als Wintervorrat in die Zweige sowie den Stamm abtransportiert werden. Jetzt zerfällt das Blattgrün, und hervor kommen andere, den Blättern inhärente Pigmente: das gelbe XANTOPHYLL, das goldene CAROTIN und schließlich – zwar nicht in allen Bäumen und Sträuchern enthalten, sehr wohl aber beispielsweise in Espen – das ANTHOCYAN. Aber es KANN SICH NUR BILDEN, wenn kalte Tage vorausgingen, auf die noch einmal sommerliche Wärme folgt. Dann nämlich nehmen die Blätter die eingestellte Zuckerproduktion erneut auf, doch wegen der Kälte zur Nachtzeit ist der Abtransport blockiert, wodurch der Zucker festsitzt.

Dies ist die Voraussetzung des Indian Summer, und auch die Erklärung, warum er nicht alljährlich seine Pracht entfaltet. Warum er sich aber, wenn zum Tragen kommend, nicht immer in der gleichen Farbe präsentiert, ja warum Bäume der gleichen Art oft unterschiedlich gefärbt sind, liegt darin, dass dieses Pigment wie Lackmuspapier reagiert und jede Farbe zwischen Blutrot und Bläulich annehmen kann, je nachdem, ob die übrigen Substanzen im Blatt sauer oder alkalisch sind.

Die Kanadier und US-Amerikaner verwenden den Begriff Indian Summer übrigens gar nicht für die Foliage, sondern für den Fall, dass es sich um einen warmen resp. zu warmen Herbst handelt.

Steingarten der Natur

REICHTUM IM KARGEN

Lange Zeit bevor die Eismassen die Lofoten unter sich begruben, waren diejenigen Pflanzen, die dazu in der Lage waren, nach Süden abgewandert, in Gebiete, in denen die konstant sinkenden Temperaturen des Quartärs ähnliche Umweltbedingungen geschaffen hatten wie auf dem Archipel, den die Pflanzen aufgeben mussten. Diejenigen Arten, die dem vorrückenden Eistod nicht ausweichen konnten – es waren dies insbesondere einjährige Pflanzen – gingen zugrunde.

Vor rund 13.000 Jahren dann begann das Klima milder zu werden, und der Einfluss der natürlichen Warmwasserheizung Golfstrom stabilisierte sich. Spasmodisch (geol.: in Schüben) zog sich das Eis zurück und hinterließ – wo immer dies von der Topografie her möglich war – ein Gemisch aus Sand und Ton, Kies und Fels. Anfangs war dieser Belag völlig kahl, doch dann rückten Flechten, Moose und andere niedere Pflanzenarten aus Süden vor, die auf solchen glazialen Böden gedeihen konnten, welche nahezu keinerlei organische Nährstoffe mehr enthielten. Diese ersten Siedler starben ab, verwesten und reicherten den Boden mit ihren Überresten an, was die Existenzgrundlage für Arten mit höheren Ansprüchen schuf. Die Lofoten hatten eine Wiedergeburt erlebt bzw. (wie die Ökologen es formulieren) den Prozess der postglazialen Sukzession.

Aus der Ferne betrachtet, präsentiert sich das Inselreich noch immer so, wie es zur Zeit des Pleistozän-Frühlings ausgesehen haben muss: als kahles Bollwerk. Beim Näherkommen löst sich dieser gigantische Monolith zu einer Kette schartiger Gipfel, Zinnen und Bastionen auf. Und erst wenn man ganz nahe vor ihnen steht, erkennt man staunend, dass in die steilen Berglehnen ein Ensemble unwirklich bunter Gebirgsflora eingestickt ist, deren kleine Flammenzungen einen aparten GEGENSATZ zu den grau-schwarz-braunen Felsbahnen und üppig grünen Moosflächen bilden, die selbst noch hoch gelegene Schattenhänge bedecken, wo sie von weißen Schneeflecken umgeben sind.

Schweift der Blick tiefer, auf die schmalen Küstenzonen, streift er Wiesen und Moore, ebenfalls mit Blütenkleidern geschmückt, um schließlich auf Strände und Klippen zu fallen, auf denen arktischer und südlicher Flor in direkter Nachbarschaft gedeihen. Hier blühen die Geschwister BERGVEILCHEN und WALDVEILCHEN, das eine gelb, das andere blau, dort steht der BERGFRAUENMANTEL mit seinen schmalen, blanken Blättern Hand in Hand mit dem GEMEINEN FRAUENMANTEL, der seine becherförmigen Blätter mit Tautropfen ausgeschlagen hat.

DIE VEGETATIONSSTUFEN

Man weiß es längst: Die Lofoten sind ein Reich voller Überraschungen. Aber mit solcher Vielfalt und überschwänglicher Farbenpracht hätte man nie gerechnet. Auch nicht damit, was die Botaniker seit jeher an der Flora des Archipels fesselt: dass die VEGETATIONSZONEN – stets Abbilder der klimatischen Gegebenheiten – MITEINANDER VERMISCHT GEDEIHEN.

In ebenem Gelände, wo das Oberflächenwasser nicht abfließen kann, bilden sich – unabhängig von der Höhe über dem Meeresspiegel – Moore. In den **FEUCHTGEBIETEN** gedeihen alle Arten von RIEDGRAS, SCHILF, MOOSEN sowie diverse FLECHTENARTEN zwischen SUMPFVEILCHEN und WOLLGRAS, das seine weißen Quasten dem Wind aussetzt. Aus Pfützen und Tümpeln ragt der BITTERKLEE heraus, SUMPFDOTTERBLUMEN und HUFLATTICH bilden wogende Felder in knalligem Gelb, während die GEMEINE ÄHRENLILIE zartgelbe (und im Herbst hellbraune) Akzente setzt.

Wo die Moorlandschaft nicht zu nass ist, gedeihen zahlreiche WEIDENARTEN: etwa Silber- und Kriechweiden, Grün- und Wollweiden, um nur einige zu nennen. Als Wunder an Anpassung gilt die Gebirgsweide, die – in ausgewachsenem Zustand kaum über 5 cm hoch – Norwegens kleinsten Baum repräsentiert. Auch die Heidekrautgewächse sind reich vertreten, und ihre geschmackvollsten Arten – die BLAU- UND PREISELBEEREN – gestalten so manche Wanderung ab August zu einer Schlemmertour. Allerdings darf man vor lauter Beeren nicht das HEIDEKRAUT vergessen, das bis weit in den Herbst hinein blüht und noch den kargsten Landstrich verschönt.

Auch MOLTEBEEREN kommen hier vor, die dicken und vitaminreichen Noppenfrüchte, die reif sind, wenn von gelber und nicht roter Farbe.

Reminiszenzen an Dartmoor steigen auf, nähert man sich den großen TORFMOOREN (insbesondere auf Gimsøya), die in Skalen von Braun leuchten und über denen nicht selten dicke Nebelschwaden liegen. In früheren Zeiten wurde der Torf als Brennmaterial verwendet. An vielen Stellen weisen noch deutliche Zeichen darauf hin, dass hier früher dieses Produkt unvollkommener Zersetzung pflanzlicher Substanzen gestochen wurde. Auf diese Weise ging natürlich ein großer Teil landwirtschaftlich nutzbaren Bodens verloren, aber die Lofoten waren von jeher äußerst waldarm, und irgendetwas zum Heizen brauchte der Mensch.

Sobald das Terrain ansteigt – was hier inseleinwärts stets der Fall ist –, kommt man mit den **BERGHÄNGEN** in Berührung, die mit dichten Teppichen aus HEIDEKRAUT und GRAS, ALPENROSEN und BÄRENTRAUBEN, VEILCHEN, LÖWENZAHN und BORSTGRAS, FLECHTEN und MOOS-Polstern bedeckt sind und erst im Herbst »Farbe bekennen«, indem sie die Berge mit leuchtenden Gelb-, Orange- und Rottönen verzaubern.

Selbst da, wo der kahle Fels herrscht, beispielsweise auf Geröllfeldern oder in den Gipfelzonen, finden sich Gebirgsblumen, oft in Spalten versteckt. Insbesondere die STEINBRECH-Arten sind hier reich vertreten, so der weiße Rosetten bildende Fellblatt-Steinbrech, der Rote Steinbrech, der direkt nach der Schneeschmelze zu blühen beginnt, der mit drüsenhaarigen Blättern versehene Aufsteigende Steinbrech, der Mauerpfeffer-Steinbrech – ausgestattet mit gelb gepunkteten Kronblättern –, der dichte Polster bildende Polster-Steinbrech und noch viele andere mehr.

Auch TANNEN- UND ALPEN-BÄRLAPP sind hier zu Hause, und noch in den exponiertesten Lagen stößt man auf die Mitglieder der großen Flechtenfamilie.

In der Edition Elch ist übrigens ein Pflanzenbestimmungsbuch zur skandinavischen Gebirgsflora erschienen: Skandinavien – Pflanzen im Fjäll. Der Autor ist Hans-Jürgen Gottschalk. Siehe die hintere Umschlagklappe.

Wo die **BERGHÄNGE BEWALDET** sind, herrscht eine enorme Artenvielfalt und Üppigkeit, die das Vorwärtskommen oft unmöglich macht. Man streift, fast watet man bis zu den Knien durch FARN, fällt in versteckte Wasserlöcher und Bäche und kann sich schneller, als man denkt, die Füße zwischen überwachsenen Steinen im Geröll brechen.

Der Lofoten-Wald wächst dicht, aber niemals hoch und selten gerade. Alle Bäume sind krumm und verdreht, ein jeder muss sich im Steilen einrichten, kein Stamm hat die Richtung des anderen.

Die BIRKE ist hier neben den vielen Arten der Weide die vorherrschende, und sie wird desto krummer und niedriger, je höher oder je näher man dem Meer kommt. Auch die GEMEINE EBERESCHE kommt vor: Diese anspruchslose Baumart findet man am ehesten rings um Häuser, wo sie angepflanzt wurde, um diese gegen den Wind zu schützen; aber auch, um in schlechten Zeiten den schlimmsten Hunger zu stillen, denn ihre Rinde ist essbar. Die Erle macht sich rar; nur vereinzelt stößt man auf ein isoliert stehendes Exemplar dieses Zapfen bildenden Baumes.

Wo immer es nicht zu nass ist, gedeiht der WACHOLDER, der übrigens als der einzige natürlich wachsende Nadelbaum im Inselreich gilt. Seine Beerenzapfen benötigen rund drei Jahre zum Reifen, und währenddessen ändert sich die Farbe von Grau über Dunkelgrün bis Schwarz – ein Lofoten-Sprichwort sagt: »Wenn jede Wacholderbeere schwarz ist, werden alle Mädchen verheiratet sein« – was nie eintritt. Alle anderen Nadelbäume wurden vom Menschen »importiert«, oder – besser gesagt – von einem einzigen Menschen, nämlich *Einar Berg* aus Svolvær, der 1890 gleich 60.000 Bäume (diverse Tannen, Kiefern und Fichten; Arten aus Sibirien und Alaska) auf Austvågøya pflanzte bzw. pflanzen ließ.

Aber an den bewaldeten Berghängen finden sich nicht nur Bäume, sondern auch und insbesondere GRÄSER, MOOSE und Blumen, u.a. mehrere Orchideenarten, wobei die zahlreichen KNABENKRAUT-Gewächse dominieren. Oft stehen diese Pflanzen zu Tausenden nebeneinander, und um die Zeit der Sommersonnenwende herum zeigen sich ganze Inselregionen in das helldurchsichtige Violett ihrer Blüten getaucht. Oder ins irrisierende Blau des GEMEINEN FETTKRAUT, ins gelb getupfte Weiß des ALPEN-FETTKRAUT und des SILBERWURZ, wohingegen die STORCHSCHNABEL-Gewächse dem Land einen pastellenen Rosaton verpassen.

INTERESSANTE FLORENBEZIRKE

In dem Gebiet von der FLAKSTAD-KIRCHE bis **JUSNESET**, bei **RAMBERG** auf Flakstadøya (siehe Route Nr. 10), ferner auf der äußeren Seite von **NORD-MOSKENESØYA** (siehe Wanderung Nr. 10) sowie bei **HAUKLAND, VIK UND UTAKLEIV** auf Vestvågøya (siehe Route Nr. 9) leuchten schon zu Beginn des Frühjahrs Haufen von Rotem Steinbrech auf den trockenen Felskuppen. Ab Juni etwa gesellt sich das Blütenmeer des Silberwurz hinzu. Dieses Rosengewächs tritt in manchen Jahren so zahlreich auf, dass das ganze Bergland millionenfach weiß getupft ist, fast so, als wäre es unter einer hauchdünnen Schneeschicht begraben.

Beide Pflanzen gelten als Indikatoren für KALKREICHE, also FRUCHTBARE BÖDEN, und überall kann man man hier schon früh im Jahr auf die gelben und rosafarbenen Schlüsselblumen stoßen sowie auf die perlmuttblauen Vergissmeinnicht. Im Spätsommer dann ziehen die weißen, blauen und violetten Blüten des Berufskraut ebenso die Blicke an wie der Gelbe Steinbrech, die rötlich-grüne Alpen-Wiesenraute, das gefleckte Fingerkraut und Wiesengrün, die Katzen-Pfötchen und Bergveilchen, der Knollen-Knöterich und Hornklee neben Bitterklee, Sanddorn, Blasensegge, Fettkraut und Ährenlilie. Die gefleckte Kuckucksblume fällt überall ins Auge, doch nach dem dunkelroten und nach Vanille duftenden Braunroten Sumpfwurz muss man suchen, wie auch das kapuzenartige Eiförmige Zweiblatt und das süße Düfte freisetzende Weisszüngel nur im Versteckten gedeihen.

Als Gebiet von besonderem ARTENREICHTUM gilt auch das Umland von **EGGUM** auf Vestvågøya (siehe Wanderung Nr. 6 und Route Nr. 9). Dass hier die Böden ebenfalls kalkreich sind, belegen die Zitterpappel sowie der in Purpur und Lila erblühende und wohltuend riechende Große Händelwurz, der der Gefleckten Kuckucksblume ähnelt, aber einen größeren und schöneren Blütenstand aufweist.

Zwischen den Steinen recken sich Kleines Farnkraut und Grüner Streifenfarn. Auf den Geröllfeldern thront die »Gebirgskönigin«, wie der Rispen-Steinbrech auf den Lofoten auch genannt wird. Überwachsenes Geröll bedecken die blauen Blattranken der Himmelsleiter, und sogar das Maiglöckchen kann hier gedeihen.

Von der Außenseite Flakstadøyas zur Innenseite bei **NESLAND** (siehe Route Nr. 10 und insbesondere Wanderung Nr. 9) ist es nur ein kurzer Weg, aber das Pflanzenleben ist gänzlich anders geartet, was aus dem völligen Fehlen von Kalk im Boden resultiert. In allen Höhenlagen zwischen Meer und Hochgebirge trifft man hier auf die erst rosa, dann blau und schließlich purpur blühende Mertensie, deren essbare Blätter stark nach Austern schmecken. Knapp oberhalb der Küstenlinie watet man im Juli durch ein Meer von Baldrian und Weidenröschen, die zwischen Farnkraut aufragen. Die feuchten Berghänge sind zwischen Juni und Mitte August von lauter Ährenlilien gelb gefärbt, was satt zum Goldrot der Bergkuppen kontrastiert – dort wächst der Sonnentau in Legion, dessen Blätter mit roten Drüsenhaaren gerändert sind. Auch die rosettig gedrängten Trauben der blau und weiß, rot und rosa blühenden Kreuzblume sind reich vertreten, und die Glockenblume blüht hier weiß statt blau.

SCHÖN UND NÜTZLICH – HEILPFLANZEN

Das **GEFLECKTE KNABENKRAUT** gehört zur großen Familie der Orchideen, zieht aber – im Gegensatz zu seinen meisten Verwandten – feuchte Straßenränder oder kalkarme Moore vor, die sich überall im Inselreich zuhauf finden. Das elegante Gewächs beeindruckt mit lila gemaserten weißen Blüten, und wer die LIEBE einer/s anderen gewinnen will, sollte ein Stück der Wurzel ins Getränk oder unter das Kopfkissen des oder der Erwählten legen. Viele Nordländer glauben an die Wirkung.

Der **SCHARFE HAHNENFUSS** bildet zwischen Juni und Juli zusammen mit dem Nieren- und Kriechenden Hahnenfuß goldgelbe Blütenmeere auf vielen Weiden. Nach altem Glauben wird die BUTTER besonders GELB, gibt man vor dem Melken ein paar Blüten dieses bis 60 cm hohen Gewächses in den Eimer.

Das **ECHTE MÄDESÜSS**, bis zu 1 m hoch, ist in Feuchtgebieten reich vertreten und treibt im Juli große, gelbweiße und wohl riechende Blütenbüschel hervor, die von den alten Wikingern dazu verwendet wurden, ihrem Leibgetränk, dem Bier, seinen Geschmack zu verleihen, weshalb es auf Norwegisch *mjørdurt* genannt wird. Bei KRÄUTER-KUNDIGEN erfreut es sich noch immer großer Beliebtheit, denn die Blüten enthalten Salizylsäure: ein Mädesüß-Tee kann bei Fieber und Grippe helfen, Rheumaschmerzen lindern und auch Schlafstörungen beheben.

Der **BLUTWURZ** heißt auf Norwegisch *tepperot*, was sich vom Verb *teppe* ableitet und ZUSTOPFEN bedeutet. In der Tat hilft die Wurzel dieser auf niedrigen Hügeln gedeihenden Pflanze ausgezeichnet, um einen Durchfall zu bekämpfen. Auch zur Wundheilung und zum Blutstillen ist sie gut.

Der **HOLUNDERBLÄTTRIGE BALDRIAN**, der im Juli rosarot und schirmartig an langen Stielen erblüht, lockt mit seinem STARKEN DUFT bekanntlich Katzen an. Zudem soll er Mensch und Tier gegen das »Böse« feien und als UNIVERSALMITTEL gegen Wehwehchen helfen.

Der **LÖWENZAHN** ist als Unkraut verschrien und wird – wo immer er in Gärten auftaucht – mit allen Mitteln bekämpft. Woran man sehen kann, wie dumm der naturentwöhnte Mensch geworden ist. Nicht nur, dass der Löwenzahn mit seinen gelben Wuschelköpfen von großer Schönheit ist, nein: seine Blätter und Wurzeln enthalten auch zahlreiche Vitamine und Mineralien, lassen sich zu köstlichen SALATEN verarbeiten, während die getrockneten Wurzeln einen akzeptablen Kaffee-Ersatz hergeben.

Die **GEMEINE GOLDRUTE**, 40 cm hoch und mit gelb gebündelten Blüten versehen, ist ein treffliches Mittel zur Heilung von Wunden, zu welchem Zweck ein BREIUMSCHLAG aus den zerstoßenen Blättern aufgetragen wird. Zu TEE verarbeitet, kann die Pflanze Nierenleiden lindern.

Wer seinen Haaren früher etwas Gutes tun oder lieblichen Rosenduft verbreiten wollte, kochte **ROSENWURZ** ab, der im Juli blüht, und verwendete den SUD als Haarspülung. Andere wiederum pflanzten das Berggewächs auf ihren Torfdächern an, weil sie daran glaubten, es wäre als BLITZABLEITER geeignet.

Der **ERZENGELWURZ** ist ein Titan unter den Blumen und kann bis zu 2 m hoch werden. An seinen sahnig-gelben Blüten, zu Schirmen gesammelt, ist er leicht erkannt, und seine dicken Stiele waren früher als Vitamin-C-Speise sehr beliebt, ja Gesetze gab's, die sahen Strafen vor für ein unbefugtes Eindringen in Erzengelwurzgärten. Seine Wurzel wurde während Pestzeiten gekaut. Auch vor anderen ansteckenden Krankheiten sollte sie schützen, doch heute findet der Wurz nur noch IN LIKÖREN Verwendung – in der Chartreuse ist er vertreten.

Die **ALANT-DISTEL**, mit ihrem Blütenbesen einem Pinsel ähnlich, verwandelt gegen August viele STRASSENRÄNDER IN ROTE BAHNEN. Ihre Blätter auf Wunden, auch Brandwunden gelegt, bringen Linderung und Heilung, die Samenwolle kann Daunen in Kopfkissen ersetzen, und in schlechten Zeiten wurden die getrockneten Blätter als Tabakersatz geraucht.

Auch die **SCHARFGARBE** gilt dem Menschen des technischen Zeitalters als Unkraut. Dabei verströmt sie nicht nur einen herrlichen Sommerduft, sondern lässt sich auch zu aromatischem Tee verarbeiten, als Speisewürze verwenden, zu Bier und Schnaps brauen. Weiterhin hilft sie, Wunden zu heilen, und angeblich kann sie auch den FLUCH der Schwarzen Magie abwenden, gegen alle Arten böser Geister schützen.

DIE FLECHTE – EIN »MIKROKOSMOS«

Nutzen und Schönheit der wohl anspruchslosesten Pflanzengruppe fallen nicht sofort ins Auge. Gemeint ist die Flechte, in der ALGEN UND PILZE IN SYMBIOSE leben, wobei die Chlorophyll-führenden Algenzellen durch die Photosynthese Traubenzucker und andere Stoffe produzieren, während die Pilze vor allem die Aufnahme von Wasser und Nährsalzen besorgen.

Ihrem ganzen Habitus nach scheint die Flechte Teil des Felsens zu sein, an den sie sich klammert; sie scheint eher Mineral als Pflanze, überlebt selbst in Regionen des Permafrostes, kann hunderte Jahre alt werden und wächst so langsam, dass der Zuwachs des Thallus lediglich 1–2 mm pro Jahr beträgt.

Ihre SCHÖNHEIT erkennt eigentlich nur, wer sich auf den Boden legt und die feinen Maserungen betrachtet, die gleichermaßen an komplizierte Netzwerke und Mikrochip-Strukturen erinnern oder, je nach Art, an filigrane Miniaturen, mikroskopisch kleine Schornstein-Landschaften oder auch Kirchenfenster à la Chagall.

Um den Nutzen der Flechte mit eigenen Augen zu verfolgen, müsste man ähnlich zeitlos sein wie sie, denn das, was sie hervorbringt, bedarf Jahrhunderte, wenn nicht Jahrtausende: fruchtbaren Boden, geschaffen vom Pilz, dem Pionier, der konstant organische Säure (der chemischen Zusammensetzung nach Polycarbonsäure) absondert, die nirgends sonst in der Natur vorkommt, und das Substrat, den Fels, auf dem er sitzt, in einem unermesslich langsamen chemischen Erosionsprozess zersetzt.

Aber noch zu etwas anderem ist die Flechte nützlich: Sie gilt nämlich als INDIKATOR FÜR SAUBERE LUFT: Viele Arten (unter den 19.000 bekannten) gehen ein, tritt auch nur eine geringe Verschmutzung auf. Ihr üppiges Vorkommen auf den Lofoten zeigt an, wie es hier um das bestellt ist, was sich auf dem Globus weit verbreitet in üblem Zustand befindet.

WANDERZEIT – SAMMELZEIT

Kaum eine Sommerwanderung, von der man nicht etwas Schmackhaftes aus dem großen Wildgarten der Lofoten-Natur mitbringen könnte, oder auf der sich nicht zumindest teilweise die Wegzehr sammeln ließe.

Beginnen wir mit den allgegenwärtigen **BEEREN**, von denen insbesondere die Heidel- oder Blaubeere sowie Rauschbeere neben Preiselbeere, Molte- oder Multebeere zu nennen sind.

Die BLAUBEERE *(Vaccinium myrillus)* wächst zwar auf den Lofoten in den meisten Vegetationszonen, aber in den niedrigeren Lagen (etwa bis 300 m) gedeiht sie in stellenweise wirklich unglaublicher Menge und einer Größe, die der bei uns beheimateten Beere spottet. Die Blaubeer-Zeit herrscht, je nach dem Verlauf des Sommers, zwischen Anfang / Mitte August sowie Anfang / Mitte September.

Die RAUSCHBEERE *(Vaccinium uliginosum)* ist übrigens die direkte Verwandte der Blaubeere, sieht dieser auch äußerlich zum Verwechseln ähnlich, ist aber innen von weißer Farbe und kann etwas säuerlich schmecken.

Auch die kleine, rote PREISELBEERE *(Vaccinium vitisidae)* ist in vielen Vegetationszonen zu finden, bevorzugt sonnenreiche Südhänge in tiefen bis mittleren Lagen, ist aber in unbehandeltem Zustand – also ungekocht und nicht gezuckert – von ziemlich herbem, den Mund zusammenziehendem Geschmack. Auch im August kann man sie hier und da schon sammeln, aber im September und bis etwa Mitte Oktober geht es erst richtig (und gefäßfüllend) zur Sache. Manch eine/r erntet dann mit einem *bærplukker* (erhältlich in den meisten Geschäften; ideal auch für Blaubeeren) geradezu großflächig ab.

Die beliebteste aller Beeren aber ist den Lofotern die in Mitteleuropa unbekannte MOLTEBEERE *(Rubus chamaemorus)*, die hier als Delikatesse wie keine andere Wildfrucht sonst gefragt ist. Das auch als Multebeere bekannte Rosengewächs gedeiht skandinavienweit in mooriger, jedoch nicht sumpfiger Landschaft vom Meersniveau bis hinauf auf etwa 300 m Höhe, besitzt einen

Leicht zu erkennen: Moltebeeren ▲

extrem hohen Vitamin-C-Gehalt und ist außerdem reich an Benzolsäure (die Schimmel und Gärung verhindert und dadurch lange Haltbarkeit garantiert), weshalb die etwa kirschgroße Frucht, die an krautigen, 10–15 cm hohen Pflanzen gedeiht, bis in unsere Tage hinein eine wichtige zusätzliche Nahrungsquelle für den langen Winter war. Deshalb auch war sie geschützt, fiel also nicht unter das Allemannsretten, das sogenannte Jedermannsrecht (siehe Seite 121 f.). Erntezeit ist zwischen Mitte Juli und August, und der Geschmack der Frucht, die reif eine orange bis hellgelbe Färbung hat, kann an eine Mischung aus Aprikose, Erdbeere und Mango erinnern. Mit Sahne oder Sauerrahm genossen und leicht gezuckert schmeckt sie am besten, obwohl sie auch vielfach zu Marmelade oder Gelee verarbeitet wird.

Aber nicht nur um Beeren geht es dem Sammler auf den Lofoten, sondern auch und insbesondere um **PILZE.** Wer Ahnung hat oder mit einem Pilzbuch ausgestattet ist, auf die/den warten kulinarische Genüsse. Die Pilzzeit beginnt hier, grob gesagt, Anfang bis Mitte August und währt etwa bis Mitte / Ende September. Im direkten Einflussbereich des Meeres sucht man sie, wie auch im Hochgebirge, vergebens; die größte Vielfalt bietet sich in unteren und niederen Lagen bis etwa 150 m ü.d.M. überall da, wo es weder zu trocken noch zu nass ist.

So groß die Zahl an Speisepilzen nun ist, die Lofoter sammeln eigentlich nur Pfifferlinge. Weder Hallimasch, Birkenpilze und Rotkappen, ja nicht einmal Steinpilze, die es hier teils in enormen Größen gibt – wir fanden einst ein 1,5 kg schweres Prachtexemplar –, haben es den Inselbewohnern angetan, weshalb die möglichen Sammelmengen oft jeder Beschreibung spotten.

Die »Bürger des feuchten Landes«

JÄGER UND GEJAGTE

Von der Formen- und Artenarmut aller nordischen Inseln an höheren Tieren machen die Lofoten keine Ausnahme. Allerdings war die Fauna nicht immer so spärlich vertreten wie heute. Das konnten die Archäologen den Zoologen beweisen, als sie bei Ausgrabungsarbeiten in Storbåthellaren auf Essensreste der Steinzeitmenschen stießen, die zweifelsfrei belegen, dass es im Inselreich vor etwa 4000 bis 5000 Jahren Bären gegeben haben muss, worauf ja auch mehrere Ortsnamen (die mit einem *bjørn* im Wort) hinweisen. Ebenso konnten Überreste von Bibern, Hirschen und Rentieren sowie vom Riesenalk – einem gigantischen Vogel, der nicht fliegen konnte und längst ausgestorben ist – nachgewiesen werden. Die Funde berechtigen zur Annahme, dass es Zeiten gab, als das Klima wärmer war und die Wälder größer waren, wie es heute der Fall ist.

Der größte frei lebende Säuger, den man vereinzelt zu Gesicht bekommen kann, ist der **ELCH**, der, seit die Elch-Population auf dem Festland stark angewachsen ist, in verstärktem Maße von der benachbarten Vesterålen-Insel Hinnøya über den Raftsund zum Archipel hinüber SCHWIMMT. Inzwischen sind dutzende Exemplare dieses bis über 500 kg schweren und früher nur im borealen Nadelwald vertretenen Tieres auf den Lofoten beheimatet, und insbesondere auf Austvågøya sorgt der Elch immer wieder für Verkehrsunfälle, zumal die Lofoter noch nicht an sein Da-Sein gewöhnt sind.

Anders Reineke **ROTFUCHS**, der ursprünglich nur auf Austvågøya und Vestvågøya beheimatet war und dort in den 1930er Jahren eine dermaßen rei-

◀ Der charakteristische Birkenpilz ist keine Delikatesse, aber gut genießbar.

che **HASEN**-Ernte hielt, dass die Langohren heute auf Austvågøya ausgestorben sind und man wohl auch auf der südlichen Nachbarinsel in Bälde einen Nachruf verfassen darf. Auf Flakstadøya gab es zwar bis vor wenigen Jahren noch viele Hasen, aber keine Füchse, was die Gartenbau betreibenden Einwohner dazu veranlasste, welche auszusetzen. Der Erfolg war groß: Meister Lampe macht sich seither rar, doch die schlauen Räuber wurden schnell zur Inselplage und vergriffen sich an Enten und Hühnern, wofür man ihnen schießend den Garaus bereitete.

Der gemeinen **RATTE** war und ist nicht beizukommen, und weil Müll anfällt, der nicht verbrannt wird, weil auch die Fischindustrie so manche Leckerbissen für die Nager bereithält, vermehren sie sich wie eh und je und wie fast überall sonst auf der Erde. **MÄUSE** gibt es auch – die Feld- sowie die Große Wühlmaus; die ist unbeliebt, weil sie sich winters an den Rinden der Bäume (bevorzugt Espe, Eberesche und Weide) gütlich tut.

Um eine andere Wühlmaus, 14 bis 17 cm groß, wurden abenteuerliche Legenden gesponnen: etwa die, die *Conrad Gesner* im 16. Jahrhundert wiedergab und die besagt, dass selbige bei verschmutzter Luft nach einem Platzregen zu Tausenden vom Himmel fällt. Alfred Brehm zitierte im 19. Jahrhundert die Vermutung der Nordländer, dass diese Wühlmaus, wenn sie stirbt, die Luft verpeste, wodurch der Mensch von Schwindel und Gelbsucht befallen würde. Anderen Berichten zufolge soll es sich begeben, dass sich die Nager, wenn sie die Nähe ihrer Mitmäuse nicht länger ertragen können, in Prozession von den höchsten Felsen aus ins Meer stürzen. Man ahnt es schon, die Rede ist vom **LEMMING**, und wahr ist an all den Legenden rein gar nichts, außer dass sie – wird die Populationsdichte zu hoch und damit der Stress übermächtig – in großen Zügen abwandern (was viele nicht überleben). Vom Massensuizid kann also keine Rede sein (zumal sie perfekte Schwimmer sind). Aber man muss Glück haben, will man den possierlichen Wühlern begegnen, denn sie, die als die ältesten Einwohner Norwegens gelten (da schon direkt nach der Eiszeit vorhanden), leben meist im Verborgenen. Und nur alle 3 – 4 Jahre, wenn ihr Lebensrythmus als Folge der Überbevölkerung durcheinander gerät, kann man sie zuhauf während ihrer Wanderschaft beobachten. Zu solchen Zeiten schwillt auch die Zahl ihrer Fressfeinde an, vor allem Rotfuchs,

Möwe und Rabe. Sinkt die Mäusedichte schließlich, sterben wiederum auch viele ihrer Jäger.

Die anderen frei lebenden Säuger auf den Lofoten gehören allesamt zur Familie der **MARDER.** Da ist zuallererst das WIESEL – ein interessanter Neugieriger, dem man überall da begegnen kann, wo Steine sind; und wo sind die nicht auf den Lofoten? Dass er eine Plage sein kann, wissen die Fischer zu berichten, denen er immer wieder mal einen Fang stiehlt.

Ein schlimmerer Räuber ist der NERZ, denn er fischt selbst, und zwar sowohl in Flussläufen als auch im Meer; und wo viele Nerze beisammen sind, ist es um den Forellen- und Saibling-Bestand meist schlecht bestellt.

Auch der OTTER ist ein eifriger Meeresfischer. Seine Neugierde trieb ihn schon mehrfach auf die Straßen der Archipel-Metropole Svolvær, seine Lust am Spielen ist belegt, und winters – so sagen die Lofoter – kann man ihn beim Klippen-Schlindern beobachten, was stets mit einem Klatsch im Meer endet, woraufhin er aufsteigt und von Neuem beginnt.

WO MILLIONEN VÖGEL LEBEN – DIE VOGELFELSEN

Auf den Lofoten stehen Land und See in ständigem Kontakt und Wechselspiel. Der Archipel bietet mit einer FÜLLE GESCHÜTZTER NISTPLÄTZE auf Klippen und Felstürmen gewaltigen Kolonien von Seevögeln eine Heimat. Die See, die die Inseln umspült, ist reich an Plankton und ernährt riesige Fischschwärme, die wiederum den Vögeln als Nahrung dienen. Kaum eine andere Gegend kann sich so vieler verschiedener Seevogelarten in solcher Zahl rühmen; die Vogelfelsen Vedøya auf Røst sowie Mostadheia auf Værøy gelten als mit die reichsten der Erde.

Millionenfaches Schreien liegt in der glasklaren Luft, wenn im Frühling endlose Vogelkarawanen – getragen von der Flutwelle des Instinkts – in zerrissenen Reihen den Himmel durchpflügen und ihn gleich dunklen Wolken verhüllen, bevor sie auf den schroffen Steilfelsen landen, um dort in Kolonien zu brüten. »In so zahllosen Scharen können sich die Vögel sammeln, dass die Fischer von ihrem unaufhörlichen Geschrei halb wahnsinnig wurden und die Peilung zum Land verloren«, wie *Carl Schøyen* in seinen Lofoten-Geschichten zu berichten weiß. Es brodelt die Luft von durcheinandergewirbelten Vogelleibern, Guano fällt wie Hagel vom Himmel und verfärbt das Meer. Aber dieser Aufruhr ist noch nichts gegen den, der sich erhebt, wenn sich die Paare zusammenfinden, ihre Reviere abstecken und von da an unnachgiebig verteidigen. Dann hallt das heisere Gekreische der zankenden Vögel von den steilen Klippen wider und übertönt sogar das Donnern und Rauschen des Nordmeeres, das gegen die Felsen andrängt.

Trotz des unaufhörlichen Lärms halten die Siedler dieser Vogel-»Hochhäuser« im Zusammenleben und vor allem beim Brüten in überraschendem Maße Ordnung, was sie weitgehend dadurch erreichen, dass sie sich nach Arten absondern. Manche nehmen ganze Klippen in Beschlag, andere suchen zumindest getrennte Teile einer Klippe auf, und über allem herrscht eine Art VERHALTENSKODEX, der verhindert, dass der Zank um die Nistplätze zwischen Artgenossen in Blutvergießen gipfelt.

Die größte Kolonie im Fels bilden die **PAPAGEITAUCHER**, welche die Grashänge im oberen Bereich der Klippen bevölkern und dort in selbst gegrabenen Erdhöhlen von bis zu 3 m Länge brüten.

Allein auf Værøy schätzt man ihre Zahl auf rund eine Million. Mit ihren Namen gebenden bizarren runden Schnäbeln hacken sie die Erde auf, die sie mit den ebenfalls roten Schwimmfüßen hinausschaufeln. Eng an eng liegen die von den Männchen mit weithin hörbarem Zusammenschlagen der Schnäbel verteidigten Nestkammern, in denen das Weibchen das Ei ausbrütet, aus dem nach rund fünf Wochen das (einzige) Junge ausschlüpft. Nach weiteren fünf Wochen endet die Nestlingszeit und beginnt das kleine, possierliche Tierchen mit dem Flügeltraining, indem es springend, laufend und fliegend dem Meer zustrebt, seinem eigentlichen Lebensraum, den es ab Ende August, jetzt flügge geworden, bis in den Frühling hinein bewohnen wird.

Die an traurige Clowns erinnernden Vögel gehören nämlich zur großen Familie der ALKEN, die in der nördlichen Hemisphäre die Pinguine vetreten und ähnlich wie diese leben. Ihr Flugapparat erinnert daran, was Alken im Grunde sind – warmblütig gewordene Reptilien mit Flügeln: Sie sind wesentlich besser zum Tauchen als zum Fliegen geeignet.

Im nächsttieferen »Stockwerk« brüten **TROTTELLUMMEN** und **TORDALKEN** unter Felsvorsprüngen. Beide tragen ein schwarzes Ober- und ein weißes Unterkleid, sehen mit weit zurückversetzten Beinen den Pinguinen ähnlich und können anhand ihrer Schnabel- und Halsformen unterschieden werden. Während der Schnabel der Trottellumme lang, gerade und ungezeichnet ist, der Hals dünn, ist der Schnabel des dickhalsigen Tordalk seitlich komprimiert und mit einer weißen Querlinie versehen (die allerdings im Winter fehlt). Beide gehören zur Familie der Alken, sind also eher schlechte Flieger, aber gute Taucher und verbringen, mit Ausnahme der Brutzeit, das ganze Jahr auf hoher See. Trottellummen gelten als die am besten angepassten Felsbrüter: Sie bauen keine Nester, sondern legen ihre Eier (nur eins je Paar, Brutzeit 35 Tage) auf einwärts geneigte Felsbänder ab; über 30 Lummen finden auf diese Weise Platz auf nur 1 m^2. Jedes Ei ist individuell gemasert – woran die Eltern das ihre erkennen. Rund drei Wochen nach dem Schlüpfen kündigen die Küken das sogenannte Lummenspringen durch den lauten Wasserruf »Tschiwi« an. Den Eltern verbleiben drei Tage, sich dieses akustische Signal genau einzuprägen, denn nach dem Absprung des Jungvogels können sie ihn im Meer nur anhand dieses Rufes von den anderen Lummen unterscheiden. Dann folgt der Sprung, und heftig mit den Flügeln schlagend purzeln die Flugschüler mehr fallend als gleitend zum Meer hinunter. Wer auf den Fels aufschlägt, hat verspielt, weshalb die Eltern stets solche Brutplätze bevorzugen, die möglichst an einem überhängenden Steilhang gelegen sind.

Der **BASSTÖLPEL**, ein Verwandter des Albatros, ist mit einer Flügelspannweite von fast 2 m der größte Seevogel der Nordhalbkugel. Seine Brutnester liegen – direkt unterhalb von denen der Alkvögel – so dicht beieinander, dass beinahe keine Handbreit Fels mehr frei bleibt. Nähert sich ein Eindringling dieser Kolonie großer weißer Seevögel (gelbliche Kopftönung, grau umrahmte Augen, blauweißer Schnabel, braune Füße und schwarze Flügelspitzen), werden die Tölpel zu kreischenden Furien; und stimmt ein einzelner zum markanten »Urrah-rah-rah-...« an, fallen alle in diesen ohrenbetäubenden Ruf ein. Nichts ist aufregender, als einem Basstölpel bei der Jagd zuzuschauen, denn der über 3 kg schwere Vogel gleitet wie ein Adler hunderte von Metern über dem Meer dahin, durchdringt mit »Argusaugen« die Fluten und schießt – hat er einen Fisch entdeckt – mit angelegten Flügeln wie eine

Rakete auf die Wasseroberfläche zu, in die er senkrecht eintaucht, um schon Sekunden später mit der Beute im Schnabel wieder aufzusteigen.

Die nächste Etage wird von den **DREIZEHENMÖWEN** kolonisiert, von denen allein auf Vedøya bei Røst rund 5 Millionen nisten sollen. Dieser langflügelige, perlgraue Seevogel, einer Sturmmöwe zum Verwechseln ähnlich (nur kleiner und ohne weiße Flecken an den schwarzen Flügelspitzen, aber mit schwarzen Beinen), brütet in winzigen Felsnischen und auf Vorsprüngen, wo die Weibchen jeweils drei Eier in kleine Nester legen. Nach 22 Tagen schlüpfen die Küken aus, und die folgenden fünf Wochen, bis sie flügge sind, markieren den gefährlichsten Zeitraum ihres Lebens:

Ständig fliegt nämlich die große Verwandte, die **RAUBMÖWE**, mit unverhohlener Gefräßigkeit auf Lauer, um bei der geringsten Unachtsamkeit der Eltern (die die Jungvögel mit ihren Körpern schützen) gleich einem Sturzbomber hinabzustoßen.

Gefährlich ist auch der »Herrscher der Lüfte«, der gewaltige **SEEADLER**, den an Flügelspannweite in Europa nur noch der Steinadler überbietet. Von seinen hoch liegenden Horsten gleitet er regelmäßig herab, um für sich und seine Jungen die reich gedeckte »Vogelberg-Tafel« zu plündern.

Auch die größten europäischen Wasservögel – **KORMORANE** und **KRÄHENSCHARBEN** (beide zur Familie der Kormorane gehörig), sind auf den Vogelinseln von Røst und Værøy (aber auch sonst in den unteren Lagen der Felsküsten des Archipels) reich vertreten. Beide sehen sich zum Verwechseln ähnlich, doch der Kormoran ist größer, trägt ein vollkommen dunkles Federkleid, während die Krähenscharbe am Schnabelgrund und unter dem Auge gelb gefärbt und zur Brutzeit durch eine nach vorne gebogene Federhaube gekennzeichnet ist. Beide jagen ihre Beute tauchend, wobei sie den Schwanz als Ruder einsetzen. Sie lassen sich gut beobachten, denn nach der Jagd setzen sie sich auf Klippen, öffnen die Flügel und bewegen sich rhythmisch hin und her, um die Flügel zu trocknen.

Südlich des Polarkreises gibt es ein weiteres norwegisches Seevogelparadies: Die 6,4 km² große Insel Runde, zwischen Trondheim und Bergen, bevölkern im Juli bei günstigem Klima und Nahrungsangebot (= ausreichend Fisch im Meer) bis zu 700.000 Vögel; von 245 Arten hat man fast 100 beim Brüten beobachtet.

TRAGÖDIEN AUF DEN VOGELFELSEN

Die Tiergemeinschaften auf den Lofoten, ja im hohen Norden schlechthin, unterscheiden sich von den Ökosystemen südlicherer Breiten durch eine größere Biomasse bei geringerer Produktivität: Statt vieler Arten mit relativ wenigen Exemplaren findet man hier relativ wenige Arten mit vielen Exemplaren. Solche Systeme aber reagieren auf Eingriffe des Menschen wesentlich anfälliger als die gemäßigter Zonen, wo lange Wachstumsperioden und die Vielfalt der Lebewesen manche Misshandlung ausgleichen können. Beispielhaft für diesen Zusammenhang können die Seevogelkolonien von Værøy und Røst auf den südlichen Lofoten zählen: Über die Jahrhunderte hinweg galten sie als die größten und am dichtesten besiedelten von Norwegen, ja von ganz Europa, doch seit sich in den 1960er Jahren die Nahrungsverhältnisse der Seevögel aufgrund der hoffnungslosen Überfischung der Barentssee und des Nordmeeres drastisch verschlechterten, ging es plötzlich rapide abwärts im Bestand aller auf den Vogelfelsen heckenden Arten. Die zunehmende Ölverschmutzung tat und tut ein Übriges, und auch die Auswirkungen der Klimaveränderungen darf man nicht unterschätzen; zigtausende Seevögel kommen jährlich zudem in den ausgelegten Fischernetzen zu Tode, und so kommt es, dass heute ganze Kolonien vom Aussterben bedroht sind:

Wurde die Zahl der auf Røst heckenden Papageitaucher-Paare beispielsweise noch 1980 auf nahezu 1,5 Mio. geschätzt (Værøy ca. 500.000), so waren es 1985 nur noch rund 750.000. Bis zum Sommer 2007 war der Bestand auf 475.000 geschrumpft (Værøy: ca. 50.000), und es besteht triftiger Grund zu der Annahme, dass es in Zukunft noch viel schneller bergab geht mit dem *lundefugle:* Wie nämlich im Juli 2007 in der Tageszeitung Lofotpost zu lesen war, blieb in diesem Jahr der *sil* (Sandaal) vor Røst nahezu gänzlich aus. Dieser Fisch aber ist im Sommer Hauptnahrungsquelle der Papageitaucher, und so kam es, dass nahezu alle Paare ihre Nester und Eier auf Futtersuche verlassen mussten, um selbst zu überleben. Damit war die Brut eines gesamten Jahres dem Untergang geweiht, und weil dieses Phänomen auch in den vergangenen Jahren wiederholt beobachtet wurde, sprechen Ornithologen wie etwa *Tycho Anker-Nilsen* vom Norwegischen Institut für Naturforschung (NINA) von einer Katastrophe unübersehbaren Ausmaßes.

FORTSETZUNG NÄCHSTE SEITE

Papageitaucher

FORTSETZUNG: **TRAGÖDIEN AUF DEN VOGELFELSEN**

Geht es noch ein wenig weiter wie bisher, ist es nur noch eine Frage der Zeit, bis die größte Papageitaucher-Kolonie unseres Kontinents gänzlich ausgestorben ist; ganz ähnlich verhält es sich mit derjenigen der Trottellummen, die im Jahr 2004 bereits als gefährdete Art auf die Rote Liste der International Union for Conservation of Nature and Natural Resources (IUCN) gesetzt wurde. Der Rückgang in ihrem Bestand belief sich von 1984 bis 2006 auf sage und schreibe rund 97 %, und nur noch etwa 200 – 300 heckende Paare fanden sich zuletzt auf Røst und Værøy. Damit steht ihr Aussterben unmittelbar bevor, und es besteht die Gefahr, dass Ornithologen demnächst auch für die Dreizehenmöwe einen Nachruf verfassen müssen: Wurde ihr Bestand Mitte des 20. Jahrhunderts allein auf Røst auf mehrere Millionen geschätzt, beläuft sich heute die Gesamtpopulation in Norwegen nur noch auf 300 – 600.000 Tiere. Auf Røst und Værøy zusammen wurden 2002 etwa 40.000 heckende Paare verzeichnet, doch da die Kolonie je Generation zur Zeit um etwa 30 – 50 % schrumpft, kann man sich ausrechnen, wie viele es zur Zeit noch gibt. Dementsprechend wurde auch dieser Seevogel auf die Rote Liste gesetzt.

Die Population des Eissturmvogels hat sich in den vergangenen 10 Jahren um gut 60 % reduziert, nur etwa 100 Nester wurden 2005 noch auf Røst registriert, und jährlich schrumpft der Bestand um weitere 15 %. Die Tordalken auf Røst und Værøy haben seit den 1970er Jahren etwa 90 % verloren, jährlich werden es zur Zeit rund 9 % weniger, und landesweit soll es nur noch ca. 9000 heckende Paare geben. 4500 Basstölpel-Paare werden norwegenweit gezählt. Einen Zuwachs verzeichnen konnte man nur bei den Kormoranen sowie Krähenscharben (etwa je 600 % seit 1998 !), dem unter Schutz stehenden Seeadler sowie vor allem auch bei den Seevogelei-Räubern Raubmöwen, Raben und Krähen.

Die Angaben der nachfolgenden Artenliste sind mit einer gewissen Vorsicht zu genießen, denn seit die Tabelle Ende der 1980er Jahre erstellt worden ist – eine aktuellere gibt es nicht –, wurde europaweit ein drastischer Rückgang im Bestand nahezu aller Zugvögel beobachtet. Dies resultiert u. a. daraus, dass in den Winterquartieren der Tiere massiv Schädlingsbekämpfungsmittel eingesetzt und außerdem dort lang und immer länger anhaltende Dürreperioden verzeichnet werden.

Vogelart	**Aust-vågøya**		**Gims-øya**		**Vest-vågøya**		**Røst**	
Rabenvögel *(Corvidae)*								
Kolkrabe	●	▲	●	▲	●	▲	●	▲
Krähe	●	▲	●	▲	●	▲	●	▲
Elster	●	▲	●	▲	●	▲	○	△
Stare *(Strunidae)*								
Star	●	▲	●	▲	●	▲	●	▲
Finken *(Fringillidae)*								
Grünfink	●	▲	✱	▲	●	▲	○	△
Zeisig	○	△	○	○	○	○	○	○
Birkenzeisig	●	▲	●	▲	●	▲	○	△
Berghänfling	●	▲	●	▲	●	▲	○	△
Dompfaff	●	▲	○	▲	✱	▲	○	○
Fichtenkreuzschnabel	○	△	○	✱	○	✱	○	△
Kiefernkreuzschnabel	○	✱	○	✱	○	✱	○	✱
Buchfink	●	△	○	✱	○	✱	○	○
Bergfink	●	▲	●	▲	●	▲	○	▲
Ammern *(Emberizidae)*								
Goldammer	○	△	○	✱	○	✱	○	○
Rohrammer	●	▲	●	▲	●	▲	○	△
Sporammer	✱	✱	✱	△	✱	✱	●	△
Schneeammer	●	▲	✱	▲	✱	▲	●	▲
Sperlinge *(Passeridae)*								
Haussperling	●	▲	●	▲	●	▲	●	△

Zeichenerklärung auf Seite 57

Vögel	Aust-vågøya		Gims-øya		Vest-vågøya		Røst	
Lerchen *(Alaudidae)*								
Ohrenlerche	●	△	●	▲	●	▲	✷	△
Stelzen *(Motacillidae)*								
Baumpieper	✷	△	○	○	○	○	○	○
Wasserpieper	●	▲	●	▲	●	▲	●	▲
Schafstelze	○	○	○	○	○	○	○	△
Bachstelze	●	▲	●	▲	●	▲	●	▲
Meisen *(Paridae)*								
Kohlmeise	●	▲	●	△	●	▲	○	○
Tannenmeise	○	△	○	○	○	○	○	○
Weidenmeise	●	▲	●	▲	●	▲	○	○
Seidenschwänze *(Bombycillidae)*								
Seidenschwanz	✷	▲	✷	▲	✷	▲	○	△
Sänger *(Muscicapidae)*								
Grauschnäpper	✷	✷	✷	✷	✷	✷	○	△
Trauerschnäpper	●	▲	●	▲	●	▲	○	○
Grasmücken *(Sylviidae)*								
Wintergoldhähnchen	✷	✷	✷	✷	✷	✷	○	○
Zilpzalp	✷	✷	✷	✷	✷	✷	○	○
Fitis	●	▲	●	▲	●	▲	○	△
Schilfrohrsänger	●	△	✷	✷	●	△	○	○
Gartengrasmücke	✷	✷	○	○	○	○	○	○
Mönchsgrasmücke	○	△	○	○	✷	✷	○	○
Dorngrasmücke	○	○	○	○	✷	✷	○	○
Singdrossel	●	△	✷	✷	✷	✷	○	△
Rotdrossel	●	▲	●	▲	●	▲	○	△
Ringdrossel	●	▲	●	▲	●	▲	●	△
Schwarzdrossel	✷	✷	✷	✷	✷	✷	✷	✷
Steinschmätzer	●	▲	●	▲	●	▲	●	▲
Gartenrotschwanz	●	△	✷	✷	✷	✷	○	△
Blaukehlchen	●	▲	●	▲	●	▲	○	△
Rotkehlchen	○	△	○	△	✷	✷	○	△
Braunellen *(Prunellidae)*								
Heckenbraunelle	●	▲	●	▲	●	▲	○	○
Zaunkönige *(Troglodytidae)*	✷	✷	✷	✷	✷	✷	●	△

Zeichenerklärung auf Seite 57

Vögel	Austvågøya		Gimsøya		Vestvågøya		Røst	
Wasseramseln *(Cinclidae)*								
Wasseramsel	✷	▲	✷	✷	✷	▲	●	△
Schwalben *(Hirundinidae)*								
Rauchschwalbe	●	△	✷	✷	●	△	○	△
Mehlschwalbe	✷	✷	○	△	✷	✷	●	△
Uferschwalbe	○	○	○	○	●	△	○	△
Turmschwalbe	○	△	○	△	○	○	○	○
Spechte *(Picidae)*								
Buntspecht	○	△	○	△	○	△	○	△
Kuckucke *(Cuculidae)*								
Kuckuck	●	▲	●	▲	●	▲	○	△
Eulen *(Strigidae)*								
Schnee-Eule	○	✷	○	○	○	○	○	△
Uhu	✷	✷	○	○	○	○	○	○
Sperbereule	✷	△	○	○	○	✷	○	△
Rauhfußkauz	○	△	○	✷	○	✷	○	△
Sumpfohreule	●	△	●	△	●	△	○	△
Waldkauz	○	△	○	○	○	○	○	○
Falken *(Falconidae)*								
Gerfalke	✷	△	✷	✷	✷	✷	○	△
Wanderfalke	✷	△	✷	✷	✷	✷	●	△
Merlin	✷	△	✷	✷	✷	✷	○	△
Turmfalke	✷	△	✷	△	✷	△	○	△
Greife *(Accipitridae)*								
Steinadler	✷	△	✷	△	○	△	○	✷
Rauhfußbussard	●	△	●	△	●	△	○	✷
Habicht	○	△	○	✷	○	△	○	✷
Seeadler	●	▲	○	▲	●	▲	●	▲
Reiher *(Ardeidae)*								
Graureiher	●	▲	○	▲	●	▲	●	▲
Entenvögel *(Anatidae)*								
Singschwan	○	△	○	△	○	△	○	△
Stockente	●	▲	●	▲	●	▲	●	▲
Pfeifente	●	▲	●	▲	●	▲	○	○
Krickente	●	▲	●	▲	●	▲	●	▲

Zeichenerklärung auf Seite 57

Vögel	Austvågøya		Gimsøya		Vestvågøya		Røst	
Spießente	●	△	✷	✷	✷	✷	✷	△
Löffelente	○	○	○	○	○	○	○	△
Reiherente	✷	△	✷	✷	●	▲	✷	△
Bergente	○	✷	○	✷	○	▲	○	△
Schellente	○	△	○	✷	○	△	○	○
Eisente	○	▲	○	▲	✷	▲	○	▲
Prachteiderente	○	▲	○	△	○	△	○	△
Trauerente	○	▲	○	▲	○	▲	○	▲
Samtente	○	▲	○	▲	○	▲	○	▲
Gänsesäger	✷	▲	○	▲	○	✷	○	○
Mittelsäger	●	▲	●	▲	●	▲	●	▲
Tölpel *(Sulidae)*								
Basstölpel	○	○	○	○	○	○	○	△
Kormorane *(Phalacrocoracidae)*								
Kormoran	●	▲	○	▲	●	▲	●	△
Krähenscharbe	●	▲	○	▲	●	▲	●	▲
Sturmvögel *(Procellariidae)*								
Eissturmvogel	○	○	○	✷	○	△	●	▲
Lappentaucher *(Prodicipedidae)*								
Ohrentaucher	●	△	✷	△	●	△	○	△
Rothalstaucher	○	✷	○	△	○	✷	○	○
Seetaucher *(Gaviidae)*								
Prachttaucher	●	▲	●	▲	●	▲	○	△
Sterntaucher	●	△	✷	△	●	△	●	△
Eistaucher	○	▲	○	▲	○	✷	○	△
Tauben *(Columbidae)*								
Ringeltaube	○	○	○	○	○	○	○	△
Turteltaube	○	○	○	○	○	△	○	△
Türkentaube	○	△	○	✷	○	△	○	✷
Schnepfenvögel *(Scolopacidae)*								
Pfuhlschnepfe	○	○	○	○	○	○	○	△
Schnepfenvögel *(Scolopacidae)*								
Pfuhlschnepfe	○	○	○	○	○	○	○	△
Großer Brachvogel	●	▲	●	▲	●	▲	✷	▲
Regenbrachvogel	●	▲	●	▲	●	△	●	▲

Vögel	**Aust-vågøya**		**Gims-øya**		**Vest-vågøya**		**Røst**	
Uferschnepfe	○	○	○	○	●	△	○	△
Waldschnepfe	●	▲	●	△	●	△	○	△
Bekassine	●	▲	●	▲	●	▲	○	△
Zwergschnepfe	○	△	○	✷	○	△	○	○
Alpenstrandläufer	●	△	●	△	●	▲	●	▲
Sichelstrandläufer	○	✷	○	✷	○	△	○	○
Knutt	○	△	○	△	○	△	○	▲
Odinshühnchen	✷	✷	✷	✷	●	△	○	△
Meerstrandläufer	○	▲	○	▲	○	▲	●	▲
Zwergstrandläufer	✷	✷	✷	✷	✷	▲	●	▲
Temminckstrandläufer	✷	✷	✷	✷	✷	△	○	✷
Sanderling	○	△	○	△	○	✷	○	△
Kampfläufer	●	△	✷	✷	●	▲	●	▲
Flußuferläufer	●	▲	●	△	●	△	○	△
Rotschenkel	●	▲	●	▲	●	▲	●	▲
Dunkler Wasserläufer	○	△	○	△	○	▲	○	△
Grünschenkel	○	✷	○	✷	○	✷	○	△
Regenpfeifer *(Charadriidae)*								
Sandregenpfeifer	●	△	●	▲	●	▲	●	▲
Goldregenpfeifer	●	▲	●	▲	●	▲	●	▲
Steinwälzer	○	▲	○	▲	○	▲	✷	✷
Mornell	○	▲	○	▲	○	△	✷	✷
Seeschwalben *(Sternidae)*								
Kiebitzregenpfeifer	○	✷	○	✷	○	△	○	△
Flußseeschwalbe	●	▲	●	▲	●	▲	○	△
Küstenseeschwalbe	●	▲	●	▲	●	▲	●	▲

Zeichenerklärung:

1. Spalte: ● = Brutvogel
1. Spalte: ✷ = Brut unsicher
1. Spalte: ○ kein Brutvogel
2. Spalte: ▲ = häufig, △ = selten
2. Spalte: ✷ = Vorkommen unsicher
2. Spalte: ○ nicht vertreten

Für Flakstadøya, Moskenesøya und Værøy fehlen detaillierte Angaben, aber man kann davon ausgehen, dass die auf diesen Inseln vorkommenden Arten in etwa mit denen von Røst und Vestvågøya übereinstimmen.

Zeiten und Zeitzeugen auf dem Archipel des Kabeljau

DEN ANFANG MACHT DIE STEINZEIT

Man unterscheidet gewöhnlich zwischen älterer und jüngerer Steinzeit, sodann zwischen Bronze- und Eisenzeit. Im südlichen Skandinavien verlief die Grenze zwischen ersteren beiden etwa um 3000 v. Chr. Sie markierte den Übergang zu Ackerbau und Viehzucht sowie das Aufkommen erster geschliffener Steinwerkzeuge und Keramiken. Um 2000 v. Chr. folgte die Bronzezeit, die rund 500 Jahre später in die Eisenzeit überging, welche bis zur Zeitenwende andauerte.

In Nordnorwegen hingegen, wo die Landwirtschaft erst wesentlich später Eingang fand, wird die Grenze zur jüngeren Steinzeit nur auf Grund der Einführung und Verwendung der Steinwerkzeuge und Keramiken gezogen; von Bronze- und Eisenzeit wird vor Christi Geburt überhaupt nicht gesprochen, weil die archaischen Werkzeuge erst lange nach der Zeitenwende durch höher entwickelte ersetzt wurden. Berichte früher Reisender (etwa der Phönizier, Griechen, Römer), die über andere Regionen Europas Aufschlüsse geben, existieren ebenso wenig wie Aufzeichnungen der ersten Lofoter selbst. So wird die Lofoten-Geschichte bis fast ins Mittelalter (ab 1000 n. Chr.) hinein von der sogenannten prähistorischen Archäologie geschrieben. Da sich diese ausschließlich auf die ausgegrabenen materiellen Hinterlassenschaften der »Alten« stützt, kann sie zwar rudimentäre Aussagen über den Stand von Technologie machen, vermag aber nichts über die gesellschaftliche Ordnung zu berichten.

Viel ist es ohnehin nicht, was die Archäologen aus den Urtagen der Lofoten-Menschen ans Tageslicht befördert haben. Die meisten Erkenntnisse stützen sich auf Funde aus der **WOHNHÖHLE STORBÅTHELLAREN**, an der Ostseite von Flakstadøya (siehe Wanderung Nr. 9). Wie Radiocarbon-Datierungen ergaben, war diese (in den 1960er Jahren untersuchte) Höhle von 4000 v. Chr. bis zur Zeitenwende regelmäßig bewohnt; während dieses gesamten Zeitraumes änderten sich Material und Ausarbeitung der verwendeten Werkzeuge fast überhaupt nicht. In den bis zu mehrere Meter dicken Erdschichten der Stätte wurden in der Hauptsache Essensreste ausgegraben, besonders Fischgräten, meist vom Dorsch, seltener von Lachs und Heilbutt. Da es sich bei dem Dorsch um geschlechtsreifen (dann als Kabeljau bezeichneten) Dorsch handelte, gehen die Experten heute davon aus, dass Storbåthellaren VORWIEGEND IM WINTER BEWOHNT war.

Auch Säugetierknochen konnten geborgen werden, und zwar die von Bär, Hirsch, Ren und Biber, außerdem Muscheln und Strandschnecken sowie Federn von 27 verschiedenen Vogelarten. All diese unterschiedlichen Funde führten zu der Folgerung, dass die »Alten« JÄGER, FISCHER UND SAMMLER waren, von einem Fisch-, Fang- oder Sammelplatz zum anderen zogen und sich nur im Winter in ihre sichere Höhle zurückzogen.

Eine weitere Wohnhöhle der Steinzeitmenschen liegt auf der Nordseite von Urstabben bei Kabelvåg und wurde 1921 entdeckt. Die (bislang eher oberflächlichen) Ausgrabungsarbeiten bestätigten die dank Storbåthellaren gezogenen Rückschlüsse; ebenso wie die reichen Funde in der auf der Außenseite von Moskenesøya gelegenen REFSVIKHULA (auf der Karte Nr. 21), eine ungefähr150 m tief in den Berg reichende und bis über 50 m hohe Höhle, die während der Steinzeit und bis vor etwa 3000 Jahren bewohnt war.

Erst in den 1970er Jahren fügten sich neue Erkenntnisse in das bis dahin unvollkommene Bild, als man Überreste von **URHÄUSERN** – rundliche Vertiefungen, von Wällen umgeben – freilegen konnte, die wahrscheinlich schon vor rund 3000 Jahren errichtet worden waren. Die Grundflächen sind mit maximal 15 m^2 sehr klein, weshalb die Fachleute annehmen, dass die Familie damals den sozialen Grundstock der Gesellschaft bildete. Wo diese (insgesamt 27) Wohnstätten zu finden sind, ist der neben stehenden Karte zu entnehmen, in der auch mehrere **HÜGELGRÄBER** eingezeichnet sind, die interessante, da eindeutig aus Südskandinavien stammende Funde enthielten: so eine Streitaxt, einen Flintdolch und Knochen von Haustieren, die es sei-

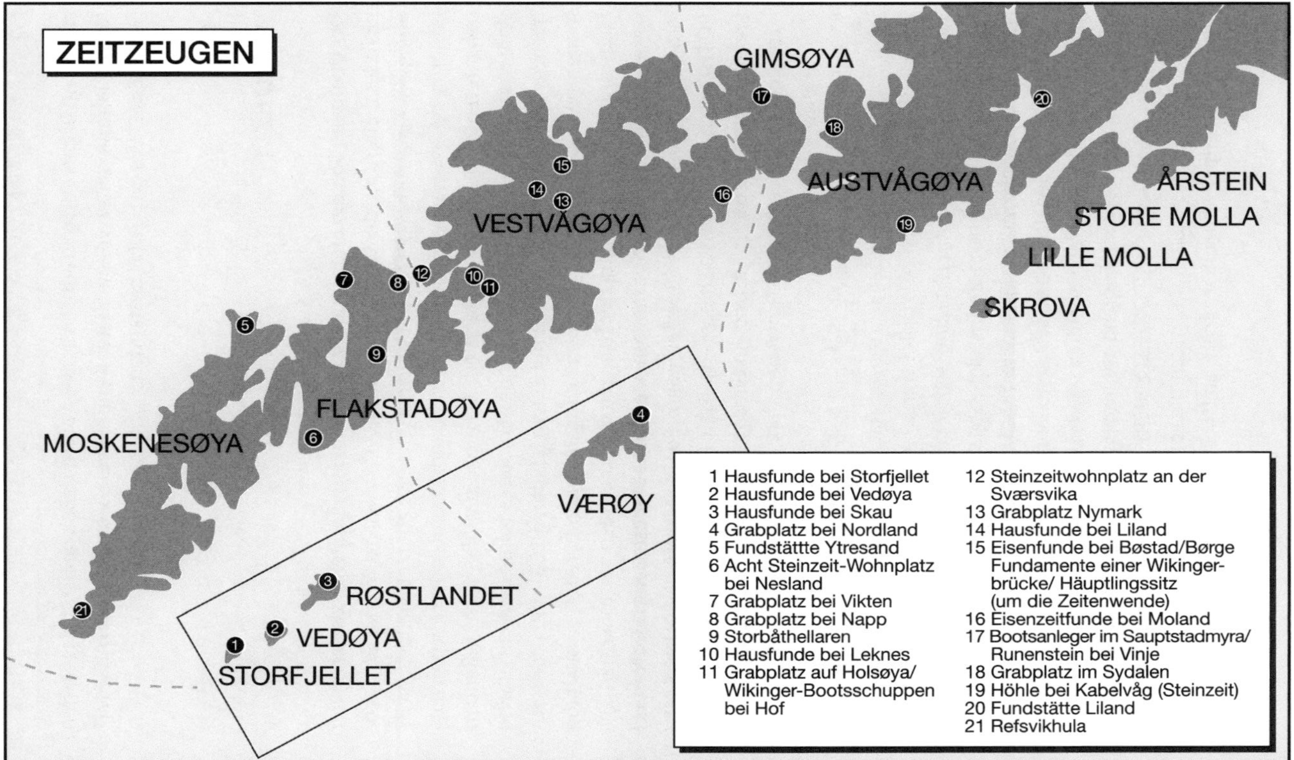
ZEITZEUGEN
GIMSØYA
ÅRSTEIN
STORE MOLLA
LILLE MOLLA
SKROVA
AUSTVÅGØYA
VESTVÅGØYA
FLAKSTADØYA
MOSKENESØYA
VÆRØY
RØSTLANDET
VEDØYA
STORFJELLET
1 Hausfunde bei Storfjellet
2 Hausfunde bei Vedøya
3 Hausfunde bei Skau
4 Grabplatz bei Nordland
5 Fundstättte Ytresand
6 Acht Steinzeit-Wohnplatz bei Nesland
7 Grabplatz bei Vikten
8 Grabplatz bei Napp
9 Storbåthellaren
10 Hausfunde bei Leknes
11 Grabplatz auf Holsøya/ Wikinger-Bootsschuppen bei Hof
12 Steinzeitwohnplatz an der Sværsvika
13 Grabplatz Nymark
14 Hausfunde bei Liland
15 Eisenfunde bei Bøstad/Børge Fundamente einer Wikinger-brücke/ Häuptlingssitz (um die Zeitenwende)
16 Eisenzeitfunde bei Moland
17 Bootsanleger im Sauptstadmyra/ Runenstein bei Vinje
18 Grabplatz im Sydalen
19 Höhle bei Kabelvåg (Steinzeit)
20 Fundstätte Liland
21 Refsvikhula

nerzeit noch gar nicht gab auf den Lofoten – all dies Belege dafür, dass in den letzten Jahrhunderten vor der Zeitenwende bereits wichtige KONTAKTE MIT DEN MENSCHEN IM SÜDEN bestanden.

WENDEZEIT

Der Übergang von der Stein- zur Eisenzeit markiert die Grenze zwischen der nicht sesshaften und der sesshaften Lebensweise, zwischen Werkzeug-Technologien, die auf Knochen und Stein einerseits und auf Metall andererseits basieren, zwischen einer hauptsächlich auf Jagd, Sammeln und Fischen ausgerichteten und einer vorwiegend auf Ackerbau und Viehzucht fußenden Wirtschaft. Wann dieser Übergang auf den Lofoten erfolgte, ist nicht präzise nachzuvollziehen; man muss sich mit einem lapidaren 200–400 n. Chr. zufrieden geben. So wie die Datierung Schwierigkeiten bereitet, ist auch die Frage ungelöst, ob die Kultur der Eisenzeit mit von Süden vorstoßenden Einwanderern in den hohen Norden kam oder ob die eingesessene Bevölkerung lediglich Impulse aus dem Süden aufnahm. Für die **EINWANDERUNGS-HYPOTHESE** spricht, dass die ältesten Eisenzeit-Funde – Hausreste bei Leknes (auf der Karte Seite 61, Nr. 10) und auf Gimsøya (auf der Karte Seite 61, Nr. 17) – solchen im Südwesten von Norwegen stark ähneln.

Was sich mit ziemlicher Gewissheit aus den **FUNDEN VOR ORT** ableiten lässt: dass während der älteren Eisenzeit (bis 600 n. Chr.) NUR WENIGE GEBIETE AUF DEN LOFOTEN BEWOHNT waren, während zur jüngeren, die um 1000 n. Chr. ins Mittelalter überging, schon fast alle Regionen besiedelt waren, die es auch heute noch sind. Andererseits kann das, was gefunden wurde, durchaus verwirren. Erwähnenswert ist in diesem Zusammenhang ein SCHWERTGRIFF, den der Boden bei Liland (auf der Karte Seite 61, Nr. 20) hergab: ein bemerkenswerter Waffenfund für das Norwegen jener Zeit, denn ein Gegenstück konnte nur in England gefunden werden. Ganz in der Nähe von Liland, bei Elltoft, kam ein BRONZESCHWERT zu Tage, mit einem Rahmenwerk aus eingelegtem Silber und geschmückt mit ornamentalen Tierfiguren, wie man es vergleichbar nur in einem Grab in Tschechien entdeckte. Und bei

Skau auf Røst fand man gar einen RING aus geflochtenen Goldsträngen, der gar kein Pendant haben soll.

Nun würde es zu weit führen, in eine Herkunfts-Diskussion einzusteigen, und so beschränken wir uns lieber auf das, was Rückschlüsse auf die Lebens- und Wirtschaftsweise der Eisenzeitler zulässt. Es sind dies insbesondere Ausgrabungen von Siedlungsresten bei Leknes und auf Gimsøya (s.o.) sowie bei Bøstad, Borg und Moland auf Vestvågøya (auf der Karte Seite 61, Nr. 15 und 16), die alle auf 400 n. Chr. datiert wurden und die als die ältesten ihrer Art in Nordnorwegen gelten.

Es fällt auf, dass es sich bei allen Häusern (die der Laie freilich kaum als solche erkennen kann) um sogenannte **LANGHÄUSER** handelt – deren 25 bis 30 m Länge legen nahe, dass sie VON EINER GRÖSSEREN SOZIALEN GRUPPE als der Kernfamilie BEWOHNT waren. Ihr Boden bestand aus Erde, die Wände fertigte man aus Stein, Erde und Torf, die Dächer ruhten auf Holzpfählen, und Teile des Inneren dienten diversen Haustieren als Ställe. Ihre Lage verrät etwas über das Wirtschaftsleben jener Zeit, denn Weiden und wohl drainierte Sandböden befinden sich in direkter Nähe, das Meer hingegen in weiterer, aber nicht »zu« weiter Ferne. Das lässt den Rückschluss zu, dass dem Ackerbau und der Viehzucht dominierende Bedeutung zukamen, Fischfang und Seefahrt zwar auch betrieben wurden, aber eben nicht in dem Maße wie ab dem 12. Jahrhundert bis in unsere Tage hinein.

Den besten Einblick in das Leben in einem Langhaus zur Eisen-/Wikingerzeit kann man in Borg auf Vestvågøya (siehe Route 9) nehmen, wo das mit 83 m Länge GRÖSSTE je gefundene LANGHAUS entdeckt und ORIGINALGETREU NACHGEBAUT wurde. Auch ein Großteil der vor Ort gefundenen Gegenstände sind dort ausgestellt – was der prächtige Holzbau von außen verspricht, das hält er in seinem authentisch eingerichteten Inneren.

VON WIKINGERN, FISCHERN UND HÄNDLERN

Sie waren wahrhaftig nicht sehr schreibfreudig, die Lofoter, denn selbst aus dem Mittelalter, das hier von 1000 bis 1600 n. Chr. währte, sind nur wenige schriftliche Quellen bekannt. Vieles von dem, was man heute zu wissen glaubt, fußt auf Funden, die die sogenannte Mittelalter-Archäologie ausgrub.

Als der erste, in historischen Schriften erwähnte »Lofoten-Mensch« gilt *Tore Hjorth,* der irgendwann im 11. Jahrhundert Häuptling von Storvågan auf Austvågøya gewesen und angeblich als Bauernsohn in Busknes auf Vestvågøya geboren sein soll. Es heißt, dass er sich als Krieger und Händler in Sachen Stockfisch gleichermaßen hervortat und »ganz wild« aufs Fischen gewesen sein soll.

Wie anzunehmen, aber nicht bewiesen ist, war Hjorth ein Nachkomme jener wilden Nordmänner, die inzwischen als **WIKINGER** einen gewissen Bekanntsheitsgrad erreicht hatten und die auf den Lofoten irgendwann zwischen dem 9. und 10. Jahrhundert eine Art Stützpunkt errichtet haben sollen. Genaueres weiß man nicht, eigentlich weiß man gar nichts über das Treiben dieses kriegerischen Volkes im Inselreich, und nur die sprichwörtliche TRUNKSUCHT der Lofoter (zumindest bevor sie per Gesetz aus Oslo im 20. Jahrhundert entschärft wurde) spricht laut sarkastischer Geschichtsauslegung dafür, dass sie in direkter Linie von den als Trunkenbolde verschrienen Wikingern abstammte. – Nach der altnordischen Mythologie war Walhalla ja nicht viel mehr als ein Ort, »an dem gekämpft, gefressen und eben gesoffen wurde, bis alle umfielen« ...

Da Tore Hjorth den Rang eines Häuptlings innehatte, darf man annehmen, dass STORVÅGAN mehr als nur ein kleiner Weiler war. In der Tat stießen die Archäologen im Bereich des heutigen Lofotmuseums bei Kabelvåg auf die Überreste eines großen Dorfes, bei dem es sich zweifelsfrei um jenes Storvågan gehandelt haben muss, das in die Annalen des schreibfreudigeren Südens ALS NÖRDLICHSTE PERMANENT BEWOHNTE ORTSCHAFT Norwegens zur Zeit des 11. Jahrhunderts eingegangen ist. Diese Ausgrabungen – heute größtenteils im Tromsø-Museum von Tromsø ausgestellt – bestätigen die schriftlichen Quellen, nach denen Storvågan DAS HANDELSZENTRUM IM INSELREICH war.

Ab dem **12. JAHRHUNDERT** lässt sich die Geschichte leichter nachvollziehen, denn spätestens zu diesem Zeitpunkt streckten die norwegischen Könige ihre Hände bis zum Archipel aus, unterstellten ihn ihrer Herrschaft und sorgten auch für die Verbreitung des Christentums. König *Øystein* ließ 1120

DIE ERSTE LOFOTEN-KIRCHE errichten und ordnete zudem den Bau der ersten *rorbuer* an: Hütten (genauer: »Wohnstätten für Ruderer«) für von auswärts kommende Fischer, die schon damals jeden Winter auf dem Archipel auftauchten, um Kabeljau zu fangen. Die Lofoten-FISCHEREI hatte ihren Anfang genommen, und von jetzt an herrschte in Vågan lebhafte Tätigkeit. Kaufleute aus Bergen kamen mit Frachtschiffen voll des begehrten Korns, das sie gegen Stockfisch tauschten. Vågan erlebte seine Blütezeit, sogar Münzen wurden hier geprägt – die *Vågasølv,* Vågasilber. Es dauerte nicht lange, da entstand eine KAUFMANNSGILDE der Lofoter, die nun ihrerseits nach Bergen schifften, wo sie Stockfisch, Walrosszähne, Pelze und Gerfalken gegen Wein, Honig und Stoffe tauschten.

Doch die große Zeit Vågans währte ziemlich kurz. Im Jahre **1349** trug ein englisches Kauffahrerschiff die PEST nach Bergen. Die fürchterliche Krankheit breitete sich in Windeseile über das ganze Land aus und verschonte auch die Lofoten nicht.

Ein Jahr später entzog der norwegische König den reisenden Kaufleuten aus Bergen das Recht, Handel nach Gutdünken zu treiben; die Folge der Bevormundung von Staatsseite war, dass die Konkurrenz der deutschen **HANSE** übermächtig wurde. Schon um 1250 hatte die Hanse – ein Zusammenschluss deutscher Kaufleute mit Hauptsitz in Lübeck – von dem norwegischen König *Håkon Håkonsson* das Privileg erhalten, in Bergen Handel treiben zu dürfen. Jetzt aber richteten sie in der westnorwegischen Handelsmetropole ein eigenes Kontor ein, mieteten Landungsbrücken und Lagerräume, kauften bald auch Grund und Boden und errichteten schließlich eigene Landungsbrücken – darunter die allen Nordland-Fans bekannte Tyskebryggen (Deutsche Brücke), die damals für Norwegen das war, was heute die Wall Street für die Börsen-Gläubigen bedeutet. Die Hanse KONTROLLIERTE DEN HANDEL, da nur sie in der Lage war, das unentbehrliche Korn in den Norden zu liefern.

Über Bergen hinaus durften die deutschen Kaufleute nun nicht fahren, und weil die Bergenser Kollegen ruiniert waren, kam niemand mehr nach Vågan, was den NIEDERGANG dieses Handelszentrums zur Folge hatte. Die Lofoter mussten sich jetzt selbst aufmachen, das lebenswichtige Getreide aus Bergen zu holen. Mit Stockfisch schwer beladen, fuhren sie ab 1350 alljährlich

ITALIENISCHES INTERMEZZO

Man schrieb das Jahr 1432: Schneegestöber verfinsterte den Februarmorgen, und Sturmböen peitschten die Möwen von den Dächern. Das Meer kochte, der Kabeljau trieb in Schwärmen in den Vestfjord, und so stürzten sich die Fischer von Røst in ihre Boote und vertrauten sich den tobenden Elementen an.

Die gespenstische Regatta in der Morgendämmerung fand erst am späten Nachmittag ihr Ende, als sich die Boote durch die schweren Brecher wieder dem schützenden Hafenbecken näherten. Die Jugend fieberte schon dem großen »Hau« entgegen und stand mit geschärften Messern bereit, denn ihnen gehörten die Zungen von *gaddus morrhua,* dem Kabeljau – wie es ein uralter Lofoten-Brauch besagte. Auch die Frauen und die Alten standen am Ufer, getrieben von Angst um ihre Männer und Söhne, die nicht immer vollzählig zurückkamen von dem gefährlichen Vorhaben, »den lieben Gott zu einem armen Mann zu machen«. Aber an diesem Tag war es anders: Niemand war für immer auf See geblieben, sondern es kamen mehr zurück, als morgens abgefahren waren. 19 zusätzliche Männer – verwildert, krank und halb wahnsinnig – wurden an Land geschleppt. Die meisten von ihnen hatten die Sprache verloren, und die wenigen, die ihrer noch mächtig waren, konnte niemand verstehen.

im Mai nach Süden, und es ist überliefert, dass sie alle möglichen Tricks anwandten, um das Gewicht ihrer Ladung vor Ort zu erhöhen (etwa durch Draufpinkeln ...). Denn die Deutschen war für ihre Habgier bekannt und setzten als Monopolisten die Preise je Kilo willkürlich fest.

So ging es 200 Jahre lang, während deren die Hanse eine derartige Wirtschaftsmacht erlangte, dass sie sich sogar Handelskriege (u.a. mit England und Flandern) leistete. Sie beherrschte den Ostseeraum, vereinigte die Nord- und Ostseeländer zu einem einheitlichen Wirtschaftsraum und nahm bedeutenden politischen Einfluss auf alle Länder Nordeuropas. Das brachte immerhin auch Vorteile für die Nord- und Ostseeanrainer mit sich, denn der

»Lasst uns den Pfarrer holen«, schlug jemand vor, denn der Pfarrer von Røst war ein deutscher Mönch und hoch gelehrt. Und wirklich: Er verstand die Sprache der dunkelhäutigen Männer, und bald schon wussten alle 120 Bewohner von Røst, was geschehen war:
Die Fremden kamen aus einem weit entfernten Land – aus Italien. Ihr Anführer hieß *Pietro Querini,* und kurz vor Weihnachten 1431 hatte er sich mit seinem Schiff und 68 Männern von Belgien aus Richtung Norden aufgemacht, wo er am Heiligen Abend in ein fürchterliches Unwetter geraten war. Das Schiff wurde unter einer Sturzsee begraben, nur 19 Seeleute konnten sich in ein Boot retten. 16 Tage trieben sie umher, dann strandete das Boot auf einem unbewohnten Felseiland, wobei es zerschellte. Über einen Monat lang saßen die Überlebenden dort und nährten sich von Salzwasser, bevor sie die Røst-Fischer fanden.
Bis in den Mai hinein blieb das fremde Volk auf dem Archipel, und als Pietro Querini wieder in Italien war, bekam er eine Audienz beim Papst, dem er begeistert von dem wundersamen luftgetrocktenen Stockfisch erzählte und wohl auch zu kosten gab. Der Heilige Vater war zutiefst angetan von dieser neuen (Fasten-) Speise, »die der Himmel geschickt hatte«, und so kam es, dass Italien zum größten Stockfisch-Importeur der Erde wurde und bis in unsere Tage hinein nahezu 85% der jährlich gehandelten Menge (damals über Bergen und die Hanse) abnahm.

Handel regte Produktion und Gewerbe an und verhalf einer reichen STÄDTEKULTUR zu ihrer Entfaltung. Es ist nicht übertrieben zu sagen, dass Städte wie Brügge, London, Kopenhagen und eben auch Bergen ohne die Hanse nicht dermaßen früh zu solcher Blüte hätten kommen können. Auch die Lofoten profitierten, denn STOCKFISCH war im katholischen Europa des Mittelalters eine gefragte Speise (nicht nur während der Fastentage), und besonders die Italiener (die wiederum die Hanse versorgte) waren erpicht auf den luftgetrockneten Fisch. Ab Mitte des 15. Jhs. kauften sie nahezu 85 % des Lofoten-Stockfisches auf, und so ist es bis in die Neuzeit hinein geblieben. Wie es dazu kam, ist aber eine andere Geschichte, die oben im Kasten erzählt wird.

1533 brach in Dänemark zwischen König Christian II. und dem Adel die sogenannte GRAFENFEHDE aus, in deren Verlauf bis 1536 verschiedene Interessengruppen mitmischten, darunter auch die Hanse, die ihren Einfluss in Dänemark schwinden sah – jedoch auf der unterlegenen Seite, was den Niedergang der Kaufmannsvereinigung einläutete (der der Dreißigjährige Krieg ein Jahrhundert später den Rest geben sollte).

Skandinavien, vor allem das zu dieser Zeit in Nordeuropa vorherrschende Dänemark, entzog sich der Vormundschaft. Das hanseatische Kontor in Norwegen bestand zwar noch bis Anfang des 18. Jahrhunderts, aber ihre Handelsmacht hatten die Deutschen eingebüßt. Das Korn floss ab 1570 nur noch spärlich nach Bergen, die Preise stiegen, die für Stockfisch aber fielen, und als viele der traditionellen Stockfisch-Importländer auf den noch billigeren und soeben »erfundenen« Klippfisch umstiegen (mit Hilfe von Salz konservierter, dann getrockneter Kabeljau, der vor Neufundland gefangen wurde), lag der Fischfang als einzig nennenswerter Wirtschaftszweig der Lofoten bald darnieder.

Im 17. Jahrhundert verließ jeder vierte Lofoter vom HUNGER getrieben seine Inselheimat, auch wenn inzwischen die Holländer in Bergen aufgetaucht waren und jährlich ca. 20 % der Stockfischproduktion abnahmen; ein Relikt aus jener Zeit ist der Begriff *Kabeljau,* der aus dem Niederländischen stammt. Doch die Exporte nach Holland waren nur ein Tropfen auf dem heißen Stein, der die bis Mitte des 18. Jahrhunderts währende FLAUTE der Lofoten-Fischerei nicht aufhalten konnte.

Dabei spielt auch eine Rolle, dass Norwegen bereits seit Gründung der Kalmarer Union 1397 nur noch eine PROVINZ DÄNEMARKS war und die dänischen Statthalter im fernen Oslo wenig Interesse für die Peripherie dort oben im kalten Norden zeigten. Es gab keine Administration, die der Freund der einfachen Leute hätte sein können oder sein wollte.

NEUE ZEITEN – NEUE SITTEN

Nach und nach kamen die Norweger darauf, dass man den Leuten, die ihren Fisch unbedingt gesalzen haben wollten, ehe er getrocknet wurde, eben

GESALZENEN FISCH verkaufen musste. So geschah es, der AUFSCHWUNG blieb nicht aus und wurde durch die soeben wieder erwachte norwegische Handelsschifffahrt noch verstärkt: Es kam zu einer neuen Blütezeit für die Lofoten. Aus dem Jahr **1768** wird beispielsweise berichtet, dass 1 *våg* (Fischgewicht: 17,932 kg) noch nicht ausgenommenen Fisches die Schwindel erregende Summe von 1,5 Reichstaler erzielte. Das bedeutet, auf die heutigen Verhältnisse umgerechnet, dass der Fischer rund 5 Kronen für 18 kg Fisch bekam – so hoch war seine Ware noch nie gehandelt worden.

Aber lange währte dieses Hoch nicht an, denn die fehlgeschlagene Französische Revolution, die Napoleon Bonaparte an die Macht brachte, sorgte schon zu Beginn des 19. Jahrhunderts für eine Rezession. Dänemark nämlich, nach wie vor Herrscher auch über Norwegen, verbündete sich 1807 mit dem kriegslüsternen Korsen, wofür sich England, einer der Gegner, mit einer totalen Seeblockade revanchierte. Der Handel stagnierte, niemand kaufte mehr Klipp- und Stockfisch (die sich jetzt die Waage hielten), die Preise sanken ins Bodenlose, was **1810** in der größten HUNGERKATASTROPHE gipfelte, die der Archipel je erlebt hatte. Dass es nicht noch schlimmer kam, ist den Russen zu verdanken, die von Norden herabsegelten, wo es keine englische Blockade gab, und die Fisch gegen Mehl tauschten. Viel war es nicht, was umgesetzt wurde, aber es half in der bittersten Not.

Auf und ab, nach den Napoleonischen Kriegen wieder aufwärts. Und zwar in solchem Maße, dass ein jährlicher Zuwachs von rund 5000 Booten in Nordnorwegen verbucht wurde, die winters alle in den VESTFJORD zwischen Lofoten und Festland strömten, um Teil zu haben an den silbernen Schätzen. Die Folge war ein Chaos aus Netzknäueln, und so kam es **1816** dazu, dass die Obrigkeit die wichtigsten GEWOHNHEITSRECHTE der Lofoten-Fischer in Paragrafen festlegte.

Der Vestfjord wurde in ein kompliziertes Netz von Fangparzellen aufgeteilt; es war untersagt, vor 6 Uhr morgens die Anker zu lichten, der Sonntag bekam den Status eines Ruhetages. Und damit niemand auf die Idee kam zu mogeln, richtete der Staat eine Lofoten-Wasserpolizei ein, die dem Befehl der *værkonger* unterstellt war. Das war freilich ein Fehler, denn diese FISCHGRUND-KÖNIGE, traditionell hervorgegangen aus den früheren Dorfhäuptlingen und ohnehin schon potent, erhielten durch diese Regelung so viel Macht, dass sie sich zu Herren über Leben und Tod der (bei ihnen meist hoffnungslos verschuldeten) Fischer aufwarfen, sich nicht selten zu skrupellosen DESPOTEN entwickelten. Ihre Herrschaft war absolut und unantastbar, und die Macht korrumpierte einige so weit, dass sie sie auf alle möglichen Lebensbereiche ausdehnten, indem sich mancher das *ius primae noctis* (das »Recht auf die erste Nacht«) anmaßte, wenn ihm ein heiratsfähiges Mädchen gefiel.

Nicht jeder værkong war solch ein Scheusal, mancher zeigte sich großmütig, aber Könige waren sie allemal, und ganz so hatten sich die Behörden die Folgen ihrer Gesetze nicht vorgestellt. So schickte das Innenministerium zu Beginn der 1850er Jahre einen gewissen *Ketil Motzfeldt* auf den Archipel, der 1857 schließlich ein neues Lofoten-Gesetz auf den Weg brachte, das so revolutionär war, dass es als *Motzfeldtrevolusjonen* in die Annalen einging. Es war ein Angriff auf die Fischgrund-Könige, schrieb freies Meer, freien Fischfang bei öffentlicher Kontrolle fest und brach obendrein das Handelsmonopol der værkonger: Nur sie durften bis dato mit Fisch handeln, und nur an sie durften die Fischer verkaufen. Die Wellen der Entrüstung schlugen zwar hoch, aber das Gesetz blieb Gesetz und gilt auch heute noch.

DIE NETZE BLEIBEN LEER

Die Jahre vergingen, der Erste Weltkrieg auch, 1940 kamen die Deutschen, 1945 wurden sie wieder vertrieben. Aber für die Lofoter hatte sich in all den Jahren nicht viel verändert, denn ihre Lebensgrundlage bildeten weiterhin Fischfang und Handel. Mit beidem ging es bergauf, selbst während der Okkupation. Wurden 1859 noch 64.000 t Kabeljau gefangen, waren es 1895 schon 123.520 t; im Rekordjahr 1947 zogen mehr als 20.000 Fischer aus ganz Norwegen 145.897 t der begehrten Beute in ihre Boote.

Zwar hatte es auch mal schlechte Jahre zwischendurch gegeben, so 1936, als die Tonnage nur 52.766 t betrug. Aber das war normal, denn mal gab es eben viele, mal weniger Kabeljaus, was Fachleute auf sich wandelnde Sonnenflecken, kosmische Strahlung, Launen des Mondes und so weiter zurück-

An der Schwelle zum 20. Jahrhundert:
Digermulen am Raftsund und Kabeljaufischer ▶

führen. Nachdem 1963 nur noch 28.302 t geborgen werden konnten, meldete 1988 mit nur 11.533 t das schlechteste Fangergebnis, seit man die Zahlen erfasst.

Inzwischen hat zwar Norwegen seine Hoheitsgrenzen ausgedehnt, um die nationale Fischerei vor den Trawler-Flotten anderer Staaten zu schützen. Aber die Barentssee und andere Kabeljau-Gewässer sind international, und an ihnen vergreifen sich die Fischfang-Nationen (nicht nur Russland) in solchem Maße (500.000 bis 800.000 t Kabeljau wurden/werden dort jährlich gefangen), dass dabei eine große Menge des Dorsch-Nachwuchses vernichtet wird. Durch die anhaltende ÜBERFISCHUNG ist der Kabeljau-Bestand nach den jüngsten Berechnungen ernsthaft gefährdet. Es ist allen klar, dass zu viele Fische aus dem Meer gezogen werden, aber gelernt hat bislang niemand etwas daraus.

Nur die Lofoten-Fischer vielleicht, die mehr und mehr in andere Bereiche drängen, insbesondere in die der Dienstleistung: Fuhren 1895 noch 32.600 Fischer aufs Meer und 1933 noch 31.905, waren es in den 1960er Jahren nicht einmal mehr 5000. Im Jahr 2006 waren es rund 3000, von denen mindestens die Hälfte von außerhalb der Lofoten kam; sie brachten übrigens 33.000 t ein. Was diese Zahlen bedeuten, zumal wenn man weiß, dass das Inselreich rund 24.000 Einwohner hat, liegt auf der Hand: Ökonomisch gesehen hat die Lofoten-Fischerei kaum noch Bedeutung für Norwegen, und wenn, was in Planung ist, dereinst die gewaltigen Erdölreserven, die unter dem Vestfjord schlummern, gefördert werden sollten (siehe Seite 11 f.), ist es nur noch eine Frage von Jahren, bis lediglich die alljährlich im März/April einladende Weltmeisterschaft im Dorsch-Angeln noch an jene »gute alte Zeit« erinnert, als der Fjord wirklich noch eines der fischreichsten Gewässer der Erde war.

NORWEGEN IM ZWEITEN WELTKRIEG

Als 1938 in Europa die Zeichen erneut auf Sturm standen und sich der Zweite Weltkrieg abzeichnete, beschloss das Storting (Parlament) in Oslo einstimmig, sich – wie auch im Ersten Weltkrieg – aus allen bewaffneten Konflikten herauszuhalten, also neutral zu bleiben. Diese Politik wurde konsequent verfolgt, und so gelang es dem Land bis zum April des Jahres 1940, nicht in den Krieg verwickelt zu werden.

Dabei war spätestens seit dem am 1. September 1939 begonnenen Polen-Feldzug Nazi-Deutschlands klar, dass bei den vorauszusehenden kriegerischen Konfrontationen gerade Norwegen wegen seines Erzhafens Narvik und der langen Küste gegenüber den Britischen Inseln von entscheidender strategischer Bedeutung sein würde. In der Tat bereiteten sich im Frühling 1940 sowohl die Deutschen als auch die Alliierten auf militärische Operationen in Norwegen vor, doch während die Westmächte nur mit Zustimmung der Norweger vorgehen wollten – »None of the landings should take place if the Norwegians were hostile« –, plante die deutsche Kriegsleitung von Anfang an einen Überraschungsangriff, wie in Großadmiral Raeders »Studie Nord« festgeschrieben.

Am Morgen des 8. April 1940 legten die Briten im norwegischen Fahrwasser Minen aus, mit stillschweigend vorausgesetzter Zustimmung der Norweger, und trafen gleichzeitig Vorbereitungen zur Besetzung der norwegischen Küste für den Fall, dass Deutschland auf den präventiven Akt mit einem Angriff auf das neutrale Land reagieren sollte. Deutschland reagierte schnell, zu schnell für die Alliierten, begann nämlich in der Frühe des 9. April, kurz nach Mitternacht, unter dem Namen »Weserübung« mit der »Operation zur Sicherung der Neutralität der nordischen Staaten«, wie Hitlers Administration es ausdrückte.

Die Regierung in Oslo lehnte ein um 5 Uhr morgens übergebenes deutsches Ultimatum, das die Annahme einer militärischen Besetzung des Landes forderte, einstimmig ab und erklärte den Invasoren den Krieg. Doch der Feind war an Übung und Zahl weit überlegen. So gelang es ihm, bis zum Mittag des selben Tages, alle größeren Häfen bis hinauf nach Narvik zu besetzen, was Hitler später als »das kühnste Unternehmen der deutschen Kriegsgeschichte« verkünden ließ.

Am 10. Juni mussten auch die letzten norwegischen Truppen kapitulieren. Schon drei Tage zuvor hatte sich der König, erst nach Tromsø geflohen, nach England eingeschifft, um den Kampf für die Freiheit seines Volkes von dort aus fortzusetzen. Tausende Norweger folgten ihm ins Exil und führten den Krieg zum Beispiel über die vorbeugend nach England verlegte norwegische Handelsmarine weiter, die von nun an für die Versorgung der Alliierten ein-

Viel Leid erwartete auch die Kinder, die aus Verbindungen zwischen deutschen Soldaten und Norwegerinnen hervorgingen. Nach dem Krieg wurden sie teilweise übel behandelt, was über Jahrzehnte ein Tabuthema in Norwegen war ...

gesetzt wurde. Das kostete viertausend Seeleuten das Leben und bedeutete den Verlust der Hälfte der Flotte.

Aber auch im Land selbst war der Widerstand der »arischen Blutsverwandten«, wie Hitler die Norweger immer wieder propagandistisch zu umarmen versuchte, keineswegs gebrochen: Den 3900 Norwegern, die sich für die Waffen-SS anwerben ließen, standen bald 47.000 Untergrundkämpfer der geheimen Militärorganisationen »MILORG« und »SOE« gegenüber. Deren wichtigster Schlag war die Versenkung einer mit 100.000 Litern »schweren Wassers« beladenen Fähre auf einem Binnensee nahe dem südnorwegischen Rjukan; da die dortige Fabrik in Folge einer weiteren gemeinsamen Sabotageaktion norwegischer Partisanen und englischer Soldaten die Produktion aussetzen musste, war es dem »Dritten Reich« unmöglich, innerhalb der Kriegsjahre den geplanten Bau der Atombombe zu verwirklichen.

Die Besatzer reagierten gereizt auf den Ungehorsam der »artverwandten Wikinger«, die jetzt unter dem NAZITERROR insbesondere der Gestapo zu leiden hatten: Bis zur deutschen Kapitulation am 8. Mai 1945 wurden 40.000 Norweger arrestiert (von denen 260 in den Lagern starben), 6000 in deutsche Konzentrationslager deportiert, 363 Männer und Frauen hingerichtet sowie 700 Juden ermordet. In diesem Zusammenhang dürfen die zehntausende Kriegsgefangene nicht vergessen werden, vor allem aus der Sowjetunion und aus Serbien, die zu Bauarbeiten etwa von Bunkern herangezogen und überwiegend miserabel versorgt wurden. Sehr viele von ihnen haben diese Strapazen nicht überlebt.

Doch auch die Deutsche Wehrmacht machte sich der Barbarei schuldig. Wurde in den ersten Kriegsjahren das Auftreten der Soldaten noch von relativ vielen Norwegern respektiert, so änderte sich das schlagartig im Herbst 1944, als russische Truppen die Besatzer aus der Finnmark trieben, worauf die Wehrmacht die TAKTIK DER VERBRANNTEN ERDE in ganz Nordnorwegen anwandte: Die Menschen mussten mitansehen, wie die Kranken aus den Hospitälern, die Gebrechlichen aus den Altenheimen getrieben wurden, wie man ihre Häuser in die Luft sprengte und anzündete, die Viehherden im Maschinengewehrfeuer tötete, die Brücken zerstörte, Straßen aufriss, Strommasten fällte sowie nahezu alle Dörfer und Städte dem Erdboden gleichmachte: In Hammerfest, der nördlichsten Stadt der Erde, blieb zum Beispiel nur die Leichenhalle stehen.

... Im Jahr 2004 entschied das norwegische Parlament, diejenigen norwegischen Kinder deutscher Soldaten zu entschädigen, denen in der Heimat besonderes Leid (u.a. durch die Unterbringung in Irrenanstalten) geschehen war.

NEI TIL EU

Bei der **VOLKSABSTIMMUNG** 1994 nahmen es sich die Norweger heraus, den Wünschen ihrer Regierung und schon gar der norwegischen Wirtschaft zum Trotz mit 52,3% gegen die Mitgliedschaft ihres Landes in der Europäischen Union zu stimmen. Sie sorgten damit vielleicht für noch größere Schlagzeilen als im September des Jahres 1972 – schon damals hatten sie sich in einer Volksabstimmung mit 53,5% entschlossen, den Pro-EG-Ratschlägen ihrer politischen und wirtschaftlichen Spitzen nicht zu folgen. War das erste Nein der Norweger in Brüssel noch durchweg gefasst aufgenommen worden, mischte sich 1994 in die diplomatischen Reaktionen, das Tor werde für Norwegen offen bleiben, auch harsche Kritik, zumal sich doch gerade zuvor Österreich, Finnland und Schweden für die EU-Mitgliedschaft ausgesprochen hatten. Spontane Kommentare aus dem Europaparlament sprachen vom Ausgeschlossensein Norwegens vielleicht für immer, von einem Albanien des Nordens, reichten von »zutiefst beklagenswert« bis »ungeheuerlich«.

Nur in der Schweiz, die sich ja ebenfalls beharrlich weigert, der EU beizutreten, stieß das norwegische Nein auf Verständnis, wenn auch fraglich ist, ob die Argumentation der Eidgenossen richtig ist, die da meinten: »Das reiche Norwegen war nicht bereit, für die anderen Mitgliedsstaaten der EU zu bezahlen«. Es ist schwer nachzuvollziehen, ob die Norweger, die nein sagten, das Finanzielle im Vordergrund sahen, ob es Ängste vor einem zentralisierten Kapitalismus waren, puritanische Bedenken wegen eines Verfalls der Sitten, oder ob KLEINMÄDCHENHAFTER STOLZ UND WAHNWITZIGER TROTZ DER PERIPHERIE, wie es *Andreas Hompland* (Kolumnist der Osloer Tageszeitung »Dagbladet«) einmal ausdrückte.

Hinter der Ablehnung verbargen sich u.a. stimmige Befürchtungen der Fischer und Bauern vor einer Zerstörung ihrer Lebensgrundlage, und dementsprechend stimmten insbesondere im hohen Norden – und eben auch auf den Lofoten, wo noch rund 15 % der Bevölkerung im primären Sektor tätig ist – die meisten Wähler (durchschnittlich 72,6%) mit Nein. Da Bauern und Fischer insgesamt nur einen Bruchteil aller Berufstätigen ausmachen, reicht dieser Ansatz als Erklärung nicht aus, warum die Norweger auch in allen anderen Bezirken mit Ausnahme der Landeshauptstadt Oslo (wo lediglich 34 % mit Nein stimmten) sowie der an sie grenzenden Bezirke Akershus (36 %), Buskerud (44 %), Vestfold (43 %) und Østfold (47 %) mehrheitlich gegen den EU-Beitritt ihres Landes votierten.

Vielleicht ist ja Norwegens viel zitierte **WIR-GESELLSCHAFT** vorrangig für das Wahlergebnis verantwortlich: Die Menschen hier identifizieren sich mit ihrer lokalen Heimat mindestens ebenso stark wie mit ihrem Land und ihrer Gesellschaftsordnung. Dieses Wir-Gefühl ist umso stärker, je kleiner, also überschaubarer diese lokale Heimat ist, und es müsste schon ein seltsamer Zufall sein, dass gerade in den kleinsten kommunalen Einheiten des Landes, wo jede/r jede/n auch im Rathaus kennt, auch die meisten Neinsager sitzen.

Die Norweger (schon gar die Lofoter) sind mehrheitlich PROVINZLER – was hier IM POSITIVEN SINN des Wortes gemeint ist. So ist es ihnen unmöglich, sich für so etwas vollkommen Anonymes wie einen europäischen Megastaat zu entscheiden, mit dem sich niemand mehr identifizieren kann. Da hilft es nicht, dass Norwegen wirtschaftlich faktisch weitgehend in die Europäische Union integriert ist (die mehr als 80 % der Exporte aufnimmt und mit über 70 % an den Importen beteiligt ist) sowie das Parlament 1992 den EWR-Vetrag gebilligt hat. Auch das Risiko, dass Norwegen die Ankopplung an die dynamische industrielle Entwicklung verlieren könnte und finanzielle Einbußen hinnehmen müsste, ist diesen Norwegern eher kein Argument, denn – wie ein norwegischer Lump in einem Märchen von *Hans Christian Andersen* zu einem dänischen Lumpen sagt: »Ich bin ein Norweger, und wenn ich sage, ich bin ein Norweger, dann sagt das wohl genug!«

TYPISCH NORWEGISCH

Wohl jede/r hat ganz bestimmte Vorstellungen im Kopf, denkt sie/er an die Mentalität einer anderen Nation – und so machen sich beispielsweise die Deutschen, wie es heißt, von den Norwegern gerne ein überaus romantisches Glanzbild: ein kerniges Volk aus ruhigen, bedächtigen und bescheidenen, heimatbewussten Urgermanen, »das in ständigem Kampf mit den Elementen sich aus eigener Kraft vorwärtsgearbeitet hat« – wie es schon Kaiser

Wilhelm II. anlässlich eines Banketts einmal ausdrückte. Die Briten denken angeblich an ein Volk von Freiluftfans, die hauptsächlich Angeln und Segeln im Kopf haben; die Franzosen sollen bei den Norwegern an Hering essende, wortkarge Barbaren denken, und die Schweden sehen in ihren Nachbarn gemeinhin raue, eigensinnige, aber durchaus nette bäuerliche, **PROVINZIELLE TYPEN, DIE KURIOSERWEISE MIT HIGH-TECH AUF DU UND DU STEHEN**.

Letztere Vorstellung deckt sich mit der von *Hans Magnus Enzenberger* (»Ach Europa!«, Suhrkamp Verlag), der da meint: »Die Norweger sind Hinterwäldler und Kosmopoliten zugleich« und – an anderer Stelle – »Norwegen, diese Extravaganza an der Peripherie Europas, zwischen Ölterminal und Sommerhütte, Einödhof und Glasarchitektur, Kapitalexport und Gottesfrieden, ist nicht das irdische Paradies, sondern ein Monument des Eigensinns, eine maulende Idylle«.

Das alles mögen Klischees sein. Aber dass es sie gibt, hat gute Gründe. Einer davon erklärt sich vielleicht aus dem TEXT DER NATIONALHYMNE, IN DER NICHT VON HÖHEREN WERTEN ODER VON GOTT DIE REDE IST, SONDERN VON EINEM LAND, DAS ALLE LIEBEN, DA ES SO WUNDERSCHÖN IST. Auch stimmt es ja, dass vermutlich nirgendwo sonst so viele Nationalflaggen vor den Häusern flattern wie hier, keine Nation derart viel High-Tech und noble Einkaufspassagen pro Einwohner ihr Eigen nennt wie Norwegen, wo – statistisch gemessen – gleichzeitig jeder zweite Haushalt eine Hütte irgendwo in der freien Wildnis hat und an den Wochenenden die Städte leer gefegt sind, weil sich dann alle auf dem Meer, in den Bergen oder Wäldern tummeln. Dass man der Natur eng verbunden ist, wirkt verständlich, zumal diese in Norwegen in einer spektakulären Dichte voller kontrastreicher Erscheinungsformen auftritt – seien es Felsküsten, Fjorde, Gletscher, Wälder, Seen, Wasserfälle oder eben das Zusammentreffen von Bergen und Meer auf den Lofoten. Ebenso plausibel scheint, dass Menschen, die so viel Raum für sich zur Verfügung haben, weniger kommunikativ sind als andere.

Es kann also gut sein, dass der Besucher Norwegens viele seiner Vorstellungen bestätigt sieht und andere eben revidieren muss. Jedenfalls ist der Weg zum wirklichen Kennenlernen dieses Landes und seiner mitunter äußerst widersprüchlichen Bewohner an manchen Stellen so schmal, dass er nur von einem selbst begangen werden kann.

Segen der See

FISCHFIEBER

Hier also ist zu berichten vom Fisch-Roulette, seinen Symptomen, den Ursachen und Spielregeln. Das Syndrom zeigt sich seit Jahrhunderten unverändert. Doch währte die Invasion »von beiderley Geschlecht, um von dem reichen Segen des Meeres ihre Windernte zu halten« *(Erik Pontoppidan)* in früheren Zeiten nur von Januar bis April eines jeden Jahres, so strebt die Woge der Hoffnungsvollen heutzutage auch sommers auf den Archipel des Kabeljaus; und längst nicht mehr nur des Kabeljaus wegen. Sicher, die Zeiten des berühmten Lofoten-Fischfangs – als in manchen Wintermonaten annähernd 35.000 Spieler auf *gaddus morrhua* setzten – gehören der Vergangenheit an. Aber die TAUSENDE SPORTFISCHER, als Touristen verkleidet, geben sich auch alle Mühe, »den lieben Gott zu einem armen Mann zu machen«.

Schon Anfang Mai, der bescheiden gewordene Lofoten-Fang ist gerade erst beendet, da erreichen schon ein paar mehr Touristen das Inselreich, die meisten aus deutschen Landen. Und plötzlich, bis weit in den September hinein, ist das Meer getupft mit den kleinen Ruder- und Motorbooten der Friesennerz-Kapitäne. Bei Wind und Wetter fahren sie hinaus, um am Meeressegen teilzuhaben, und es sind schlechte Tage, an denen ihre Ernte nicht mindestens 50 kg wiegt. Ein paar wenige horten, das Gros aber schneidet sich da ein Filet heraus, nimmt dort den Rogen nur, verschenkt den schnöden Rest oder wirft ihn gönnerhaft den Möwen zu.

Die Lofoter nehmen solchen ausländischen Besuchern ihr verschwenderisches Tun allerdings ziemlich übel, und kein Sommer vergeht, in dem nicht mehrere Reportagen in der Lokalzeitung »Lofotposten« darüber berichten, wie dreist so mancher Tourist mit dem traditionellen Hauptnahrungsmittel des Archipels umgeht. Die größte Entrüstung gilt solchen (wieder meistens deutschen) Zeitgenossen, die mit Thermoboxen oder sogar TIEFKÜHLTRUHEN anreisen, um dutzende Kilo Filet mit nach Hause nehmen, sich auf diese Weise womöglich gar ihre Reise finanzieren wollen. Selbst Fischlasten bis zu 500 kg sollen in Wohnmobilen geortet worden sein, und als Folge wurde darüber diskutiert, das Meeresangeln für Ausländer einzuschränken: 2005 erließt die norwegische Regierung tatsächlich ein Gesetz, das die Ausfuhr von ganzen Fischen und Filets begrenzt. Lag die Quote pro Person und Reise zuerst bei 25 kg, so wurde sie 2007 auf 15 kg heruntergesetzt. Bei Zuwiderhandlungen ist mit drastischen Strafen zu rechnen.

Über die URSACHEN DES FISCHFIEBERS schrieb Erik Pontopiddan bereits 1753: »Unter den dicken und ewigen Eisschollen, die die Nordsee vom 80-sten Grad an bis hinauf an den Nordpol bedecken, ist die eigentliche Heimath oder Vaterland der besten Fische... Inzwischen sollen die Fische nicht daselbst bleiben, sondern der Schöpfer hat ihnen einen Trieb eingeprägt, vermöge dessen sie hervor in die geraume See kommen müssen zum Nutzen der Menschen.« Die Heimat, die der naturkundige Bischof zu Bergen meinte, sind das nördliche Eismeer bei Spitzbergen sowie die Barentssee, wo junge Heringe und Dorsche, aber auch viele andere Arten zu geschlechtsreifen Tieren heranwachsen, um dann in wahrlich gigantischen HOCHZEITSZÜGEN nach Süden zu wandern, dem größten Kindsbett unseres Planeten zu: dem zwischen den Lofoten und dem norwegischen Festland gelegenen VESTFJORD, wo sich dank Golfstrom 4–6°C wärmere Wasserschichten als üblich finden. Die große Hatz der Menschen beginnt, dennoch können Billionen befruchteter Eier abgelaicht werden, und der nun frei herumschwimmende Rogen wiederum lockt die großen und kleinen Fressfeinde aus dem Ozean herbei.

MEERESANGELN IM WECHSEL DER JAHRESZEITEN

Im JANUAR, FEBRUAR UND MÄRZ dreht sich auf den Lofoten alles um Kabeljau (Dorsch), der zum Laichen aus der Barentssee in den Vestfjord zieht, wo er in 5,3°C warmen Wasserschichten laicht, weshalb die Angeltiefe von Jahr zu Jahr und je nach Wintertemperatur variieren kann. Bevorzugt wird zwischen 45 und 75 m Tiefe geangelt; am besten beißt der Kabeljau zur Zeit des Sonnenaufgangs sowie vor Sonnenuntergang.

Im APRIL UND MAI erwärmt sich das Meer zusehends, und außer Dorsch beißen jetzt insbesondere Schellfisch und Steinbeißer.

Im JUNI, JULI UND AUGUST herrscht die größte Vielfalt an Fisch sowohl im Vestfjord als auch im offenen Meer: Dorsch, Schellfisch, Seelachs, Pollak, Steinbeißer, Makrele und viele andere Arten mehr sind jetzt reich vertreten, doch gilt es nun, sich die Seekarte vorzunehmen und mit Ortskundigen zu sprechen, um die ertragreichen Ströme zu finden.

Von SEPTEMBER BIS NOVEMBER werden vor allem große Köhler gefangen, von denen es kapitale Brocken von bis über 20 kg gibt. Zu dieser Zeit auch zieht der Heilbutt zum Laichen an die Küste, und im Vestfjord wimmelt es von Heringen.

DIE ELF GEBOTE DES KÜSTENANGLERS

Damit das Küstenangeln vor den Lofoten in Zukunft keinen weiteren Einschränkungen unterliegen wird, nachfolgend ein paar Regeln und Ratschläge, deren Befolgung eigentlich selbstverständlich sein sollte:

1. Zwar ist das Sportfischen im Meer mit Handgeräten Nicht-Norwegern unbegrenzt erlaubt, doch sollte man es nicht übertreiben, also nur für den eigenen URLAUBS-TAGESBEDARF angeln. Wer mobile Tiefkühltruhen und Thermoboxen mit Unmengen von Fisch füllt und auf der Heimfahrt erwischt wird, darf, wie auf Seite 80 oben beschrieben, mit happigen Strafen rechnen. Generell ist der Handel mit Fisch für Ausländer in Norwegen verboten.

2. Ebenfalls verboten ist das Angeln unter 100 m ABSTAND und der Aufenthalt unter 20 m Abstand zu Fischzuchtanlagen, Schlepptrossen und Fangnetzen.

3. Jede/r, die/der SCHÄDEN an zum Fang ausgesetzten Fischereigeräten verursacht, ist zum Schadenersatz und zur Vergütung des verursachten Fangverlustes sowie der Ausfallzeit verpflichtet.

4. Das ANKERN in der Nähe von Bereichen, in denen Treibnetz- und Schlepphakenfischen vor sich geht, ist nicht gestattet.

5. Es ist verboten, aktuelle Lebensräume der Fische durch STÖRENDE GERÄUSCHE zu beeinträchtigen.

6. Das Angeln mit LEBENDEN NATURKÖDERN ist streng untersagt.

7. Ebenfalls untersagt ist es, Fischereigeräte oder andere Gegenstände zu HINTERLASSEN, die den Fischfang oder Fischereifahrzeuge behindern, gefährden oder beschädigen können.

8. Das Hummerfischen sowie generell das Fischen mit etwas anderem als mit Handgerät, ist ausschließlich Norwegern VORBEHALTEN sowie Ausländern, die ihren festen Wohnsitz im Lande haben.

9. Das Angeln auf Lachs, Meerforelle und Seesaibling mit der Rute ist zwar ganzjährig gestattet, doch müssen alle Sportangler dafür im Besitz einer staatlichen JAHRESANGELLIZENZ *(fiskeriavgiftskort)* sein, zu bekommen in jedem Postamt. In der für Flüsse geltenden Schonzeit muss beim Angeln ein Mindestabstand von 200 m zur Flussmündung eingehalten werden, und in der Zeit vom 1. Juni bis Anfang August ist das Angeln auf Lachs, Meerforelle und Seesaibling mit Haken oder Schleppangeln mit mehreren Haken nur von freitags 18 Uhr bis montags 18 Uhr gestattet.

10. Aus Gründen der SICHERHEIT ist in kleineren Booten das Anlegen einer Rettungsweste Pflicht, und man tut gut daran, auch Signalgeräte (etwa Leuchtpistole etc.) sowie natürlich Ruder mitzunehmen.

11. Halten Sie die Natur SAUBER!

VON FISCH ZU FISCH – ANGELTIPPS

Dem Seedorsch oder – um genau zu sein – dem **KABELJAU** (wie der DORSCH genannt wird, wenn er geschlechtsreif ist) müssten die Lofoter eigentlich ein Denkmal setzen. Aber monumental müsste es sein, denn *gaddus morrhua* bildet seit mehr als einem Jahrtausend das wirtschaftliche Rückgrat des Archipels (und bis vor wenigen Jahrzehnten in weiten Teilen Norwegens) und ist auch heute eine wichtige Existenzgrundlage der Inselbewohner.

Auf Norwegisch wird er *skrei* oder *torsk* genannt; letzterer Name leitet sich von *tørrfisk* ab: TROCKENFISCH (Stockfisch), da der Kabeljau – nach dem Fang geköpft und ausgenommen – nach alter Tradition zum Trocknen an der Luft

Das Angeln gilt nicht nur dem Broterwerb, sondern ist auch ein beliebter Zeitvertreib – unter (norwegischen) Männern ▶

Hard Rock
LONDON

paarweise über die *hjeller* geheißenen Holzgestelle gehängt wird. Dort verbleibt er 8 bis 10 Wochen lang; innerhalb dieser Zeit verringert sich sein Wassergehalt um bis zu 80 %. Der NÄHRWERT von 1 kg Stockfisch (der nahezu unbegrenzt haltbar ist) entspricht dem von 5 kg Frischfisch (siehe Tabelle) und dem von rund 2 kg Klippfisch (Kabeljau, der vor dem Trocknen gesalzen wird), womit er in Sachen Energie alle anderen Fischsorten weit hinter sich zurücklässt. Der Kabeljau kann bis zu 1,50 m lang werden, die Fangzeit währt von Januar bis April; sein (nur etwas kleinerer) Bruder, der *fjordtorsk* (Küstendorsch), ist ganzjährig vertreten.

Im großen Stil wird Dorsch heute mit Grund- und Schwimm-Schleppnetzen gefangen, zum Teil auch in Reusen, die in offene Fjordarme oder zwischen Schären gesetzt werden. Der Sportangler greift in der Regel zum Pilker, dessen Gewicht zwischen 350 und 500 g liegt. Da es Tage gibt, da der Dorsch weniger auf Pilker als mehr auf Gummiwürmer beißt, bietet es sich an, mit einem oder zwei Gummiwürmern (die Farbe ist egal) über dem Pilker zu fischen. Im Sommer und Herbst sollen leuchtend orangefarbene Pilker das beste für den Dorschfang sein; die Lofoter nehmen aber üblicherweise den blanken Pilker. Man lässt den Pilker auf Grund, holt 2 – 4 m ein und lockt durch regelmäßiges langsames »Pumpen«. Wichtig ist, dass die Schnur nach dem Anbiss stramm bleibt: also entschlossen und gleichmäßig einholen!

FISCH-NÄHRWERTE IM VERGLEICH

Fisch (Angaben je 100 g)	Wasser %	Energie kcal	Protein g	Fett g	Kalzium mg	Eisen mg	Vit. B mg
Kabeljau	80	75	18,1	0,3	20	0,6	2,15
Stockfisch	15	327	78,5	1,4	160	2,5	9,13
Klippfisch	40	160	37,8	1,0	60	1,6	2,71
Lachs	71	138	20,5	6,2	20	0,8	7,35
Seelachs	78	84	19,4	0,7	20	0,8	3,71
Heilbutt	75	126	18,0	6,0	30	0,5	6,15
Scholle	78	88	17,3	2,1	30	0,6	3,74
Hering	56	293	17,0	25,0	–	–	–

Das Durchschnittsgewicht für Dorsch liegt derzeit bei 4,5 kg, der größte mit der Rute vor den Lofoten gefangene Dorsch wog 26,5 kg, und der norwegische Rekord liegt bei 37,5 kg.

»Wer **HERING** hat, hat alles zum Leben« – sagt ein norwegisches Sprichwort; die Norweger sind eine Nation der Heringesser. Zum Frühstück, Mittag- oder Abendessen oder als Betthupferl: *sild* ist FÜR JEDE MAHLZEIT GUT. Man unterscheidet zwischen Frühjahr- und Sommer-, Herbst- und Winter-, Fett-, Island- und Fjordhering – Fisch aber werden sie nicht genannt, die Heringe, denn Hering ist Hering und nichts sonst.

Er kann bis zu 32 cm lang werden, wird auf dem offenen Meer mit Schleppnetzen und Ringwaden gefangen, ansonsten mit sogenannten Landwaden – langen Netzen, die in einem großen Bogen vom Land weg und dann wieder hin gerudert werden. Für Sportangler bietet sich Fliegenfischen oder Paternosterangeln an.

»Ein armer Junge, wer es nicht schafft, den Weihnachts-**HEILBUTT** zu bekommen, denn der muss am Heiligen Abend auf dem Dach des Bootshauses sitzen«. – So erklärt der Lofoten-Volksmund, dass dieser Gigant unter den Flachfischen (der bis zu 300 kg schwer und 3 m lang werden kann) sehr beliebt ist auf dem Archipel; heute meist als Speisefisch, früher insbesondere wegen seines Fettreichtums, weshalb ihm die Lofoter den Beinamen *sjøgrisen* verpassten: das SEESCHWEIN.

Im vergangenen Jahrhundert wurde der *kveite* vorzugsweise im Herbst gejagt (Fangzeit von April bis Dezember, sonst Schonzeit), wenn er nahe an die Wasseroberfläche herankommt und man ihm mit einer Heilbutt-Harpune zu Leibe rücken kann. Am gebräuchlichsten aber war die Gangwade: Langleine, nach oben gebogener Angelhaken, als Köder Hering, Krabbe oder Krebs. Biss der Butt, begann ein Kampf auf »Biegen und Brechen«, in dessen Verlauf nicht selten das Boot kenterte.

Seit 1936 sind Bodennetze im Einsatz, und heute macht er sich rar, der dicke Flachfisch, der normalerweise mit sehr kräftigem Schleppsystem geangelt wird, wobei kleine Köhler und Dorsche als Köder dienen. Man lässt das Bleigewicht auf den Grund sinken und wartet, kann das Gewicht aber auch zum Grund ablassen, dann bei offener Rolle 100 bis 200 m fahren und holt anschließend die Schnur langsam ein. Geduld gilt als bestes Rezept, ohne ein starkes Vorfach ist man chancenlos, und als Sekundärliteratur empfiehlt sich »Der alte Mann und das Meer«...

Die **SCHOLLE** gehört zur gleichen Familie wie der Heilbutt, wird aber nur durchschnittlich 40 cm lang und auf den Lofoten nicht ganz zutreffend *flyndra* genannt, also Flunder, die eigentlich eine kleinere Verwandte der Scholle ist. Sie ist auf dem Archipel zwischen dem 1. März und 1. Juli GESCHÜTZT, vor Røst hingegen bis 1. September, weil sie dort – wegen des Einsatzes von Bodenschleppnetzen – nahezu ausgerottet ist.

Traditionell ging man sommers mit der *flyndrepik* (Flunderspitze) auf Jagd, wobei es sich um eine lange Bambusstange handelte, an deren unterem Ende zwei gerade Angelhaken befestigt waren. Ansonsten kam die *makkline* (Wurmfangleine) zum Einsatz, die mit einem Federwurm versehen war. Sportfischer bedienen sich in der Regel des Grund- oder Paternosterangelns, sei es mit Natur- oder Kunstköder; bewährt hat sich auch das Vorschalten von sogenannten Lockblinkern.

Auf den Lofoten unterscheidet man den **SEELACHS** oder **KÖHLER**, hier *sei* genannt, in *småsei* (kleiner Köhler), *klubbsei* und *storsei* (ausgewachsener Köhler).

Die beiden ersten Arten kommen in aller Regel gegen Mai an die Wasseroberfläche und können dann von den Steilküsten aus auch beim BRANDUNGSANGELN gut gefangen werden. Die kleinen Exemplare halten sich in der Nähe von Inseln und Felsbändern auf, während die bis etwa 2 kg schweren Exemplare flacheres Wasser und kräftige Strömungen bevorzugen und der große Köhler zumeist im offenen Wasser steht.

Unabhängig davon beißt er gerne auf mittelgroße grüne und gelbe Neonwürmer; im Sommer sollen auch schwarze Gummiwürmer, blanke Köhlerlöffel sowie Pilker erfolgreich sein. Es ist wichtig, den Köder stets in Bewegung zu halten, wofür man ca. 8–10 m einholt und wieder absenkt.

Die richtig großen Köhler – der Rekord liegt bei 22,5 kg – ziehen im Spätsommer und im Herbst in die Fjorde und beißen am ehesten auf leuchtend rote und schwarze Gummiwürmer, wobei sich am Schnurende ein blanker

Pilker empfiehlt. Dann lässt man schnell ab und holt rasch wieder ein, wobei die Schnur wegen der Verletzungsgefahr niemals um die Hand gewickelt werden sollte.

Der **SCHELLFISCH**, der am besten zwischen Mai und September beißt, kommt stellenweise in enormen Mengen vor. Die Lofoter bereiten aus ihm besonders gerne *fiskekaker*, also FISCHFRIKADELLEN.

Dieser Fisch beißt meist auf Pilker, bevorzugt aber Naturköder und steht in der Regel sehr tief, meist nur einen Meter über dem Meeresboden. Die größten Erfolgschancen hat, wer mit einem Schleppsystem angelt: Dabei wird ein 125-g-Bleigewicht am Ende montiert sowie einen halben Meter darüber ein kräftiger Wirbel befestigt, an dessen oberes Ende wiederum eine 2 m lange, mit Hering oder Makrele als Köder bestückte Schnur angebracht wird. Das Gewicht bleibt auf dem Boden liegen, und man wartet auf den Anbiss.

Der **STEINBEISSER** *(steinbit)*, auch als Wolfsfisch, Seewolf oder Katfisch ein Begriff, ist an seinem moränenartigen Aussehen und wahrlich Furcht erregenden Gebiss unschwer zu erkennen. Er gilt als DELIKATESSE, hat im Geschäft und noch mehr im Restaurant seinen Preis und sollte nur von versierten Sportanglern mit der entsprechenden Ausrüstung gefangen werden: Dazu gehört unbedingt ein schwerer Knüppel, ohne den es oft unmöglich ist, den wild um sich beißenden Fisch zu bändigen und ins Boot zu bekommen: Experten raten zum ausgehöhlten und dann mit Blei gefüllten Schlaginstrument. Und selbst wenn der Steinbeißer tot ist, gilt es VORSICHT walten zu lassen, verfügt der Fisch doch über einen Bissreflex, der mitunter noch nach dem Ableben aktiv ist und zu durchgebissenen Benzinleitungen, abgebissenen Fingerkuppen, aber auch zu wesentlich schwereren Verletzungen führen kann.

Der Steinbeißer hält sich im Sommer gerne über steinigem Untergrund auf, oft auch im direkten Küstenbereich, wobei er seine Bahnen zumeist im tiefen Wasser zieht. Hierbei ist es wichtig, sein Revier zu kennen. Als Tipp sei verraten, dort, wo man vor Anker geht, eine sogenannte Geruchstüte auf den Grund zu lassen.

Der **LACHS** *(laks)* IST EIN FISCH AUF WANDERSCHAFT, der sich während seiner Hauptlebens- und Wachstumszeit im Meer aufhält und lediglich zum Laichen ins Süßwasser vordringt, dort wo er auch seine ersten beiden Jugendjahre verbringt.

Da dieser Salmonide desto weniger Nahrung aufnimmt, je länger er sich im Süßwasser aufhält, hat man die besten Fangchancen vor der Küste (an der er zwischen April und Mai auftaucht) und insbesondere im Mündungsgebiet der Flüsse (in die er ab August einschwimmt), wo sich die Spinnangel (vom Boot aus eingesetzt) bewährt hat.

Die Lofoter lauern diesem bis zu 35 kg schweren und maximal 1,5 m langen Fisch vorzugsweise mit einem keilförmigen Stellnetz auf (Keilwade), das draußen im Schärengürtel aufgestellt wird, während außerhalb der Festlandlinie zumeist Treibnetzketten zum Einsatz kommen, die allerdings nur auf der Westseite des Archipels erlaubt sind.

Norwegen bietet mit die besten Lachsflüsse überhaupt, landesweit derzeit rund 400 an der Zahl – sofern der Bestand nicht durch Krankheiten dezimiert oder (vorübergehend, das bedeutet im Normalfall jedoch auf Jahre) ausgerottet ist. Mitunter stammen die Tod bringenden Krankheiten aus dem Kontakt von wilden und gezüchteten Lachsen rund um die Lachszuchtanlagen in einheimischen Gewässern.

SCHWIMMENDES GOLD – LACHSZUCHT

Vergangen sind die Zeiten, da Herbst für Herbst die Flüsse »kochten«, weil *salmo salar*, der atlantische Lachs, aus dem Meer zum Laichen in seinen Heimatfluss zurückkehrte. U.a. maßloses Überfischen (in Verbindung mit regional auftretender Verschmutzung der Gewässer) haben den Bestand vielerorts reduziert oder sogar ausgerottet. Damit der Luxusfisch den Gourmets des wohl genährten Südens auch weiterhin serviert werden kann – gebeizt oder geräuchert, als delikates Hors d'oevre – hat man sich in Norwegen (wie auch in Irland, Schottland, Kanada und den USA) auf ein über viertausend Jahre altes, von den Chinesen zur Mehrung des Karpfens ersonnenes Rezept besonnen: Fischzucht.

Diese Alternative zur Fischerei, heute als AQUAKULTUR ein Begriff, ist an der Nordmeerküste, wo die im Süden des Landes so gnadenlos zerstörerische Algenpest noch nicht auftrat, ein etablierter und gleichzeitig immer noch boomender Wirtschaftszweig. Wurden Anfang der 1970er Jahre noch weniger als 5.000 t Edelfisch (bevorzugt Lachs und Regenbogenforelle) auf solche Weise »produziert«, vergrößerte sich diese Menge im 10-Jahres-Rhythmus über 80.000 t und 150.000 t auf fast 650.000 t im Jahr 2006, die allein in den Export gehen.

Der Erfolg beruht auf der grundsätzlichen Trennung der komplizierten Zucht in Süßwasseranlagen und der anschließenden Intensivmast der Satzfische in im Meer verankerten Netzkäfigen. Der Geschmack des wie hierzulande Schwein und Rindvieh gehaltenen »Königs der Fische« ist gut, selbst Gourmets bescheinigen das. Und da nehmen viele auch keinen Anstoß daran, dass er, wie seine landfesten Leidensgenossen auch, mit Antibiotika und anderem vollgepumpt ist.

Doch all die Chemie kann nicht verhindern, dass sich Seuchen einschleichen und Parasiten ausbreiten, die, ehemals unbekannt, auch frei lebende Tiere befallen und in dutzenden klassischer Lachsflüsse Norwegens den Lachs ausgerottet haben. Dies der Preis, der für die Enge im Gehege zu zahlen ist.

Andererseits ist das Lachs-Business eines der ertragreichsten Exportgeschäfte des Landes, das etwa 13 Mrd. NOK jährlich erwirtschaftet. Und da Anzahl, Standorte und Größen der Lachsbetriebe durch eine staatliche Konzessionsordnung geregelt sind, konnten durch den Wirtschaftszweig landesweit zahlreiche Dauerarbeitsplätze in einer breiten räumlichen Streuung geschaffen werden. Das stellt natürlich einen wesentlichen Beitrag zur Lebenserhaltung zahlreicher Marginalräume dar; deswegen sieht Oslo in der Aquakultur einen wichtigen Wachstumsmotor, der auch in Zukunft mit Milliarden Kronen an Forschungsgeldern rechnen darf. Lange wird es vermutlich nicht mehr dauern, bis »made in Norway« auch für Seewolf, Heil- und Steinbutt, Seezunge, Dorsch und viele Sorten mehr aus der Zuchtanlage stehen wird. Die »schöne neue Welt« hat also auch hier längst begonnen.

WAL-KAMPF

1993 beschlossen die Norweger, nach siebenjähriger Feuerpause und trotz eines Verbots der Internationalen Walfangkommission (IWC) die kommerzielle Jagd auf den 8–10 m langen Minke- oder Zwergwal wieder freizugeben; sie wurden schneller mit Sanktionen belegt als Südafrikaner, Chilenen oder Serben nach anhaltenden Menschenrechtsverletzungen. Umweltorganisationen riefen Norwegen-Urlauber zum Protest und zur Wahl eines anderen Ferienziels auf, und die ein oder andere Publikation vermittelte ein Bild von Wal schlachtenden norwegischen Barbaren.

Wohl gemerkt, es ging um 296 Tiere, die den Walfängern der Lofoten von ihrer Regierung im Jahre 1993 zu erlegen gestattet wurde; 296 von damals rund 86.000 Zwergwalen im Nordostatlantik (laut norwegischen Schätzungen) bzw. von 40.000 bis 115.000, wie die IWC den Bestand veranschlagte; die Zahlen lagen also relativ eng beieinander. Weltweit soll es heute über eine Million Zwergwale geben, allein der Zwergwalbestand in den norwegischen Fanggründen wird vom Wissenschaftsausschuss der Internationalen Walfang Kommission (IWC) auf derzeit etwa 107.000 geschätzt. Was »heute nicht mehr bestritten wird: Der Zwergwal ist keine bedrohte Spezies« schrieb »Der Spiegel« schon in den 1990er Jahren.

Aber darum geht es auch gar nicht, denn Wale sind nicht einfach entweder bedroht oder nicht, »Wale sind intelligent, zärtlich, können singen« (»Stern«). In den Zeitungen und Illustrierten Mitteleuropas und Amerikas spricht man ganz bewusst nicht von Zahlen und Artenschutz, sondern in rührseliger Natursentimentalität von der Zutraulichkeit, Musikalität und Intelligenz des Säugers, der schon mal an eine »Skulptur aus rosa Alabaster« erinnert (»Stern«) und von den norwegischen Schlächtern eben »regelrecht zu Tode gequält« wird (»taz«). In blutroten Farbreportagen wird in Szene gesetzt, wie der zum Totemtier der Meere verkitschte Bruder Wal getötet wird. Sicherlich muss es fürchterlich sein, von einer Harpune getroffen und zerfetzt zu werden. Aber auch das intelligente Schwein in heimischen Schlachthäusern wird den Tod kaum mögen, so dass sich »überhaupt die Frage aufdrängt, ob man Tiere ohne Not töten und schlachten muss. Doch diese Frage stellen die Illustrierten nicht...«, wie Jens Schneider in der »Süddeutschen Zeitung« feststellte.

2006 wurden übrigens 545 Wale getötet, 2007 waren es 522 – die erlaubte, aber nicht ausgeschöpfte Quote lag bei 1052 Tieren. Das dunkle Walfleisch ist international wie national nicht mehr so gefragt wie noch vor einem Jahrzehnt, ...

Wie die frühere norwegische Ministerpräsidentin Gro Harlem Brundtland meinte, sei der Walfang für die anderen nur eine billige Gelegenheit, sich ein »grünes Image zu verpassen« und von eigenen, wirklichen Umweltproblemen abzulenken: »Es ist sehr einfach für manche Politiker, beim Walfang die grüne Flagge zu hissen. Das gibt billigen Applaus, der verdeckt, dass sie dort nichts tun, wo es ihre Wähler etwas kosten würde, nämlich bei wirklichen Umweltproblemen.« Ein Teil der Welt wolle darüber bestimmen, wie Norwegen seine Ressourcen zu verwalten habe, und weiter: »Ich akzeptiere nicht, dass die großen Länder die Anliegen der Kleinen unter den Tisch wischen.«

Wenn der Walfang für Norwegen auch kein unbedingtes Anliegen ist, zumal er nur einen Bruchteil des Umsatzes der nationalen Fischereiindustrie erwirtschaftet, so ist er es doch umso mehr für die Lofoten, wo er mehrere hundert Arbeitsplätze ausmacht. Die aktuellen Abschusszahlen (siehe auf Seite 90 ganz unten) gefährden definitiv nicht den Bestand der Meeressäuger.

Weitere Informationen über die Wale im Allgemeinen und die Argumente der »Gegenseite« sind im Internet nachzulesen: Insbesondere die englischsprachigen Seiten der High North Alliance (www.highnorth.no) und der Internationalen Walfangkommission (www.iwcoffice.org), der North Atlantic Mammal Commission (www.nammco.no), der Whale and Dolphin Conservation Society (www.wdcs.org) und von Greenpeace (www.greenpeace.org) finden auf norwegischer Seite (dargelegt u.a. auf www.norwegen.no, Link Umwelt/Walfang) in der Regel wenig Anklang.

VOM NORDLANDBOOT ZUM TRAWLER

Die Fischer sind von der Art, die die Pflicht eines ehrsamen Mannes darin sucht, dass er vor allen neuen Gebräuchen die Augen und Ohren zuschließet und blindlings darauf bestehet, es solle alles beym Alten bleiben, das gut genug wäre.
(Erik Pontoppidan, 1753)

Mehr als 1000 Jahre lang bedienten sich die Lofoten-Fischer kleiner, offener Ruder- und Segelboote, die in Sachen Konstruktion und Proportion zum gleichen Bootstyp wie die Langschiffe der alten Wikinger gehörten und als außer-

... obwohl es vielen (nicht nur Norwegern, Isländern, Japanern) ausgezeichnet schmeckt. Die Restaurants der Lofoten servieren es Sommer als Steak oder als Gulasch, Fischläden und Supermärkte führen es (zu etwa 80 –120 NOK/kg).

ordentlich seetüchtig galten. Nicht nur im Inselreich wurden diese »Nussschalen« eingesetzt, sondern überall zwischen Trøndelag und Finnmark – weshalb sie als *nordlandsbåten* bezeichnet wurden. Doch **NORDLANDBOOT** war nicht gleich Nordlandboot, denn jede Region, jedes Dorf baute einen eigenen Typus, wobei der im mittelnorwegischen Mo i Rana, noch südlich des Polarkreises, zusammengezimmerte den landesweit besten Ruf genoss.

Man unterscheidet die Nordlandboote nach Größe in acht Typen:

– *Fembøring:* zwölfrudriges (jedoch traditionell nur zehnrudriges) Boot mit fünf *(fem)* Räumen zwischen den Duchten (Ruderbänken), das immerhin über 40 Fuß Länge messen und rund 8 t Ladung fassen konnte. Von diesem Boot wurde ausschließlich mit Netzen gefangen, und in den 1970er Jahren setzte man ihm hinten, über dem erhöhten Achterdeck, ein Bootshaus auf.

– *Åttring:* Boot mit acht *(åtte)* Riemen, im 19. Jahrhundert auch mit 10, zudem ebenfalls mit Bootshaus, das aber während der Fangzeit abgebaut und an Land gebracht wurde. Seine Länge maß rund 30 Fuß. Man verwendete es hauptsächlich zum nächtlichen Langleinenfischen.

– Das *halvfemterømming* war mit viereinhalb Räumen ausgestattet, das *firroring* entsprechend mit vier, das *halvfjerdderoring* mit dreieinhalb (drei Paar Ruder), das *treroring* mit drei – alle diese Bootstypen dienten zum Fischfang mit der Handangel oder zum täglichen Langleinenfischen und wurden bevorzugt auf der Ostseite der Lofoten eingesetzt.

– Das *kjeks* (zweieinhalbräumiges, vierrudriges Boot) und das *toroms kjeks* (zweiräumiges, vierrudriges Boot) waren nur zum Fischfang in direkter Küstennähe tauglich, nicht jedoch für den eigentlichen Lofoten-Fischfang. Einsatzzeit Frühling bis Herbst.

Allen Booten war gemein, dass sie AUS FICHTEN- (falls in Mo i Rana oder Bindal gebaut) oder KIEFERNHOLZ (falls aus Salten) gezimmert und oft VIELE GENERATIONEN LANG IM EINSATZ waren – was für ihre ausgezeichnete Verarbeitung spricht. Als Imprägniermittel verwendete man Teer (meist mit Harz gemischt), später auch Leinöl.

Mindestens ebenso wichtig wie die Seetüchtigkeit soll den Fischern die BEMALUNG der Boote gewesen sein: Sieben Farben waren für Dollbord und Finknetz vorgeschrieben, nicht mehr und nicht weniger; es müsste schon ein seltsamer Zufall sein, dass die »7« gleichzeitig einen hohen Stellenwert in der Zahlenmagie innehat – die Lofoten-Fischer, abergläubig aus Profession.

Von enormer Wichtigkeit war auch das richtige Platzieren des Mastes für das *råsegl* (Rahsegel), das hauptsächlich Raumschotkurs zuließ, zum Kreuzen und »Am Wind fahren« jedoch nur bedingt geeignet war. Da alle Nordlandboote grundsätzlich tief im Wasser liegen, können schnell die Wellen überschlagen; um sie zu zähmen, um ihnen die Wucht zu nehmen, schüttete man Tran und/oder Paraffin aufs Meer. Lief das (sehr elastische) Schiff dennoch voll Wasser, kam es auf die Fähigkeiten des Skippers an, es durch geschickte Manöver »herauszusegeln«.

Zwischen dem 10. und 19. Jahrhundert beherrschten die Nordlandboote unangefochten die Lofoten-Fischerei. Erst ab 1870 setzten sich »modernere« Schiffstypen gegen die Traditionsverbundenheit der Lofoter durch, und zwar vor allem die Schiffe vom **LISTER**- und **HARDANGER**-Typ, die sowohl tiefer als auch breiter gebaut waren und als wichtigste Errungenschaft das *sneisegl* (Schrägsegel) trugen.

1890 kam der Vorläufer der Trawler auf den Archipel, *kutteren,* der **KUTTER**, der, zuerst noch ohne Deck, im sogenannten Krawlee-Verfahren – die Rumpfbretter Kante an Kante gefügt – gefertigt und somit wesentlich stabiler und sicherer war als die nach der traditionellen Klinkertechnik gezimmerten Kollegen. Zum Leinen- und Handangelfischen nahmen die sonst mit Netzen ausgestatteten Segelkutter (Fock-, Sturm- und Toppsegel sowie Klüver und Besan) bis zu sechs *dorryer* (flachbodige Boote amerikanischer Abstammung) mit an Bord, die auch als Rettungsboote Verwendung fanden und mit je zwei Mann besetzt wurden.

Als der letzte Schrei jener Jahre aber galten *garnspelet* und *linespelet:* handgetriebene KURBELSPILLEN, die das Leinen- und Handangelfischen zwar unerhört effektiv machten, sich aber dennoch erst viele Jahrzehnte nach ihrer Einführung durchsetzen konnten. – Bei den sturen Lofotern waren sie als *uvesenet* (Unwesen) verschrien.

Gegen Ende des 19. Jahrhunderts kamen *dampfiskebåter* in Mode; die aus Eisen gefertigten **DAMPFSCHIFFE** waren bereits bis zu 30 m lang. Sie qualmten und stanken wie die Pest und standen bei den Nordländern in schlechtem Ansehen, waren sie doch die Antwort kapitalkräftiger Unternehmer auf die traditionellen Ruderboote der einfachen Fischer.

Im Jahr 1890 dann eskalierte der Konkurrenzkampf in der sogenannten SCHLACHT IM TROLLFJORD, berühmt geworden durch den von *Johan Bojer* verfassten Roman »De siste viking«, Titel der deutschen Ausgabe: »Die Lofot-Fischer«. In einprägsamer Sprache und mit unvergesslichen Stimmungsbildern schildert der Roman das Geschehen zur Zeit der damaligen Lofoten-Fischerei, als mehrere Dampfschiffe den vom Raftsund abzweigenden, etwa 2 km langen und kaum mehr als 100 m breiten Trollfjord abgesperrt hatten, um den rund 500 von Henningsvær herangeruderten Fischerbooten den Zugang zu den Fischgründen zu verwehren. Für die mehrere tausend Fischer ging es schlicht ums Überleben: Wutentbrannt enterten sie die Dampfschiffe, um sich gewaltsam den Weg zum Fisch zu erkämpfen.

Sie hatten Erfolg, wenige Tage später waren sage und schreibe über eine Million Dorsche gefangen; und um nicht zukünftig doch einmal gegen die reichen Dampfschiffbesitzer zu verlieren, reichten die Fischer Protest im Storting (Parlament) zu Oslo ein. Dort wurde wochenlang über das Problem diskutiert und schließlich entschieden, dass Schutzbestimmungen zu Gunsten der kleinen Fischer zu erlassen seien. Wichtigste Restriktion war das Verbot der um 1880 eingeführten und nur von Dampfschiffen aus verwendbaren Senknetze. Damit war im Prinzip auch über die Zukunft der Dampfschiffe entschieden, die damit keine echte Konkurrenz für die Nordlandboote werden konnten.

Anders die mit Motor ausgestatteten Schiffe, deren erstes man im Jahr 1903 im Vestfjord sichtete. Es wurde von einem dänischen 4-Takter der Marke »Dan & Alpha« angetrieben, der aber nur fünf Pferdestärken brachte und lediglich als Hilfsmotor sowie zum Ziehen von Garn- und Leinenspill gedacht war. Die Alten ließen natürlich kein gutes Haar an diesem knatternden Gefährt und machten sich einen Spaß daraus, ihm wegzurudern oder -segeln.

Aber die junge Fischergeneration kam schnell auf den Geschmack, und als die stärkere Marke »Gideon & Thor« auf den Markt kam, baute schon manch einer sein Nordlandboot zum **MOTORISIERTEN FISCHKUTTER** (SJARK) um, der zusätzlich mit einem Deck versehen wurde. Als auch Steuerhaus und Logis dazukamen, wechselte der Namen zu SJØLDRAGAR, aus dem sich um 1945 ein mit kombiniertem Steuerhaus und Logis versehener Typus entwickelte, der auch zum Netzfischen tauglich war.

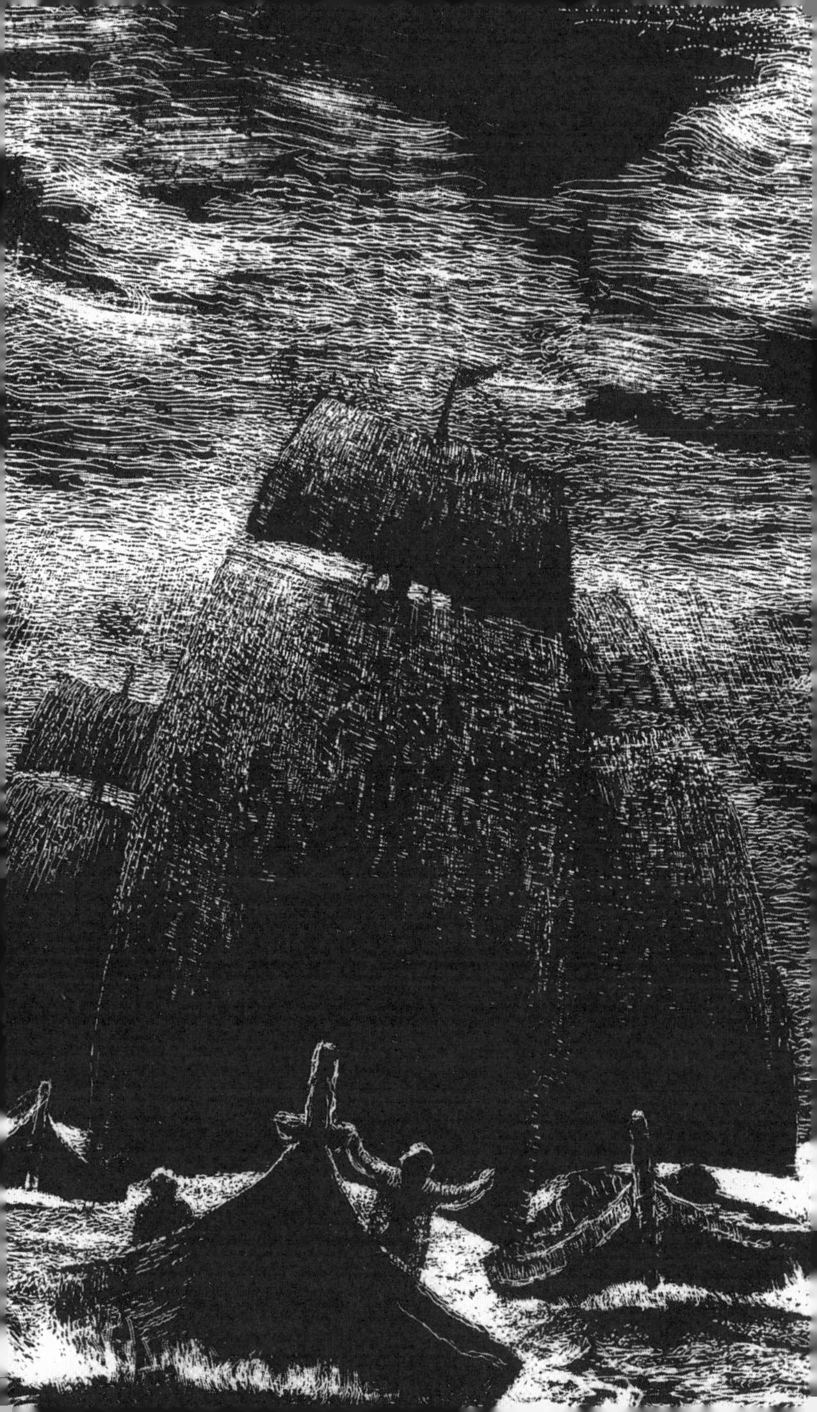

Schon 15 Jahre zuvor hatte ein findiger Ingenieur den KRYSSAR entworfen, einen »Kreuzer«, bei dem der Vordersteven schräg zum Kiel steht. Diese Version setzte sich durch und gilt noch heute als die dominierende bei den größeren Bootstypen. Die kleinen wurden ab 1950 hinten abgeschrägt, was sie zum GAVLEBÅTEN machte bzw. (seit sie aus Plastik gefertigt werden) zum PLASTSJARKEN, dieser Typ macht heute gut ein Drittel aller meldepflichtigen Boote auf den Lofoten aus. Die Hälfte fällt auf kleine Boote ohne Deck, den Rest bilden moderne Stahltrawler, die bis zu 15 Mann an Bord haben und 300 Brt. im Schnitt laden können.

Doch egal, mit welchem Bootstyp man zum Fischen aufs Meer hinausfährt: Stets heißt es – heute wie vor 1000 Jahren – *Ro feske,* was in etwa »Fisch rudern« bedeutet. Demzufolge sagt der, der vom Fischen zurückkommt: *I dag va' jeg roen* – »heute habe ich gerudert«. Wen wundert es da, dass bei solchem Festhalten an der Vergangenheit auch der uralte Lofoten-Witz noch im Schwange ist, bei der ein Festland-Norweger einen anderen fragt, warum der Lofoten-Bewohner so lange Arme hat: *»For han har tøyd så mykje på åran«* (da er für so viele Jahre am Ruder gezogen hat), lautet die richtige Antwort.

FARBSEITEN 97 – 104, SOMMER:

Seite 97:
Lofotakvariet Storvågan, Austvågøya
(Foto: Lofotakvariet)

Seite 98:
Sonnenuntergang auf den Lofoten,
unten Bootshäuser
bei Laukvik auf Austvågøya
(Fotos: Annette Ster)

Seite 99 oben:
Bei Borg auf Vestvågøya
(Foto: Annette Ster)

Seite 99 unten:
Am Haukland-Strand auf Vestvågøya
(Foto: Annette Ster)

Seite 100:
Auf Vestvågøya – Häuser von Haukland,
die Perspektive vom Strand aus,
im Hintergrund der Himmeltindan
(Foto: Annette Ster)

Seite 101 oben:
Am Strand von Fredvang
(Foto: Annette Ster)

Seite 101 unten:
Skagsanden auf Flakstadøya
(Foto: Annette Ster)

Seite 102:
Dem Meer entstiegen – auf Flakstadøya
(Foto: Annette Ster)

Seite 103:
Hamnøy auf Moskenesøya
(Fotos: Annette Ster)

Seite 104:
Reine auf Moskenesøya
(Foto oben: Andreas Schmitt)
(Foto unten: Annette Ster)

Johs. H. Giæver

FLADEN

Ein Magnet für Künstler

Das Reinste des Reinen, das Kälteste des Kalten, das Unberührteste des Unberührten, das Vornehmste, was man sich denken kann.
(Christian Krohg)

ALPENKULISSE DIE AUS WOGEN STEIGT – GROSSARTIGE MOTIVE

Eine der Kunst immer wieder zugeschriebene Funktion ist die der Nachahmung der Natur in all ihren Schattierungen. Betrachtet man die Fülle der Ölgemälde, Aquarelle und Lithografien der meisten heutigen Lofoten-Künstler, die eine erstaunlich große Kolonie im Archipel bilden, ist man geneigt zu behaupten, dass die Bildkunst im Inselreich unserer Tage nie über die sogenannte NATIONALROMANTIK des vergangenen Jahrhunderts hinausgekommen ist, in der sie in der Tat wurzelt. Die Darstellungen von Lofoten-Landschaft und Lofoten-Fischerei bestimmen nach wie vor die Bilder, und es ist, als wollten alle Künstler ständig wiederholen, was *Bjørnstjerne Bjørnson* (1832–1910), der große Dichter der norwegischen Klassik, mit seinem zum Nationalhymnentext gewordenen Gedicht »Ja, wir lieben dieses Land« aussagen wollte.

Auf wie vielen Bildern wurde die Lofoten-Wand wohl dargestellt? Oder gar der Trollfjord oder Reine, oder Fischer mit Fischerboot vor der Lofoten-Wand, dem Trollfjord oder Reine, oder ...? Mit oder ohne Mitternachtssonne, Vollmond oder Sternenglanz, Regen, Nebel oder Sturm. Niemand weiß es. Ihre Zahl dürfte Legion sein. Und man kann es verstehen, denn selbst ganz unromantisch veranlagte Insel-Besucher verlieren sich beim Anblick der dramatischen Archipel-Kulisse im »Natur-Gucken« und verspüren zuweilen den

Drang, nicht nur ihren Kameras ein »Klicken« zu entreißen, sondern die unweigerlich aufsteigenden inneren und äußeren Stimmungen sowie Landschaftsbilder schöpferisch-gestaltend in ein diese transzendierendes Werk umzusetzen – kurz: Sie verspüren den Lockruf der Kunst.

Aber »schwierig, unendlich schwierig, das zu malen! Das Erhabene herauszubringen, die Größe und der Natur unerbittliche und unbarmherzige Ruhe und Gleichgültigkeit«, wie Christian Krohg, so eine Art Guru unter den Lofoten-Künstlern, es in seinem 1896 verfassten (literarischen) Hauptwerk »Kampen for tilværelsen« (Der Kampf ums Dasein) formulierte.

Der erste, der das »Erhabene herauszubringen« versuchte, war kein Norweger, sondern ein Italiener namens CORONELLI, der im 17. Jh. einen Kupferstich vom Moskenstraumen nach Hörensagen fertigte.

Dem gleichen Motiv nahm sich – auch im 17. Jahrhundert – OLAUS MAGNUS GOTHUS an, der Erzbischof von Uppsala/Schweden, der in seinem Werk »Nordiska Folken« auch das Lofoten-Volksleben reich illustrierte – allerdings ebenfalls, ohne den Archipel je zu Gesicht bekommen zu haben.

Beinahe 200 Jahre währte es, bis KRISTINE COLBAN, Tochter des Våganprobstes Erik Andreas Colban, zum Pinsel griff und die Berge um Kabelvåg, die alte Kirche und den Pfarrhof sowie den Pfarrhof Finneset in Aquarellen festhielt. Ihre Werke – schlicht, doch erfrischend und schön – gelten als die ältesten der Nachwelt erhaltenen Lofoten-Gemälde.

Ebenfalls Aquarelle, aber hauptsächlich Zeichnungen fertigte um die Mitte des 19. Jahrhunderts der Marineoffizier CARL FREDERIK DIRIKS (Künstler-Pseudonym: Fyr-Diriks) an; seine Arbeiten tragen unverkennbar Lofoten-Züge, aber ihnen fehlt das Gefühl für Landschaft und Volksleben, sie können nicht beeindrucken.

Anders die Werke von **GUNNAR BERG** (1863–1893), einem Lofoter aus Svolvær, der erst eine Ausbildung als Händler durchlief, bevor er auf der Akademie von Düsseldorf ausgebildet wurde. Die sogenannte DÜSSELDORFER SCHULE kündigte zwar den Übergang von der Romantik zum Naturalismus an, aber die norwegische Nationalromantik wäre ohne sie undenkbar. Obwohl der Rhein dem Schaffen des jungen Berg viele Sujets gab, galt doch sein Wirken vor allem der Heimat; wie er sagte, bestand seine »Lebensaufgabe darin, die mächtige Lofoten-Natur, das Leben der Fischer und die besonderen Stimmungen im Norden sowohl in der Dunkelzeit als auch in der hellen Jahreszeit darzustellen«. Er gilt als einer der herausragenden Vertreter der Nationalromantik (deren bedeutendster Adolf Tidemann war) und stellte im Juli 1887 sein erstes Bild in Düsseldorf aus (»Motiv aus Svolvær«), woraufhin ihm der Düsseldorfer Anzeiger »ein ganz eminent koloristisches Talent« attestierte. Im Herbst 1889 folgte eine 150 Gemälde umfassende Vernissage in Oslo, und im »Morgenbladet« (Morgenblatt) schrieb der Bischof Bang: »Als Darsteller des nordländischen Volkslebens hat Berg einen lobenswerten Anfang gemacht; er gibt Anlass, dass er in der Kunst für das Nordland das wird, was *Peter Dass* und Jonas Lie in der Literatur geworden sind.« Obwohl Berg schon im Alter von 30 Jahren starb, gelang es ihm als Erstem, die Natur und das Leben auf den Lofoten über die Landesgrenzen hinaus bekannt zu machen. Sein Hauptwerk – eine sieben Bilder zählende Serie von der »Trollfjordschlacht« (siehe Seite 94) – ziert heute das Vågan-Rathaus in Svolvær und kann dort betrachtet werden. Auch die Nationalgalerie in Oslo besitzt mehrere Gemälde von Gunnar Berg.

Gegen Ende des 19. Jahrhunderts verlor die Düsseldorfer Schule an Einfluss, zumindest auf die norwegischen Künstler, während der Stern von Karlsruhe, dann München, später Berlin und Paris aufging. Die Naturwissenschaften waren im Kommen und forderten künstlerischen Tribut in Form des NATURALISMUS (etwa 1870–1900), in dem nicht mehr das Romantische grandioser Naturszenerien im Vordergrund stand, sondern die positivistische, von der Milieutheorie beeinflusste Tendenz, den »Zufälligkeiten des Alltäglichen«, dem Realen, dem Alltag und seinen Schattenseiten sozialkritischen Ausdruck zu verleihen. Was Liebermann, von Ude oder Käthe Kollwitz für Deutschland, das ist **CHRISTIAN KROHG** (1852–1925) für Norwegen und auch für die Lofoten, die er viele Male bereiste und auf Leinwand verewigte. Als er 1896 zum ersten Mal auf den Archipel kam, hatte er die koloristische Seite seines Naturalismus bereits in überzeugender Weise entwickelt und galt schon als der Große seiner Epoche, auch wenn er – zumindest in Norwegen – mit seinen »groben, plumpen und wenig ästhetischen Gestalten« keine Bewunderung erweckte; die kam erst später. Heute gilt er als genialer Darsteller von »Wahrheit – Menschlichkeit«, womit er seine Werke auch selbst umschrieb.

THEODOR KITTELSEN (1857–1914), ebenfalls Naturalist, lebte 1877 in der Abgeschiedenheit eines Leuchtturmwärters auf Skomvær. Die Jahre dort draußen prägten sein künstlerisches Schaffen, das einst – als er auch sozial engagiert und seine Technik noch ganz vom Strichstil bestimmt war – das berühmt gewordene Bild »Streik« (1878) schuf. Doch einmal in den Bann der Lofoten geraten, hielt er es mit der nordischen Sagentradition, insbesondere mit den Trollen. Richtige Klabautermänner bannte er in seiner 1892 erschienenen Sammlung »Troldskab« (Zauberei) auf die Leinwand, nachdem er 1890 bereits eine Serie von Zeichnungen mit Namen »Fra Lofoten« (Von den Lofoten) veröffentlicht hatte. Als sein Meisterwerk aber gilt »Svartedauen« (Der schwarze Tod), eine Bildserie, die 1900 fertiggestellt wurde und die Pest zum Thema hat.

Vielleicht war es die gewisse Formlosigkeit des Naturalismus – die sich aus dem Interesse an der reinen Erscheinungshaftigkeit erklärt –, dass sie auf spätere Lofoten-Maler keinen entscheidenden Einfluss mehr nahm; die kehrten vielmehr bald zu einer Art »Neo-Nationalromantik« zurück: so **OLE JUUL** (1852–1927), geboren in Djupfjord auf Vågan, malbegeistert seit Kindheitstagen und ausgebildet ebenfalls in Düsseldorf. Es mangelte ihm nicht an Genie, aber er konnte machen, was er wollte: Niemand mochte seine »lyrischen« Gemälde erstehen. So versuchte er sich im Portraitieren; die Leute jedoch wünschten Fotos – er wurde Fotograf. Und zählte schon 71 Jahre, als ihm als »neuentdeckter Maler« endlich der Durchbruch gelang. Kurioserweise aber nicht mit seinen ausgereiften Werken, sondern mit Jugendbildern, die er irgendwann einem süddeutschen Friseur verkauft hatte. Bekannt geworden, folgte der Ruhm auf dem Fuße, und schon ein Jahr später, drei Jahre vor seinem Tod, stellte er 250 Arbeiten im Kunstverein in Trondheim aus. Die Resonanz war beachtlich, die Kritiker zeigten sich angetan: »Er verdient einen Platz unter den begabtesten Naturbeschreibern unseres Landes«, proklamierte der norwegische Schriftsteller, Journalist und Gesellschaftskritiker *Alf Harbitz.*

EIN REICHES KÜNSTLERMILIEU

In den Anfängen unseres Jahrhunderts kamen die Lofoten bei schwedischen Künstlern in Mode. *Rikhard Lindström* etwa verbrachte viele Jahre seines Lebens im Inselreich, und seine Landsfrau *Anna Boberg* war es, die den Grundstein für eine schwedisch-lofoter Künstlerzusammenarbeit legte, die auch heute noch als wichtiger Lebensnerv im Kunstmilieu des Archipels gilt. Nachdem sie sich nahe Svolvær ein Atelier eingerichtet hatte, fanden sich plötzlich Maler aus aller Herren und Frauen Länder auf dem Archipel ein, denn Anna Boberg besaß einen guten Namen in Pariser resp. west- und südeuropäischen Kunstkreisen.

1934 verschenkte die begabte Schwedin ihre BOBERGHYTTA an die BILDENDE KUNSTNERES FORENING (Vereinigung Bildender Künstler), und bis 1940 – dem Jahr der »Vandalen«-Invasion – fungierte das Atelier als internationales Kunsthaus. Die dort gefertigten Werke – »entartet« – waren den Teutonen Dornen in den Augen, so dass sie die Boberghütte zerstörten, auf dass kein Stein mehr auf dem anderen stand.

Doch die IDEE Künstlerhaus konnten die Besatzer nicht eliminieren. Die schwedische und die norwegische Künstlervereinigung finanzierten das 1953 eingeweihte **KUNSTNERHUSET** (Künstlerhaus). Seitdem ging es bergauf mit der Lofoten-Kunst: Maler, Grafiker und Zeichner aus dem In- und Ausland besuchten den Archipel; je größer ihre Zahl wurde, desto größer auch das Bedürfnis der Lofoter zu sehen, wie dort gearbeitet und was geschaffen wurde. Zahlreiche Ausstellungen wurden arrangiert, und die Lokalzeitung »Lofotposten« sowie das »Magasinet for Alle« (Magazin für alle) avancierten zum Sprachrohr dieses Milieus.

1963 dann riefen *Kaare Espolin Johnson* (der u.a. das Hurtigschiff »Harald Jarl« mit Bildern ausschmückte und dem bei Kabelvåg eine eigene Galerie gewidmet ist), *Dagfinn Bakke* (über den später mehr erzählt wird) und andere die Vereinigung KUNST-KONTAKT ins Leben, die Ausstellungen organisierte und das wachsende Kunstinteresse förderte, bevor sie sich Anfang der 70er Jahre auflöste. Die 1971 gegründete Stiftung ATELIER LOFOTEN führte die unterbrochene Arbeit jedoch weiter, die 1985 in der Errichtung einer eigenen Galerie gipfelte: **SVOLVÆR FASTE GALLERI**. Untergebracht ist sie im

1979 fertig gestellten **NORDNORSK KUNSTNERSENTRUM** (Nordnorwegisches Künstlerzentrum), das die Interessen von Bildenden Künstlern sowie Kunsthandwerkern gleichermaßen vertritt, Ausstellungen arrangiert, ein Magazin herausgibt, Arbeit vermittelt und dafür gesorgt hat, dass Svolvær und die Lofoten im Kunstmilieu Nord- und Gesamt-Norwegens eine nicht zu unterschätzende Stellung innehaben. Die Zahl der im Archipel niedergelassenen Künstler hat sich in den letzten 20 Jahren vervielfacht. Laut Schätzungen arbeiten rund ein Fünftel aller Norwegen-Künstler auf den Lofoten.

Damit der Nachwuchs nicht zu kurz kommt, rief man Anfang der 1990er Jahre eine KUNSTSCHULE ins Leben, die junge Talente aus ganz Norwegen anzieht und mittlerweile den Status einer Institution genießt. Sie findet sich aber nicht in Svolvær, sondern nahebei in **KABELVÅG**, das überhaupt die größte Dichte an Künstlern im Archipel aufweist und wo zum Beispiel die renommierte GALLERI ESPOLIN beheimatet ist.

Wer einen umfassenden **ÜBERBLICK** über alle kunstschaffenden Institutionen auf den Lofoten haben will, außerdem über alle Galerien, Kunsthandwerk-Zentren, Denkmäler etc., sollte die Webseite www.lofoten-art.no (auch auf Deutsch) abrufen, die in Zusammenarbeit aller Lofoten-Gemeinden entstand und sich als eine Art Online-Kunstreiseführer versteht.

GALERIEN AUF EINEN BLICK

Die nachfolgende Auflistung nennt die bedeutendsten Kunstgalerien im Archipel, teilweise mit Seitenverweisen, wo sie im Reiseteil zu finden sind:

◎ **GALLERI TROLLFJORD**, Digermulen/Finnvika (Route 5), www.digermulen.de auch auf Deutsch: Ausstellung des deutschen Landschaftsmalers *Christian-Ivar Hammerbeck,* der seit den 1990er Jahren im hohen Norden lebt und der, wie es heißt, Erlebtes gestaltet (u. a. als Dozent für Malerei, ehemaliger Stadtmaler von Essen, mit zahlreichen Ausstellungen).

◎ **TRESMIA**, Strønstad (Route 5), www.tresmia.com: Der Schnitzer *Arthur Johansen* präsentiert seine Holz-Kunstwerke.

◎ **GALLERI MAGICA**, Laukvik/Gjersvoll (Route 5), www.galeria-magica.com: Die Holländerin *Ellen Schrijvershof,* seit 1997 in Laukvik wohnhaft, zeigt ihre eigenen farbenreicher Bilder, die von der Natur sowie von Symbolen beeinflusst sind, einen mathematischen Charakter haben, von Harmonie geprägt sind und ausnahmsweise einmal nicht die Lofoten darstellen.

◎ **NORDNORSK KUNSTNERSENTER**, Svolvær/Svinøya (Route 1), www.nnks.no: wechselnde Ausstellungen unterschiedlicher Künstler, Verkauf von Bildern und Kunsthandwerk; eine Institution auf den Lofoten.

◎ **LOFOTEN ATELIER**, Svolvær/Svinøya (Route 1): Zum Kunstnersenter gehörige Plattform für wechselnde Ausstellungen in- und ausländischer Künstler; auch Präsentation der eigenen Sammlung norwegischer Bildkunst.

◎ **GALLERI GUNNAR BERG**, Svolvær/Svinøya (Route 1), www.svinoya.no: die größte Sammlung an Werken von Gunnar Berg (siehe Seite 106 f.).

◎ **GALLERI DAGFINN BAKKE**, Svolvær-Zentrum (Route 1), www.dagfinnbakke.no: Dagfinn Bakke gilt als einer der bedeutendsten Bildkünstler der Lofoten unserer Tage; zu bewundern sind Lofoten-Aquarelle, -Grafiken sowie -Skulpturen; zahlreiche Ausstellungen.

◎ **GALLERI DINA**, Svolvær-Zentrum (Route 1), www.sonjakrogh.com: *Sonja Krogh* präsentiert Lithografien von *Dag Arnljot Rødsand,* Bilder diverser norwegischer Maler sowie eigene Werke, deren Ausdrucksform als das klassisch Figurative umschrieben wird; Ausstellungen in Norwegen und Spanien.

◎ **GALLERI STIG TOBIASSEN**, Svolvær-Zentrum (Route 1), www.stig-tobiassen.com: Typische Lofoten-Motive (Berge, Meer und Fischerboote) zeigen die Ölgemälde dieses Malers.

◎ **MAGIC ICE**, Svolvær-Zentrum (Route 1), www.magic-ice.no: kunstvoll beleuchtete Skulpturen und Installationen, die komplett aus Eis bestehen.

◎ **GALLERI LILLE KABELVÅG**, Kabelvåg, Torget/Marktplatz (Route 2): Die Bildkünstlerin und Kunsthandwerkerin *Inger Ann Nyaas* sowie der landesweit bekannte Maler *Thor Erdahl* (zahlreiche Preise, dutzende Ausstellungen) stellen in dieser neuen Galerie ihre Werke aus.

◎ **GALLERI ESPOLIN**, Kabelvåg/Storvågan (Route 2), www.galleri-espolin.no: Der Galerie des Meisters verdient ein eigenes Kapitel (siehe Seite 135).

◎ **GALLERI OLA STRAND**, Ørsnes, Våganveien, an der E 10 (Route 4): Linolschnitte, Aquarelle, naive Malerei, Grafiken und andere Werke des bekannten Lofoten-Künstlers.

◎ **GALLERI HARR/LOFOTENS HUS**, Henningsvær (Route 4), www.galleri-lofoten.no: eine der umfangreichsten Kunstsammlungen Nordnorwegens (siehe Seite 142).

◎ **GALLERI 1599**, Limstrand, 2 km abseits der E10, ausgeschildert (Route 9), www.lofotgalleri.no: Bilder der mit dem norwegischen Verdienstkreuz ausgezeichneten *Gerd Flakstad,* die sich um die Kunst auf den Lofoten verdient gemacht hat.

◎ **GALLERI 2**: Stamsund (Route 8), www.galleri2.no auch auf Deutsch: vor allem den Werken und Projekten des Künstlerpaares *Vebjørg Hagene Thoe* sowie *Scott Thoe* gewidmete Ausstellung.

◎ **GALLERI AVKROKEN**, Ramberg auf Flakstadøya, E10 (Route 10), www.lofoten-info.no/lofotkunst: ausgefallene Arbeiten, bevorzugt aus Messing, Kupfer und Stahl, Kreationen des Multi-Künstlers *Johs Røde*.

◎ **GALLERI VICTORIA**, Reine auf Moskenesøya, bei der Tankstelle »Statoil« (Route 10): *Victoria Andersen* präsentiert die Lofoten aus ihrer Sicht.

◎ **REINE KULTURSENTER**: Reine-Ortszentrum (Route 10): In der ehemaligen Schule von Reine wurde 2007 diese neueste Kunstinstitution der Insel eröffnet. Ausgestellt sind mehrere Dutzend Ölgemälde und Grafiken der norwegischen Malerin *Eva Harr* (www.evaharr.no), deren Ölgemälde und Grafiken größtenteils die Lofoten-Landschaft zeigen. Eine Multimediashow mit Fotos über den Archipel und Reine im Besonderen wird ebenfalls eingerichtet, wechselnde Kunstausstellungen sind geplant.

◎ **GALLERI KRYSSET**, Sørvågen/Moskenesøya (Route 10), www.sorvagen.no/sorvagen/index.htm: Bildgalerie des international bekannten Künstlers *Tor Esaissen,* der auf über 120 Ausstellungen im In- und Ausland zurückblickt.

◎ **ATELJÉ ELSE-MAJ JOHANSSON**: Sørvågen (Route 10), www.sorvagen.no/sorvagen/index.htm: Galerie der skandinavienweit populären Schwedin *Else-Maj Johansson*; u. a. besitzt der schwedische König zwei ihrer Bilder; die Künstlerin hält auch Malkurse ab.

KNUT HAMSUN UND (NICHT NUR) DIE LOFOTEN

Nur selten ist ein Dichter in seinem Heimatland so verehrt und später so verachtet worden wie Knut Hamsun, der eigentlich Knud Pedersen hieß und am 4. August 1859 in Lom im Gudbrandsdal als Sohn eines Schneiders geboren wurde. Als er zwei Jahre alt war, zog die Familie auf den Hamsund-Hof (von dem er seinen späteren Namen ableitete) der Insel Hamarøy, die den Lofoten gegenüber liegt und ihnen in jeder Hinsicht ähnelt. In dieser dramatischen Nordland-Natur, deren Menschen größtenteils von der Fischerei lebten, empfing der junge Hamsun prägende Eindrücke, denen er in späteren Jahren in vielen seiner zahlreichen Romane Leben verlieh. Bevor er aber zum Schreiben kam, zog er – der keinerlei Schulausbildung genossen hatte – schon mit 15 Jahren als eine Art Landstreicher durch die Welt und versuchte sich bis Ende der 80er Jahre u.a. als Schuhmacher und Hausierer, Erd- und Waldarbeiter sowie – in den Vereinigten Staaten, wo er sich vier Jahre aufhielt – als Trambahnschaffner. Doch er vergaß dabei nicht das Lesen, ließ sich von Strindberg, Hartmann und Jacobsen, auch von Mark Twain und später von Dostojewski inspirieren, gab hier und da erste, noch simple Geschichten (unter dem Namen Knud Pedersen Hamsun) heraus.

Nach Europa zurückgekehrt, setzte sich der AUTODIDAKT an den Schreibtisch und rechnete im 1889 erschienenen »Fra Amerikas Åndsliv« (Aus dem Geistesleben Amerikas) mit dem american way of life ab, und mit der Demokratie, dem Kapitalismus und der angelsächsischen technisierten Kultur gleich auch.

Der eigentliche literarische Durchbruch aber glückte ein Jahr später mit SULT (HUNGER), einem Roman, in dem sich die Erfahrungen seiner Wanderjahre summierten. Es folgten einige am Ideal des Nietzscheschen Übermenschen ausgerichtete Romane, bevor er 1894 mit PAN zu höchsten Ehren kam. Diese Liebesgeschichte, Höhepunkt lyrischer Naturpoesie, beginnt mit den Worten »In den letzten Tagen dachte und dachte ich an des Nordlandsommers ewigen Tag« und stellt eine souverän komponierte Ode an die Lofoten-Landschaft seiner Heimat dar.

Weitere REISEN führten ihn nach Paris, Finnland und Russland, sogar in die Türkei und nach Persien; das WANDERMOTIV taucht entsprechend häufig in vielen seiner folgenden Romane auf. Immer wieder auch verdammt er mit giftgetränkter Feder »Lärm und Gedränge der Stadt«, lässt seine Figuren von dort vor »Zeitungen und Menschen« in rauschende Wälder zurückkehren, wo sie ihr wahres Ich finden und sich durch ursprüngliches Leben erneuern.

Die Romane »Sværmere« (Schwärmer, 1904), »Under Høststjernen« (Unter Herbststernen, 1906), »Rosa« (1908) und »Segelfoss By« (Die Stadt Segelfoss, 1915) drücken dieses Thema aus und haben gleichzeitig einen starken Lofoten-Bezug. »Benoni« (1908) darf als Lobgesang auf die Arbeit der Lofoten-Fischer interpretiert werden, deren Handwerk stellvertretend für die Arbeit der Bauern mit ihrer Erde steht; der Fischfang spielt eine zentrale Rolle in diesem Roman, der auch eine Landschaftsschilderung des Archipels selbst gibt.

1917 dann kam MARKENS GRØDE (SEGEN DER ERDE) heraus, die Geschichte von Isak Sellanrå, der dem kargen Nordland-Boden seine Existenz abringt. Mit diesem Buch – einer weiteren Huldigung der vielleicht primitiven, doch nach Hamsun ursprünglichen und darum »richtigen« Kultur des Menschen – festigte Hamsun seinen Weltruf, und es brachte ihm 1920 den LITERATURNOBELPREIS ein.

Der gleiche Grundtenor prägt den 1927 erschienenen Roman LANDSTRYKERE (LANDSTREICHER), der übrigens den deutlichsten Lofoten-Bezug verrät. Der Fischer Martinus Halskar repräsentiert den sesshaften, verwurzelten Menschen, während die beiden weit gereisten Kameraden Edevard und Theodor für den heimatlosen Wanderer stehen, Stellvertreter der entwurzelten Jugend. »Es ist sonderbar«, sagt ihnen Martinus, »wie ihr mit dem Leben herumwerft und es zerlegt. Gott hat uns allen seinen Platz gegeben und da sind wir, aber ihr segelt fort. Ich habe nun mein ganzes Leben in Polden gelebt, ebenso wie mein Vater und Großvater dort gelebt haben. Wir wurden alle alte Menschen; nun ist es beinahe dreihundert Jahre, dass wir auf denselben Himmel und dieselbe Erde blicken ... Wir sind nicht einmal um die Welt gesegelt ... und lebten Jahr für Jahr so gut wir konnten. Wir haben keinen Grund, uns bei Gott zu beklagen, er hat uns am Leben erhalten und nicht verlassen.«

Noch drei weitere Romane folgten bis 1936. 1940 dann, schon in greisenhaftem Alter, ging Hamsun eine Allianz ein, die ihn finanziell ruinieren sollte und die eine Bitterkeit und Enttäuschung in den Herzen seiner Landsleute erzeugte, die niemand je für möglich gehalten hätte. Er, der Millionen bezaubert hatte mit der Schönheit und Tiefendimension seiner Prosa, der von Thomas Mann, Stefan Zweig, Maxim Gorki und vielen anderen verehrt wurde, musste nach 1945 mit ansehen, wie die Norweger auf seine Bücher spuckten und sie sogar verbrannten. Hamsun wurde interniert, monatelang in ei-

Zwei Filme über Hamsun und seine Werke seien hervorgehoben: die Verfilmung von »Hunger« des dänischen Regisseurs Henning Carlsen (1966) und die Biografie »Hamsun« des schwedischen Regisseurs Jan Troell, mit Max von Sydow ...

ner psychiatrischen Klinik auf seine geistige Zurechnungsfähigkeit untersucht, dort zu »dauernd seelisch geschwächt« erklärt und schließlich verurteilt, eine Strafe von 450.000 Kronen an den Staat zu entrichten.

Und warum? Weil er mit Hitler-Deutschland KOLLABORIERT und gleich nach der deutschen Besetzung die Jugend seines Landes aufgefordert hatte, die Deutschen willkommen zu heißen und ihnen für die Güte zu danken, das Land unter ihren Schutz zu nehmen. Er hatte nie vergessen, dass sein Welterfolg in der Übersetzung der Bücher ins Deutsche gründete, dass – wie er sagte – »jeder einzelne der großen und stolzen Namen, den Norwegen auf dem Gebiet der schöpferischen Künste besitzt, erst durch das teutonische Deutschland entdeckt werden musste«. Sein Hass auf alles Angelsächsische war sprichwörtlich, die Nazi-Ideologie von »Blut und Boden« muss auf ihn (der seinerzeit schon fast taub war, keine fremden Nachrichten mehr hören und nur noch deutsche Propaganda lesen konnte) wie die Bestätigung seiner Vision von einem erneuerten, zum Ursprünglichen zurückgekehrten Menschen gewirkt haben.

Schon 90 Jahre alt, setzte er sich noch einmal zur Arbeit an einem Buch nieder: Es sollte eine Rechtfertigung werden. »På gjengrodde Stier« (Auf überwachsenen Pfaden) hieß dieses 1950 erschienene Dokumentarwerk: erschütternde Dichtung, voller Wehmut, doch bar jeder Polemik; bar aber auch dessen, was er längst zu seiner Entschuldigung hätte vorbringen können und was dem Gericht bekannt gewesen, ohne dass es berücksichtigt worden war: nämlich dass er sich im besetzten Land vehement für festgenommene Partisanen eingesetzt hatte.

Am 19. Februar 1952 starb Knut Hamsun. Heute werden seine Bücher auch in Norwegen wieder gelesen. So scheint sich die Prophezeiung dieses Großen unter den europäischen Dichtern zumindest im Ansatz zu bewahrheiten, der da, mit Blick auf die Verachtung von Seiten seiner Landsleute, vorhergesagt hat: »In hundert Jahren wird dies alles vergessen sein.«

SEKUNDÄRLITERATUR (zumeist nur über Antiquariate erhätlich):
Walter Baumgartner: Knut Hamsun. 1997.
Tore Hamsun: Mein Vater Knut Hamsun. 1993.
Robert Ferguson: Knut Hamsun. Leben gegen den Strom. 1990.
Thorkild Hansen: Knut Hamsun. Seine Zeit, sein Prozess. 1985.

... in der Hauptrolle (1996). Man kann es als bezeichnend darstellen, dass diese beiden Meisterwerke nicht in Norwegen selbst, sondern in den Nachbarländern zustande kamen.

Wenn die Angst aufsteigt

SIE LAUERN ÜBERALL

Wenn große zerfaserte Quellwolken über den unruhigen arktischen Himmel stöhnen und gelblich-schwarz die aschgraue Zyklopenmauer der Lofoten-Wand umhüllen; wenn im Krachen des Donners der alte Thor seinen gewaltigen Hammer wirft und Berge erzittern lässt; wenn der Sturm stöhnt und lacht, dem Wanderer nie gehörte, urweltliche Götternamen ins Ohr schreit; wenn die Angst aufsteigt – dann kommen die **TROLLE**! Schwer, dunkel und überwachsen stampfen sie daher, wie Berge, die wandern, »mit Augen, so groß wie zinnerne Teller und Nasen, so lang wie Hackestiele«.

Ihre Zahl ist Legion, denn jeden Lofoten-Berg beherrscht ein Troll. Die meisten haben eine außerordentliche Vorliebe für hübsche Mädchen (mit Grübchen am Kinn), viele sind als Menschenfresser bekannt. Und allen gemein ist ihre Gier nach Gold und Silber sowie ein Hass auf alle Christen (die besonders gut schmecken sollen).

Doch Vorsicht, auch in Wäldern können sie lauern: Der SKOGTROLL (Waldtroll), ein zotteliger Zyklop, ist vielleicht sogar der fürchterlichste von allen. Als besonders hinterlistig gilt der NØKK, der Süßwasser-Troll, der in Seen, Teichen und Tümpeln lauert und die üble Angewohnheit hat, Menschen mit seinen schleimigen, schwarzen Klauen in die Tiefe zu zerren, um ihnen die Seele zu stehlen. Im Meer hingegen lebt der nicht minder bösartige DRAUG, Schrecken aller Fischer und Wiedergänger derer, die in den Fluten ertrunken sind; er erscheint seinem Opfer in einem Boot und singt ihm mit grässlichen Lauten den Leichenpsalm.

Einer weniger erschreckenden Sorte Troll gehört der FOSSEGRIMEN an, der unter Wasserfällen haust und mit einem großen Stück blutigen Fleisches so milde gestimmt werden kann, dass er dem, der es ihm bringt, ein meister-

DIE TROLLHOCHZEIT

Es war einmal in einem Sommer vor langer, langer Zeit, da zogen die Mädchen von Melbu mit der Herde zur Alm. Aber die Tiere waren unruhig und störrisch, und niemand konnte sie hüten. Bis eine kam, die versprochen war. Da wurden sie plötzlich ruhig, und so blieb das Mädchen allein auf der Alm und hatte kein anderes Wesen bei sich als einen Hund. Eines schönen Nachmittags aber traf des Mädels Schatz ein und fing davon an, dass sie jetzt Hochzeit machen wollten. Alle Leute von Melbu kamen geschmückt und geputzt herbei, setzten ihr die Krone auf und überhäuften die Jungfer mit Geschenken von reinem Silber, wie sie es schöner noch nie gesehen hatte. Nur der Hund ahnte, was hier vorging. In langen Sätzen rannte er nach Melbu und heulte so lange, bis der Bursche, der ihr Liebster war, die Flinte nahm und zur Alm stieg. Er schlich sich an die Hütte, in der seine Braut im Kreis von gar grausig anzuschauenden Trollen an der Festtafel saß. Außer sich vor Angst und Wut sprang er herein, und augenblicklich lösten sich die Gestalten in Luft auf. Das Silber blieb, doch die Speisen hatten sich zu Kröten, Schlangen und Gewürm gewandelt.

Langsam kam das Mädchen wieder zu sich. Sie erzählte, dass sie steif und fest geglaubt habe, ihr Liebster selbst und alle aus dem Dorfe seien dagewesen, sie zu vermählen. Da nahm er sie mit ins Dorf, und damit kein solches Teufelszeug mehr Wiederholung fände, machte er sie noch am selben Tag zu seiner Frau.

haftes Fidelspiel zu lehren vermag. Nicht zu vergessen sind die NISSER, listenreiche Kobolde, die in Haus und Hof für Ordnung sorgen, solange man ihnen nur kleine Opfergaben darreicht. Eine Schüssel voll Grütze, zu Weihnachten in die Scheune gestellt, kann dafür schon ausreichen; das Weihnachtslied »På låven sitter nissen med sin julegrøtt« (In der Scheune sitzt der Nisse mit seiner Weihnachtsgrütze) zeugt von diesem Brauch. Aber so nützlich Nisser auch sein mögen – weg bekommt man sie nicht, was immer man auch anstellen mag, wie aus dem geflügelten Wort *nisse på lastet* (Nisse in der Ladung) hervorgeht, welches aussagen will, dass es eben Dinge gibt, die man niemals los wird.

Ein besonderer Nisse ist der JULENISSE, der Weihnachtsmann. Aber er ist lieb und nett, beschenkt reichlich für den Glauben, den man pflegt, und hat noch nie jemandem ein Leid angetan.

Als hilfreich gelten auch die winzigen Kobolde, die während der deutschen Besatzungszeit nach England emigrierten, wo sie sich der RAF (gemeint: die englische Luftwaffe, Royal Air Force) anschlossen sowie unter dem Namen GREMLIN zu Ruhm und Ehre kamen.

Anders die HULDRA, ein weiblicher Troll, goldblond, wunderschön und von großer Grazie, doch mit Kuhhintern und Rinderschwanz ausgestattet. Ganz ähnlich der deutschen Huldra, der Loreley, bezirzt sie Männer und Jünglinge; ihre Geschichte reicht bis in die Schöpfungszeit zurück. Wie es heißt, kam eines schönen Tages Gott persönlich zu Besuch ins Paradies, um Adam und Eva und deren Kinder wiederzusehen. Aber in Evas Haushalt ging es drunter und drüber, viele der Kleinen waren noch nicht gewaschen und gekämmt, und aus Scham präsentierte sie lediglich die, die schon besuchsfertig waren. Das erzürnte den Herrn, der alle sehen wollte, und so warf er einen Fluch und sagte: »So wie du mir viele deiner Kinder vorenthalten hast, werde ich von jetzt an manche meiner Kinder vor den Augen der Menschen verstecken«. So geschah es, und seit jener Zeit gibt es Huldras, »die Verhüllten«, die nach Meinung der TROLLOLOGEN allerdings in Freudsche Gedankengänge gehören: Huldra also, ein Produkt der Furcht des Mannes vor der Macht schöner Frauen...

Und überhaupt meinen die, die am Mythenschleier zerren, dass alle Trolle lediglich in den Hirnen und Herzen der Menschen existieren. Das mag man glauben; wir sind »aufgeklärt« und wissen, dass der Geist die *conditio sine qua non* ist. Aber dann müssen wir auch mit *Henrik Ibsen,* dem Dichter von »Peer Gynt«, annehmen, dass Trolle trotz oder besser: gerade wegen ihrer Nichtexistenz erhebliches Unheil stiften können. – Natürlich nur, wenn keine Sonne scheint, denn Sonnenschein, in dem die Angst vergeht, ist auch der Tod der Trolle. Sie zerplatzen dann einfach wie Seifenblasen.

Sensationelle Aufnahme eines Trollologen ▶

STOR HANS

Inselrouten

12 Wege im Inselreich

Allemannsretten – das Jedermannsrecht

DIE LAST MIT DEM GAST

»Freiheit in der Verantwortung« – ist der Hintergrund des über Jahrhunderte gewachsenen Allemannsretten, das in Norwegen (und ebenso in Schweden und in Finnland) den Aufenthalt und die Fortbewegung in der freien Natur regeln soll. Dieses ungeschriebene Recht, von dem sich großzügige Zugeständnisse ableiten lassen, konnte nur in den dünn besiedelten Gebieten des Nordens entstehen, ist aber gerade heute mit Pflichten verbunden, bedeutet es im Zeitalter des Tourismus doch auch für die nordeuropäische Natur durchaus eine gewisse Belastung.

Vor allem ausländische Besucher, die es einfach nicht gewohnt sind, sich frei in weitläufiger Natur bewegen zu können, aber auch Norweger ohne Sinn für die Natur interpretieren das Allemannsretten ohne Nachdenken als »das Recht von jedermann, im hohen Norden tun und lassen zu können, was man gerade möchte«. Dementsprechend müssen immer wieder Bäume als Brennholz oder landwirtschaftlich genutzte Flächen als Picknickplätze herhalten, werden Einsaaten zertrampelt, Heuwiesen, selbst Parkanlagen und Gärten bezeltet und Privatwege befahren. Unter einigen Wohnmobil-Touristen herrscht die (strafbare!) Unsitte, ihr Chemie-WC in öffentliche Klos und Müllcontainer zu entleeren, sofern der stinkende Inhalt nicht sogar gleich auf die Straße oder in einen See geschüttet bzw. irgendwo vergraben wird. – In Deutschland gibt es längst Reiseliteratur für Wohnmobilisten, die ein paar rhetorische Feigenblätter platziert und (vielleicht gut gemeint) ihre Leser zu einem gepflegtem Verhalten auffordert, um im selben Buch einen Gratis-Stellplatz nach dem anderen anzupreisen, und als Service mit GPS-Angaben. Dies ist gewiss geschäftsträchtig, ignoriert jedoch die Realität und Regeln vor Ort, wo es immer wieder Ärger gibt, spätestens wenn sich die Wohnmobile an solchen (vermeintlich stillen) Plätzen geradezu aufreihen.

Angesichts solcher verheerenden AUSWÜCHSE ist es kaum verwunderlich, dass in ganz Skandinavien Stimmen laut geworden sind, die eine Einschränkung oder sogar den Wegfall des Allemannsretten – das streng genommen NUR FÜR NICHT-MOTORISIERTE REISENDE gilt! – zumindest für ausländische Besucher fordern.

Sollte es wirklich eines bösen Tages dazu kommen, müssen einmal mehr die Verantwortungsbewussten unten den Verantwortungslosen leiden; so sollte sich auch niemand genieren, Übeltäter anzusprechen sowie sie in schlimmen Fällen sogar anzuzeigen!

Und so ziehen auf Kompetenz achtende deutschsprachige Publikatio-

◀ Blick vom Glomtinden über Ørsnes, Kalbelvåg und Svolvær, im Hintergrund die Inseln Lille und Store Molla

nen den norwegischen Namen Allemannsretten dem deutschen Begriff Jedermannsrecht vor, da dieser einfach zu viele Missverständnisse in sich begünstigt.

ES IST ERLAUBT

◎ **FREIES GELÄNDE** ohne Erlaubnis zu durchqueren, als Wanderer, Reiter oder Skiläufer;

◎ wild wachsende Blumen zu **PFLÜCKEN**, Beeren u. Pilze zu **SAMMELN**, außer auf Privatgrundstücken oder im Bereich von Anpflanzungen;

◎ eine Nacht lang in freier Natur zu **ZELTEN**, wobei ein paar hundert Meter Distanz zur nächsten Siedlung eingehalten werden sollten; ist das Grundstück jedoch einer Siedlung zuzuordnen, ist dort **UM ERLAUBNIS** zu fragen; die Erlaubnis ist prinzipiell einzuholen, sofern es sich um eine Gruppe handelt, ebenso möchte man eine zweite Nacht vor Ort bleiben;

◎ mit herumliegenden Ästen und Reisig unter größter Vorsicht **FEUER** zu machen, sofern keine Brandgefahr besteht und wenn es nicht ausdrücklich verboten ist; bei längerer Trockenheit ist **OFFENES FEUER** im Freien grundsätzlich verboten;

◎ an Ufern zu **BADEN**, die nicht erkennbar zu Grundstücken gehören;

◎ an den Meeresküsten zu **ANGELN**, nicht aber in Binnengewässern.

ES IST NICHT ERLAUBT

◎ ohne Erlaubnis **HÖFE, HÄUSER** oder Siedlungen zu betreten bzw. zu durchqueren;

◎ **BESTELLTE ÄCKER**, eingezäuntes oder anderweitig abgegrenztes Terrain zu betreten;

◎ **ZÄUNE** zu beschädigen oder geschlossene GATTER offen zu lassen;

◎ mit dem **PKW** bzw. motorisierten Fahrzeugen befestigte Wege zu verlassen. Da im Gelände auf Privatwegen Fahrverbot herrscht, dürfen Sie Wohnmobile oder Wohnwagen-Gespanne nur im Anschluss an Fahrstraßen abstellen;

◎ **BÄUME UND BÜSCHE** zu fällen, Zweige oder Äste abzubrechen, Borke oder Rinde abzuschälen, das gilt auch für entwurzelte Bäume;

◎ störenden **LÄRM** zu verursachen;

◎ **PFLANZEN**, die UNTER NATURSCHUTZ stehen, zu pflücken oder auszugraben;

◎ **VOGELNESTER**, Nisthöhlen etc. zu beschädigen oder zu plündern bzw. Vogeleier zu entnehmen;

◎ **AUF FELSGESTEIN** Feuer zu entfachen, da es bei großer Hitze zerspringen kann; der jahrtausendealte Stein muss nicht einer kurzfristigen Vergnügung zum Opfer fallen;

◎ **ABFALL** an Raststellen zu hinterlassen – das Vergraben ist eine ungünstige Lösung, weil es Tiere gibt, die diesen Abfall wieder ausgraben und sich, beispielsweise an scharfkantigen Konservenbüchsen, verletzen können;

◎ Toilettentanks außer an Tankstellen und auf Campingplätzen zu **ENTLEEREN**; EXKREMENTE sind zu vergraben.

Route 1: Austvågøya – Svolvær

HAUPTSTADT, KLEIN UND FEIN

»Noch verdeckte Nebel die Berge... Aber dann! Der Nebel begann sich aufzulösen ... Das unterste Stück der schneebedeckten, von der Sonne beschienenen Bergseite wurde in seiner strahlenden Pracht sichtbar. Mehr und mehr zog sich die Nebeldecke nach oben, und unter der untersten Kante sahen wir die steilen, wilden Berghänge, die zu sinken schienen, während sich die Nebeldecke hob. Höher und immer höher stieg sie. Immer mehr Berge, immer mehr Steilwände, große, schneebedeckte Berghänge und dazwischen schwarze, spitze Gipfel in überraschenden Formen wurden sichtbar. Endlich wurden die höchsten messerscharfen Gipfel frei und ragten nun dem tiefen blauen Himmel entgegen, wo sich der Nebel augenblicklich auflöste. Ja, es kann nicht abgestritten werden – ein imponierender Anblick: Das Reinste des Reinen, das Kälteste des Kalten, das Unberührteste des Unberührten, das Vornehmste, was man sich denken kann.«

Von solcher Art also war – in den Worten von Christian Krohg (»Der Kampf ums Dasein«) – der Lofoten-Anblick von Svolvær aus, der Archipel-Metropole, gegen Ende des 19. Jhs. Auch der Reisende unserer Tage wird das Bild stimmig finden, die Kulisse hat nichts von ihrer Dramatik verloren. Svolvær breitet sich auf den Halbinseln Storøya und Litløya sowie auf den Schären Svinøya und Kjeøya aus, und zählt als größte Stadt des Inselreiches rund 4290 Einwohner.

Als Fischerdorf existiert Svolvær schon seit dem Mittelalter, 1760 erhielt der Ort die Handelsprivilegien, 1918 die Rechte einer Landstadt. Heute ist Svolvær Verkehrsknotenpunkt und Verwaltungszentrum der Region, Sitz der Lofoten-Fischereiverwaltung und auch einer der größten Zeitungen Nordnorwegens, der »Lofotposten«. Ein paar Industriebetriebe gibt es auch – deren Metier sind vorwiegend Schiffbau und -ausrüstung sowie die Fischverarbeitung.

Für Touristen ist Svolvær wegen seiner vorzüglichen Einkaufsmöglichkeiten von Bedeutung; außerdem besitzt die Stadt die größte Dichte an Unterkünften, Cafés und Restaurants im Archipel, und dank einer perfekten Infrastruktur, zahlreicher Galerien sowie Ausflugsmöglichkeiten kommen hier auch Kultur- sowie Naturreisende voll auf ihre Kosten.

IM VISIER DES GELDADELS

Seit einigen Jahren hat der Tourismus Svolvær immense Wachstumsschübe beschert. Insbesondere in Geldadelkreisen aus dem Süden des Königreiches mit Schwerpunkt Oslo war es plötzlich angesagt, in der Archipelmetropole eine »Stadtwohnung« für Wochenend- und Sommerreisen zu besitzen, und in der Folge kam es zu einem für Nordland recht einzigartigen Bauboom, in dessen Rahmen mit Macht und Zigmillionenaufwand versucht wurde, alles Alte durch Architektur zu überwinden. Die Immobilienpreise explodierten entsprechend: Schon wechseln 80 km^2-Apartments für mehrere Mio. NOK den Besitzer, sind mehr und mehr Luxusyachten im

Einen guten Namen hat sich die Stadt auch durch ihre Künstlerkolonie gemacht (siehe Seite 109 ff.).

Sommer am Kai vor dem Marktplatz (Torget) vertäut, der 2006 im Stil der neuen Zeit umgebaut wurde und sich nun als cooles Granitquadrat präsentiert. Die alten Speicherhäuser rings umher wurden und werden überwiegend in GESTYLTE Designerwohnungen umgebaut, sofern nicht gleich die Abrissbirne bemüht wird, um Platz zu schaffen für glasschimmernde Neubauten wie das geplante Kulturhaus am Hurtigrutenkai, dem »passenderweise« ein 10-stöckiges Hotel samt Tiefgarage angebaut werden soll.

STADTSPAZIERGANG

◎ Beginnen wir den Bummel also da, wo alle beginnen, da eben alle dort parken: auf dem großen Parkplatz vor dem 2006 neu eröffneten **AMFI-EINKAUFSZENTRUM**, das sich von außen als ein holzverkleideter Klotz mit stattlichen Kantenlängen präsentiert und ganzer STOLZ der Städter ist, die sich in der modernen Entsprechung eines Kaufhauses in klimatisierter Luft dem Shopping hingeben. Rund zwei Dutzend Läden sind versammelt, darunter ein Sportgeschäft, der Naturkostladen, die Apotheke, zwei Cafés und last not least Vinmonopolet, der inselweit einzige Alkoholladen.

◎ Aus dem Hauptausgang raus und die Straße TORGGATA überquert, gelangt man zu der Betonkiste des alten SENTER, das seit den frühen 1990ern das war, was das AMFI heute ist. Jetzt ist es ziemlich verwaist, viele Ladenlokale stehen leer, denn 4290 Einwohner benötigen nicht so viel, was gleich zwei Shoppingzentren hergeben. Gegenüber dann das **RATHAUS**: In der Gemeindehalle, in der das KINO untergebracht ist, hängt das Hauptwerk von Gunnar Berg (siehe Seite 106 f.) – eine sieben Bilder zählende Serie von der »Trollfjordschlacht«.

◎ Die Storgata führt vorbei am Rathaus und über die Roald Amundsen gt. zur Richard Withs gt. 4, wo ein geschmackvoll dekoriertes Schaufenster einlädt, **GALERIE & ATELIER** von DAGFINN BAKKE zu besuchen, ein bekannter Lofoten-Künstler. Mo–Fr 11–15 Uhr, Sa 11–14 Uhr. Tel. 7607 1998. www.dagfinnbakke.no.

◎ Geradeaus erhebt sich der graue Steinbau der früheren Hauptpost, der nun das **LOFOTEN KRIGSMINNEMUSEUM** beherbergt. Es ist der Kriegszeit auf den Lofoten gewidmet und zeichnet mit vielen Fotos, Dokumenten etc. ein authentisches Bild der für die Norweger durch Deutsche dunklen Zeit. 1.4.–31.10. Mo–Fr 10–16 Uhr, Sa 11–15 Uhr, So 12–15 Uhr, zudem täglich 18.15–22 Uhr. Eintritt 50/20 NOK. Tel. 9173 0328, www.lofotenkrigmus.no.

◎ Rechter Hand neben dem Gebäude finden sich die Haltestellen für sämtliche LOFOTBUS-Verbindungen. Links, nur ein paar Meter entfernt, öffnet sich der **TORGET**, der Marktplatz, das neu GESTYLTE Zentrum Svolværs, das allerdings die größte Zeit des Jahres ziemlich verwaist daliegt, seit das AMFI eröffnet hat. Am Meer grenzt der alte Fährkai an, direkt links liegt das deutlich ausgeschilderte Touristenbüro, und davor bieten im Sommer ein paar mobile Händler günstiges Obst, Gemüse sowie Trockenfisch (Kilopreis um 440 NOK) an.

Schräg gegenüber, direkt am Hafenbecken, führt ein Kiosk gängige

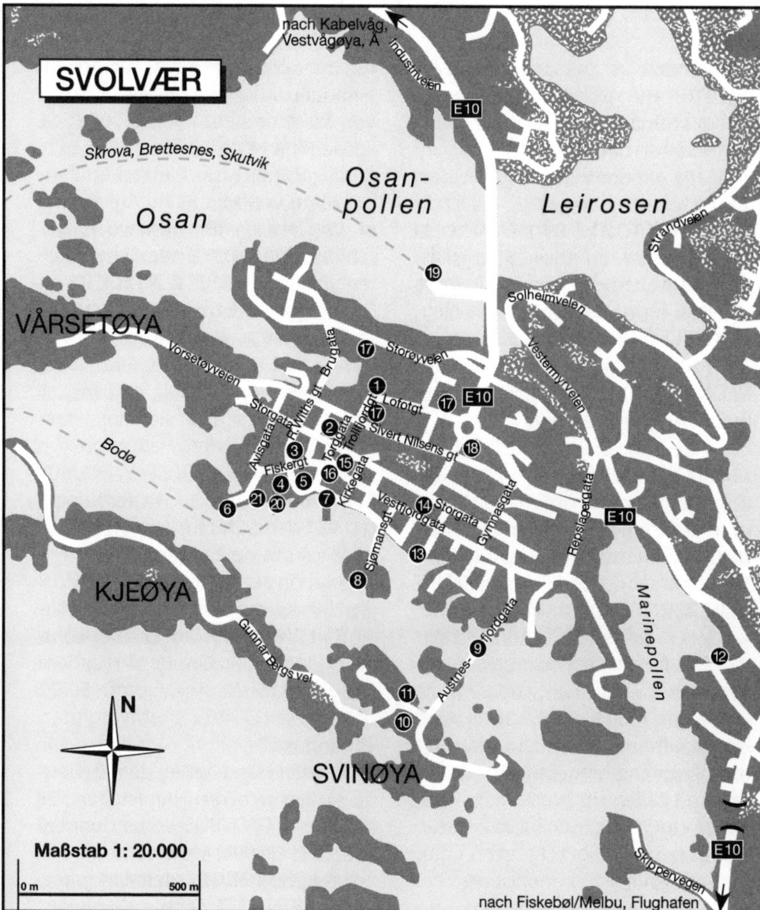

1 Parkplatz AMFI-Einkaufszentrum
2 Rathaus
3 Galleri Dagfinn Bakke
4 Lofoten Krigsminnemuseum
5 Torget (Marktplatz), u.a. Touristenbüro, Banken, Ausflugsboote in den Trollfjord
6 Magic Ice
7 Kaiweg (u.a. mit Bacalao und Du Verden)
8 Lamholmen mit Anker Brygge und Rica Hotel
9 Aussichtspunkt über das Hafenbecken
10 Nordnorwegisches Künstlerzentrum
11 Galleri Gunnar Berg und Svinøya Rorbuer
12 Marinepollen Sjøhus
13 Svolvær Sjøhuscamp
14 Bibliothek
15 Galleri Stig Tobiassen
16 Rødsand Buchhandlung
17 Supermärkte
18 Postamt (Geldwechsel)
19 Anleger Fähre Skutvik
20 Anleger Schnellboote Narvik und Bodø
21 Anleger Hurtigruten

fremdsprachige Zeitungen und Zeitschriften. Hier soll das geplante Kulturhaus mit dem angebauten Glaspalast-Hotel stehen.

◎ Links daneben der Kai, von dem aus im Sommer (etwa 15.6.–15.8.) die **AUSFLUGSBOOTE IN DEN TROLLFJORD** verkehren: Diese Tour (siehe Seite 318) ist konkurrenzlos und sollte in jeden Urlaubsplaner passen.

◎ Folgt man dem Kaiufer von hier aus nach rechts, geht es am Anleger der Hurtigruten-Schiffe vorbei (allabendlich zwischen 18.30 und 22 Uhr liegt hier eines der Schiffe) zur EISGALERIE **MAGIC ICE**, der neuesten Attraktion der Stadt. Es handelt sich um Norwegens erste Galerie und Bar, die GANZ UND GAR, mitsamt den Gläsern und Tischen, AUS durchsichtigem EIS besteht. Mit ihren kristallklaren Kunstwerken, prächtig beleuchtet und akustisch unterlegt, will Magic Ice laut Eigenwerbung »in einem Ambiente aus Eiskristallen, Echtheit und Reinheit die Beziehungen zwischen Mensch und Natur ... zum Ausdruck bringen«. 15.6.–15.8. täglich 12–23 Uhr, sonst 18–22 Uhr. Eintritt 90 NOK inklusive Thermoanzug. Tel. 7607 4011, www.magic-ice.no.

◎ Zurückgekehrt zum Torget, markiert die »Promeniermeile« der Stadt den weiteren Weg: der den Fußgängern vorbehaltene **KAIWEG**, wo sich mit dem BACALAO (siehe Seite 310) das beliebteste Stadtlokal und Café sowie mit dem DU VERDEN (siehe Seite 310) ein empfehlenswertes Restaurant befinden. Auch einige Souvenirshops sind zur Stelle, vor dem Kai liegen Yachten vertäut, und gegenüber, auf der über einen Damm erreichbaren Insel Langholmen, liegen nebeneinander die beiden Nobelherbergen von Stadt und Insel: ANKER BRYGGE sowie RICA HOTEL (beide siehe Seite 306), letzteres unverkennbar mit seiner riesigen Glasfront.

◎ Von dort aus sind herrliche Hafen- und Stadtbilder zu bewundern, doch die sicher SCHÖNSTE AUSSICHT ermöglicht die hoch gewölbte **BOGENBRÜCKE** der Austnesfjordgata, die zu der Insel Svinøya hinüberführt. Dorthin geleiten die Verlängerung des Kaiwegs sowie die anschließende Vestfjordgata in etwa 5 Gehminuten.

◎ Wo die Brücke auf die Insel stößt, liegt rechter Hand das **NORDNORSK KUNSTNERSENTER**, wo man sich über Kunst und Künstlermilieu informieren und wechselnde Ausstellungen besuchen kann (siehe Seite 110). 15.6.–15.8. täglich 10–18 Uhr, sonst Di–So 11–15 Uhr. Eintritt 30 NOK, Kinder (unter 16) frei. www.nnks.no auch auf Englisch.

◎ Angrenzend, bei SVINØYA RORBUER (siehe Seite 297 f.), einer der besseren Rorbuanlagen der Insel mit einem der besten Restaurants vor Ort (BØRSEN SPISERI, siehe Seite 309), ist die **GALLERI GUNNAR BERG** beheimatet, in der über 600 Gemälde, Skizzen und Studien des berühmten Lofoten-Künstlers (siehe Seite 111) ausgestellt sind. Täglich 10–18 Uhr, im Sommer wird zwischen 12 und 14 Uhr der Film ØYENE I HAVET (»Die Inseln im Meer«) gezeigt. Eintritt 35 NOK, mit Film 75 NOK, www.svinoya.no.

◎ Die Vestfjordgata führt ab hier zum Torget zurück. Unterwegs geht es vorbei an der **BIBLIOTHEK** (Mo–Fr 11–15 Uhr, Do bis 19, Sa bis 14 Uhr),

Blick auf Svolvær vom Rastplatz an der E 10, im Norden der Stadt, direkt hinter dem Tunnel nach Passieren des Flughafens ▶

der **GALLERI STIG TOBIASSEN** (siehe Seite 111) und der gegenüber gelegenen **RØDSAND BUCHHANDLUNG**, die so gut wie alle Publikationen führt, die über die Lofoten zu haben sind; auch Postkarten, Topo- und Landkarten sind im Programm, und in Etage Zwei ist die **GALLERI DINA** (siehe Seite 111) eingerichtet.

FERIEN AKTIV

Ein famoser Aussichtspunkt oberhalb der Stadt ist mit etwas Kondition und Erfahrung zu erwandern; alternativ bieten sich Spaziergänge an Seeufern an.

◎ Trotz seiner Höhe von 367 m ist der **TJELDBERGTINDEN** auch von Familien mit Kindern und älteren Wanderern gut zu meistern. Er beherrscht als TAFELBERG den gesamten Abschnitt zwischen Svolvær und Kabelvåg und bietet auf beide Orte sowie auf den Vågakallen und den gesamten Vestfjord mit Skrova und Lille Molla das schönste Panorama. Bis zum Gipfel muss man – je nach Kondition – zwischen 1,5 und 2 Std. ansetzen, und der Weg beginnt nahe der unübersehbaren Osan-Werft, an der E 10 Richtung Kabelvåg; parken Sie am besten an der gegenüber der Werft befindlichen Esso-Tankstelle.

Von der Tankstelle aus einfach der Straße (nicht der E 10) ein Stück inseleinwärts folgen, auf einen niedrigen Hügel hinauf, von wo eine mit einer Schranke versperrte Schotterpiste nach links abzweigt. Diese Piste, mit *pistolbane* ausgeschildert, markiert den Weg hinauf bis ungefähr 120 m Höhe und hat einen Sendemast zum Ziel (ungefähr 45 Min. bis 1 Std.), wo eine Bank samt nettem Panorama wartet.

Hier endet die Straße, und gehen wir nun zurück, so ist es nur ein kurzes Stück bis zu einem links der Piste aufragenden großen Findling, neben dem ein ausgetretener Pfad beginnt, der sich deutlich sichtbar auf den angrenzenden Tafelberg zieht. Es kann mitunter ein wenig rutschig sein, stel-

lenweise auch recht steil, aber diese Hürden sollten eigentlich alle bewältigen, die regelmäßig sportlich aktiv und in punkto Wandern keinen völligen Anfänger sind.

Dann ist das Plateau des Tafelbergs (nach weiteren 45–60 Min.) erreicht, und schon von dort aus ist die AUSSICHT schier fabelhaft! Doch sie kann noch eine Steigerung erfahren, und zwar dann, wenn man dem auch weiterhin deutlich sichtbaren Pfad (ca. 15 Min.) bis auf den eigentlichen, im Hintergrund wartenden Gipfel folgt. Das bedeutet im letzten Abschnitt ein wenig leichte Kletterei, wie auch der vom Gipfel aus nach hinten, zum Storkongsvatnet hin absteigende Pfad streckenweise recht steil ist, weshalb alle, die nicht trittsicher sind, den Gipfel meiden und auch den Hinweg wieder zurück nehmen sollten; was ungefähr 1–1,5 Std. in Anspruch nimmt, so dass inklusive Verschnauf- und Panorama-Pausen um 4–5 Stunden für die gesamte Tour anzusetzen sind.

◎ Wer es leichter mag und Lust auf entspannte **SEEUFER-SPAZIERGÄNGE** hat, folge ab der oben genannten Esso-Tankstelle der landeinwärts führenden Straße für ca. 800 m, bis sie an die Wasserfläche des **LILLEKONGSVATNET** führt. Hier kann man parken und muss sich dann entscheiden: Eine nach links abzweigende Schotterpiste führt über dem Seeufer am Fuß des Tjeldbergtinden (siehe oben) für etwa 2 km entlang und steigt an ihrem Ende zu einer kleinen Höhe auf, von wo aus man auch den angrenzenden See Storkongsvatnet Richtung Kabelvåg überblicken kann. Wer eine Topokarte der VÅGAN Kommune dabei hat, kann von dort aus nach Kabelvåg weiterlaufen (rund 3 km; die Route ist auf der Karte rot markiert). Oder es geht wieder zum Ausgangspunkt zurück.

◎ Alternativ kann man dem LILLEKONGSVATNET nicht nach links, sondern rechts folgen. Dann hat man gut 4,5 km Ufer-Schotterstraße vor sich, in der zweiten Hälfte für Fahrzeuge gesperrt. Unterwegs genießt man herrliche Berg- und Seesichten, die Möglichkeiten zum Baden und Sonnen am Lillekongsvatnet sowie dem sich anschließenden **STORKONGSVATNET** sind top; auch ein Waldabschnitt wird gequert, bis die Straße vor einem Wasserkraftwerk am Storkongsvatnet endet. Zurück geht es den selben Weg, sofern man nicht Lust auf mindestens 2–3 weitere Spazierstunden hat. Dann nämlich kann man dem hinter dem Kraftwerk beginnenden Seeuferpfad folgen, der zur gegenüberliegenden Seeseite führt. Unterwegs sind zahlreiche Bäche zu queren, geht es durch Wald, Gestrüpp sowie über Geröllfelder; stellenweise ist der Weg matschig und mühsam, aber niemals langweilig, und er mündet schließlich nach rund 3 km bei einem weiteren Kraftwerk wieder auf eine Schotterstraße ein (Kraftwerk sowie Schotterstraße sind auf Seite 221 auf der Karte der Wanderung 1 eingezeichnet), die nach rund 4 km direkt auf die E 10 bei Ørsvågvær südlich von Kabelvåg stößt. Man kann von dort einen Bus nach Svolvær zurück nehmen – die Haltestelle befindet sich direkt gegenüber – oder dem Fußgänger- und Radfahrweg folgen, der nach Svolvær zurückführt (etwa 6 km). Gut für eine TAGESTOUR.

Falls Sie erstmals zu einer Wanderung auf den Lofoten aufbrechen, lesen Sie vorher bitte die Einleitung zu unserem Wanderungen-Kapitel ab Seite 190.

Route 2: Austvågøya – Kabelvåg

EIN STÜCK VON GESTERN

Gerade mal 4 km beträgt die Distanz über die E 10 von der heutigen Inselmetropole Svolvær zu der einstigen Hauptstadt Kabelvåg, die aus STORVÅGAN (auch: Vågan), der ersten permanenten Siedlung nördlich des Polarkreises hervorgegangen ist. Von den Wikingern im 9. Jh. gegründet, war sie seit dem frühen Mittelalter das Handelszentrum von Nordland und DREHSCHEIBE des Stockfisch-Exportes, und es ist nicht übertrieben zu sagen, dass Bergen – damals Norwegens heimliche Hauptstadt und Handelsmetropole mit fast 500-jähriger hansischer Vergangenheit – niemals eine solche Blüte erlebt hätte, hätte es nicht die Lofoten mit Storvågan gegeben. Auch die Lofoten-typischen Fischerkaten, Rorbuer, sah man zuerst hier, wo sie auf Weisung von König Øystein neben der ersten LOFOTEN-KIRCHE 1120 errichtet wurden. Seine Majestät hatte die wirtschaftspolitische Bedeutung des jährlichen Kabeljau-Segens erkannt und sich durch den Rorbu-Bau seinen Anteil gesichert: fünf Stockfische je Mann und Saison, was viel war in jenen Zeiten und eine gut gefüllte Staatskasse garantierte.

Wenn es irgendwo ein Denkmal für den KABELJAU geben würde, müsste es hier stehen, denn Kabelvåg verdankt alles nur *gadus morrhua:* Glück und Hoffnung, Reichtum und Brot ebenso wie Verzweiflung und Tragödie, Armut und Hunger. Und seit dem 20. Jahrhundert auch den Niedergang, denn der Hafen ist versandet und die Trawler sind anderswo registriert, in Svolvær und Henningsvær.

Ein Hauch von Provinzialität und vor allem Melancholie liegt über diesem alten, heute ca. 1920 Einwohner zählenden Städtchen, das sich einen schmucken MARKTPLATZ (Torget) zugelegt hat, dessen ausgeklügelte Beleuchtung auch an bedeckten Tagen im Winter für »Nordlicht« sorgt. DIREKT AM MEER bildet er das eigentliche Zentrum, obwohl viele Lofoter die angrenzende PRÆSTENGBRYGGA (siehe Seite 310) so bezeichnen. In diesem zum Pub und Restaurant umgebauten LAGERHAUS gibt's frisch gezapftes Bier vom Fass; man kann herrlich sitzen, auch draußen, und dabei das Treiben auf dem Platz beobachten, an dessen Stirnseite die GALLERI LILLE KABELVÅG (siehe Seite 111) als neueste KUNST-Institution auf Austvågøya auf einen Besuch einlädt.

DIE LOFOTEN-KATHEDRALE

An der E 10, unübersehbar groß und ockerfarben, steht die VÅGAN KIRKE. Das größte Gotteshaus aus Holz nördlich Trondheims wurde 1898 erbaut und ist mit 1200 Sitzplätzen längst zu groß für die auch hier ständig kleiner werdende Gemeinde der praktizierenden Christen. Die KREUZKIRCHE – flankiert von einem Turm mit einem spitzen Helm über der Vierung – sieht aus wie irgendeine Landkirche und ist kein »Muss« für Besucher. Ihr Inneres ist enorm in den Ausmaßen und geschmückt mit einigen Portraits von Pastoren, von denen eins *Hans Egede* abbildet, der hier predigte und auch *Gertrud Rask* heiratete, bevor er nach

Der Pastor Hans Egede (1686–1758) ging als Missionar 1721 nach Grönland, wo er die heutige Hauptstadt Nuuk als Siedlung Godthåb (= gute Hoffnung) gründete. Seine Frau Gertrud Rask wirkte dort u.a. als Krankenpflegerin mit.

Grönland ging und als »Grönland-Apostel« Geschichte machte.

◎ **VÅGAN KIRKE**, Kabelvåg: Mitte Juni bis Mitte August Mo–Sa 9.30–18 Uhr, So ab 12 Uhr. Eintritt 20 NOK.

IN DER ZEIT ZURÜCK: KULTURPFAD NACH STORVÅGAN

◎ Folgt man der Straße ab der Kirche ein paar Meter südlich zu der anderen Seite der Kirchenbucht, fällt ein großer Findling auf, der **TROLLSTEIN**, der von RÄTSELN und SAGEN umrankt ist, soll er doch der einzige in Norwegen sein, in den ein KREUZ gemeißelt wurde.

Gut 1000 Jahre soll das schon her sein und war gemäß der Sage die Antwort der Christen auf den Angriff des Teufels gegen die soeben erbaute Kirche: Wie es heißt, schleuderte der Satan nämlich den besagten Findling in seinem Zorn von dem angrenzenden TJELDBERGTINDEN hinab. Nach einer anderen Überlieferung fungierte der Stein, ein Überbleibsel der EISZEIT, während des ersten Gottesdienstes auf den Lofoten als Altar – obwohl jüngere Untersuchungen davon ausgehen, dass der Findling einst hier ansässigen Sámi als OPFERSTEIN diente, so zu seinem Namen kam und durch das Einmeißeln des Kreuzes zur Stätte der neuen Religion wurde.

◎ Ein weiterer Felsblock sei erwähnt, der ein paar Meter südlich über dem Meer gelegene **OSCAR SKARET**, auf dem sich sämtliche norwegischen Könige seit *Oscar II.* (1873) verewigten. Die Namenszüge prunken in reinstem GOLD.

◎ An der Abzweigung des Finnsveien (mit Hinweisschild zur Jugendherberge) vorbei sind es wenige Gehminuten durch die Gassen Kabelvågs bis ins Zentrum des aus *kapelvåg* (Kapellen-/Kirchenbucht) hervorgegangenen Ortes, der als Kapellvågen erstmals 1352 in den Quellen auftaucht. Es gibt nicht viel zu sehen, aber auf dem **TORGET** (Marktplatz) kann man prächtig sitzen und sich in der angrenzenden Præstengbrygga erfrischen, bevor es auf einem Fußweg (siehe die Karte nebenan) nach Storvågan weitergeht, der Keimzelle des Ortes.

◎ Nur wenige Gehminuten sind es, bis die Anhöhe BREIDABLIKK erreicht ist, an deren Ostende die 1935 vom Bildhauer *Artur Gustavson* geschaffene **KONG ØYSTEIN-STATUE** aufragt. In der frühen lokalhistorischen Literatur wird dieser von 1103 bis 1123 herrschende Regent als der Gründer von Storvågan bezeichnet; er blickt kurioserweise auf Kabelvåg hinunter anstatt auf das eigentliche Storvågan – da man 1935 noch gar nicht wusste, welche Bedeutung Storvågan für die Lofoten gehabt hatte. – Allerdings ist die Statue selbst weniger eindrucksvoll als das PANORAMA über den Ort und die Küstenlinie.

◎ Folgt man dem Kulturpfad weiter, erreicht man die einstige **THINGSTÄTTE BRURBERGET**. Da keine bauliche Zeugen auf diesen wichtigen Schauplatz während des Mittelalters hinweisen, bleibt nur, sich in Gedanken in die große Zeit des Hafens von Storvågan zu begeben, von wo aus zwischen dem 11. und 14. Jh. vermutlich alle politisch und rechtlich relevanten Entscheidungen in Hålogaland – damals die nördlichste Provinz Norwegens – gefällt wurden.

Thingstätten sind nach dem heutigen Erkenntnisstand eine norwegische Erfindung. Meist an einem markanten, oft erhöhten Ort gelegen, versammelten sich dort Repräsentanten der im Umland lebenden Sippen und Familien, um ...

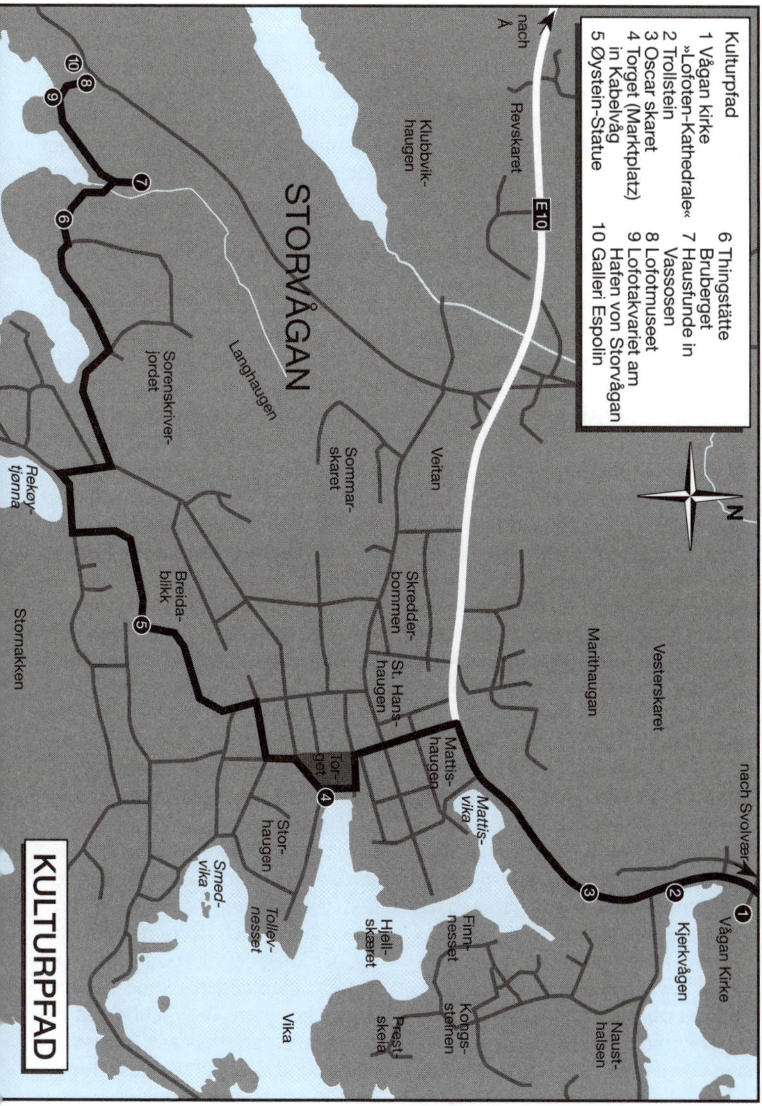

... Streit zu schlichten und andere offene Fragen im Zusammenleben zu regeln. Das Thing war schon vor 1000 eine bemerkenswert demokratische Einrichtung, die auch die nach Island exilierten Wikinger aufgreifen sollten.

◎ Gehen wir nun weiter und auch in der Zeit noch einige Episoden zurück, denn wie neue Ausgrabungen erwiesen haben, war der nur einen Steinwurf vom Thingplatz entfernte Siedlungsplatz **VASSOSEN** schon in der Zeit vor Christi Geburt bewohnt. In dem mit Steinen durchsetzten Moränenboden finden sich Überreste von fünf bis über 2000 Jahre alten Hausbauten. Bei dem RÄTSELHAFTESTEN Fund, der hier zum Vorschein kam, handelt es sich um eine tierähnliche BRONZEFIGUR, zu der in Europa bislang kein Gegenstück bekannt sein soll. Fachleute schrieben sie samischem Ursprung zu, was wiederum zu die Theorie stützt, dass DIE ERSTEN LOFOTER SÁMI waren.

In Vassosen nun befinden wir uns bereits mitten in Storvågan, dem mittelalterlichen Vågan und damit jener »Wiege des Stockfischexports«, der ab dem 11. Jahrhundert nachgewiesen werden konnte. Drei hochinteressante Sehenswürdigkeiten warten auf Besucher:

EINE KULTUR-INSTITUTION

Dort, wo heute das LOFOTMUSEET steht, lag vor langer Zeit einer der wichtigsten Höfe von Vågan; die zentralen THEMEN des Regionalmuseums sind dementsprechend die Frühgeschichte, der Lofoten-Fischfang sowie die Entwicklung des Trockenfischexports im Mittelalter. Die Ausstellung ist allemal einen Besuch wert; wem der oben beschriebene Spaziergang hierhin zu beschwerlich scheint, kann von der E 10 aus auch über eine Straße (südlich von Kabelvåg ausgeschildert) anreisen.

Die zweigeschossige Holz-»Villa« gehörte dem früheren værkonge (Fischerort-König oder -Besitzer, auch: Fischgrund-König) von Kabelvåg (siehe Seite 69 f.). Das Hauptgebäude beherbergt Exponate über die Lofoten-Wohnkultur und -Fischerei, im Flur hat man eine schematische Darstellung der Nordlandboote arrangiert.

In dem angrenzenden Zimmer verschafft ein Lageplan Übersicht auf die Ausstellungen in den anderen Räumen, von denen man als erstes das ehemalige Wohnzimmer des »Herrn der Fischer« betritt. Das stilvolle Dekor stammt aus der Mitte, das Mobiliar aus der zweiten Hälfte des 19. Jhs.

In dem angrenzenden Raum, einst das Frühstückszimmer, informieren zahlreiche Schwarzweiß-Fotos über die Kunst der Dorsch-Filetierung, vorgestellt am Beispiel einer FILETFABRIK in Henningsvær. Im Obergeschoss zur Rechten befindet sich das frühere ARBEITSZIMMER; der nächste Raum erzählt von der WOLL- UND TEXTILVERARBEITUNG; und dazu ist eine permanente Fotoausstellung von *Thomas Røjmyr* zu betrachten, der sich in den 1970er Jahren um die Darstellung von HENNINGSVÆR verdient machte.

Schräg gegenüber dieses Gebäudes steht ein Bootsschuppen; in dessen beiden Räumen ist ein wenig von dem versammelt, was die Archäologen (1986) dem historischen Boden – wo das Museum platziert ist und wo sich einst Storvågan erstreckte – entlocken konnten. Die wichtigsten Exponate wurden aber nach Tromsø gebracht und sind dort zu besichtigen. Vor Ort blieben alte Tonkrüge sowie Töpfe, Nägel, ein Fausthandschuh,

Kabelvåg Ende des 19. Jahrhunderts (oben). – Das Lofotakvariet am Fjord (siehe Seite 134 f.). ▶

Handwerkzeuge der Fischer, allesamt Dinge, die man auf das 11.–15. Jh. datieren konnte. INTERESSANTER wirken die Europakarte, die die Wege des Stockfischhandels im 14. Jh. nachvollzieht, eine mit Liebe zum Detail nachgebaute Feuerstelle mit Fischern davor, ein alter Webrahmen, Fotografien aus den Tagen der Daguerreotypie, zahlreiche Schiffsmodelle (bis 1,5 m lang), eine Gips-/Holzkreation (zeigt Fischer beim Netze-Flicken) und vieles andere mehr, das zusammengenommen den Lofoten-Fischfang auf vorbildliche Weise darstellt. Etwas aus dem Rahmen fällt die »Dame in Blau«, die im Vorraum steht und angeblich so aussieht, wie Damen im 14. Jh. in Storvågan aussahen. Schön die Tracht, der Schmuck sowie interessant zu lesen, woraus ihre Mitgift bestand: zwei Matratzen, einem Kissen aus Seide, einer Wolldecke, einer Tischdecke aus deutschen Landen und einer Kiste mit deutschem Eisenbeschlag.

◎ **LOFOTMUSEET**, Tel. 7606 9790, www.lofotmuseet.no. Im Mai Mo–Fr 9–15 Uhr, Sa+So 11–15 Uhr, 1.6.–31.8. täglich 9–18 Uhr, 1.9.–30.9. Mo–Fr 9–15 Uhr, So 11–15 Uhr, sonst Mo–Fr 9–15 Uhr. Eintritt 60 NOK, Kinder (ab 7 Jahre) 25 NOK; preisgünstiger ist das Storvågan-Billett für 140/70 NOK (gilt auch für Lofotakvariet und Galleri Espolin nahebei).

WO MEER UND LAND EINANDER BEGEGNEN

Am alten Hafen von Storvågan, der im Mittelalter der bedeutsamste des gesamten Nordens war und seine Blütezeit im 13./14. Jahrhundert erlebte, lädt heute das moderne, dank seiner einprägsamen Architektur reizvolle LOFOT-AQUARIUM ein. Das Gebäude mit den großen Glasfronten fällt ähnlich ins Auge wie die benachbarte Galleri Espolin (siehe Seite 135).

»Wo Meer und Land einander begegnen« ist das Motto dieser Lofot-Institution. Dementsprechend die erste Attraktion ist das große Freiluft-SEEHUNDBECKEN, durch das einige der possierlichen Säugetiere ihre Kurven ziehen. Je nach Saision ein- bis dreimal täglich werden sie mit Fisch gefüttert, wenn sie mit ihrem putzigen Verhalten die Herzen der Zuschauer im Sturm erobern, ebenso wie die benachbarten FISCHOTTER.

Offene Becken, von Pflanzen üppig umrankt, erfreuen insbesondere die Kinder, die hier kein gestrenger Wärter zurückpfeift, wenn sie ins Wasser greifen, um einen Taschenkrebs zu ärgern. Hineingreifen ist ERWÜNSCHT, die Lofoter zeigen's dem Nachwuchs, nehmen ihm so die Scheu und wecken Interesse an Flora und Fauna des allgegenwärtigen Meeres. Natürlich sind da auch die richtigen AQUARIEN, gleich 23 an der Zahl und alle großzügig angelegt. Das Lofotakvariet zeigt das Leben im Meer, vom Uferbereich bis in die großen Tiefen. Zu sehen gibt es den arktischen Dorsch *(skrei)*, Steinbeißer und Seeteufel sowie die vielen anderen Fischarten und Meerestiere, die im Lofoten-Meer vorkommen, ob Krabben, Krebse, Hummer, Muscheln, Seenelken, ob Saibling, Forelle, Lachs.

Zeitgemäß wurden außerhalb eine Lachszuchtanlage sowie ein Areal für Aktivitäten eingerichtet. Im Havmiljøsenter (*hav* = Meer) gibt es eine interaktive Ausstellung zum Wirtschaftsle-

Viele Museen sind an Weihnachten und »zwischen den Jahren« und an weiteren Feiertagen wie Ostern, am 1.5. und am 17.5. geschlossen oder haben nur verkürzt geöffnet. Für diese Tage gilt es sich im Voraus zu vergewissern.

ben der Region. Im Hauskino laufen 3- unterhaltsame D-Filme, so als würden die Protagonisten ihren Zuschauern entgegenschwimmen. Ferner können im Rahmen spezieller Programme unter Anleitung beispielsweise Wasser- und Bodenproben entnommen und analysiert werden.

Außer dem üblichen Souvenirshop gibt es ein CAFÉ mit Meerblick, wo zu manierlichen Preisen Getränke sowie u.a. Waffeln (mit Marmelade) zu erstehen sind. Obendrein sitzt man sehr schön im Wintergarten oder auf der Terrasse über dem Fjord, wo ein Nordlandboot die Glanzzeiten des Hafens heraufbeschwört.

◎ **LOFOTAKVARIET**, Tel. 7607 8665, www.lofotakvariet.no. 1.2.–30.4. So–Fr 11–15 Uhr, Mai tägl. 11–15 Uhr, 1.6.–31.8. tägl. 10–19 Uhr, 1.9.–30.11. So–Fr 11–15 Uhr; Fütterung der Seehunde während der Hauptsaison um 12, 15 und 18 Uhr. Eintritt 80 NOK, Kinder 40 NOK; günstiger mit Storvågan-Billett 140/70 NOK (gilt auch für Lofotmuseet und Galleri Espolin).

POETISCHE PINSELSTRICHE

»Endlich sind meine Bilder nach Hause gekommen«, soll der Maler Kaare Espolin Johnson (1907–1994) gesagt haben, als er 1992 seine eigene Galerie in Storvågan besuchen konnte.

◎ **GALLERI ESPOLIN**, Tel. 7607 8405, www.galleri-espolin.no. 1.6.–14.6. täglich 10–18 Uhr, 15.6.–15.8. täglich 10–19 Uhr, sonst Mo–Fr 11–15 Uhr. Eintritt 60 NOK, Kinder (ab 7 Jahre) 25 NOK; günstiger mit Storvågan-Billett 140/70 NOK (gilt auch für Lofotakvariet und Lofotmuseet).

KAARE ESPOLIN JOHNSON

Der landesweit bekannte Künstler gilt als einer der außergewöhnlichen Maler Norwegens, hat er es doch zeit seines Lebens wie kein Anderer verstanden, in zahlreichen Werken die Entbehrungen, Sehnsüchte, Ängste und Mühen der KÜSTENBEVÖLKERUNG zu schildern.

Seinen Pinselstrich prägt die Liebe zu den Nordländern, vor allem zu den Lofot-Fischern, deren Leben er MEISTERHAFT darstellte. Nicht umsonst war es Kaare Espolin, der in den 1970er Jahren den begehrten Auftrag erhielt, eine norwegische SCHMUCK-AUSGABE des berühmten Romans »Die Lofotfischer« von Johan Bojer mit Kunstwerken zu bereichern.

Espolin gilt als einer der Großen des Landes – allein in der Osloer Nationalgalerie hängen 39 seiner Werke. Doch die umfangreichste Sammlung seiner Kunst ist hier in der Galleri Espolin zu finden, wo es ständig mindestens 100 Bilder zu betrachten gibt.

Das Gebäude selbst ist – ansprechend – aus Holz, Beton und Glas unter einem sattgrünen Grasdach ausgeführt; es erinnert ein wenig an isländische Architektur und bildet den perfekten Rahmen für das Kunstmuseum, das auch eine Bibliothek und einen Videoraum umfasst.

Die Espolin-Kunstpostkarten, die im Museum für relativ wenig Geld zu haben sind, gehören zu den beliebtesten Mitbringseln aus dem Archipel. Eine kleine Auswahl finden Sie auch in diesem Buch, auf den Seiten 58, 78 und 95.

Route 3: Austvågøya – Rings um Ørsvågen

Ørsvågen ist der Name der Meeresbucht, die sowohl den Campingplatz von Ørsvågvær als auch denjenigen von Sandvika säumt. Dass das Gebiet beider Anlagen eingehend vorgestellt wird, liegt darin begründet, dass hier ein Großteil der Sommertouristen ein paar Tage, wenn nicht gar den gesamten Lofoten-Urlaub verbringt. Hier spricht man Deutsch – natürlich; wen wundert es da, dass beide Plätze ziemlich fest in deutscher Hand sind.

Am Filetiertisch hinter dem Strand wird der Tagesfang zerlegt; kaum fragen wir naiv, ob man hier auch Fisch kaufen kann, drückt uns schon ein ANGLER aus Bremen einen kapitalen Dorsch in die Hand. »Brauchen Sie mehr? Vielleicht morgen?« – Eigentlich nicht, aber wer kann so ein Angebot ausgeschlagen!

Abends gibt's – Fisch, ja, natürlich, überall gibt's hier Fisch. Dann verschwindet die Sonne hinter einem Felszahn im Westen und erhellt die angrenzenden Eiskegel. Zwielicht fällt ein, es taucht die Tiefen in ein pastellfarbenes Violett, das sich allmählich nach oben verbreitet, um kurz nach Mitternacht, NIEMAND SCHLÄFT, ins kühlere Rosa des aufsteigenden Morgens überzugehen.

▲ Campingplatz Ørsvågvær

Die Nacht ist auf Reisen. Der Himmel flammt, Gold liegt auf der Erde, und um 2 Uhr nachts schicken wir uns an, die Felsbuckel hinaufzusteigen, die den Platz schützen, aber auch die Aussicht auf den offenen Vestfjord verstellen. Am Ende der schmalen Felskerbe, deren Grund mit saftiger Wiese bewachsen ist, zweigen ein paar Trampelpfade nach links hoch ab und weisen uns die Richtung auf die maximal 40 m hohen, von Wind und Wellen abgerundeten Klippen, auf denen wir uns schon fünf Minuten später niederlassen, um die Lichtbotschaft der MITTERNACHTSSONNE entgegenzunehmen.

»Man wird aber nichts eher leid als das ewige Tageslicht«, notierte sich *Friedrich Engels* anlässlich einer Nordland-Reise im Jahre 1867. Ob er jemals dort saß, wo wir jetzt sitzen? Unmöglich, denn dann wäre sein Urteil ganz anders ausgefallen! Unter uns das Meer, so glatt wie eine gespannte Folie und von der Farbe eines polierten Kupferspiegels. Darin ein paar Schären aus einem Kern von Felsen und Walt-Disney-Grün, umgeben von einem Ring aus Brandungsstreifen. Weit draußen die Leuchtfeuer von MOHOLMEN und SKROVA, die sich für Monate das Leuchten schenken.

Dahinter, mehr als 50 Seemeilen entfernt, steigt die Insel ENGELØYA aus dem VESTFJORD – steil, graublau und sagenhaft –, während sich noch weiter östlich keine Gipfel mehr zeigen, sondern ein Schneefeld, eine Schneewüste, die über dem Kaledonischen Gebirge liegt wie ein rosafarbenes Tischtuch. Im Norden aber, karmesinrot ausgeleuchtet, erhebt sich LILLE MOLLA an der Kimmung des Meeres, während rechts von uns die STEILWAND des VÅGAKALLEN alles Licht absorbiert und als »schwarzes Loch« aufsteigt (siehe auch Seite).

Vor 10 Uhr morgens rührt sich heute keine/r im Bett, aber gegen 10.30 Uhr wollen alle duschen. Man steht also Schlange, vertreibt sich die Zeit mit Plauderei und mit dem Suchen nach Superlativen, um zu beschreiben, wie man's hier findet. Nichts für Morgenmuffel, aber auch die Griesgrame unter den Wartenden sollten die Ohren offen halten, da die meisten der Campingplatz-Besucher seit vielen Jahren Stammgäste sind, manche Anekdote zu berichten wissen und einige »Geheimtipps« parat halten.

◎ Von der Schäre **SAGØYA** zum Beispiel hören wir, und so folgen wir der Empfehlung, mieten ein Boot und rudern raus. Wir sind rasch am Ziel, denn die Schäre liegt nur rund 1 km südlich und kann gar nicht verfehlt werden: an ihrem Westrand nämlich, wo sie einer Nachbarschäre sehr nahe kommt, sticht eine gemauerte und in Beton gefasste »Landungsbrücke« ins Auge. Leinen fest und hoch über die Steigeleiter. Oben empfangen ein paar Poller, die Überreste eines kleinen Ladekrans und ein verrostetes Geländer, das einen Steinweg säumt. Alles Zeichen, dass auf diesem ca. 300 x 100 m messenden Eiland mal Menschen gewohnt haben. Genauer ein Mensch, nämlich der Leuchtturmwärter, der arbeitslos wurde, als man hier ein elektrisches Feuer einrichtete. Dieses FYR findet sich in einem kleinen, weißen Türmchen am Süd-»Kap«, während die frühere Wohnung des Feuermeisters eine Anhöhe im Norden krönt.

Von dort aus gibt es wieder einmal ein Panorama satt auf das vielfarbig blaue Meer vor grünen Wiesen und den Zacken und Zinnen der hundertfach beschriebenen Lofoten-Wand, die als ein Bollwerk aus Schwarz und Weiß, Fels und Eis, den Horizont verdeckt. Zu diesem Traumblick gibt es ab Juli/August Blaubeeren in Fülle zu pflücken.

Etwas unterhalb des ehemaligen Wärterhauses klafft das (nur leidlich abgedeckte) Loch einer gut gefüllten Zisterne im Fels – plötzlich spürt man Lust, Lebensmittel zu bunkern, zurückzukehren und Robinson zu spielen.

◎ Aber vorher gilt es, die Gestade der benachbarten **KÜSTE** genauer zu unterzusuchen. Wir nehmen jetzt Kurs auf Süd-Südwest, lassen die bewohnte Bucht von Ørsnesvika rechts liegen, pullen um die glatten Felsbuckel herum, die den Küstensaum bilden, und nehmen jede Einfahrt wahr, um herauszubekommen, was am hinteren Ende wartet. Das erste Mal auch nur Felsbuckel, aus klarer Tiefe aufsteigend, in der Fischschwärme hin und her eilen; das zweite Mal eine kinderreiche PRACHTEIDERENTEN-Familie, die rasch Reißaus nimmt und uns mit kollernden Rufen verflucht. Dann eine weitere, fast 500 m lange Passage, und gerade wollen wir umkehren, als

Zum Thema »Rausrudern« sei daran erinnert, sich unbedingt im Voraus über den Wetterbericht zu informieren.

voraus, hinter einer im Fahrwasser liegenden Klippe, das hellgoldene Band eines Sandstreifens auftaucht. Baden und schwimmen können wir nicht, denn ein Tangwald wogt im flachen Meer. Aber herrlich ist's, auch romantisch, sich auf den Sand oder die angrenzende Wiese zu legen und zu sonnen, Taschenkrebse zu ärgern, Muscheln zu sammeln, oder was man sonst als »angehender Robinson« zu tun pflegt.

Zu berücksichtigen ist jedoch, dass dieser Strand, die Sandvika, sowie das angrenzende Umland in PRIVATBESITZ stehen. Die Eigentümer wohnen am Ende der am Strand beginnenden Wiesenmulde und möchten nicht andauernd von neugierigen Besuchern gestört werden. Also bleibt man fern, vermeidet unnötigen Lärm und, dies gelte überall auf dem Archipel, nimmt hinterher all den eventuell angefallenen Müll wieder mit.

Wir stöbern ein wenig in der Gegend herum, finden reichlich Beeren, eine spaltbreite Höhle – treffliche Kulisse für einen Film über die Steinzeit –, stoßen überall auf Gezeitentümpel mit Fischen und Meeresfrüchten darin. An der »nächstwestlichen« Bucht, der BREIDVIKA, auch auf Spuren von Menschen, die dort irgendwann einmal eine Landungsbrücke an den Fels bauten. Nur Ruinen sind übrig, auch viele alte Holzbalken, und mit diesem Brennmaterial beladen kehren wir schließlich zu unserer Insel zurück: Heute Abend wird es selbst gefangenen und sogleich gegrillten Fisch geben; dazu Wasser aus der Zisterne, Licht vom Himmel – was geht es uns gut!

Route 4: Austvågøya – Nach Henningsvær

IM ÜBERBLICK

◎ **STRECKENVERLAUF**: Svolvær – Galerie von Ola Strand (10 km) – Tunnel (4 km) – Rørvik (3 km) – Henningsvær (8,5 km).

◎ **LÄNGE/DAUER**: 26 km ab Svolvær, dennoch eine Halbtagesfahrt; inklusive Abstecher rund 35 km.

◎ **TRANSPORT**: Die Abstecher sind nur mit eigenem Fahrzeug erreichbar, Henningsvær hingegen wird ab Svolvær über Kabelvåg 6–8 x täglich bedient; die letzte Rückfahrmöglichkeit besteht gegen 21 Uhr; Bushaltestelle in Kabelvåg am Torget sowie u.a. an der E 10 vor der Einfahrt zu den beiden Campingplätzen.

◎ **ANSCHLUSSMÖGLICHKEITEN**: mit den Routen 1–4 sowie 6 und 7.

◎ **ABSTECHER**: Ørsnes, Hopen, Kalle Ferie- og Fiskevær.

◎ **PROFIL**: Die anstehende Strecke ist zwar kurz – ideal wäre ein Fahrrad oder auch Seekajak –, aber dennoch für einen halben Tag mindestens gut, denn Henningsvær als eine typische Fischersiedlung der Lofoten ist nur für einen Kurzbesuch viel zu reizvoll.

Auch am Strand von Rørvik kann man gut und gern einen halben Tag »vertun« – zumindest bei Sonnenschein. Eilige Touristen haken diese Route in einer halben Stunde ab; aber wer so vorgeht, glaubt auch nach einem auf den Straßen verbrachten Tag die Lofoten zu kennen...

VENEDIG DES NORDENS

Ausgangspunkt der Route ist SVOL-

VÆR, von wo aus wir der Hauptstraße nach links, in Richtung Westen folgen.

Südlich von Kabelvåg genießt man wir bald schon den kontrastreichen Ausblick über die ØRSVÅGEN-BUCHT, die angrenzenden Felder, Wiesen und Gehöfte, über denen der sagenumwobene **VÅGAKALLEN** wie ein steinerner Zuckerhut in den Himmel ragt (siehe Seite 31). Fast senkrecht steigen seine dunkelgrauen Flanken aus dem Vestfjord, und wenn die nach Kabelvåg und Ørsvågvær blickende Seite verschneit ist, könnte man mit ein wenig Fantasie ein dämonenhaftes Gesicht unter seiner Kuppe erkennen; dem nämlich verdankt der imposante Berg seinen Namen – übersetzt bedeutet der in etwa »Våga-Kerl«; die abergläubigen Lofoten-Fischer der alten Tage fuhren nicht auf den Vestfjord hinaus, ohne zuvor ihren Vågakallen um Glück und gesunde Heimkehr gebeten zu haben. Und obwohl es in Norwegen reichlich Berge gibt, die ihn überragen, äußerten nicht wenige die Meinung, »dass es keinen höheren Berg in ganz Norwegen gäbe, weil man diesen Berg noch 12 Seestrecken weit draußen auf dem Meer sehen kann, und die Fischer brauchen ihn als Landmarke für ihre Fischgründe ... Sie haben Markierungen und Zeichen auf diesem Berg, um zu wissen, wann sie den Plätzen, wo der Fisch steht, nahe sind und wann weit davon entfernt.« So geschrieben vom *Vogt Schönneböl* im Jahr 1591. Heute genießt der 1885 erstmals bestiegene Vågakallen unter Bergsteigern sowie Felskletterern einen guten Ruf (siehe unter »Ferien aktiv / Bergsteigen«). Die Kletterschule »Den siste Viking« in Henningsvær hält vor Ort sogar Kurse ab.

Kurz hinter dem Schild »Ørsnesvika« (Sackgasse, keine Stellplätze für Zelt/Wohnmobile) passieren wir das vielfarbig braun daliegende ØRSNESMYRAN, das auch der bekannte Lofoten-Künstler OLA STRAND vor Augen hat, wenn er aus seinem Atelier blickt. Die (zu kaufenden) Bilder, Grafiken und Linolschnitte stellen bevorzugt Natur und Alltag auf den Lofoten dar. GALERIE 1.6.–31.8. Mo– Fr 11–19 Uhr, Sa 11–17 Uhr, sonst nach Absprache: Tel. 7607 7461 und 9577 4412.

Dort wo das Moor endet, etwa 1 km westlich, zweigt eine Straße links zur Ortschaft HOPEN ab (2,5 km). An ihrem Ende (Sackgasse) findet sich eine Fischfabrik, wo gegen Ende der Walfangsaison um Mitte / Ende Juni etwa 4–5 Wochen lang frisches Walfleisch verkauft wird (um 50 –130 NOK/kg, je nach Qualität), was dann schon auf einem großen Hinweisschild an der Gabelung bei der E 10 angezeigt wird *(»Fersk Hvalkjøtt«)*.

Noch einen anderen Grund gibt es, der Straße Richtung Hopen zu folgen, denn auf halber Strecke zweigt eine mit »Kalle« ausgeschilderte Schotterpiste ab, die an der Felswurzel des Vågakallen entlang verläuft und nach ca. 1,5 km zur Ferienanlage KALLE FERIE- OG FISKEVÆR führt (siehe Seite 300), die auf Pfählen im Hopenpollen steht und vor allem unter Anglern beliebt ist. Folgt man der (gut befahrbaren) Piste über den angrenzenden Buckel hinweg, liegt der **KALLESTRANDA** im Saum einer großen grünen Wiese voraus. Bei diesem Strand handelt es sich

Die Piste nach Kallestranda ist Ausgangspunkt für die Wanderung zum Glomtinden (siehe Seite 222).

um einen der BELIEBTESTEN BADE- UND SONNENPLÄTZE Austvågøyas. Toiletten und Trinkwasser sind vorhanden, und die angrenzende Wiese ist groß und gerade auch bei lokalen Wildcampern mit Zelt, Wohnmobil oder Wohnwagen populär.

Auf der anderen Seite der den Strand säumenden Kallebukta beginnt ein schmaler Pfad, der hinunter an den Fuß des Vågakallen führt, der steil aus dem Bremholmsund aufragt. Der Pfad passiert den fast mystisch schönen See KALLEVATNET und verläuft sich vor der mit »Riesen-Hinkelsteinen« gespickten Küste auf einer Wiese, die Teilnehmern an Kletterkursen im Sommer öfter als Basecamp-Zeltwiese dient: In der Tat kann man hier trefflich zelten, denn Trinkwasser fließt in einem Bach vorüber; ab Kallestranda ist man nur etwa 15 Gehminuten bis hierhin unterwegs.

Auf die E 10 zurückgekehrt, passieren wir sofort den oberen Rand des Hopspollen, den nur einen Wiesengürtel vom fast kreisrunden See Hopsvatnet abtrennt. Links der Straße bestehen Möglichkeiten zum Wildcampen, wie man auch rechter Hand und dort, wo eine Schotterpiste abzweigt, (wenn auch nicht schön) stehen kann. Diese Piste markiert den früheren Verlauf der E 10, die auf die RØRVIKSKARET führte, um am See Rørvikvatnet wieder ins Tal zu stoßen. Heute ist diese Route mit Top-Aussicht vom ca. 150 m hohen PASS den Wanderern vorbehalten (siehe Seite 222), während der Straßenverkehr den Skaret im TUNNEL unterquert. Fast 1 km lang, verschlucken die Felswände das Scheinwerferlicht, so dass 80 km/h als heikel erscheinen.

Ans Tageslicht zurückgekehrt, finden wir uns in einem 200 m schmalen TROGTAL wieder, das der lang gestreckte See RØRVIKVATNET fast vollständig ausfüllt. Schilder weisen darauf hin, dass das Baden verboten ist. 2 km weiter, an der westlichen Stirnseite des glasklaren Sees, zweigt die Straße 816 links ab. Sie hat Henningsvær zum Ziel, der Lofoten berühmtestes Fischerdorf. Wir biegen ab, passieren einen größeren Parkplatz, der den Bussen zum Wenden dient (kein Wildcampen) und an sonnigen Sommerwochenenden stark von den Lofotern frequentiert wird: da sich direkt unterhalb die geschützte Bucht **RØRVIKA** in den Henningsværstraumen öffnet – das Wasser schimmert verlockend, das Meer ist flach, der feinsandige, schneeweiße Halbmondstrand gut zum Schwimmen, Baden, Sonnen geeignet (Toilette und Trinkwasser).

Auf den folgenden 2,5 km umrundet die Straße das Sørfjellet, schwingt sich dann über den Djupfjord und verläuft an der Wurzel des Festvågtinden weiter bis zum Südzipfel von Austvågøya, dem der Henningsvær-»Archipel« vorgelagert ist. Den gesamten Verlauf der Strecke kennzeichnet ein grandioses Berg-, Meer- und Schärenpanorama, denn jenseits des mit zahllosen »Granitscherben« gespickten Straumen steigt die zerfranste KÜSTE von Vestvågøya aus dem Vestfjord, den man bei klarem Wetter bis hinunter zu der mehr als 80 km entfernten Insel Værøy überlickt. Gerne möchte man hier einen Stellplatz für die Nacht finden, aber die Straße ist entweder in den nackten Fels gesprengt oder windet sich zwischen haushohen Bergtrümmern – schwer genug, hier nur einen Parkstreifen auszumachen.

Dann liegt auch gen Süden der Vestfjord vor uns, aber das fällt kaum auf bei all den Inseln und Inselsplittern, auf die wir blicken und die zusammen **HENNINGSVÆR** bilden. Seit 1983 führen drei Brücken hinüber – eine steiler geschwungen als die andere und alle nur fahrzeugbreit: erst von Festvåg zu der kaum besiedelten Felsinsel Engøya, dann auf eine Schäre und weiter nach Sauøya (links abbiegen) oder nach Heimøya, der zusammen mit Hellandsøya größten Insel vor Ort. Beide verlaufen parallel zueinander, nur durch eine im Süden geschlossene, ca. 100 m breite Wasserstraße getrennt, die einen riesigen natürlichen und vor allem geschützten Hafen abgibt. Zwischen Januar und März, zur Zeit des Lofoten-Fischfangs, liegen hier dutzende TRAWLER vor Anker – mehr als irgendwo sonst auf dem Archipel – die bunten Schiffe vor der Kulisse der bunten Häuser und der beschneiten Lofoten-Wand – das ist ein Anblick, den man sein Lebtag nicht mehr vergessen mag.

Aber auch im Sommer bietet die Sicht über das von Landungsbrücken und Bohlenstegen, Holzspeichern sowie -häusern umschlossene Rechteck ein faszinierendes Bild, denn ein paar TRAWLER sowie kleine Kümos sorgen stets für Farbtupfer. Bis gegen Ende Juni hängt ein gewisser Geruch in der Luft, der in Schwaden von den Stangenwäldern der Stockfischgerüste herüberweht, die fast jede freie Stück Boden von Henningsvær bedecken. Paarweise am Schwanz zusammengebunden, baumeln die vom Seewind zu knöchernen Mumien getrockneten Fische an ihren Galgen – auch ihre Köpfe, jedoch separat, denn während die Leiber in Europa ihre traditionellen Abnehmer haben, ist das Gros der Köpfe für Schwarzafrika bestimmt, vor allem für Nigeria. Anders die Zungen: die werden direkt nach dem Fang von der Jugend herausgetrennt und zum Beispiel nach Paris geflogen, wo sich Feinschmecker darum reißen.

Von der letzten Bogenbrücke zum Ort hinuntergefahren, sind es nur ein paar Meter bis zu einem großen Parkplatz, der links der Straße ausgeschildert ist und direkt vor dem Hafenbecken liegt. Hier sollte man unbedingt das Fahrzeug abstellen und sich auf-

Blickfang: der Hafen von Henningsvær ▲

machen, Henningsvær zu Fuß zu erkunden, denn die Dorfgassen sind schmal und für Urlaubsverkehr definitiv nicht ausgelegt.

◎ Man sollte wenigstens einmal auf Bohlenstegen den **HAFEN** umrunden, auf der Terrasse des FISKEKROGEN (siehe Seite 311) gesessen und geschlemmt haben, ein wenig durch die schmalen Gassen schlendern, Details entdecken und den Weg zum Ziel machen – Henningsvær von innen. Wer den Ort so entdeckt, mag endgültig zu dem Schluss kommen, man müsse sich mehrere Stunden Zeit nehmen; oder aber sich für einige Tage in einer ortsansässigen Rorbu-Anlagen einquartieren.

◎ Direkt an den Parkplatz grenzt die **GALLERI LOFOTENS HUS** mit der **GALLERI HARR**, die UMFANGREICHSTE KUNSTSAMMLUNG IN NORDNORWEGEN. Hunderte Werke von *Karl Erik Harr* und *Otto Sinding,* Gunnar Berg, *Even Ulving,* Ole Juul, *Thorolf Holmboe* – wie die Künstler alle heißen – sind zu betrachten.

Die Säle 1 und 2 im Erdgeschoss widmen sich den Höhepunkten der BILDENDEN KUNST um die vorletzte Jahrhundertwende, während im ersten Geschoss käufliche Bilder ausgestellt sind. – Im zweiten Geschoss stehen der Lofoten-Fischfang und speziell die Entwicklung des FISCHERORTS HENNINGSVÆR im Fokus: Prachtvolle Fotografien, geschichtliche Darstellungen, Publikationen, Gerätschaften u.v.a. beleben die Vergangenheit.

Ins Erdgeschoss zurückgekehrt, überrascht die DIASHOW »Das magische Inselreich« von *Frank A. Jenssen* mit einzigartigen Bildern von den Lofoten. Die Show dauert knapp 20 Minuten und wird mehrmals täglich vorgeführt. Auch die sich anschließende Fotoausstellung »Seeadlerland« von Frank A. Jenssen ist sehenswert.

1.3.–31.5. täglich 12–15 Uhr, 1.6.–31.8. 9/10–19 Uhr. Tel. 7607 1573, www.galleri-lofoten.no (bisher nur auf Norwegisch). Eintritt 60 NOK, Kinder (unter 14 Jahre) 30 NOK.

◎ Folgt man vom Parkplatz vor der Galleri Lofotens Hus der dorfeinwärts, entlang dem (rechten) Hafenbecken verlaufenden Straße, sind es nur etwa 200 m bis zu der **NORD NORSK KLATRESKOLE** (Kletter-Schule), die Kletterkurse absolviert und Climbingtouren anbietet (siehe Seite 322). Auch ein solide bestückter Outdoor-Laden (u.a. mit Climbing-Literatur) gehört dazu, ferner die preiswerteste Unterkunft hier im Ort (»Den Siste Viking«, siehe Seite 305) wie auch der gemütliche DEN SISTE VIKING CAFÉ & PUB, der ebenfalls günstig im Preis und zudem bekannt für gute Musik ist.

◎ Wiederum etwa 200 m weiter führt die Kaigasse auf den direkt an den Hafen angrenzenden TORGET (Marktplatz) von Henningsvær (mit Kiosk sowie Bier-Verkaufsstelle). Hier lädt die **ENGELSKMANNSBRYGGA** ein, erstens eine Keramikwerkstatt, zweitens eine Glasbläserei und drittens eine Fotogalerie. Man kann den Kunsthandwerkern bei der Arbeit zuschauen und ihre Produkte auch kaufen, in der Relation auffallend günstig. Die Qualität ist sehr ansprechend. 10.6.–20.8. täglich 10–20 Uhr, sonst Di–So 10/12–16 Uhr. Dreyersgt.1, Tel. 7607 5285, www.engelskmannsbrygga.no (auf Norwegisch) mit Produktgalerie.

OCEAN SOUNDS – WIDER DIE ZERSTÖRUNG VON NATURRÄUMEN

Die das Hafenbecken umfahrende Straße führt zu einer der neuesten Attraktionen der Lofoten: »Ocean Sounds« ist eine nichtstaatliche Organisation, die sich insbesondere der Erforschung von Meeressäugern (primär Wale und Seehunde) und dem Schutz der marinen Umwelt widmet. Sie wird (nicht nur) von deutschen Wissenschaftlern geleitet, will einen Beitrag zum Verständnis des einzigartigen marinen Lebensraumes der Lofoten leisten und bietet dem Besucher außer einer Fotogalerie und fundierten Hintergrundinformationen wissenschaftliche Ausstellungen nebst Kunstausstellungen; das ganze Jahr über laufen spannende 35–60 Minuten lange Multimedia-Präsentationen zu den Themen SCHWERTWALE IN NORDNORWEGEN (mit atemberaubenden Bildern, Lauten von Walen und den neuesten Forschungsergebnissen), LOFOTEN DORSCH und MEERESLEBEN UND NATUR DER LOFOTEN, in deren Rahmen viele Tierarten vom Nerz über Robben und Seehunde bis zu den größten Zahnwalen, den Pottwalen, vorgestellt werden: spannende Bilder, Tierlaute und Informationen. Es werden Kreativkurse und solche über Naturfotografie arrangiert, und es gibt eine Leseecke. Außerdem werden ERLEBNISTOUREN angeboten, bei denen man mit den Forschern auf FELDEXKURSIONEN gehen kann (siehe Seite 320). Eine Bibliothek mit den Schwerpunkten Meeresbiologie, Kommunikation und Verhalten von Tieren und Bildungsprojekte (etwa für Schulklassen) komplettieren diese in Norwegen einzigartige Institution, die dazu beitragen soll, Verständnis und Engagement zwischen Öffentlichkeit und Wissenschaftlern zu fördern sowie das einzigartige marine Habitat der Lofoten zu erhalten.

◎ **OCEAN SOUNDS**, Hellandsgt. 63, Tel. 7607 1828 und 4142 6713, www.ocean-sounds.com auch auf Deutsch. März bis Mai Di–So 12–18 Uhr, Juni sowie 1.9.–31.10. Di–So 10–18 Uhr, 1.7.–31.8. täglich 10–20 Uhr, sonst nach tel. Absprache. Eintritt frei, Ticket für Multimedia-Präsentation 85 NOK.

◎ Von hier aus folgt man an, an der Abzweigung zum Restaurant FISKEKROGEN (siehe Seite 311), an zwei Cafés sowie einer Kerzenzieherei vorbei (teils sehr ausgefallene, handgearbeitete Produkte), der durch den Ort zur südlichen Begrenzung des Hafenbeckens führenden »Hauptstraße«, von wo aus man mit Abstand die schönste **AUSSICHT** über Hafen, Ort und die im Rücken aufragenden Felsendome erleben kann.

◎ Sehr zu empfehlen ist auch der Blick von oben auf Henningsvær, was man am eindrucksvollsten vom **FESTVÅGTINDEN** aus genießen kann, wohin eine Wanderung führt (siehe Seite 199).

Route 5: Austvågøya - Die Kaiserroute

◎ **STRECKENVERLAUF**: Svolvær – Vestpollen (19 km) – Laukvik (17 km) – Fiskebøl (29 km) – Digermulen (50 km) – Fiskebøl (50 km) – Budalen (7 km) – Laupstad (5 km) – Vestpollen (5 km) – Vatterfjordpollen (7 km) – Børgvågsaksla (6 km) – Svolvær (3 km).

◎ **LÄNGE/DAUER**: ca. 200 km; einen Tag sollte man mindestens ansetzen; jedoch sind zwei 2 garantiert nicht zu viel.

◎ **TRANSPORT**: Die Route ist nicht mit öffentlichen Verkehrsmitteln zu machen, aber für Fahrradfahrer ist sie geradezu prädestiniert; alles, was man als Biker auf den Lofoten wissen muss, wird ab Seite 279 beschrieben.

◎ **ANSCHLUSSMÖGLICHKEITEN**: mit Route 1, 2, 3, 4 und 7; zudem besteht die Möglichkeit, ab Fiskebøl die Walroute (Nr. 6) anzuschließen.

◎ **ABSTECHER**: unsere Wanderung Nr. 2 (siehe Seite 216), die Wanderung auf den Digermulkollen (rund 2 Std.) sowie die Wanderung von Laupstad auf den Sautinden (siehe Seite 198).

◎ **PROFIL**: im Vergleich eine eher selten befahrene Strecke, die auf Nebenwegen den Nordzipfel von Austvågøya umrundet, sodann auf die neue Lofast-Strecke einbiegt und auf einer wiederum eher schwach frequentierten Nebenstraße am Raftsund entlang (von dem übrigens der Trollfjord abzweigt) bis nach Digermulen auf der Insel Hinnøya führt. Markant sind die abwechslungsreichen Landschaften samt traumhafter Panoramen fast ohne Ende.

IM NAMEN WILHELM II.

Der Prospektname »Kaiserroute« dieser rund 200 km langen Strecke geht auf den von Norwegen begeisterten deutschen Kaiser Wilhelm II. zurück, der zwischen 1889 und 1914 nahezu jährlich in den Fjorden des Nordens kreuzte. Eine besondere Verbundenheit wird ihm mit den Lofoten nachgesagt, insbesondere mit dem gegenüber der eigentlichen Inselgruppe am Eingang zum Raftsund gelegenen Ort Digermulen, den er mehrfach besuchte. Auf seinen Spuren zu reisen ist absolut zu empfehlen; die nachfolgend kurz vorgestellte Tour, die man allerdings nur mit dem eigenen Fahrzeug unternehmen kann, führt dorthin.

ANS OFFENE NORDMEER

Ausgangspunkt der Route ist, streng genommen, der ganz im Norden von Austvågøya gelegene Fährort Fiskebøl, doch die Tourismusplaner lassen sie heute in SVOLVÆR beginnen. Die E 10 markiert von dort aus den 19 km langen Weg am Flughafen sowie der Sildpollnes-Kirche vorbei nach VESTPOLLEN, wo eine mit »Laukvik 19 km« ausgeschilderte Nebenstraße links abzweigt. In ihrem landschaftlich sehr abwechslungsreichen Verlauf quert sie die Insel durch ein fruchtbares , an Wiesen und Wäldern reiches Tal, mit Seen und Wasserläufen durchsetzt.

Auf halber Strecke etwa liegt das malerisch ins berggesäumte Grün gebettete SANDSLETTA mit dem gleichnamigen Campingplatz (siehe Seite 290) am Weg. Durch eine faszinierende Landschaft mit zahllosen Inseln und Holmen zwischen Fjorden, Pollen und Sunden geht es vorbei an der ge-

Weitere Vorlieben hegte Wilhelm II. auf seinen Norwegen-Reisen für die Orte Balestrand, Ålesund, Geiranger im westnorwegischen Fjordland.

waltigen Felsmasse der MATMORA (siehe Seite 220) ans offene Nordmeer heran, das bei dem Fischerörtchen **LAUKVIK** erreicht ist. Für Seekajak-, Boots- und Angeltouren gilt das weit auseindergezogene Dorf als idealer Ausgangspunkt, ebenso wie Hobby-Ornithologen hier fündig werden. Die GALLERI MAGICA (siehe Seite 111) ist etwas für die Kulturfreunde, Quartier zu beziehen bei »Skippergården Camping« (siehe Seite 291), gut zu essen im Restaurant »Fyret« am Hafen. Neu ist das in STRAUMSNES vor Laukvik beheimatete POLARLIGHTCENTER (siehe die Seiten 30 und 31, ganz unten).

IM NORDEN VON AUSTVÅGØYA

Von nun an geht es mit stetem Blick auf die Inselkette der Vesterålen entlang der Nordküste von Austvågøya zum 29 km entfernten Fiskebøl. Doch sollte man die Strecke nicht an ihrer (kurzen) Distanz messen, sondern an der Vielzahl famoser Landschaftsbilder, die sie bietet. Hinter DELP, wo die Wanderung Nr. 2 endet, queren wir auf einem Fahrdamm den flachen, wegen seines sandigen Bodens in zartem Hellblau schimmernden GRUNNFØRFJORD. Inseleinwärts thronen bis über 800 m hohe Berge, während auf der anderen Fjordseite ausgedehnte FEUCHTGEBIETE vorherrschen. – Wer MOLTEBEEREN (siehe Seite 43) sammeln will, kann hier etwa ab Mitte Juli großflächig abernten.

Ein kurzes Stück weiter auf der nun nur noch geschotterten Straße geht es durch weitflächige Flugsandfelder mitsamt weißen Dünen, zu denen sattgrüne Wiesen einen denkbar starken Kontrast bilden. Dann wird der MORFJORD umrundet, in Felsen und Wälder gefasst, die mit den größten ELCHBESTAND des Archipels aufweisen. Weitere Strände sowie die Holzskulptur-Galerie TRESMIA (siehe Seite 110) liegen am Weg, der dann bald in **FISKEBØL** wieder in die E 10 mündet.

NACH DIGERMULEN

Links ab geht es zum Fähranleger zu den Vesterålen (siehe »Walroute« ab Seite 150). Folgt man der Europastraße für wenige hundert Meter nach rechts, wird eine Kreuzung erreicht: Rechts ist Svolvær ausgeschildert – dieser Streckenabschnitt wird weiter unten im Rahmen der Rückfahrt vorgestellt –, doch die Kaiserroute biegt links ab auf die u.a. mit »Digermulen« ausgeschilderte Straße; sie bildet das letzte Teilstück der Lofoten-Festlandverbindung LOFAST, die seit Ende 2007 von hier nach Gullesfjordbotn bei Lødingen führt (siehe Seite 349).

Die Straße durchquert bald den 3340 m langen Sløverfjordtunnellen, der zur Abwechslung mal gut ausgeleuchtet ist und in steiler Streckenführung den SLØVERFJORD UNTERQUERT. Sodann geht es an die Küste heran, herrliche Bilder auf den HADSELFJORD und die gegenüberliegenden VESTERÅLEN tun sich auf, bevor Falkfjordtunnellen (500 m) und Myrlandstunnellen (1910 m) an die enge Wasserstraße des **RAFTSUND** führen, den seit 1997 eine gigantische Bogenbrücke überspannt.

Von der Höhe der durchaus ästhetischen Betonkonstruktion aus eröffnen sich herrliche Ausblicke auf den Sund und den sich anschließenden Ingels-

Eine erste Begegnung mit Laukvik und Umgebung ermöglicht www.laukvik-lofoten.no, hervorragend die Fotogalerie, die u.a. auf unsere Wanderung Nr. 2 einstimmt. Einen Besuch wert ist auch www.polarlightcenter.com (siehe oben).

fjord im Norden. Von nun an geht es auf HINNØYA weiter – und dabei im Verlauf der folgenden 29 km stets am Raftsund entlang, der an manchen Stellen nicht einmal 1 km Breite misst und u.a. auch von den Schiffen der HURTIGRUTEN genommen wird. Bis über 1000 m hohe und teils noch vergletscherte Berge bestücken den dramatischen Prospekt dieser »Postkarten-Strecke«, von der man nach rund 17 km auch einen Blick in den TROLLFJORD werfen kann, den jeden Tag mehrere Ausflugsboote (ab Svolvær) ansteuern und der als einer der Vorzeigefjorde des Nordens gilt.

Nach weiteren 5 km ist dann **DIGERMULEN** erreicht, ein bereits gegen Ende des 19. Jahrhunderts beliebtes Touristenziel; von Wilhelm II. war bereits die Rede. An diese Zeit erinnert der alljährlich IM JULI stattfindende KAISERMARSCH AUF DEN 363 m hohen DIGERMULKOLLEN, von wo aus man die wohl eindrucksvollste Aussicht auf Austvågøya, Raftsund sowie VESTFJORD genießt; rund zwei Stunden währt die einfache, auch für ältere Kinder taugliche Wanderung. Ein Besuch lohnt hier auch in der GALLERI TROLLFJORD (siehe Seite 110). Wer bleiben will, findet in Digermulen einige Stellplätze für die Nacht, jedoch keinen Einkaufsladen (mehr).

ZURÜCK NACH SVOLVÆR

Der Rückweg von Digermulen nach Fiskebøl ist mit dem Hinweg identisch; an der zum Fähranleger ausgeschilderten Kreuzung an der E 10 (siehe oben) biegen wir nun nach links ab in Richtung Svolvær. Die Straße führt direkt an den Westrand des Sløverfjords heran, dem sie für die nächsten 10 km folgen wird. Seinen Ausgang auf das Meer verstellen Schären, die beiden Schenkel stehen eng beieinander in der Flut, während sie 800 m höher öfter in Wolken verschwinden.

Man will es nicht glauben, dass das Wasser salzig ist, denn das offene Meer ist schon nicht mehr zu sehen, so dass der Fjord ausschaut wie ein bergumschwiegener See.

Langsam kurven wir weiter, mal neben, mal über dem Wasserspiegel, der breiter und breiter wird, sich schließlich zweiteilt: Der AUSTPOLLEN stößt keilförmig nach Südosten, wo er vor dem zerhackten Felswulst des über 1000 m hohen BLÅFJELLET endet. Bis Anfang Juni sind die steilen Wände fast bis auf Fjordniveau beschneit; das Blau des Wassers und das Moosgrün der unteren Hanglagen stehen dann in sattem Kontrast zum weißen Winterkleid. Nach Südwesten läuft der Sløverfjord in den schmaler werdenden HIGRAVFJORD aus, dessen Westufer nun die Straße folgt.

Nach knapp 5 km umrundet sie Budalsneset – eine Felszunge, die am Fjord leckt, und bei km 7 passieren wir das aus lediglich einer Handvoll Häuser bestehende **BUDALEN**, das über das gleichnamige Tal auf eine altersgraue Felskette blickt sowie – in Richtung Süden – auf Higravtindan sowie Geitgaljen, die mit 1146 und 1085 m höchsten Berge im Archipel.

3 km weiter, beim Weiler HIGRAV, misst der Fjord nur noch Flussbreite, bevor er sich zwischen Wiesenzungen verläuft. Die Straße nimmt den südlich angrenzenden Buckel; von dem

Digermulen, Raftsund und Umgebung widmet sich die tolle deutschsprachige Webseite www.digermulen.de, mit Foto-Galerie, praktischen Informationen und vielem mehr.

lediglich 20 m messenden Höhenzug wird offenbar, dass er als etwa 1 km schmale Barriere den Higravfjord vom AUSTNESFJORD trennt: Der schillert in Skalen von Blau und Grün, in die säumenden Uferwiesen sind bunte Blumenkleckse eingewebt. Die weißen, roten, gelben und blauen Häuser von LILAND schmiegen sich schutzlos und in langer Linie an die gewaltige Schräge, die jenseits des schmalen Weidestreifens aufragt. Von Schneefeldern und Furchen zergliedert, von Wasserfällen teilweise verschleiert, steigt sie bis zu den GLETSCHERN des 1085 m hohen GEITGALJEN auf.

Kurz vor der Abbiegung nach Liland passieren wir den See EIDEVATNET, der ein bisschen Liebreiz in das Landschaftsbild zaubert. Ebenso das Örtchen LAUPSTAD (Ausgangspunkt der Wanderung auf den Sautinden, siehe Seite 198), das wir durchfahren. Dann beschreibt die Straße eine 90°-Kurve nach links, um sich an der Westflanke des von Nord nach Süd streifenden Fjords nach Vestpollen fortzusetzen, wo wir zu Beginn dieser Route gen Laukvik abgebogen sind (siehe oben).

Wir queren den weit ins Tal reichenden Vestpollen auf einem Fahrdamm, hinter dem es nach links zum SILDPOLLNES SJØHUS ausgeschildert ist: Die elf Wohneinheiten dieser Anlage liegen auf einer schmalen Wiesen-/ Felszunge im Austnesfjord, sind bevorzugt von Anglern frequentiert und blicken auf die dramatisch inmitten des Fjords auf einer Halbinsel gelegene KAPELLE VON **SILDPOLLNES**, die mit ihrem weiß-roten Anstrich ein prachtvolles Motiv abgibt. Die beste

Aussicht auf Fjord und Kapelle ergibt sich einige hundert Meter weiter von dem links ausgeschilderten Rastplatz »Austnesfjorden« aus, von wo aus ein ausgebauter Fußweg innerhalb weniger Minuten zu einer Panorama-Plattform führt. Andere Pfade haben die in Fels und Wiese gefasste Fjordküste zum Ziel, und einen schöneren Platz für eine Rast oder auch Übernachtung als diesen wird man kaum finden am Weg nach Svolvær.

Weiter geht es am Fjordufer und den Öffnungen mehrerer Quertäler entlang, und zu bedauern ist nur, dass auf den nun folgenden Kilometern keine Parkplätze eingerichtet sind, denn das Panorama ist einem ständigen Wandel unterzogen. Gegenüber, im Osten, reckt sich der Rulten 1062 m

Die Kapelle von Sildpollnes ▲

hoch in den Himmel; links voraus, und aus einem Schärengarten aufragend, liegt der braune, stark erodierte Felsklotz der über 15 km langen Insel Store Molla vor dem Vestfjord. Bei km 24, wo ein Damm den seeförmig verbreiterten **VATTERFJORDPOLLEN** quert, reicht unser Blick an Store Molla vorbei auf die südlich angrenzende Insel Lille Molla, hinter der weit hinten, mitunter aus zarten Dunstschichten aufsteigend, die Insel Hamarøy zu sehen ist. Übernachten kann man hier auf dem »Hammerstad Camping« (siehe Seite 290), der hinter dem Vatterfjordpollen links ausgeschildert ist und eine kleine Halbinsel bedeckt. Bunte Rorbuer säumen eine schmale Camperwiese, direkt auf einer natürlichen Terrasse über dem Meer gelegen.

Die Massvikheia, ein 500 m breiter Riegel aus mit Moos und Flechten, Heidekraut und Weiden bewachsenen Felsbuckeln, führt hinüber an den blaugrün leuchtenden, da nur wenige Meter tiefen HUSVÅGPOLLEN. Am seinem Südrand ist eine Brücke zu überfahren, und erst hier wird klar, dass die in Fichtenhaine eingebettete Wasserfläche DAS MEER und kein See ist. Store und Lille Molla liegen jetzt direkt vis-à-vis, 2 km weiter passieren wir die bescheidene Landebahn des Flughafens von Svolvær, kurz darauf eine linker Hand am Meer gelegene Wiese, die häufig von Wildcampern aufgesucht wird. Es folgt ein Tunnel, und auf der anderen Seite fällt der Blick über die Rekvika hinunter auf die ausgefranste Küste bei Svolvær. Im Süden glänzt der offene VESTFJORD, und wer Lust hat auf ein Bad oder einen weiteren Pausenplatz, findet ca. 1 km weiter einen direkt unterhalb der Straße am Meer gelegenen Wiesen- und Sandstreifen. Man kann zu vorgelagerten kleinen Holmen hinüberschwimmen, bei tiefer Ebbe kommt man fast trockenen Fußes über ein dann freiliegendes Sandband dorthin. Nur im Wohnmobil oder Zelt übernachten sollte man hier nicht, denn den Städtern dient der Platz im Sommer als FREIBAD.

Dann wird die Stadtgrenze von **SVOLVÆR** erreicht, ein 50 m langer Tunnel schließt sich an. Wer selbstmörderische Ambitionen hat, sollte jetzt langsam fahren und der rechts aufsteigenden Steilwand einen Blick gönnen: Sie gehört zu der SVOLVÆRGEITA, einem fast 300 m hohen Berg mit zwei Turmgipfeln, die so eng beieinander stehen, dass man vom einen zum anderen springen kann – wie in vielen Prospekten abgebildet. Der ZIEGENBERG (*geita:* Ziege) mit seinen beiden »Hörnern« gilt ALS WAHRZEICHEN der Stadt. Bis 2007 organisierte die Nordnorwegische Klettererschule in Henningsvær (siehe Seite 322) täglich Klettertouren auf den Turmgipfel; doch ein Bergsturz hatte im Winter die Kletterkonditionen drastisch verschlechtert, und im Juni war ein deutscher Soloclimber mit tödlichem Ausgang abgestürzt – seitdem wird dringend von Besteigungen abgeraten!

Die Straße führt bald an der Marina vorbei, in Anbetracht der 4290 Einwohner reich mit schmucken Segel- und Motoryachten bestückt. Dann liegt ein Kreisverkehr voraus, geradeaus geht es ins Zentrum, während die E 10 nach Å rechts abzweigt.

Route 6: Vesterålen – Die Wal-Route

◎ **STRECKENVERLAUF**: Fiskebøl – Melbu (5 km: Fähre) – Stokmarknes (16 km) – Sortland (28 km) – Andenes (81 km).

◎ **LÄNGE/DAUER**: 125 km je Strecke, ohne Fährpassage etwa 2–3 Std.

◎ **TRANSPORT**: Die Fähre Fiskebøl / Lofoten–Melbu / Vesterålen verkehrt etwa sündlich zwischen 6 und 0 Uhr; 20 Min.; 25 NOK/Pers., 98 NOK/Fahrzeug bis 6 m Länge. Auch mit Bussen kann man der Route folgen; von Svolvær geht es via Sortland nach Andenes, ab Svolvær täglich um 12.30 und 16.55 Uhr nach Sortland mit Ankunft 14.50/19 Uhr, weiter 15.30/19.30 Uhr, Ankunft Andenes 17.35/21.15 Uhr.

◎ **ANSCHLUSSMÖGLICHKEITEN**: mit Route 1.

◎ **WEITERREISE**: Wer nordwärts orientiert ist oder zurück zur E6 will, kann ab Andenes von Anfang Juni bis Anfang August die Fähre nach Gryllefjord zur Insel Senja nehmen, die mit dem Festland über eine Brücke verbunden ist; täglich um 11, 15 und 19 Uhr, 120 NOK/Person, 330 NOK/Pkw; Information über »Senjafergene«, Tel. 7614 6600, www.senjafergene.no.

◎ **PROFIL**: Diese Strecke folgt der sogenannten Wal-Route von den Lofoten aus quer über die Vesterålen hinweg nach Andenes, dem Ausgangspunkt für die angeblich besten Walsafaris überhaupt.

◎ **INFORMATION**: Vesterålen Reiseliv, Postboks 243, 8401 Sortland, Tel. 76111480, Fax 76111481, www.visitvesteralen.com auch auf Deutsch.

Andøy Turistinformasjon, Postboks 253, 8483 Andenes, Tel. 7614 1203, Fax 7614 1204, www.andoyturist.no.

Über die gesamte Route informiert die (auch deutschsprachige) Webseite www.whaleroute.no.

HADSELØYA

»Tor zu den Vesterålen« ist FISKEBØL, im Norden Austvågøyas sowie gleichzeitig Start- bzw. Endpunkt der neuen Lofoten-Festlandverbindung LOFAST (siehe Seite 349). Die 20-minütige Fährfahrt über den etwa 5 km breiten Hadselfjord hinüber nach Melbu ist ein herrlicher Auftakt der Tour: Zurückblickend eröffnen sich noch einmal traumhafte Panoramen auf die bizarre Kette des von den schartigen Gipfeln, Bastionen und Zinnen geprägten Austvågøya, während voraus die grünen Buckel von Hadseløya das Bild bestimmen. Die E 10 markiert ab Melbu die 16 km lange Strecke nach **STOKMARKNES** im Norden der Insel, wo ein Besuch im HURTIGRUTEN-MUSEUM lohnt, das ausführlich über die Geschichte der Hurtigruten berichtet. Zum Museum gehört auch das 1956 erbaute Schiff »M/S Finnmarken«, das aufgedockt auf dem Trockenen steht; 15.5.–14.6. täglich 12–16 Uhr, 15.6.–14.8. 10–18 Uhr, sonst So–Fr 14-16 Uhr, Sa 12–16 Uhr; Eintritt 80 NOK.

Brücke bei Stokmarknes ▶

LANGØYA

Von Stokmarknes aus geht es über ein System imposanter BOGENBRÜCKEN zu der Nachbarinsel Langøya hinüber, der mit 860 km^2 Fläche drittgrößten Insel von Norwegen sowie Hauptinsel der Vesterålen. Tief ins Land greifende Fjorde zerschneiden sie nahezu in mehrere Teile; ihr größter Reiz liegt in der landschaftlichen Vielfalt mit Feldern und Wäldern, Stränden, Mooren und Bergen.

Nächstes Etappenziel ist das 28 km entfernte und rund 5000 Einwohner zählende **SORTLAND**, Verwaltungszentrum der Inselgruppe ebenso wie Sitz des Touristenbüros der Vesterålen. Sonst ist zum Lobe dieses Städtchens wenig zu sagen. Nachdem die Brücken den Sortlandsund überquert haben, geht es links ab auf die R 82, die den noch rund 80 km langen Weg hinauf nach Andenes markiert.

ANDØYA

Die gut ausgebaute Straße verläuft direkt an der Küste entlang und bietet ein ums andere Mal fantastische Aussichten hinüber nach Langøya sowie bald auch nach Andøya, nördlichste Insel der Vesterålen und ebenfalls über eine Brücke zu erreichen. Die Landschaft bestimmen jetzt rundgeschliffene Berge, die oft bis obenhin mit Gras bewachsen sind und aus weit gestreckten Moorflächen aufragen. An ANDØYAS WESTKÜSTE, die eine Nebenstraße erschließt, erstrecken sich wunderschöne Sandstrände vor dem offenen Nordmeer. Doch die R 82, die am ANDFJORD entlangführt, hat auch einige Reize zu bieten, insbesondere spektakuläre Ausblicke auf die im Osten aufragenden Inseln GRYTØYA sowie SENJA, die an Dramatik durchaus mit den Lofoten konkurrieren können. Insofern lohnt es sich, für Hin- und Rückfahrt nicht immer die selben Straßen zu nehmen.

ANDENES

Hauptort des rund 488 km^2 messenden Eilands ist das rund 3000 Einwohner zählende Gemeindezentrum Andenes, der an Andøyas Nordzipfel gelegene Endpunkt der Wal-Route.

◎ Vor allem ist das Städtchen Ausgangspunkt für die **WALSAFARIS**, die zwischen dem 25. Mai und 15. September mehrmals am Tag durchgeführt werden (siehe Seite 318 f.).

◎ Aber auch sonst gibt es genug zu tun. Einen Besuch wert ist jedenfalls das **WALZENTRUM**, das sich als größte Ausstellungsfläche zu den Themen Wale und Walforschung in Europa vorstellt. 25.5.–15.9. täglich 8.30–16 Uhr, 16.6. bis 15.8. bis 19 Uhr. Eintritt 60/30 NOK.

◎ Der 40 m hohe und 1859 in Dienst gestellte **LEUCHTTURM** von Andenes ist über 148 Stufen zu besteigen. 20.6.–15.8. täglich 10–18 Uhr.

◎ Im angrenzenden **NORDLICHT-ZENTRUM** dreht sich alles um Aurora borealis – im Spiegel der Physik, Mythologie und Kunst. 15.6.–31. 8. täglich 10–18 Uhr, sonst 9–16 Uhr.

◎ Das benachbarte NATURZENTRUM **HISNAKUL** informiert über Geologie, Flora und Fauna (insbesondere Seevögel), Fischerei sowie die Kulturgeschichte der Region. 15.6.–31. 8. täglich 10–18 Uhr, sonst 9–16 Uhr.

◎ Das **POLARMUSEUM** im Ortszentrum beschäftigt sich vor allem mit der

WALE VOR LOFOTEN UND VESTERÅLEN

Die Küstengewässer rings um die Lofoten gehören nicht nur zu den fischreichsten Europas, sondern beeindrucken auch mit einer einzigartigen Fülle an Säugetieren, vor allem an Walen. Wer zwischen Oktober / November und Januar etwa auf den Lofoten weilt, wird garantiert Gelegenheit haben, Herden von Schwertwalen zu sehen, die dann im Gefolge der großen Heringsschwärme in den VESTFJORD kommen, um sich an ihren Beutefischen gütlich zu tun. Bis 9 m lang und 6 t schwer können die SCHWERTWALE werden, die fälschlicherweise auch als »Killerwale« bezeichnet werden. Am besten kommt man ihnen im Rahmen von organisierten Boots- oder Seekajaktouren nahe (siehe Seite 319 f.).

Auch der bis zu 8,5 m lange GRINDWAL taucht mitunter auf, Glückspilze können die bis zu 19 m langen und für ihren Gesang bekannten BUCKELWALE beobachten, und am häufigsten noch sieht man die durchschnittlich 1,5 m langen SCHWEINSWALE (Kleintümmler), die Delphinen sehr ähnlich sehen und zur Familie der geselligen Zahnwale gehören, die bereits seit rund 30 Mio. Jahren in allen Ozeanen unseres Planeten heimisch sind. Der eindrucksvollste Vertreter dieser Gattung aber ist der bis zu 75 t schwere und bis zu 20 m lange POTTWAL, der als das größte bezahnte Tier der Erde gilt und bis in Tauchtiefen von mehr als 3000 m vordringen kann. Ihn aber findet man nicht vor den Lofoten, sondern vielmehr vor der nördlich angrenzenden Inselkette der Vesterålen, da dieser Großwal nur dort, wo nahebei der Rand des europäischen Festlandsockels verläuft, den Nahrungsreichtum findet, den er benötigt.

So ist der Name der zwischen Å im Lofoten-Süden nach Andenes im Vesterålen-Norden verlaufenden »Wal-Route« kein inhaltsleerer Slogan der Werbeprospekte, sondern vielmehr treffende und auch offizielle Bezeichnung dieser insgesamt 382 km langen Strecke, deren nördlicher, die Vesterålen querender Abschnitt hier kurz vorgestellt werden soll. Dieser Archipel ist mit einer Fläche von rund 2400 km² fast doppelt so groß ist wie die Lofoten, doch obwohl beide Inselgruppen von ihrer Genese her eng miteinander verwandt sind, präsentiert sich die Landschaft ziemlich anders und wird durch rundgeschliffene Berge und ausgedehnte Moorflächen, bewaldete Hänge sowie Wiesen und Felder geprägt.

ÜBERWINTERUNG des Tierfängers *Hilmar Nøis* AUF SPITZBERGEN. Etwa 20.8.– 15.8. täglich 10 –18 Uhr. Eintritt 30 NOK, Kinder (unter 15 Jahre) frei.

◎ Dem rund 10 km südwestlich von Andenes gelegenen **BLEIKSTRANDA** gebührt ein Rang unter den schönsten Stränden im Land – er ist 2,5 km lang und in niedrige Dünen gefasst.

◎ Vom Fischerort BLEIK aus gibt es im Sommer täglich Bootsfahrten zum **VOGELFELSEN BLEIKSØYA**, auf dem etwa 40.000 Seevögel nisten. Dauer rund 2,5 Stunden.

Route 7: Gimsøya

IM ÜBERBLICK

◎ **STRECKENVERLAUF**: Svolvær – Rørvik (17 km) – Lyngværet (3 km) – Kleppstad (6 km) – Sydalen Gravplass (6 km) – Brenna (6 km) – Gimsøyastraumbrua (10 km) – Sand (11 km) – Vinje (2 km) – Saupstad (2 km) – Golfplatz (3 km) – Årrstranda (6 km) – E 10 (9 km) – Svolvær (27 km).

◎ **LÄNGE/DAUER**: gut 100 km, als Halbtages- oder Tagestour (inklusive Abstecher).

◎ **TRANSPORT**: Die Route kann man lediglich in der Theorie auch mit dem Inselbus nachvollziehen – denn man müsste mehrmals umsteigen, die Zeiten überschneiden sich, man könnte es an einem Tag nicht schaffen.

◎ **ANSCHLUSSMÖGLICHKEITEN**: mit Route 1–6, vor allem mit 4, sowie mit Route 8 und 9.

◎ **ABSTECHER**: Wanderung zum Festvågneset oder Nedreneset (Länge 4 bzw. 12 km), Wanderung Nr. 5; außerdem zum 368 m hohen Hovden, dem leicht zu besteigenden »Haus- bzw. Inselberg« von Gimsøya (siehe Seite 197), und zur Kleppstadheia (siehe Seite 209).

◎ **PROFIL**: Bis Rørvik folgt die Route der Route 4; dann geht es weiter am oberen Henningsværstraumen sowie am gesamten Gimsøyastraumen vorbei bis Brenna. Retour bis zur Straumenbrücke, darüber hinweg und am Straumen-Ostufer nach Sand, mit tollen Stränden. Im folgenden Verlauf umrundet die Route komplett die Insel Gimsøya, die mit einem der nördlichsten Golfplätze überhaupt aufwartet. Es schließen sich weitere Strände am offenen Nordmeer an. Auf dem Rückweg zur E 10 am Sundklakkstraumen vor Vestvågøya durchquert man das größte Moor des Archipels.

ZUM SÜDWESTZIPFEL VON AUSTVÅGØYA

Ausgangspunkt auch dieser Tour soll SVOLVÆR sein; für die ersten 17 km bis Rørvik folgen wir der zuvor unter Route 4 beschriebenen Strecke.

Aber wir biegen dort nicht auf die Straße 816 ab, sondern folgen weiterhin der Richtung Leknes und Å ausgeschilderten E 10, die 1 km westlich von Rørvik an den hier nur knapp 4 km breiten Henningsværstraumen heranführt, sich nordwärts wendet, um die Ausläufer der Austvågøya-Wand zu umfahren. Baumlos und leer gleiten die Linien und Flächen des Nord- und Lyngværfjellet in den Straumen; ungeheure, jedoch leere Bilder aus Braun, Grau und Schwarz, die in einem satten Kontrast zum strahlenden Blau des Meeresenge stehen, in der VEGETATIONSLOSE SCHÄREN wie die Spitzen eines untergegangenen Gebirges liegen. Die Inseln – zusammen **LYNGVÆRET** geheißen – tragen RINGE von weißen Stränden, und unter der Wasseroberfläche, die durchsichtig ist, setzen sie weitere Ringe an: zuerst einen türkisfarbenen, dann hellgrünen und schließlich dunkelblauen. Genießen kann man diese eindrucksvolle Stimmung sowohl auf der Straße als auch im LYNGVÆR BOBILCAMP (siehe Seite 292), einem wunderschön direkt am Meer auf Wiesenterrassen gelegenen und großzügig ausgestatteten Campingplatz.

Bei km 18 sehen wir den Felsklotz von Gimsøya aus dem Straumen aufragen. Vor seinem Südkap teilt sich der HENNINGSVÆRSTRAUMEN in den links vorbeifließenden SUNDKLAKK- und den rechts verlaufenden GIMSØYASTRAUMEN, der eine 300 m, der andere gar 1 km breit und beide von BOGENBRÜCKEN überspannt, deren geometrische Linienführung die »Disharmonie« der umgebenden Bergwelt hervorhebt.

Um Berg- und Landschaftsszenen auch handelt es sich bei der bald nach links ausgeschilderten Sehenswürdigkeit. An einem angrenzenden alten Fähranleger kann man parken und dann zu Fuß hinübergehen zu dem, was sich auf den ersten Blick als eine 2,50 m hohe Box aus Rauchglas und verchromten Stahl präsentiert. Kommt man dann vor dem Gebilde zu stehen, erweist sich die vermeintliche Box als ein **KUNSTWERK**, geschaffen von dem US-amerikanischen Künstler *Dan Graham* im Rahmen des Projekts »Skulpturlandschaft Nordland«. Das Projekt geht von dem Gedanken aus, dass ein Kunstwerk durch sein Vorhandensein einen eigenständigen Ort schaffe und die jeweilige Umgebung anschaulicher mache. So erhielten Ort und Situation eine neue Dimension – wovon man sich mit eigenen Augen überzeugen kann: Die konvex angebrachte Glasfront spiegelt die Lofoten-Wand auf faszinierende Weise und fungiert so als »Augenöffner« (siehe auch den Kurztext ganz unten).

Nach 2 km zweigt rechts die nach Litlhaugen (siehe Wanderung Nr. 1, Seite 212) führende Piste ab, dann queren wir den Ausgang des Olderfjords und erreichen anschließend die kleine Ortschaft KLEPPSTAD, von wo aus früher die Fähren nach Gimsøya verkehrten. Neben dem alten Anleger (und einem großen Parkplatz: Wildcampen) klettert die E 10 steil zu dem Bogenscheitel der Brücke empor; geradeaus verläuft eine nach Brenna ausgeschilderte Stichstraße. In ihrem 10 km langen Verlauf folgt sie dem Ostufer des GIMSØYASTRAUMEN bis zu jener Stelle, wo er ins offnene Nordmeer übergeht und man am Felsklotz von Gimsøya vorbei auf die ausgedehnten Moorflächen dieser Insel blicken kann.

3 km nördlich der Straumenbrücke breitet sich das Dörfchen RYSTAD am Ufer des glazial geprägten SYDALSPOLLEN auf einem Wiesenstreifen aus.

Dort wo sich der Pollen als weit ausladendes Trogtal inseleinwärts fortsetzt, liegt der Ort Sydalen. Folgt man hier dem rechts abbiegenden schmalen Fahrweg, erreicht man nach 1 km und da, wo die Holperpiste endet, den **SYDALEN GRAVPLASS** (siehe Seite 63, Nr. 18 auf der Karte »Zeitzeugen«), mit über 20 Gräbern aus der frühen Eisenzeit einer der größten auf dem Archipel. Dem Laien fällt es allerdings schwer, den links des Weges gelegenen Friedhof als solchen zu erkennen, denn außer halbmeterhohen und bis zu 6 m durchmessenden Erdhügeln ist nichts auszumachen.

Eindrucksvoller als das Gräberfeld ist der »rübezahlwilde« Talzug selbst, durch den die Wanderung Nr. 4 (siehe Seite 226) führt. Und auch die Wanderung Nr. 5 (siehe Seite 231), die im

Auf der Webseite www.skulpturlandskap.no, Stichwort »Kunstverk«, kann man sich einen Überblick über alle 33 im Rahmen des gleichnamigen Projektes geschaffenen Werke informieren. Die Skulptur von Graham findet sich in der ...

7 km weiter am Wegende gelegenen **BRENNA** beginnt, ist für starke Impressionen gut. Wer wandern möchte, ohne sich ins Gebirge zu begeben, kann dem Pfad vom Wegende im Dorf an der Küste entlang zum 2 km entfernten FESTVÅGNESET folgen, von wo aus sich ein famoses Panorama auf Gimsøya zur Linken, Sunnlandsfjord und Matmora (siehe Wanderung Nr. 2) zur Rechten sowie auf die weit im Norden aufragenden SCHROFFEN der Vesterålen eröffnet.

Noch für weitere 4 km kann man dem (teilweise matschigen, aber stets gut sichtbaren) Küstenpfad folgen; er endet in **NEDRENESET**, einem heute nur noch von Sommergästen besuchten verlassenen Fischerdorf, bestehend aus einer Handvoll Holzhäuser. Die Aussicht von dort über den verführerisch grünblau schimmernden Sunnlandsfjord Richtung Sandsletta sowie Laukvik ist ein neuer Höhepunkt, und gleich mehrere weiße Sandbänder laden zum Sonnen und Baden ein.

TUNDRASTEPPEN IM ATLANTIK

Zurückgekehrt nach Kleppstad, biegen wir auf die **GIMSØYASTRAUMBRUA** ab, die mit 840 m Länge ein Meisterwerk der norwegischen Ingenieure darstellt. Dort wo sie endet, beginnt Gimsøya, und hier verlassen wir die E 10 und folgen nun der mit »Vinje« und »Golfbane« ausgeschilderten Nebenstraße, die die Brücke unterquert, um dem Gimsøyastraumen für rund 11 km westwärts nach **SAND** zu folgen, wo ein Strand seine goldene Zunge ins Meer streckt, um bei Ebbe die vielleicht 1 km^2 große Schäre Sandsøya mit dem »Festland« zu verbinden. Gegenüber liegt Brenna, weit hinten Laukvika und die geschlossene Kette der Vesterålen. Die kleine Ortschaft Sand selbst, die den Namen des hier so reich vorkommenden Verwitterungsproduktes trägt, gefällt mit bunten Häusern und einer hübschen Holzkirche, deren Fenster nach Norden blicken.

Auch in **VINJE**, nur 2 strandreiche km entfernt, haben die Bewohner »Farbe bekannt« – saftig grüne Wiesen säumen Meer und Strand und die winzige Ortschaft aus blauen, gelben und roten Häusern, die als eine der ältesten konstant besiedelten in Nordnorwegen gilt. Schon zur Zeitenwende herum sollen hier Menschen gelebt haben, wie es archäologische Ausgrabungsarbeiten vermuten lassen. Im inseleinwärts angrenzenden Moor hat man die Überreste eines vermutlich aus dem 4. Jh. stammenden Bootsanlegers gefunden; es ist bemerkenswert, dass sich dieser ca. 2 km südlich der heutigen Küste befindet, was die Geologen in ihrer Annahme bestätigt, dass sich der ARCHIPEL auch noch in geschichtlicher Zeit GEHOBEN haben muss.

Noch etwas anderes jedoch wurde bei Vinje gefunden – präziser: zwischen Sand und Vinje, nämlich ein 154 cm hoher, behauener Runenstein (mit Runen versehener Stein), der aus dem 10. Jh. stammt, von den Wikingern gesetzt worden sein dürfte und (seit 1886) im Historischen Museum von Bergen als Gimsøyamonumentet ausgestellt ist.

... zweiten Reihe von unten links *(uten tittel)*; klickt man das darüber befindliche Bild an, öffnet sich eine Erklärung, bisher zwar nur auf Norwegisch, jedoch kann man sich vor allem mittels einer Videopräsentation einstimmen.

Wir ignorieren eine nach links abzweigende Piste (die zur E 10 zurückführt) und fahren geradeaus an der von Stränden und Wiesen gesäumten VINJEVIKA entlang. Es folgt das Dörfchen **SAUPSTAD**, und blickt man von hier aus gen Süden, so hat man die mit 4 km Länge und ebensolcher Breite größte MOORFLÄCHE des Archipels vor Augen, die für Jahrhunderte den wichtigsten BRENNSTOFF der Lofoter hergab: Torf, der hier bis vor einigen Jahren im großen Stil gestochen wurde. Im Frühsommer spannt sich die von Tümpeln und Kanälen zergliederte Fläche eintönig braun zwischen den Felsklotz im Osten und den Tafelberg des Hovden im Westen; im Sommer ertrinkt das Land in einem Meer von Blumen, während es sich im Herbst in ein flammendes Feuermeer verwandelt.

3 km westlich von Saupstad ducken sich die »Puppenhäuser« von HOV in eine Senke, um Schutz zu finden vor den Winden aus Nordwest. Die Küste ist vom steten Angriff des Meeres geprägt und mit Felsbrocken übersät, so dass man sich gut vorstellen kann, welcher Aufwand nötig war, um hier, direkt hinter der Küstenlinie, die **LOFOTEN GOLFBANE** zu errichten. Bei der gepflegten, bestens in die Landschaft integrierten Anlage handelt es sich um nichts weniger als einen der nördlichsten Golplätze der Welt und um den einzigen auf Erden, auf dem die Sonne im Sommer für 24 Stunden die Sportler begleitet. Das Meer ist an mehreren Stellen ein natürliches Hindernis, die Sandstrände sind natürliche »Bunker«, so dass dieser Golfplatz auch für erfahrene Spieler allemal eine Herausforderung darstellt (Par 31,

FÜR SONNENANBETER

Auf der West- und Nordseite der Lofoten kann die Mitternachtssonne in der Zeit vom 27. Mai bis 17. Juli beobachtet werden; auf Værøy und Røst ist die Periode etwas kürzer. Folgende Orte bieten die besten Aussichten, die Mitternachtssonne zu erleben:

- **RØST**: auf der ganzen Insel
- **VÆRØY**: Nordlandet
- **FLAKSTAD**: Fredvang, Ramberg, Vikten, Myrland
- **VESTVÅGØYA**: Utakleiv, Unstad, Eggum, Sandøy, Kvalnes, Grunnstad
- **VÅGAN**: Gimsøy, Brenna, Laukvik, Delp, Grunnførfjord

2048 m). Der Ausbau zum 18-Loch-Platz ist projektiert. Im (eher schlichten) Clubhaus kann man Erfrischungen und einfache Gerichte bestellen. Die Saison währt von Mai bis Oktober, im Sommer ist die Anlage rund um die Uhr geöffnet. Das GREEN FEE kostet 300 NOK, für 140 NOK/Tag kann man eine komplette Golfausrüstung ausleihen, für 1995 NOK an einem 4-tägigen Anfängerkurs teilnehmen, der im Jahr mehrmals durchgeführt wird. Im Internet gibt es Informationen sowie schöne Bilder: www.lofoten-golf.no. Tel. 7607 2002. Die Doppelzimmer in den kaum verlockenden »Containern« sind sogar für 490 NOK etwas üppig im Preis, ebenso wie die anderen hiesigen Übernachtungsvarianten.

Hinter dem Golfplatz setzt der 368 m hohe HOVDEN malerische Akzente; wer ihn besteigen will, lese weiter auf Seite 197.

Folgt man der bald zur Schotterpiste werdenden Straße, sind es nur ein paar Meter bis zum linker Hand an einem Wiesenhang gelegenen Hov Feriegård, einem kleinen Campingplatz mit Rorbuer, der zuletzt allerdings verwaist war. Hier hat man Aussicht auf die Mitternachtssonne und einen etwa 150 m langen Traumstrand.

Die Piste passiert nun die Abzweigung nach Hovsund (1 km, Sackgasse) und zieht sich am Vikspollen vorbei nach ÅRRSTRANDA und damit hinunter bis zum Sundklakkstraumen. 3 km weiter und vorbei an einem kleinen, aber für seinen Vogelreichtum bekannten Naturreservat stoßen wir mitten im Moor auf die von Vinje kommende Piste, der wir nach rechts folgen, um die Sundklakkstraumbrua zu erreichen.

Auch dieser 6 km lange Abschnitt führt durch menschenleere MOORLANDSCHAFT – wieder fällt es schwer zu glauben, dass man sich auf einer Insel im Atlantik befindet, denn hier erinnert alles rege an die Kältesteppen des zentralen Lapplands.

Aber dann tauchen Brücke, Meeresenge und Austvågøya auf und rücken das etwas schief gewordene Lofoten-Bild wieder gerade. Direkt vor der Brücke erreicht man die E 10 und ist zu entscheiden, entweder Route 8 oder 9 (Vestvågøya) anzufügen oder nach Austvågøya zurückkehren. Die Gimsøyastraumenbrua ist 4 km entfernt; von dort aus bleiben weitere 27 km bis nach Svolvær.

Route 8: Vestvågøya – Auf Seitenwegen nach Leknes

IM ÜBERBLICK

◎ **STRECKENVERLAUF**: Brücke Sundklakkstraumenbrua - Moland (4 km) - Stokkelvika (8 km) - Valberg (2 km) - Rolvsfjorden (4,5 km) - Straße 817 (8,5 km) - Stamsund (6 km) - Steine (3 km) - Straße 815 (5 km) - Sennesvika (7 km) - Pass (2 km) - Mortsund (6 km) - Hol (8 km) - Museum (2 km) - Leknes (1 km) - Gravdal / Busknes (5 km) - Ballstad (5 km) - Nappstraumen (10 km) - Leknes (7 km).

◎ **LÄNGE/DAUER**: ca. 94 km, nur als Tagestour sinnvoll.

◎ **TRANSPORT**: Diese Route ist nur mit eigenem Fahrzeug zu machen.

◎ **ANSCHLUSSMÖGLICHKEITEN**: mit Route 7 (Anfahrt), Route 9 oder Route 10.

◎ **TIPPS FÜR RADFAHRER**: Die Lofoten-Radroute folgt dieser Route bis Stamsund bzw. Ballstad; von beiden Orten aus verkehrt sommers ein Fahrradboot nach Nusfjord/Flakstadøya u. Reine/Moskenesøya (siehe Seite 278).

◎ **ABSTECHER**: Ure (6 km), Insel Holsøya mit Steinzeitgräbern (im Sommer organisierte Bootstouren ab Vestvågøy Museum, 2 Std.), Haugbukta (alter Fähranleger für Flakstadøya, ca. 2 km).

◎ **KÜRZERE VARIANTE**: bei Storfjord an der Str. 817 (km 27) nicht nach links (Richtung Stamsund), sondern nach rechts, der Str. 815 folgen – 12 km Ersparnis. Lässt man Sennesvika, Mortsund und Hol aus, folgt man also der Str. 815 weiter direkt nach Leknes, sind es 20 km weniger; der Abstecher nach Ballstad und zurück macht 27 km aus.

Die kürzeste Variante beträgt somit insgesamt nur rund 35 km, aber wer sich dafür entscheidet, bringt sich um die schönsten Ansichten.

◎ **PROFIL**: Diese Tour führt an der Vestfjord-Seite der Insel vorbei und beeindruckt weniger mit dramatischen Ansichten der Lofoten-Wand als mit schönen Meer- und Schärenpanoramen. Wir passieren eine Reihe Fischerorte (von denen Mortsund und Ballstad als die schönsten gelten), zudem mehrere einladende Strände, Rorbu- und Campinganlagen, das interessante Vestvågøy Museum und erreichen schließlich Leknes, die Inselhauptstadt. Hier können wir Route Nr. 9 anschließen, um Vestvågøya zu umrunden; oder Route 10, die auf die benachbarte Insel Flakstadøya führt.

Ausgangspunkt dieser Route rings um Vestvågøya ist die SUNDKLAKKSTRAUMENBRUA, die sich zwischen Gimsøya und Vestvågøya spannt und der die E 10 folgt. Auf der Westseite der Brücke verlassen wir die »Hauptstraße des Lofoten-Tourismus« und biegen nach links auf die Str. 815 ein, die, wie die E 10 auch, Leknes zum Ziel hat, jedoch der zerfransten Südküste dorthin folgt.

Auf den ersten 3 km (unterwegs ein kleiner Rastplatz, ideal auch für eine Übernachtung) ist die Straße größtenteils in den Fels gesprengt und eröffnet Aussicht auf den gen Süden zusehends breiter werdenden Henningsværstraumen, die Insel Austvågøya und auf den Schären-Archipel

Elch-Tipp: Und noch ein Abstecher – am Rolvsfjord beginnt die Wanderung 8, rings um den Brattflogan.

von Henningsvær, aus dem markant ein LEUCHTTURM emporragt. Dann geht es an der morastigen Bucht Molandsvika entlang, an deren Südrand die Ortschaft **MOLAND** liegt. An der Stelle, wo die etwa 300 m breite Küstenebene ansteigt, fanden Archäologen 1974 die Fundamente von drei Langhäusern und zehn Hügelgräber aus der Eisenzeit, aber als Laie erkennt man an den bezeichneten Stellen nichts, was auf die bedeutsamen Funde hinweist.

Auch auf den folgenden Kilometern bleibt die Aussicht im Großen und Ganzen auf Austvågøya beschränkt. Bei km 8 passieren wir das Dörfchen DAL, an das sich das weitläufige Dals-Moor anschließt. 4 km weiter – gerade zieht sich die Straße um den 450 m hohen Dalstinden herum – öffnet sich direkt unterhalb der Straße der Sandstrand der Bucht **STOKKELVIKA**. Geschützt von tausend Schären, ist sie zum Schwimmen, Baden, Sonnen ideal und dient bunten Fischerbooten sowie ein paar Yachten als sicherer Ankerplatz. Es schließt sich das gleichnamige Dorf an, und auf den kurvenreichen 2 km bis Valberg fahren wir an der Flanke des Breidtinden entlang, der die Küstenebene mit seiner graubraunen, vegetationslosen Verwitterung dominiert.

Noch vor zwei Generationen bestand die Insel aus vier Kommunen anstatt aus einer: VALBERG, gegründet im ausgehenden Mittelalter und kaum mehr als 100 Einwohner fassend, war eine von ihnen. Das Gemeindegebiet reichte vom nordöstlichsten Inselpunkt bis hinunter nach Stamsund, umfasste mehr als ein Drittel von Vestvågøya und lag gewissermaßen »mittschiffs« auf der Insel – wie die Lofoter sagen würden. Eine auffallend große Kirche, schon vom Dichter Peter Dass im 17. Jh. lobend erwähnt, ist einziges Zeugnis der früheren Bedeutung von Valberg.

Südlich der Ortschaft geht es bald in den Rolvsfjord hinein, dessen Flanken aussehen, als wären sie von einem riesigen Hobel bearbeitet worden. Am Fjordende, ca. 4,5 km ab Valberg, passiert man die **ROLVSFJORD**-Ortschaft und das auf einer Landzunge gelegene BRUSTRANDA-SJØCAMPING (siehe Seite 292), das sich mit Rorbuer hinter einer Campwiese ausbreitet. Hier kann man komfortabel

Blick von oben auf einen Abschnitt der Stokkelvika; das Terrain im Bereich des Aussichtspunktes ist weglos und wird deshalb nicht in diesem Buch beschrieben. ▲

wie relativ preisgünstig wohnen, im Café mit Fjordterrasse prächtig sitzen und die zu Skulpturen zusammengestellten »Hinkelsteine« bewundern; die dem Café angeschlossene Steinbua ist die größte STEIN-/ MINERALIEN-Ausstellung der Lofoten, mit tausenden Steinen, aus aller Welt zusammengetragen und zum Teil wunderbar geschliffen. Sämtliche Steine sind zu kaufen, die Preise erscheinen moderat. – Zudem beginnt in Rolvsfjord die Wanderung Nr. 8 zum Brattflogan (siehe Seite 241).

Auf den folgenden 6 km bis zum Skifjord genießen wir immer wieder mal einen Blick nach **STAMSUND** hinüber, wohin wir bei km 27 an einer ausgeschilderten Kreuzung abbiegen (rechts geht's direkt nach Leknes). Der Ort zählt mit seinen ca. 1400 Einwohnern nahezu so viele wie Kabelvåg, ist einer der wichtigsten Fischerorte auf dem Archipel, Stützpunkt der größten Trawlerflotte und seit dem Jahr 2000 um eine internationales Aufsehen erregende ATTRAKTION reicher – die einzige Anlage für alpinen WINTERSPORT auf den Lofoten, die mit den Weltmeisterschaften im SNOWBOARDFAHREN startete; diese Veranstaltung war auch dank des fantastischen Wetters ein prächtiger Erfolg, als die Traumbilder eines dunkelblauen arktischen, sonnigen Himmels über tief verschneiten Bergen samt Snowboardpiste um die Welt gingen. Die Piste ist so angelegt, dass sie via TV den Eindruck vermittelt, als würden die Sportler von 300 m Höhe direkt ins Meer hinunterstürzen.

Bei km 31 passieren wir die Ortseinfahrt sowie das links und schön an der Hellvika gelegene STAMSUND VANDRERHJEM (siehe Seite 305), eine typische Pfahlbauanlage. Aber sonst enttäuscht der Ort, gibt nichts Pittoreskes her, denn viele Häuser sind aus Stein gebaut. Auch das Zentrum mit dem Trawlerhafen, modernen Kaianlagen, Speichern sowie Fischfabriken lässt Liebreiz vermissen. Einzig die im Ort ausgeschilderte GALLERI 2 (siehe Seite 112) und das Restaurant SKJÆRBRYGGA (siehe Seite 312) am Hurtigrutenkai lohnen einen Besuch. Man sieht es dem Ort an, dass er nicht gewachsen ist, sondern um 1900 von einem »Fischgrundkönig« gegründet wurde: Alles, was hier steht, sogar die Kirche, entstand auf Befehl von *Julius M. Johansen*, seinerzeit der größte Guano- und Stockfischproduzent in Norwegen.

Gut 3 km hinter dem Hafen geht es an der fotogenen, da von zahlreichen Pfahlbauten gesäumten Hafenlage von STEINE vorbei.

Bei km 41 ist der Nordrand des schmal gewordenen Storfjords erreicht; hier biegen wir an der Kreuzung ab Richtung Leknes, passieren die Abzweigung zum Storfjord Camping (siehe Seite 292) und folgen anschließend einer nach links führenden, mit »URE« ausgeschilderten Nebenstraße, die nach 6 km durch Alpen-schöne Landschaft an die **SENNESVIKA** mit dem gleichnamigen Dorf führt. Geradeaus weiter sind es noch 3 km bis Ure, aber dort endet die Straße. Die Landschaft zeigt nichts Außergewöhnliches, und so biegen wir bei Sennesvika nach rechts in ein weit klaffendes und wiesengrünes Trogtal ab, in dem zahlreiche verlassene Gehöfte davon zeugen, dass Land und Meer die Bewohner nicht mehr ernähren konnten.

Wir machen sanft, aber konstant Steigung und erreichen nach 2 km einen 100 m hoch gelegenen **PASS**, dessen Wiesensattel einen idealen Picknickplatz samt Panorama abgibt: In Richtung Osten blicken wir durch das Trogtal hinweg auf Sennesvika und den bis zum norwegischen Festland offenen Vestfjord, während wir nach Westen auf den an Schären reichen BUSKNESFJORD schauen, der uns zu Füßen in grüne Schafwiesen ausläuft und, auf der anderen Seite vor GRAVDAL, mit dem rot-weißen der im »Stabkirchenstil« erstellten hölzernen Dorfkirche. Noch weiter westlich stapeln sich die bizarren Felsgiganten von Flakstadøya gen Himmel.

Serpentinen führen zum Busknesfjord hinunter; kurz vor dem Fjordufer stoßen wir auf eine Querstraße: Links geht es nach Mortsund, rechts nach Leknes – der 5 km lange Abstecher nach Mortsund ist zu empfehlen. Er führt »über Land« zur Pettvika hinunter, die nebst mit Schären mit zahlreichen Pontons von LACHSZUCHTANLAGEN gespickt ist. AQUAKULTUR als Antwort auf die schwächelnde Lofoten-Fischerei! Die Fischzucht hat das Experimentierstadium verlassen und sich längst zu einem beachtlichen Wirtschaftsfaktor entwickelt: Vom gezüchteten Lachs auf dem Weltmarkt stammen schon ca. 650.000 t aus den norwegischen Anlagen. Die natürlichen Voraussetzungen für diese Art Produktion sind ideal – klares, absolut sauberes Wasser sowie starke Gezeitenströmungen (die das Fischfleisch festigen und kräftigen). Selbst Gourmets bescheinigen manchem Zuchtprodukt eine exquisite Qualität, und da man hier auf die Beimischung des umstrittenen Färbemittels Canthaxanthin verzichtet, sind die Produkte denen aus Schottland, Irland, Kanada auf dem Weltmarkt überlegen.

Auch Dorsch wird inzwischen gezüchtet, und die Farmhaltung brachte eine sensationelle ENTDECKUNG: Während »natürlich« geschlüpfte Dorschbrut in die Barentssee abwandert, bleibt die gezüchtete, die erst nach sechs Monaten in die Freiheit entlassen wird, »zu Hause«, also im Bereich der Zuchstation. Wie man annimmt, verliert der Dorsch im halben Jahr seiner Gefangenschaft den Wandertrieb; als Folge kann er dann nach 5–7 Jahren, wenn er ausgewachsen ist, in herkömmlicher Weise direkt vor der Haustür gefischt werden.

Bei km 56 ist **MORTSUND** erreicht, am Südzipfel einer schmalen Felsnase gelegen und vor allem wegen der formidablen AUSSICHT auf den VESTFJORD einen Besuch wert. Hier endet die Straße.

Auf dem Rückweg folgen wir den Hinweisschildern in Richtung Leknes bis zum direkt am Weg liegenden **VESTVÅGØY MUSEUM**. Dessen Sammlung dokumentiert mit ihren rund 2000 Exponaten vorbildlich das ALLTAGSLEBEN der Fischer und Bauern gestern und heute, behandelt aber auch Themen aus der Kulturgeschichte der Insel und stellt diverse Gebrauchsgegenstände aus der jüngeren Steinzeit aus. Kaffee, Kuchen und Waffeln sind

Das Vestvågøy Museum besteht aus zwei Abteilungen: Bei Ure, zu erreichen ab Sennesvika (siehe Seite 159), ist der sogenannte Fischerbauernhof Skaftnes mit Bootsschuppen und Schmiede zu besichtigen.

erhältlich, dazu Souvenirs, wozu hier auch Stockfisch gehört. 1.6.–31.8. Di–So 12–17 Uhr. Eintritt 40 NOK, Kinder 20 NOK. Tel. 7608 4900.

Dann liegt LEKNES voraus, das politische, wirtschaftliche sowie Verwaltungszentrum Vestvågøyas und drittgrößte Stadt des Archipels. Den Touristen kann sie, abgesehen vom Einkaufen, nicht viel bieten (siehe Seite 163, nebenan).

Also links ab nach **GRAVDAL**, immerhin mit rund 2100 Einwohnern inzwischen nach Svolvær die zweitgrößte Stadt des Archipels. Lofoten-wichtig sind die FISCHEREIFACHSCHULE und das ZENTRALKRANKENHAUS der Lofoten. Die unübersehbare BUSKNES KIRKE, ein pittoresker Holzbau in Rot und Weiß, wurde 1905 im norwegischen »Stabkirchen-Stil« erstellt.

Aber das schönste Motiv gibt die Kirche womöglich nicht direkt von Busknes, sondern von **BALLSTAD** aus ab, 5 km weiter südlich und am Ende der Straße gelegen. Von Größe und Kapazität des Hafens, der Landungsbrücken und Speicher her kann dieser 1000 Einwohner zählende Fischerort durchaus mit Henningsvær konkurrieren, ebenso in Sachen Panorama: In einer Reihe mit Henningsvær, Reine, Hamnøy und Å darf sich Ballstad allemal zu den typischen, pittoresken Siedlungen im Inselreich zählen – so dass sich die zahlreichen und von Stil und Einrichtung her vergleichsweise traditionellen Rorbuer gut an Touristen vermieten lassen.

Ein Erlebnis sind auch die Wanderungen, die sich von hier aus anbieten: Währt die Rundtour auf die ca. 200 m hohe Ballstadheia sowie nach Grena und retour rund 4–5 Std., so der auch für ältere Kinder geeignete Spaziergang um das Südkap von Vestvågøya ca. 3 Std. Etwas für Cracks ist die Besteigung des 671 m hohen Skottinden. Über diese Pfade und andere informieren die Unterkünfte im Ort.

Auf der Rückfahrt nach Leknes ist ein kurzer Umweg via Rishaugen zu empfehlen: In GRAVDAL biegt man nach links ab; man passiert das Moor Legdmyran, um nach 3 km ans Wiesenufer des **NAPPSTRAUMEN** abzubiegen, dem gegenüber – fürwahr fotogen – die Insel Flakstadøya aufragt. Man halte sich rechts, erreicht 3 km weiter den Ort Hauge und stößt dort wieder auf die alte Str. 19. Nach links sind es noch 800 m bis zum alten Fähranleger (schöne Fotomotive); nach rechts ist knapp 1 km zurückzulegen bis zu der Stelle, wo die neue E 10 nach links abzweigt, Richtung Offersøya und Nappstraumen-Tunnel (weiter siehe Route Nr. 10). Leknes ist von hier aus noch 3 km entfernt; dort beginnt die Route Nr. 9.

Blick von Ballstad auf den Busknesfjord ▲

Route 9: Vestvågøya – Kontinent im Kleinen

IM ÜBERBLICK

◎ **STRECKENVERLAUF**: Leknes – Leitet (5 km) – Haukland (6 km) – Utakleiv (5 km) – Vik (4 km) – E 10 (4 km) – Liland (7 km) – Kleivskardet (7 km) – Unstad (2 km) – Norddalselva (2 km) – Borgelva (13 km) Wikingermuseum – Bøstad (1 km) – Eggum (9 km) – Tøan (2 km) – E 10 (11 km) – Hauklandsvatnet (6 km) – Limstrandpollen (5 km) – Sundklakkstraumenbrua (12 km).

◎ **LÄNGE/DAUER**: etwa 100 km; als Tagestour möglich, aber zu empfehlen sind 2 Tage oder mehr.

◎ **TRANSPORT**: Mit öffentlichen Verkehrsmitteln kann man lediglich der Europastraße folgen, mit Bus 100 Richtung Svolvær, 6 x täglich.

◎ **ANSCHLUSSMÖGLICHKEITEN**: in Verbindung mit Route 8 zur Umrundung von Vestvågøya; oder mit Route 10 (Rückfahrt von Moskenesøya / Flakstadøya); des Weiteren von Haukland nach Utakleiv und entlang der Bucht Sortlandsvika.

◎ **ABSTECHER**: Wanderung Nr. 6, zudem von Haukland nach Utakleiv sowie entlang der Sortlandsvika; Umrundung der Haveren-Halbinsel (plus 15 km), Hellosan (6 km).

◎ **KÜRZERE VARIANTE**: indem man den Schlenker zum Vikpollen sowie nach Utakleiv auslässt (21 km), ebenso den nach Unstad (18 km) und Eggum (22 km) – so ist die Route auf nur 36 km zu verkürzen, aber das Sehenswerte Vestvågøyas bleibt damit weitgehend verborgen.

◎ **PROFIL**: Die Route folgt der E 10 zwischen Leknes und der Sundklakkstraumenbrua; sie bietet sich in Verbindung mit Route 8 (Umrundung von Vestvågøya) sowie Route 10 an (damit man auch auf der Rückfahrt von Moskenesøya / Flakstadøya noch positiv überrascht wird). Aber nicht die E 10 präsentiert die landschaftlichen Superlative, denn sie durchquert die fruchtbare, aber ereignislose Talsenke der Insel, sieht man einmal vom Wikingermuseum in Borg ab. Anders die drei Abstecher, die allesamt zum offenen Nordmeer führen: Hauklands Strand ist hinreißend, Unstad liegt in einem atemberaubenden, gut überschaubaren Trogtal, während Eggum/ Tøan unter Wildcampern als populäres Refugium gilt.

Durch die Fusion der bis dato vier Gemeinden von Vestvågøya – Valberg, Hol, Busknes und Borg – entstand in den 1960er Jahren **LEKNES**, das heutige Inselzentrum, das inzwischen mit Gravdal / Busknes, Fygle und Hol zusammengewachsen und eine der wenigen Ortschaften im Archipel ist, die nicht vom Fischfang geprägt wird.

Das Städtchen mit ungefähr 2050 Einwohnern liegt vielmehr inmitten eines fruchtbaren Landwirtschaftsgebiets, das in den letzten Jahrzehnten rapide an Bedeutung gewonnen hat. Aber auch das »Bäuerliche« wird man vor Ort vergebens suchen. Vielmehr strahlt Leknes etwas Sachlich-Kühles aus, beherrscht von einer 2 km langen Geschäftsstraße. Es gibt nichts, was einen längeren Aufenthalt rechtfertigt, und so folgen wir der E 10 in Richtung Norden.

Der Haukland-Strand wurde in der Tageszeitung »Dagbladet« unlängst zum schönsten Strand im eigenen Land gekürt. ▶

Am Ortsausgangsschild passieren wir den links liegenden FLUGHAFEN. Noch immer ist die Straße ziemlich nahtlos von Häusern gesäumt; bald prägen weite Wiesen und sanfte Bodenwellen das Land, in das einzelne Seen, Moore und pastellfarbene Gehöfte eingestickt sind. Hier betreibt man Milchwirtschaft und nicht Schafzucht. Schaut man nicht gerade zum im Nordwesten aufragenden HIMMELTINDAN – eine fast 1000 m hohe Felspyramide, die BIS IN DEN JULI hinein eine SCHNEEHAUBE krönt –, werden Assoziationen an plattes friesisches Land geweckt. Bei km 3 blicken wir links über den stark verästelten SKULLBRUPOLLEN – bei Ebbe ein riesiges Schlickwatt. 1 km weiter verlassen wir die stark frequentierte E 10, um nach links auf eine nach Haukland und Utakleiv ausgeschilderte Straße abzubiegen.

Zur Rechten öffnet sich rasch der 3 km lange, fast 1 km breite Fastadvatnet, den nur eine schmale Wiesenzunge vom nahezu kreisrunden Reppvatnet trennt. Beide Seen laufen in den Skullbrupollen ab, und bei km 5 ist der Isthmus zwischen beiden Seen und dem Meeresarm nicht mal 200 m breit. Es rinnt, plätschert und gluckst überall, und mitten in dieser Landschaft liegt der winzige Ort LEITET, der zusätzlich auf einen dritten See, den Vikvatnet blickt und eine Straßenkreuzung markiert. Wir biegen links ab, folgen dem Ufer des Skullbrupollen für rund 2 km, queren hinüber zum Vågjepollen. Naturfreunde können sich nicht satt sehen an den Skalen von Grün und Blau, in denen Land und Wasser leuchten.

Doch ist dies nur ein Vorgeschmack auf das, was uns bei km 11 erwartet, wo wir unvermittelt mit dem **HAUKLAND**-Strand konfrontiert werden.

Der 2 km lange, bis zu 300 m breite sowie durch eine Klippe zweigeteilte HALBMONDSTRAND schlägt alle in seinen Bann: Landeinwärts geht die blendend weiße Fläche ins Sattgrün eines weit ausladenden Wiesentrogs über, wo Schafe zwischen einer Handvoll gelb gestrichener Häuser Gras ausrupfen. Der Strand selbst bildet die 3 km breite Verlängerung des Trogtals, flankiert von 500 m hohen, teilweise zartgrün bemoosten Steilwänden und in einem fantastischen TÜRKIS schillernd, bevor er ins SCHWARZBLAU des tief abfallenden Nordmeeres übergeht. Es ist nicht übertrieben zu behaupten, dass man in Nordeuropa vergeblich nach einem Pendant suchen dürfte.

Wo die Straße an das Sandband führt, finden wir sogleich eine Möglichkeit zum Parken, doch das Wildcampen ist hier überall verboten. Dort steht man ohnehin schlecht im Vergleich zu dem großen Platz am nördlichen Strandende, den ein WC-Häuschen markiert.

Wer die angrenzenden Wiesenflanken hinaufsteigt, kann die besten Ausblicke auf den weißen Strand und das verführerisch grünblau schimmernde Meer genießen; wer ein wenig wandern will, folge, zum Beispiel, der hinter dem Strand beginnenden, mit einer Schranke versperrten Piste bergauf: Sie zieht sich für ca. 40 Gehminuten in die Höhe, spürt versteckte Bergseen auf und endet schließlich vor einer Höhlung in der Felswand des HIMMELTINDAN. Die Öffnung ist mit einem Gitter versperrt; käme man hinein, würde man sich bald vor einem Fahrstuhl wiederfinden, der im Inneren des Berges zum 964 m hohen Gipfel hinaufführt, auf dem sich einer der wichtigsten NATO-Lauschposten im Nordatlantik befindet. Auf der Höhe kann man (von der E 10 aus) eine Art Radarscheibe ausmachen. Wer dort oben beschäftigt ist, ist um den Arbeitsplatz zu beneiden.

Wer zu Fuß lieber einen Rundweg begehen möchte und etwas mehr an Zeit zur Verfügung hat, kann der o.g. Piste für etwa 200 oder 300 m bis zu jener Stelle folgen, wo sich die Strommasten nach links über den Wiesenbuckel ziehen: dort hinauf zu einer Art Sattel, von wo aus man dann ins Trogtal von Utakleiv (s.u.) sehen und über den alten, sichtbaren Karrenweg auch hinabwandern kann. Dieser Pfad führt am Ende ans Meer und geht dort in die alte Straße nach Utakleiv über, die sich um Felsnasen herumzieht und wieder zum Ausgangspunkt Haukland zurückführt.

Wer mit dem Auto nach **UTAKLEIV** will, muss ab Haukland den 1998 fertiggestellten, rund 1 km langen Tunnel dorthin nehmen; der wurde gebaut, da die alte Straße im Winter häufig von Lawinen verschüttet worden war. Das Dorf breitet sich in einem keilförmigen Einschnitt am offenen Meer aus, das auch dort ein Traumstrand begrenzt, der im Sommer 2005 von der englischen »Times« sogar als schönster Strand Europas bezeichnet wurde.

Wir fahren zurück, denn hier endet die Straße. Bei VIK biegen wir ins Troginnere auf eine neuere Straße ab. Sie steigt bis auf 80 m Höhe an, erreicht dort einen Pass, und zurückblickend genießen wir noch einmal das Panorama auf den Strand, während voraus der See Vikvatnet eine felsgerahmte Mulde füllt. 2 km weiter stoßen wir bei Leitet wieder auf die »Hauptstraße«, die uns schnell zur E 10 zurückbringt, von der wir vor rund 21 km abgebogen sind.

Wir halten uns links. Auf den folgenden 7 km folgt die Straße wieder dem fruchtbaren und mit Seen gespickten Talgebiet, das die Insel durchschneidet. Dann erreichen wir die kleine Ortschaft **LILAND** und entscheiden uns, erneut einen Abstecher ans Meer zu unternehmen. Zu diesem Zweck biegen wir nach links auf die Richtung Unstad ausgeschilderte Straße ab und folgen ihr am Ostad- sowie Holddalsvatnet vorbei, passieren das Dörfchen Elltoft und fahren 1 km weiter, nach einer Steigungsstrecke mit Blick auf den links unten schimmernden Tangstadpollen, in einen rund 500 m langen TUNNEL ein. Auf der anderen Seite bietet sich ein famoses Panorama auf den schmalen, felsverbrämten STEINSFJORD, an dessen schroffe Nordküste sich die rot getünchten Häuser von MÆRVOLL klammern. Die Straße schlängelt sich zum Fjordende mit der Siedlung Saupstad hinunter, und ein kurzes Stück weiter zweigt links eine Stichstraße nach Mærvoll ab. Der Abstecher ist zu empfehlen: Am Ufer des bergummauerten Fjordes lädt in herrlicher Lage das JOH L UNSTAD SJØHUS (siehe Seite 301 f.) ein, während am Wegende die relativ leichte Wanderung Nr. 7 (siehe Seite 239) beginnt.

Die Straße steigt an und führt bald in einen weiteren TUNNEL hinein. Wer auf ein neues Panorama aus ist, folgt der alten Passstraße bis zum 160 m hohen KLEIVSKARDET. Der Pass liegt direkt über einem geometrisch geformten TROGTAL, das sich keilförmig zum Meer hin öffnet: im Wiesengrund Bauerngehöfte, dahinter ein weißer Brandungssaum sowie Gischtflecken auf dem Ozean. So ist nachzuvollziehen, warum Vestvågøya von den Einheimischen ein »Kontinent im Kleinen« genannt wird, denn was auf der bisherigen Rundfahrt bereits an geografischer Vielfalt zu erleben war, mag jede Erwartung übertreffen.

Wer Lust auf Bewegung verspürt, kann dem zu Tal führenden Karrenweg folgen und die Wanderung Nr. 6 nach Eggum anschließen.

Zum Tunnel zurückgekehrt, verbleibt ein kurzes Stück nach **UNSTAD** hinunter. Die vielleicht zwei Dutzend Holzkaten dieses Einöddorfes liegen völlig verloren in dem GIGANTISCHEN TAL. Wir halten uns rechts, erreichen den Kiesstrand der Bucht Unstadvika, wo ein versperrendes Gatter geöffnet und durchfahren werden darf. 1 km weiter, auf dem Wendeplatz mit Holzbrücke über das Flüsschen NORDDALSELVA, ist endgültig Schluss. Hier beginnt der markierte Wanderweg nach Eggum (s.o.). Die einzige Unterkunft weit und breit ist der kleine UNSTAD CAMPING (siehe Seite 292 f.) auf dem Areal des früheren Schulhofes. Dieser Campingplatz ist das Zentrum der ständig wachsenden SURFER-Gemeinde der Lofoten, denn der Strand von Unstad gilt als »der« Spot für Wellenreiter in Nordnorwegen (siehe Seite 328). Auch komplette Surf-Ausrüstungen sind hier, inklusive Neopren-Anzug, auszuleihen. Wer noch nie auf einem Surfbrett stand, kann auch einen Einführungskurs belegen.

Rund 11 km sind es von dieser idyllisch gelegenen Stelle zurück bis zur E 10, die bei km 54 wieder erreicht wird und der wir nach links folgen, wiederum durch ein fruchtbares Landwirtschaftsgebiet. 2 km weiter überqueren wir den BORGELVA, der zur Rechten in die riesige Wasserfläche des Indrepollen mündet. In dem Fluss fand man die Fundamente einer Brücke aus der Wikingerzeit, und bis heute gibt der Boden rings um den kleinen Strom Zeugen der Vergangenheit preis: so Weinkrüge, Glasperlen, Schmuckstücke aus Silber und Gold und anderes mehr. Richtig im Land berühmt wurde das Gebiet, als hier die Überreste eines für Skandinavien einzigartigen, da schon um die Zeitenwende herum existierenden Häuptlingssitzes ausgegraben wurden.

Über dem Fluss und rechts der Straße thront die KIRCHE von **BORG** (1986) auf einem Hügel, der modernste Sakralbau auf dem Archipel. Die Lage ist gut gewählt, denn bereits zur Wikingerzeit befanden sich hier die »Heiligen Höhen«, wo um 500 ein Häuptlingssitz gegründet wurde. Es lebten viele Generationen am selben Ort – um 900 jedoch verließ der lokale Herrscher seinen Hof. Vermutlich handelte es sich um *Olav Tvennumbruni,* von dem bekannt ist, dass er sich kurz darauf im Südwesten Islands niederließ.

Eine Ära ging zu Ende – sie tauchte erst 1981 wieder aus dem Dunkel der

Geschichte auf, als hier ein Bauer an einem Sommertag ein wenig tiefer pflügte als üblich und unverhofft auf fette schwarze Erde stieß, aus der bald schon über 1000 Jahre alte Glasperlen und Keramikscherben aus dem FRÄNKISCHEN REICH zu Tage kamen. Bei den sechs Jahre währenden Ausgrabungen stieß man auf das größte Gebäude aus der Wikingerzeit, das überhaupt in Skandinavien gefunden wurde: Seit 1996 thront nun der originalgetreue, mit Holzschindeln gedeckte Nachbau dieses 83 m langen und 9 m hohen Wikinger-Langhauses auf einem Hügel neben der Straße und dominiert die umgebende Landschaft. Selbst erklärte Museumsmuffel dürften den Besuch nicht bereuen, gilt das **LOFOTR VIKINGMUSEET PÅ BORG** doch als eine »der« Sehenswürdigkei-

Das Langhaus des Wikingermuseums von Borg (1996) ist ein originalgetreuer Nachbau des größten Gebäudes aus der Wikingerzeit, das je in Skandinavien (im Rahmen der Ausgrabungen hier in Borg von 1983 bis 1989) entdeckt wurde. ▶

ten auf den Lofoten. Mehr als 65.000 Besucher werden hier Jahr für Jahr gezählt. So fahren wir den großen Parkplatz an, steigen hinauf zur Höhe, betreten die mächtige Halle und fühlen uns durchaus in die Wikingerzeit versetzt: Tranlampen leuchten von der Decke, der Geruch von Holzteer und von Hammelsuppe dringt in die Nase, und vom flackernden Herdfeuer her dringen gedämpfte Stimmen herüber... Das Langhaus ist innen ebenso AUTHENTISCH wie von außen, und in Wikingerdress gekleidete Führer geleiten die Besucher durch den Wohnraum, die festliche Gildehalle, das Lager und den angrenzenden Stall. Eine Ausstellung mit Originalfunden gehört ebenso dazu wie eine rekonstruierte Schmiede aus der Eisenzeit, und vom 15.6. bis 15.8. kann man hier täglich um 14 Uhr an einer Rundfahrt mit dem Wikingerschiff LOFOTR teilnehmen, bei dem es sich um den originalgetreuen NACHBAU DES GOKSTADSCHIFFES handelt: Es ist 23 m lang und wird mit 32 Riemen gerudert (siehe im Farbbildteil 3 auf Seite 286). Was von dem Original übrig blieb, hat man im Osloer Wikingermuseum ausgestellt.

Alles in allem ist der Besuch dieses Museums ein faszinierendes Erlebnis und sicher ein kultureller Höhepunkt der Lofoten-Reise. 1.6.–31.8. täglich 10–19 Uhr, Mai sowie 1.–10.9. 11–17 Uhr. Eintritt 15.6.–15.8. 100 NOK, Kinder (8–15 Jahre) 50 NOK, Familien 250 NOK, sonst 80/40/250 NOK.

Wer schon zu Hause neugierig ist, findet alles Wesentliche im Internet unter www.lofotr.no.

Ein paar hundert Meter weiter erreichen wir BØSTAD, den »bedeutendsten Ort« neben Leknes in der Agrarzone Vestvågøyas, was u.a. an der Tankstelle zu erkennen ist.

Wieder biegen wir nach links ab, diesmal Richtung Eggum. 9 km sind es bis zu dieser am offenen Meer liegenden Ortschaft: Erst geht es am Borgpollen entlang, den der schmale Lauvåsstraumen mit dem Lauvåspollen verbindet; es schließt sich der JELLVOLLSSTRAUMEN an, der in Höhe von Eggum Hafen mit dem MJÅSUND verschmilzt. All diese Wasserflächen säumen saftige Wiesen, und bei Ebbe treten ansehnliche Sandstrände zu Tage; nur zum Baden eignet sich das Terrain leider nicht, denn das meiste Wasser läuft ab, und es bleiben lediglich Tümpel im Schlicksaum übrig.

Je weiter wir nach Norden vorstoßen, desto DRAMATISCHER werden die links der Straße aufragenden Berge. Der JELLVOLLSTINDEN, der den Hafen überschattet, misst mehr als 740 m Höhe; imposanter jedoch ist die 570 m hohe MIDDAGSHEIA, deren steile Flanken aus dem schmalen Wiesensaum der Küste aufragen.

Das (auf den ersten Blick) weniger malerische **EGGUM** war im Zweiten Weltkrieg Standort einer Radarstation. Von hier blickt man direkt auf BORGVÆR hinüber, eine große, unscheinbare SCHÄRE im Nordosten, die jahrhundertelang das ökonomische Rückgrat von Vestvågøya bildete: Von dort legten die Händler ab, um den Stockfisch nach Bergen zu bringen; dort legten sie wieder an, schwer mit Korn beladen. Im frühen 19. Jh., während der Napoleonischen Kriege, machten russische Schiffe dort Halt, um Weizen gegen Fisch zu tauschen.

Der erste bescheidene Eindruck von Eggum bestätigt sich nicht, fährt man um den Eggumneset herum: Links der zur Piste gewordenen Straße erstreckt sich ein langer schmaler See im Schatten der Middagsheia; rechts der Piste reihen sich ein gutes Dutzend feuerrot gestrichener Bootsschuppen aneinander, deren Anblick sogar im Archipel seinesgleichen suchen dürfte. Es schließen sich mit Wiesen bewachsenen Sandflächen und Dünen an, die sich ideal zum Campen eignen. Direkt am Meer hält der alte Turm von TØAN einsame Wacht, der der Gegend seinen Namen verleiht.

200 m weiter steht man am Ufer des gut 2 km langen Sees Heimredalsvatnet, den nur ein schmaler Sandisthmus vom offenen Nordmeer trennt, überragt vom 622 m hohen Blåtinden. Hier endet auch die Wanderung Nr. 6 aus Unstad. Gerne zahlt man die geringe Übernachtungsgebühr, die vor Ort fürs »Wildcampen« erhoben wird. Für das leibliche Wohl sorgt das zum EGGUM SJØHUS (siehe Seite 302) gehörige Restaurant, das norwegische Küche zu sehr günstigen Preisen serviert. Auch Zimmer werden vermietet; billiger wohnt man wohl nirgends auf der Insel.

Wir fahren wieder zur E 10 zurück, um unsere Rundreise fortzusetzen, die uns sogleich über eine Landenge zwischen Borg- und Indrepollen nach STRAUMGÅRD führt. Jenseits der kleinen Siedlung geht es steil bis auf 80 m, wo wir von einem nach links ausgeschilderten RASTPLATZ aus – der auch ein prächtiges Wildcamp-Quartier für die Nacht abgibt – rückblickend ein letztes schönes Bild über die fruchtbare Talsenke Vestvågøyas, die »Hügelkirche« von Borg sowie das Wikinger-Langhaus erhaschen. Im Norden dagegen erstreckt sich ein verzweigtes Fjord-, Insel-, Pollen- und Straumensystem, und an windstillen Tagen liegen die SCHÄREN, deren Zahl hier in die Tausende zu gehen scheint, so einmütig wie Sternenbilder in der gleißenden See.

Ein noch eindrucksvolleres Panorama auf die kontrastreiche Insellandschaft gibt das nahe TORVDALSFJELL frei, wohin ab der E 10 (etwa in Höhe des o.g. Rastplatzes) ein mit einem Hinweisschild markierter Wanderpfad führt. Es genügt, ihm nur ein paar Minuten lang zu folgen, um höher hinaus und in den Genuss des versprochenen Bildes zu gelangen.

Von der erreichten Höhe schließt nun eine Talfahrt an: Wir passieren die große Braunfläche des Kallhaugmyra, und wieder windet sich die Straße bis auf 80 m empor. 2 km weiter ist der See HAUKLANDSVATNET erreicht, wo die E 10 gen Osten abknickt.

Geradeaus weiter ist es Richtung Kvalnes ausgeschildert: Die Straße führt nördlich um die Halbinsel von Haveren herum, stets im direkten Küstenbereich, um nach 19 km wieder in die E 10 zu münden. Der Abstecher bedeutet einen Umweg von ungefähr 15 km, bringt aber nicht mehr viel an neuen Eindrücken. So folgen wir der Hauptstraße, die bald schon an die ausgedehnte Wasserfläche des STEIRAPOLLEN führt. Auf der anderen Seite des Meeresarms, der eher ein See zu sein scheint, steigt eine dunkelgrüne Moosschräge bis zur Fels- und Geröllzone des 808 m hohen HAVEREN an. Wir folgen dem Pollen bis zum Ablauf in den südöstlich angrenzenden Altadpollen, wo die Straße aus Kvalnes schließlich wieder auf die unsere stößt.

Es schließt sich die Umrundung des **LIMSTRANDPOLLEN** an, der mit dem Sundklakkstraumen verbunden ist; unterwegs ist die GALLERI 1599 ausgeschildert (siehe Seite 112). Von hier aus betrachtet, steigt das riesige Felsoval der Halbinsel Haverens wie ein schräg liegender TAFELBERG aus dem Meer – das Pendant HOVDEN erhebt sich schräg gegenüber auf Gimsøya.

Die E 10 verläuft von jetzt an im direkten Küstenbereich, gibt schöne Blicke aufs Meer, die Schären und Moorebenen von Gimsøya frei, knickt bei Haugen gen Süden ab und folgt dem hier nur knapp 100 m breiten Sundklakkstraumen zur SUNDKLAKKSTRAUMENBRUA, wo diese beeindruckende Route mit km 101 endet.

Blick vom Hovden auf Gimsøya Richtung Vestvågøya, über den Sundklakkstraumen bei Limstrandpollen ▲

Route 10: Flakstadøya

IM ÜBERBLICK

◎ **STRECKENVERLAUF**: Leknes - Nappstraum-Tunnel (8 km) - Napp (3 km) - Vareidskardet (2 km) - Vikten (6 km) - Vareid (4 km) - Kilan (4 km) - Nusfjord (7 km) - Flakstad (12 km) - Skagsanden (2 km) - Ramberg (3 km) - Vestre Nesland (11 km) - Østre Nesland (1 km) - Fredvang (13 km) - Kåkersundetbrua (13 km) - Sund (2 km) - Fischereimuseum (1 km).

◎ **LÄNGE/DAUER**: ca. 82 km; einen Tag sollte man sich mindestens Zeit nehmen; mit Wanderungen /Abstecher ist die Route für 4–5 Tage gut.

◎ **TRANSPORT**: Der Inselbus bedient lediglich die direkte Strecke entlang der E 10: Leknes, Napp, Vareid, Kilan, Flakstad, Ramberg, Kåkersundetbrua, weiter Richtung Å; Nusfjord und Nesland werden nicht bedient.

◎ **ANSCHLUSSMÖGLICHKEITEN**: mit Route 8 sowie Route 11.

◎ **ABSTECHER**: Myrland (ca. 4 km je Weg ab Napp); Wanderung Nr. 9 und 10; Krystad und Selfjord (etwa 8 km je Weg ab Fredvang); die Wanderung zur Stokkvika sowie zur Mulstøa (ab Ytresand 2 km bzw. 1,5 km je Weg).

◎ **TIPPS FÜR RADFAHRER**: Da der Nappstraum-Tunnel für Fahrradfahrer nur bedingt geeignet ist, weil mäßig belüftet und mit stolzer Steigung, verkehrt während der Feriensaison eine Bike-Fähre von Stamsund bzw. Ballstad nach Nusfjord (siehe Seite 278).

◎ **KÜRZERE VARIANTE**: Die kürzeste (ohne Vikten, Nusfjord, Nesland und Fredvang) misst ca. 42 km, lässt das Schönste jedoch aus.

◎ **PROFIL**: Flakstadøya ist nur rund 180 km^2 groß. Was sich auf dieser Fläche vereint, ist selbst für Lofoten-Verhältnisse einzigartig: Strände, die einen nordisch-wild, die anderen fast tropenschön; Fischerdörfer, eines malerischer und musealer als das andere; Fjorde, Schluchten und gischtende Wasserfälle, verschwiegene Seen; Berge, so Furcht einflößend, so bizarr, wie der Fantasie eines Poe oder Lovecraft entsprungen... - alle paar Meter möchte man anhalten und fotografieren. Tolle Stellplätze für Wildcamper gibt es ebenso wie offizielle Campingplätze und natürlich Rorbuer. Passionierte Wanderer finden ein vielversprechendes Terrain vor.

EIN KLEINOD UNTER JUWELEN

Von LEKNES, dem Zentrum Vestvågøyas und Ausgangspunkt dieser Route, folgen wir der E 10 in Richtung Å gen Süden. Nach rund 4 km passieren wir die 800 m lange, harmonisch geformte Bogenbrücke Offersøystraumenbrua nach Offersøya.

Vorbei geht es an einem über dem Meer liegenden, großen Rastplatz, bevor wir die Felsheia umrunden und dem **NAPPSTRAUMEN** gegenüber stehen, der knapp 2 km breiten Enge zwischen Vestvågøya und Flakstadøya, deren gigantische Bergwelt hier offenbar wird.

Einst galt der Straumen als das »Nadelöhr« im Lofoten-Verkehr, und im Sommer musste man öfter 1–2 Std. am Anleger der zwischen Leknes und Gravdal gelegenen Haugbukta warten, um einen Platz auf dem kleinen Fährschiff zu bekommen, das die Verbindung mit Napp aufrecht erhielt.

Damit ist es vorbei, denn seit 1990 unterquert der **NAPPSTRAUMENTUNNEL** die Meerenge: 1800 m lang und mit 8-%-igem Gefälle führt die Röhre bis auf 55 m unter den Meeresspiegel, und es ist schon ein seltsames Gefühl, über sich eine 20 m mächtige Wasserdecke zu wissen. (Die rund 160 Millionen Kronen teuren Arbeiten refinanzierte man durch eine Benutzungsgebühr, die seit 2003 nach der Amortisierung entfallen ist).

Das Tageslicht hat uns wieder, die E 10 weist die weitere Richtung und geleitet uns schnell zur 2 km entfernten Fischersiedlung NAPP. Ein Stückchen weiter, noch im Ort, ermöglicht eine Abbiegung nach links eine 13 km lange Küstenwanderung (siehe Wanderung Nr. 9).

Die Straße macht konstant Steigung, erklimmt nach 2 km den 60 m hoch gelegenen **VAREIDSKARDET**, und vom ausgeschilderten Panorama-Rastplatz aus wird deutlich, dass das Trogtal, dem wir folgen, eine regelrechte Scharte in die nur wenige Kilometer breite Insel gesägt hat. Im Rücken liegt Napp vor Straumen und Vestvågøya, doch voraus – viel beeindruckender – öffnet sich das wannenförmige Tal, dessen Schenkel saftige, grüne Wiesen schmücken, während die Sohle von dem nierenförmigen See Storvatnet bestimmt wird. Hier und da verliert sich ein Bauernhof, sind Schafherden unterwegs. Unten, am Mündungstrichter, erstreckt sich der betörend schimmernde VAREIDSUND, jenseits dem sich ein »Chaos« kreuz und quer aufragender, teils bis in den Juli verschneiter Bergriesen abhebt.

Das Panorama muss man erst einmal verkraften, und schon hier will es scheinen, als sei Flakstadøya eine Zusammenfassung von all dem, was das Inselreich bislang von sich preisgegeben hat. Der Eindruck hält sich auch während der Talfahrt, vorbei am Storvatnet, an dessen Ufer in großer Zahl Butter- und Sumpfdotterblumen gedeihen. Kurz vor Erreichen der Küste setzen die Hauskuben von Vareid rotweiße Akzente.

In VAREID gabelt sich die Straße. Die E 10 knickt nach links ab, wir aber biegen rechts ein, Richtung Vikten: Die Straße begleitet das Nordostufer des Vareidsunds; sie ist in den steilen Fels gesprengt und gibt den Blick ebenso aufs offene Meer wie über den Sund hinweg nach Flakstad mit seiner roten Zwiebelturmkirche vor kilometerlangen Sandstränden frei; im Südwesten versperren schwarze Felsmonolithen den Blick und deuten an, wie Moskenesøya aussehen mag.

Nach 3 km ist die Landzunge Hestneset umfahren; voraus, hinter den Häusern von **VIKTEN**, können wir erkennen, dass dort die Straße endet. Über den Ort braucht man nicht viele Worte zu verlieren, aber direkt an der

▲ **Einfahrt in den 1800 m langen Nappstraumentunnel – in den Sommermonaten können Radfahrer auf eine Fahrradfähre ausweichen, das Sykkelbåt (siehe Seite 278 f.)!**

Ortseinfahrt liegt links die Glasbläserei GLASSHYTTA. Das direkt ans Meer mit Strand grenzende Gebäude präsentiert sich als ein Architekten-Traum aus Glas, massivem Holz und Findlingen, 1992 übrigens von lokalen Handwerkern errichtet. Die ausgestellten Glas- und Keramikwaren sowie weiteren kunstgewerblichen Gegenstände wirken von den mächtigen Inselbergen geprägt, von der Nachbarschaft zum Eismeer, von Farben und Licht; sie geben ANSPRECHENDE und ausgefallene Lofoten-SOUVENIRS ab. Lofoten Design, Tel. 7609 4442. 1.5.–30.8. täglich 10 –19 Uhr. Entré 20 NOK; freilich wirkt Eintrittsgeld für eine Verkaufsausstellung auf mögliche Kunden nicht unbedingt animierend.

Bevor es wieder zurückgeht, lohnt noch der links vor dem Zentrum aufragende »Fels mit Loch« einen Blick, bei dem es sich um eine Natur-Skulptur handelt – geschaffen von Wellen und Gletschereis.

Bei km 25 ist man wieder in Vareid; erst während der Rückfahrt von Vikten wird erkennbar, dass am Hang oberhalb noch Abschnitte eines alten Karrenwegs verlaufen, der bis in die 70er Jahre die Verbindung zu dem Einöddorf aufrecht erhielt. Wir folgen wieder der E 10, die exakt gen Süden ausgerichtet ist, um den wie einen Bocksbeutel geformten FLAKSTADPOLLEN zu umrunden. Nach 2 km stehen wir an seinem Ausgang in den Sund: Zumindest bei Ebbe zieht sich ein UNUNTERBROCHENES SANDBAND rings um den Pollen – mal schneeweiß, mal goldgelb –, sporadisch mit hausgroßen Felsbrocken durchsetzt und mal nur wenige Meter schmal, dann wieder so breit, dass man die Bucht fast trockenen Fußes queren könnte. Den Rahmen dieses Schauspiels aus Farbe und Licht bilden mehr als 800 m hohe Berge, die Schneezungen fast bis auf Meeresniveau herabschicken. WASSERFÄLLE gischten an glattpolierten Flanken herab, lösen sich in Sonnenrauch auf und zerlegen das Licht in seine Spektralfarben.

Kurz hinter dem Ortsausgang Kilan liegt rechter Hand ein Rastplatz mit

2 km weiter, bei dem Dorf **KILAN**, bereichern Wiesen und Felder das Bild; diejenigen, die sie anlegten, waren noch vor rund 80 Jahren so etwas wie Leibeigene der Kirche (von Flakstad), der der ganze Ort gehörte. Der Klöckner von Flakstad trug dafür Sorge, dass seine »Schäfchen« richtig fleißig waren, weshalb Kilan im Volksmund auch *klokkerjorda* hieß: Klöcknergrund. Nirgends auf dem Archipel, so ist es verbürgt, wurden Pächter so hart rangenommen wie hier: Von den 30 Tagen eines Monats mussten sie 24 ohne Entgelt **FÜR DEN KLERUS SCHUFTEN**. Am Sonntag war Beten angesagt, und was blieb, um das eigene Land zu bewirtschaften, das eigene Brot zu erwerben, das waren die hellen Sommernächte. Erst 1929 wurde die gottgefällige Fron per Gesetz abgeschafft – die Pächter erhielten das Recht, das Land, das sie seit Generationen bebauten, auch zu kaufen. 10 Jahre später hatte die Kirche ausgedient in Kilan.

Wanderinformationen, denn hier beginnen zwei Fußtouren, deren eine nach Napp führt, während die andere Nusfjord sowie Nesland zum Ziel hat (siehe Wanderung Nr. 9). Um Nusfjord geht es auch 500 m weiter, wo eine Straße dorthin abzweigt. Wir biegen ein, und auf den folgenden 6 km verfestigt sich der Eindruck, dass Flakstadøya ein Kleinod unter den Juwelen der Lofoten-Inseln ist. Schon nach ein paar Minuten ist der Storvatnet erreicht, den eine 900 m hoch lotrecht aufsteigende Felswand begrenzt. Das Gestein ist schwarz, so glatt wie poliert und von der unbewegten Wasseroberfläche gespiegelt, weshalb auch der See schwarz erscheint. Wo der Abfluss liegt, klafft eine nur wenige Meter breite Schlucht, und in sie führt die Straße hinein.

Ja, und dann der NUSFJORD, der da beginnt, wo die Schlucht endet. Erst ist er nur zwei, drei Meter breit und dunkelgrün, während er 1 km weiter rund 100 m misst, schwarzblau. Und dort liegt **NUSFJORD**, eingekeilt von senkrechten Schroffen, die nur zum Vestfjord hin etwas zurücktreten. Der Ort hat etwas von einem Hochgebirgsdorf und ist schlicht wunderschön! So sehr, dass er 1975 im Europäischen Natur- und Denkmalschutzjahr zusammen mit Røros und dem alten Stavanger als norwegisches Pilotprojekt ausgewählt wurde und fast die World Heritage Liste der UNESCO bereichert hätte. Nahezu alle Häuser des Dorfes – und fast alle sind rot – stammen aus dem 19. Jh., als »Wir Carl Johan, von Gottes Gnaden König von Schweden und Norwegen, der Goten und Wenden«, einem Herrn Dahl das Eigentum an Nusfjord überschrieb. *Hans Grön Dahl* konnte zwar nicht schreiben, aber rechnen. Er legte den Grundstein für einen Handelsplatz, der über vier Generationen hinweg eines der größten Kaufmannsdörfer *(nessekongevær)* auf den Lofoten war. Hier gab es bereits damals eine Post nebst Café, Bäckerei, Krämerladen sowie Gefängnis, bald sogar ein Telegrafenamt und eine Dampfschifffahrtsgesellschaft, dazu Ställe voller Schweine, Kühe und Pferde sowie – man staune – ab 1907 ein eigenes Kraftwerk, das dritte in Nordnorwegen, das 15 kW elektrischen Strom lieferte. Von dieser Infrastruktur blieb so gut wie nichts, vor allem wegen des Niedergangs der Lofoten-Fischerei, denn kamen Anfang des 20. Jhs. noch über 2000 Fischer allein nach Nusfjord, sind es heute weniger als 3000 im gesamten Archipel.

Dafür strömen heute scharenweise Touristen herbei, um Quartier zu nehmen im Dorf, das eigentlich ein großes Museum und heute IN PRIVATBESITZ von NUSFJORD RORBUER (siehe Seite 302) ist, die 35 NOK Einritt nimmt! Dafür darf man zwischen den von außen wie innen traditionell gehaltenen Rorbuer umherlaufen, auch den originalgetreu erhaltenen Kolonialwarenladen besuchen und ansonsten den Film »Die Menschen und der Fisch« betrachten, was aber weitere 30 NOK kostet. Alternativ kann man ein Motorboot mieten (450 NOK/Tag mit Angelausrüstung), ein Fahrrad (185 NOK/Tag) oder Seekajak (420 NOK/Tag).

5 km weiter liegt **FLAKSTAD** an der Route, das Namen gebende Dorf und einstige Zentrum dieser Insel, »deren Einwohner im Allgemeinen roh und ungebildet sind und sichtlich geprägt vom Fischereiwesen, von dem sie abstammen. Eigennutz, ein Hang zur Lethargie, ein sklavischer Geist und Trinkfestigkeit beherrschen sie ... Nicht nur die kahlen Berge, der Sturm und Nebel machen den Ort unbehaglich, selbst die besten Höfe bestehen nur aus Meersand und sind von einer dünnen Grasschicht bedeckt und folglich die Mühen der Bauern nicht wert. Die Einwohner sind demzufolge im Sinne des Wortes Eingeborene, und kennen keine anderen Gewohnheiten und Bräuche als die, die aus der zermürbenden Fischerei und ihrem Hang zur Mystik und Zauberei entstanden.« – Diese wenig schmeichelhaften Sätze entstammen der Feder von *Erik Andreas Colban,* »Probst auf den Lofoten und Vesterålen«, wurden im Jahr 1818 verfasst und stimmen nicht mit dem überein, was wir heute von Flakstad zu sehen bekommen: Dunkelgrün breiten sich fette Wiesen über dem Meer aus, ein Haus schöner als das andere, und mittendrin thront der Kreuzbau der 1783 gezimmerten, 1938 restaurierten FLAKSTAD KIRKE. Ihr Inneres, künstlerisch vom Bergenser Kirchenmaler *Gotfred Ezechiel* gestaltet, beherbergt eine Altartafel von 1765 und eine Kanzel von 1766. Leider ist das Gotteshaus nur sporadisch geöffnet.

Direkt hinter Flakstad führt die Straße an die Küste, und was wir sehen, lässt das Herz höher schlagen: ein kilometerlanges und einige hundert Meter breites SANDBAND, weit geschwungen, teils von Dünenkliffs gesäumt, teils von Felsen und Wiesen. Der Strand **SKAGSANDEN** ist nicht lieblich, sondern ganz im Gegenteil wild, wild romantisch, denn nahezu ständig rollen vom offenen Ozean her die Brandungswellen gegen das Gestade, tragen ein Donnern und Tosen in die Luft, in der Möwen, getragen vom fast ständig wehenden Wind, zu Tausenden schweben.

Auf dem rechts an die Straße grenzenden Skagen Camping (siehe Seite 293) kann man »aussichtsreich« nächtigen, obwohl viele Wohnmobilisten den bald erreichten Rastplatz (mit Touristeninformation, Toilette, Wasser) bevorzugen, der sich ebenfalls direkt am Meer befindet. Andere Touristen sieht man im Verlauf der weiteren Strecke rechts der E 10 beim Zelten im hügeligen Küstenland; es bleibt abzuwarten, wie lange diese lockere Auslegung des Allemannsretten – das für motorisiert Reisende nicht gilt – vor Ort noch geduldet wird, da eigentlich ausreichend Campingplätze zur Verfügung stehen.

2 km weiter erreichen wir den Ort JUSTNES, der mit **RAMBERG** zusammengewachsen ist und an einem ca. 1 km langen Halbmondstrand liegt, so schön, dass es sich lohnt, von oben einen längeren Blick darauf zu werfen. Gelegenheit dazu bietet der neu angelegte Rastplatz direkt an der E10, und auch ein Treppenweg direkt ans Sandband heran wurde gebaut.

400 Menschen leben im Gemeindezentrum – von Jahr zu Jahr werden

Der Strand von Ramberg ▶

es allerdings weniger: Innerhalb der letzten 20 Jahre haben rund 30 % der (gegenwärtig 1450) Einwohner Flakstadøya verlassen. Es gibt wenig Arbeit, seit der Fischfang stagniert. Inwieweit der Tourismus Rambergs Abgleiten in den Dornröschenschlaf verhindern wird? Immerhin hat der einst wegen Kundenmangels geschlossene Supermarkt wieder geöffnet, im Ortszentrum, wo sich auch, direkt am Strand, RAMBERG GJESTEGÅRD befindet. Auf der Camperwiese über dem Meer kann man prächtig stehen, die Hütten sind gut und komfortabel, das angeschlossene Restaurant gehört zu den besten der Insel, versteht sich außerdem als Pub und ist »der« Treff im Dorf, wo sich ansonsten ein Besuch in der GALLERI AVKROKEN (siehe Seite 112) anbietet.

Gegenüber von Ramberg und durch einen Meeresarm getrennt, liegt der Ort Fredvang auf MOSKENESØYA. Bevor die Route dorthin führt, steht ein Abstecher nach Nesland am Südzipfel von Flakstadøya an: 2 km hinter Ramberg zweigt eine ausgeschilderte Straße ab; an der Kreuzung stoßen wir auf ein weiteres Kunstwerk jenes Projekts »Skulpturlandschaft« Nordland (siehe auch Seite 154), sein Titel: »Epitaph« – der Künstler, *Toshikatsu Endo* aus Japan, möchte mit dem 5 m hohen, 8,5 m durchmessenden zylinderförmigen Objekt die ewigen Gesetzesmäßigkeiten des fernöstlichen Zeitbegriffs symbolisieren, der sich vom »linearen Denken des Westens unterscheidet«.

1,5 km weiter ist der SKJELFJORD erreicht, der nicht zum Nordmeer, son-

dern Vestfjord gehört, und an dessen Ostufer die bald zur Piste werdende Straße, die nach **VESTRE NESLAND** führt. Dieses Dorf hat sich im Felsigen eingerichtet: dort ein Haus in einer Kluft, ein anderes zwischen rundgeschliffenen Granitblöcken, an denen sich die kurvenreich und schmal gewordene Straße entlang windet.

1 km weiter endet die Straße an der schroff gewordenen Küste. Und hier, wo niemand mehr Menschen vermuten würde, stehen die Häuser von **ØSTRE NESLAND.** Dieses Dorf wurde erst 1852 gegründet, und zwar – man glaubt es kaum –, weil in Vestre Nesland die Bevölkerungsdichte zu groß wurde. *Ole Iver* war es, der sich hier als Bauer, Fischer und Händler in Person niederließ und das große, weiß gestrichene Haus erbaute, das noch immer steht. Hinter diesem Haus – am kleinen Fluss, der von den Bergen herabspringt – befindet sich *mølna,* die alte Mühle, die renoviert wurde und die einzigartig ist auf dem Archipel. Eine kleine Lachsräucherei gibt es ebenso wie eine Bäckerei (das Haus mit dem Torfdach), aber schon lange wird hier kein *flatbrød* mehr gebacken. Ebenso ist der Krämerladen mit der Aufschrift *Betal kontant – gå fri og frank* (Bezahle bar, gehe frei und frank) geschlossen. So viele Touristen sind es nicht, die den Weg in dieses Einöddorf finden. Wer ihn jedoch genommen hat, sollte es nicht auslassen, dem hier beginnenden FLAKSTADSTIEN bis nach Nusfjord zu folgen (siehe Seite 247).

Bei km 74 stößt die Route wieder auf die E 10. 2 km weiter bei Finnbyen empfiehlt sich ein Abstecher in den Norden der Insel Moskenesøya: Das Ziel liegt voraus: von der Eiszeit bearbeitete Berge, gleich Kathedralen aus schwarz-grau-braunem Gneis, durchschnitten von monströsen Trogtälern. Die beiden schmalen Bogenbrücken führen über den Røssøystraumen hinüber und am Hauptort **FREDVANG** vorbei bis zum FREDVANG STRAND-CAMPING (siehe Seite 294). Dort laden mehrere kleine, separate Sandbuchten ein, eine lieblicher als die andere; direkt links das wahre Sandmeer des SANDBOTNEN und inseleinwärts eine große, grüne Kuhwiese, die zum Campen dient; es ist einer der schönsten Campingplätze der Lofoten.

Direkt nebenan erstreckt sich das Örtchen YTRESAND. Dort wo die Straße endet, beginnt ein Fußweg, der die MULSTØA zum Ziel hat, das Nordkap der Insel (1,5 km je Weg, eher leicht). Ein anderer Pfad zweigt im Dorf nach Nordwesten ab und führt zum Strand der STOKKVIKA (2 km je Weg).

Fahren wir nach Fredvang zurück und folgen dort den Schildern in Richtung Selfjord, lässt sich so manche Fußtour anschließen (siehe auch die Wanderung Nr. 10). Im Bereich des Dorfes KRYSTAD warten übrigens ein paar idyllische Stellplätze (mit Sandstrand) für Wildcamper. Aber dies nur am Rande, denn der Abstecher über die Piste nach Selfjord (wo sie endet) legen wir nur denen nahe, die wirklich wandern wollen.

Wer wandern und anschließend bei herrlicher Aussicht übernachten will, kann das in der Fredvang-Hytta, die in dramatisch-schöner Umgebung liegt und den Einwohnern von Fredvang gehört. Die Miete für die Hütte (mit Wohnraum/ Küche, Schlaf-

Am Kåkersund zwischen Flakstadøya und Moskenesøya ▶

raum, Bollerofen) ist mit 500 NOK für 4 Personen relativ günstig; eine Lagebeschreibung und den Hüttenschlüssel bekommt man bei Finns Handel (dem Lebensmittelgeschäft, Tel. 7609 4224) in Fredvang.

Auf die E10 zurückgekehrt, sind noch etwa 13 km bis zur Kåkersundetbrua zurückzulegen, jenseits der Moskenesøya beginnt. Bis zu ihrem Endpunkt bleibt die Route nun der Küste treu.

Erst geht es am SELFJORD entlang, dem gegenüber bald jenes Dörfchen Krystad (Seite 176) auszumachen ist.

Bevor es über die Brücke auf die andere Seite geht, führt ein Abstecher links ins ausgeschilderte **SUND**. Kurz vor dem Dorf gabelt sich die Straße in zwei Sackgassen. Die rechts abzweigende begleitet das von Felsen geschützte Hafenbecken. Rorbuer stehen im Wasser, und ihr roter Anstrich kontrastiert mit dem elfenbeinalten Weiß eleganter Herrenhäuser.

Dort wo die Straße endet, empfiehlt es sich zu parken: Das sehenswerte **FISCHEREIMUSEUM** SUND ist aus dem ehemaligen Schmiedemuseum Sund hervorgegangen und ebenso klein wie fein. Hauptthema ist die Motorisierung der Fischereiflotte in den vergangenen gut 100 Jahren (»Vom Riemen zum Motor«); die Exponate umfassen Bootsmotoren, von denen einige auch zu starten sind, und andere technische Einrichtungen der Fischereiflotte. Ein Bootshaus ist das Domizil alter Nordlandboote, die alte Fischerhütte beherbergt ein Raritätenkabinett. Und in der Kunstschmiede GALLERI AMBOLTEN wird nach alter Tradition so wie früher gearbeitet.

SUND FISKERIMUSEUM OG SMIE, Tel. 7609 3629. 1.6.– 15.8. täglich 10–18 Uhr, ferner ab Anfang Mai sowie bis Anfang September täglich 10–16 Uhr, sonst nach telefonischer Absprache. Eintritt 45 NOK, Kinder (über 7 Jahre) 10 NOK. www.sundfiskerimuseum.no.

N-51-MS

Route 11: Moskenesøya

IM ÜBERBLICK

◎ **STRECKENVERLAUF**: Kåkersundetbrua – Mølnarodden (2 km) – Hamnøy (7 km) – Reine (3 km) – Djupforden (2 km) – Moskenes (2 km) – Å (4 km).

◎ **LÄNGE/DAUER**: nur rund 20 km, dennoch eine Tagestour.

◎ **TRANSPORT**: Bus 101 (Leknes – Å) verkehrt mehrmals täglich (morgens und nachmittags), Bus 202 bedient 6 x täglich die Strecke Hamnøy – Å via Reine.

◎ **ANSCHLUSSMÖGLICHKEITEN**: mit Route 10 sowie Route 12.

◎ **ABSTECHER**: Bootsfahrt in den Kjerkfjord ab Reine (Rostad – Kirkfjord – Vinstad – Reine; 2 x täglich, Dauer etwa 1 Std. (siehe Seite 279). – Wanderung Nr. 11, 12 und 13, auch geführte Wanderungen (Kontakte siehe Seite 197). – Wanderung um den Åvatnet ab Å (siehe Seite 184). – Ebenfalls ab Å sowie Reine/Hamnøy Bootsausflüge auf den Vestfjord, zum Moskenstraumen und zur Außenseite der Lofoten (siehe Seite 315 f.).

◎ **PROFIL**: Die beiden Dörfer Hamnøy und Reine halten wir – persönlich gesprochen – für die aufregendsten der Lofoten. Å, das Dorf am Ende des Lofoten-Highways, wirkt wie ein einziges Museum. In den drei Siedlungen kann man vortrefflich wohnen, ist das Programm an Ausflügen und Aktivitäten umfassend. Die Berglandschaft stellt sogar noch eine Steigerung gegenüber der von Flakstadøya dar, und gleich mehrere Wanderungen (siehe oben unter »Abstecher«) seien Natur-Liebhabern gewidmet. Wer sich für diese Route eine Woche schenkt oder gar Moskenesøya als Urlaubsdomizil wählt, wird es nicht bereuen.

WO DIE WAND AM MONUMENTALSTEN IST

Die Brücke KÅKERSUNDETBRUA verbindet Flakstadøya mit Moskenesøya und führt nach **MØLNARODDEN**: Der kleine Ort blickt gleichermaßen auf die Halbinsel von Sund, den Vestfjord und, gen Osten, auf einen Fjellriegel, den man besteigen (die Wanderung Nr. 10) kann. Dort wo das Dorf endet, ist ein 2 m breiter, smaragdgrün funkelnder Fjordarm zu überqueren: Für die folgenden 5 km führt die Straße 50–70 m lotrecht über dem Vestfjord dahin. Rechter Hand steigt der SOLBJØRN auf: Seine Flanken sind senkrecht, die Felsen brüchig, Steinschläge keine Seltenheit, so dass hier ein System aus Tunneln entsteht; wir fahren entsprechend langsam, auch um den Rastplatz nicht zu verpassen, der bei km 6, direkt an der Solbjørnneset, über das Meer auf das Festland schaut und bei Wildcampern beliebt ist.

Wir passieren eine in den Fels eingelassene, mit norwegischen Fahnen geschmückte Bronzetafel mit dem Namenszug von König *Olav V.*, die an die Einweihung der Lofoten-Straße im Jahr 1963 erinnert.

Ein Stück weiter füllt der kreisrunde Hamnøyvatnet einen rechts der Straße liegenden Felskessel aus, und an seinem Ufer sind ebenso ein paar akzeptable Stellplätze zu finden. Dann treten die säumenden Flanken zurück – und unvermittelt genießt man eine hinreißende Aussicht entlang Moske-

◀ Hamnøy auf Moskenesøya – es ist kaum noch eine Steigerung möglich

nesøya bis hinunter nach Å, wo die Straße endet. Der Blick erfasst die Küstenlinie im Urzustand, hin und wieder eine Fjordöffnung und im Hintergrund die Gebirge, oder schmale Sunde zwischen lang gestreckten, locker besiedelten Inseln, in deren Häfen die Boote der Bewohner liegen.

Langsam fahren wir weiter, zum Meer mit dem Dorf **HAMNØY** hinunter – zusammen mit Reine und Å wohl das Fischerdorf der Lofoten-Südinsel, das am meisten Traditionsverbundenheit bewahrt hat: Mit seinen roten sowie ockerfarbenen Holzhäusern, die rings um das NATÜRLICHE Hafenbecken oft genug bis zu den »Knien« im Wasser stehen, breitet es sich ungeheuer MALERISCH vor einer wild-dramatischen Bergkulisse an der Mündung des weit verzweigten Kjerkfjordes in den Vestfjord aus. Wohnen kann man hier als Gast auch, wobei sowohl vom Panorama als auch von der Tradition her ELIASSEN RORBUER (siehe Seite 302) eine gute Adresse ist.

Die Straße führt am Ort vorbei zum Fuß einer schmalen Bogenbrücke, die nur einspurigen Verkehr zulässt, was durch eine Ampel geregelt wird. Bevor man aber hinüberfährt, ist zu erwägen, der rechter Hand gelegenen Fisch-Verkaufsstelle SJØMAT (siehe Seite 313) einen Besuch abzustatten.

Auf der anderen Seite, auf der Insel SAKRISØY, gilt in DAGMARS DUKKE- OG LEKETØYMUSEUM »zurück in die Kindheit«. In dem Puppen- und Spielzeugmuseum versammeln sich mehr als 1500 Puppen und Teddybären aus der Zeit von 1860 bis 1965 neben vielen anderen Zeitzeugen aus Kinderstuben. Die Ausstellung ist einmalig in Norwegen. Etwa 20.6.–20.8. täglich 10–20 Uhr, ab 1.6. und bis 31.8. 10–18 Uhr, sonst nach Absprache mit Tel. 7609 2143. Eintritt 50/25 NOK.

Weiter geht es, direkt am Fjord an hübschen Rorbuhütten auf Stelzen (SAKRISØY RORBUER, siehe Seite 303) vorbei sowie über die nächste Bogenbrücke auf die Insel OLNILSØYA, die bereits zu **REINE** gehört, einem der fotogensten Fischerdörfer Norwegens:

»Plötzlich entdeckte ich die Stadt, die am Fuße dieses großartigen Gebirges lag. Ich hatte sie vorher nicht bemerkt. Ich verstand nicht, wie sie dort liegen konnte. Ich verstand nicht, wie sie es wagte, die Stille zu durchbrechen. Sie wirkte wie eine Entheiligung, wie ein Anachronismus, wie ein vorläufiges Arrangement... Und wieder sah ich auf die Berge, und wieder sah ich auf die Stadt. Es war beinahe unmöglich, beides auf einmal zu sehen. Zehn Farben, Formen und Begriffe dringen in die Augen und Gedanken: Die Stadt dringt nicht in die Landschaft ein, sie fällt heraus, wie die Maler sagen... Und über diese warme,

▲ Blick in den Kjerkfjord

schmutzige, kleine Stadt legt sich der Qualm und Rauch der Tranfabrik und der Dampfschiffe. Der Widerspruch ist zu brutal, zu hart, es ist hässlich, es ist bizarr. Keine Farbtöne, keine vollkommene Stimmung. Jedes ist für sich schön und großartig. Zusammen ist es unmöglich... Je länger man darauf sieht, desto krasser wird es. Zum Schluss schwarz und weiß – wie eine Zeichnung.«

Dies ist Reine in den Worten von Christian Krohg (»Der Kampf ums Dasein«), einem Großen unter den norwegischen Malern. Seinen einfühlsamen Worten ist einiges hinzuzufügen. Etwa dass es keinen Widerspruch zwischen Stadt und Land mehr gibt, schon gar nicht einen brutalen, denn die Tranfabrik ist längst demontiert, die Schiffe stoßen keinen Qualm und Rauch mehr aus. Und so präsentiert sich Reine als die unseres Erachtens schönste und schönstgelegene Siedlung auf den Lofoten! Schon Olav V. zeigte sich tief beeindruckt von der 600 Einwohner zählenden Ortschaft, der damalige Bundeskanzler *Helmut Schmidt* verbrachte hier 1979 seinen Urlaub; dutzende Maler ließen sich von Reine inspirieren, wo sich etwa Otto Sinding das Motiv zu seinem Bild »Reine auf den Lofoten« holte.

Stunden- oder auch tagelang lang möchte man in diesem Ort verweilen, hinter dem sich über türkisfarbenen Fjorden geradezu eigenartige Landschaftsgebilde aus Stein erheben.

Es ist einfach herrlich, Tourist in Reine zu sein. Auch wegen der Rorbuer, teilweise MIT TORFDACH, wegen der Wanderungen (siehe Nr. 11–13, aber auch Nr. 9 und 10 sind erreichbar), wegen der Bootsausflüge auf dem Reinefjord (siehe Seite 315 f.), wegen anderer möglicher Aktivitäten sowie nicht zuletzt dank der GAMMELBUA (siehe Seite 312), die am Hafenbecken eine denkbar gemütliche Kneipe mit Restaurant abgibt.

Dort wo die Gammelbua am Hafenbecken vor dem sogenannten Markplatz liegt, befindet sich das eigentliche Zentrum der Ortschaft mit den REINE RORBUER (siehe Seite 303) und mit FISKMAT (siehe Seite 312), um die zwei anderen wichtigen touristischen Einrichtungen zu nennen. Hier auch ist der Anleger der »MS Fjordskyss«, die zweimal täglich auf einer Traumroute über den KJERKFJORD verkehrt (siehe Seite 279), hier ist Start- und Endpunkt aller sonstigen Bootstouren (siehe Seite 315 f.), die im Sommer stattfinden, ebenso wie das zwischen Stamsund - Ballstad - Nusfjord - Reine verkehrende SYKKELBÅT hier anlegt. Ein paar Meter oberhalb vom Anleger, am Weg zur E 10 zurück, wurde 2007 die ehemalige Dorfschule zum REINE KULTURSENTER (siehe Seite 112) umgebaut, und von da aus auch verläuft ein speziell für Touristen angelegter Fußweg parallel zur Straße bis hinauf zum Panoramapunkt Reinehalsen an der Kreuzung mit der E 10, wo man zu Füßen des Reinebriggen (siehe Wanderung Nr. 12 ab Seite 258) zu stehen und staunen kommt.

Die Route auf unserem weiteren Weg ans Ende des Lofoten-Highways hat südlich des Reinehalsen einen Tunnel zu durchqueren und überwindet nur 1,5 km weiter den nur schmalen Auslauf des **DJUPFJORDS** auf einer neueren Brückenkonstruktion. Während das reizvoll schimmernde Wasser des Meeresarmes direkt unter uns an der Mündungsschwelle nur 10 m tief ist, sind es nur 100 m weiter draußen bereits 120 m, wie es die Seeleute und Fischer sagen. Dieses Fjord-typische Phänomen resultiert daraus, dass die Gletscher der Eiszeit, die diese Relieftypen schürften, an den Mündungen ins Meer an Dicke abnahmen, dort dementsprechend auch einen geringeren Druck ausübten. Fjord-typisch ist ebenfalls, dass an den Mündungsschwellen ein immenser Fischreichtum auftritt – man spricht in diesem Zusammenhang von Fischbänken; so sind häufig viele Sportangler auf oder im Bereich der Brücke beim Angeln zu beobachten.

Die nächste Station, 2 km weiter, ist **MOSKENES**. Viel an Atmosphäre ist hier nicht zu verspüren, sofern Hamnøy und Reine die Messlatten sind. Ein Aufenthalt am Hafen ist dennoch zu erwägen, befindet sich dort doch die Hauptstelle der Touristenbüros für Flakstadøya und Moskenesøya (siehe Seite 274). Das Personal ist sachkundig, es gibt Berge an Prospekten, man kann sich über diverse Aktivitäten informieren und buchen sowie Fahrräder mieten. Als Sehenswürdigkeit sei die oberhalb aufragende KREUZKIRCHE (1819) erwähnt, deren Inventar teilweise älter als 400 Jahre ist.

Das benachbarte **SØRVÅGEN** zählt rund 650 Einwohner und kommt mit einer Vielzahl an zur Vermietung stehenden Rorbuer als Feriendomizil in Betracht; eine der besten Adressen ist LOFOTEN SJØHUS & RORBUER (siehe Seite 303). Ebenso laden gemütliche Kairestaurants ein, allen voran MAREN ANNA (siehe Seite 313), während sich an Kunst Interessierte in der GALLERI KRYSSET und im ATELJÉ ELSE-MAJ JOHANSSON (siehe Seite 112) umsehen

werden. Außerdem ist Sørvågen Ausgangspunkt für die Wandertour zur MUNKEBU-Wanderhütte (siehe Wanderung Nr. 13). Das NORSK TELEMUSEUM schließlich informiert über die nicht unwichtige Rolle der Lofoten in der norwegischen sowie (nord-)europäischen Historie der Telekommunikation: Hier nahm 1908 eine der ersten Funkstationen überhaupt die Verbindung mit Schiffen auf See via Funktelegramm auf. 20.6.–20.8. täglich 11 bis 17 Uhr, sonst nach Absprache mit Tel. 7609 1488. Eintritt 30 NOK.

Fast übergangslos schließt sich TIND an; am Ende der Ortschaft, schon zu Å gehörig, wartetdas **LOFOTEN TØRRFISKMUSEUM**. Das einzigartige Museum widmet sich Herstellung und Verkauf von Trockenfisch. So beeindruckend wie die Lokalität – ein altes Lagerhaus – ist die Ausstellung selbst, die das Thema spannend und ausgiebig behandelt und selbst über die unterschiedlichen Trockenfisch-Qualitäten Auskunft gibt. Da der Besitzer *Steinar Larsen* auch fließend Deutsch spricht, sollte man sich die Führung nicht entgehen lassen. Den Abschluss bildet ein Video. 15.6.–20.8. täglich 10–17 Uhr. Eintritt 50 NOK, Kinder (ab 10) 25 NOK, Kombi-Ticket mit Fischerdorfmuseum in Å 65/45 NOK. www.lofoten-info.no/stockfish.htm. Zum Museum gehört die Rorbuanlage Å HAMNA inklusive »Independent-Hostel«, in dem man für 100 NOK (!) ein Bett erhält, was billiger kommt als in der Jugendherberge von Å.

Bei der Einfahrt nach Å ist zu berücksichtigen, dass es sommers im Dorfzentrum sehr häufig zu Verkehrsstaus kommt, weshalb man besser gar nicht links in Richtung »Vandrerhjem« mit Zentrum abbiegen, sondern geradeaus durch den Tunnel fahren sollte, an dessen Ende ein großer Parkplatz, der Busbahnhof und ein Kiosk des Touristenbüros eingerichtet sind.

Å, das Dorf am Ende der Straße und am Ende des berüchtigten Moskenstraumen (siehe Seite 185 f.), mit bunten Holzhäusern, fast wie hingestreut über die abgerundeten Klippen der Åvatn-Mündung. Und im Rücken DIE WAND, DIE DEN HORIZONT FÜLLT, so weit das Auge reicht, doch gen Osten der VESTFJORD, OFFEN BIS ZUM FESTLAND. Im Ort, durch den sich die enge Straße kurvenreich schlängelt, verteilen sich die Filetierfabrik und unzählige *hjeller*, jene zeltförmigen Stangengerüste, an denen die Dorsche baumeln, das Vandrerhjem, ein Lebensmittelladen und natürlich, nahezu jedes rot gestrichene Haus betreffend: ◎ Das **FISKEVÆRSMUSEET**, das Fischerdorfmuseum: Die 23 Gebäude aus dem 19. Jahrhundert stehen unter Denkmalschutz, so BAKERIET (die Bäckerei), BUTIKKEN (der Kaufladen), FJØSET (der Stall), BEKKHAUGEN (die heutige Jugendherberge), Rorbu-Hütten (auch zu mieten) ANNA-BUA, BJØRN JOHANSA BUA, BOLLABUA, SALTERIET (die Salzkote), BEDEHUSET (das Gebetshaus), ferner SMIA (die Schmiede), BÅTNAUSTET (der Bootsschuppen mit einigen Nordlandbooten) sowie TRANDAMPERIET, die (zum Glück) nicht mehr in Betrieb stehende Trankocherei aus dem Jahr 1850 – eine Rarität in Norwegen. Alle näher Interessierte seien auf die Broschüre (auch auf Deutsch) verwiesen, die im Museumskontor (unter der Jugendherberge) zusammen mit weiteren Lofoten-Publikationen verkauft wird; außerdem sind hier diverse Aktivitäten zu buchen. 20.6.–20.8. täglich 10–18 Uhr, sonst Mo–Fr 11–15 Uhr. Eintritt 50 NOK, Kinder (ab 10) 25 NOK, Kombi-Ticket mit Trockenfischmuseum 65/45 NOK. www.lofoten-info.no/nfmuseum.

◎ Der HÖHENZUG ÜBER DEM **MOSKENESSTRAUMEN CAMPING** (siehe Seiten 294 und 303) sowie die Anlage selbst, zuallererst die Ferienhütten hoch über dem Meer, lassen viele Besucher in Widerstreit geraten, ob sie sich hier oder in Reine einquartieren sollen; was u.a. eine Nationalitätenfrage zu sein scheint, denn während es die Deutschen zumeist mit Reine halten, geht es in Å im Sommer merklich internationaler zu. Wer hier IM ZELT übernachtet, benötigt auf jeden Fall ein WINDSTABILES Exemplar.

◎ Das Restaurant **BRYGGA** ist in einem alten LAGERHAUS am Hafen eingerichtet und verfügt über eine Panorama-Terrasse.

◎ Die Umrundung des Sees **ÅVATN** sei geübten Wanderern vorbehalten, denn sie enthält auf der Bergseite steile und mitunter glitschige Felspassagen. Alternativ kann man auf die Umrundung verzichten und sich auf den leichteren Seeuferweg beschränken, wobei aber die Abzweigung nach ca. 10 Minuten Fußmarsch bergab sehr leicht zu übersehen ist. Am besten ist es, sich in den Unterkünften zur Abzweigung beraten zu lassen (und lieber umzukehren, bevor es zu knifflig werden sollte).

Route 12: Værøy und Røst

IM ÜBERBLICK

◎ **STRECKENVERLAUF**: Moskenes – Moskenstraumen – Værøy-Ort – Mostadheia – Røst – Røstlandet.

◎ **LÄNGE/DAUER**: Wegen der umständlichen Fährverbindungen sind mindestens 2 Tage einzuplanen bzw., sofern nur Værøy besucht werden soll, mindestens 1 Tag.

◎ **TRANSPORT**: Diese Route führt übers Meer, mit der Festland-Fähre ab Moskenes bzw. Bodø (siehe Seite 279).

◎ **ANSCHLUSSMÖGLICHKEITEN**: mit Route 11; oder ab Værøy bzw. Røst per Helikopter oder mit der täglich verkehrenden Fähre die Rückreise zum Festland (nach Bodø) antreten.

◎ **ABSTECHER**: als Bootsfahrt oder Wanderung zu dem Vogelfelsen von Værøy (siehe unter »Ferien aktiv, Vogelbeobachtung« sowie Wanderung Nr. 14). – Vogelbeobachtung auf Vedøya, wohin man (ab Røst) per Boot übersetzen muss; dies organisiert das lokale Touristenbüro (siehe Seite 274) ebenso wie die Unterkunft.

◎ **KURZBESCHREIBUNG**: Fährpassage entlang der Lofoten-Wand und über den Moskenstraumen hinweg via Værøy (ein Paradies für Wanderer und Vogelkundler) nach Røst, ein 60 Seemeilen vor der Küste gelegener eigener Archipel, bestehend aus zahlreichen Schären und Holmen, einer von Menschen bewohnten Insel und mehreren Klippen, wo sich, zusammen mit denen Værøys, große Seevogelkolonien einfinden.

LITERARISCH VEREWIGT: DER MOSKENSTRAUMEN

Wer von Moskenesøya nach Værøy will, muss durch den Moskenstraumen. Selbst bis ins ferne Arabien war schon vor Jahrhunderten der berüchtigte Ruf des »Nabels der Welt« gedrungen: Die älteste erhaltene Quelle stammt aus der Feder eines Seefahrers namens *Amund,* der Ende des 17. Jhs. mit dem dänischen (und auch über Norwegen herrschenden) König *Christian IV.* an den Rand des Strudels geriet, den er von einem Felseiland aus überblicken konnte: »Die See hob sich mehrere Fuß höher als sonst und stand wie eine schwarze, polierte Mauer im Mondlicht. Dann vernahm ich das Donnern und Brüllen des Stromes. Die Wassermassen jagten in der Runde und formten dabei einen so weiten und tiefen Tunnel, dass man schon beim Zusehen schwindelig werden konnte.«

Der Irrglauben, der sich bis in das 18. Jh. hielt, besagte, dass der Strom »ein Abgrund sey, der durch die Erdkugel hindurchgienge, und seinen Ablauf in einem entfernten Land hätte« bzw. – wie Pater Kircher meinte – »in den bothnischen Meerbusen.«

Erst der Bischof zu Bergen, Erik Pontoppidan, wies diesen Glauben in seinem 1755 erschienenen Buch »Versuch einer natürlichen Historie von Norwegen« zurecht. Er beschrieb die natürlichen Ursachen des Gezeitenstroms: »Sein wütendes Toben übertrifft dasjenige eines Wasserfalls und kann pausenlos auf große Entfernungen vernommen werden, mit Ausnahme einer Viertelstunde nach je sechs Stunden, was also mit dem Zeitpunkt des Gezeitenwechsels zusammenfällt.« Aber auch er kam nicht umhin, voller Anerkennung den Chronisten Rasmus zu zitieren: »Die Wirbel oder Löcher des Stroms sind so tief und groß, dass, wenn ein Schiff hineingeriete, solches sinken oder untergehen müsste.... Es trägt sich auch oft zu, dass, wenn große Walfische dem Strom zu nahe kommen..., sie schrecklich brüllen und blöken, wenn sie hinuntergezogen werden.«

Edgar Allan Poe setzte dem mächtigen Strudel ein Schrecken erregendes literarisches Denkmal: »Nie werde ich das Gefühl des Grauens und der Bewunderung vergessen können. ... Das Boot schien wie durch ein Wunder an der inneren Fläche eines Trichters von ungeheurer Weite und Tiefe zu hängen. ... Mit sinnverwirrender Schnelle wirbelten wir im Kreis herum. ... Da gewahrte ich, dass unser Boot nicht der einzige Gegenstand in den Fängen des Strudels war. Sowohl über wie unter uns sah man Schiffstrümmer aller Art – Massen von Bauholz und Baumstämmen wirbelten mit allerlei Hausrat, zerbrochenen Kisten und Tonnen bunt durcheinander.« Sein fiktive Erzählung »Im Strudel des Mahlstroms« bildete die Grundlage dafür, dass der Moskenstraumen mit dem Begriff Mahlstrom gleichgesetzt wird; ansonsten spricht man von Gezeitenströmen.

Da wir gerade bei fantastischer Literatur sind: Auch *Jules Verne* ließ es sich nicht nehmen, den Moskenstraumen zu verewigen: In »Zwanzigtausend Meilen unter dem Meer« gerät die »Nautilus« in den Strudel des Mahlstroms.

LETZTE SCHANZEN GEGEN DAS MEER

Wo der Lofoten-Highway endet, liegt – wie ein Symbol für die Wortkargheit der Lofoter – Å, das Dorf, das Lofoten-Übliches ebenso wie Lofoten-Einmaliges kennt: so den freien Blick gen Süden über das Meer, wo, fast 40 km entfernt, die Insel Værøy aufragt.

Zwischen Værøy und Moskenesøya zwängt sich – im Rhythmus der Gezeiten – der gefürchtete **MOSKENSTRAUMEN** (*straum:* Strom). Die ungeheuere Gewalt des Gezeitenstroms hat in mehrere Erzählungen und Romanen Eingang gefunden (siehe Seite 186) – doch ist sie keineswegs nur Legende: Mit fast 10 Knoten, das sind 18,5 km/h, presst sich der Rücklauf des Meeres durch die Enge und befördert bei jedem Tidenwechsel zig Millionen Kubikmeter Wasser, was ihn (nach dem Saltstraumen vor Bodø) zum zweitstärksten Gezeitenstrom der Erde machen soll. Unzählige Schiffe hat er zertrümmert. Also nicht grundlos trägt das Südkap Moskenesøyas den Beinamen *Hell* (Glück), denn die Lofoten-Fischer – abergläubig aus Passion – beten um Glück, wenn sie sich der Düse, durch die auch riesige Fischschwärme gepresst werden, annähern.

Wen wundert es da, dass nach den SAGEN der Wikinger dieser Moskenstraumen geschaffen wurde, um das Menschengeschlecht von den Inseln der Götter fernzuhalten? Oder – wie die Lofoter glaubten –, dass Trolle für *Nordlands Trompet* (wie ihn der dichtende Priester Peter Dass taufte) verantwortlich zeichnen:

Nach dieser Sage hausten einst ein weiblicher Troll auf Moskenesøya und ein männlicher auf Værøy. Beide waren verheiratet und lebten schon seit Beginn der Zeit von Fischsuppe, die sie in dem riesigen natürlichen »Kochtopf«, der Meeresenge zwischen den Inseln, zubereiteten. Eines Tages machten Meerjungfrauen das Gebiet unsicher, und Troll-Mann stieg in die Tiefe, sie zu vertreiben. Aber wie er die Schönen sah, legte sich sein Zorn, und Kraft stieg ihm in die Lenden. So verließ er den Pfad der Tugend, und als er in einer Vollmondnacht wieder auftauchte, war seine Angetraute so erbost über das schamlose Tun ihres Alten, dass sie wie eine Furie mit dem Kochlöffel in der Suppe rührte, wodurch riesige Flutwellen entstanden. Er fand das albern und äffte ihr nach. Doch weil er in die andere Richtung rührte, entstanden Wirbel und Sturzseen. Und da sie nicht gestorben sind, rühren sie noch heute, am schlimmsten aber bei Vollmond, wenn sie sich daran erinnern, wie der Ehekrach begann.

Die Fährfahrt von Moskenes entlang dem Südrand der Lofoten-Wand, dann über den Moskenstraumen hinweg und an der mitten im Gezeitenstrom liegenden, fast 400 m hohen (unbewohnten) Felsinsel Mosken vorbei ist unbedingt ein Höhepunkt einer Reise auf die Lofoten. Dies auch, weil man schon vom Schiff aus reiche Möglichkeit hat, mit der Seevogelwelt des Archipels bekannt zu werden. Vor allem Papageitaucher bekommten die Passagiere mit ein bisschen Glück zu sehen, ebenso Kormorane und Krähenscharben; und so vergeht die Zeit wie im Flug. Schon beschreibt das Schiff

Værøy: Blick auf die Bucht Sørlandsvågen ▶

einen Bogen, kurvt langsam in die geschützte Hafenbucht von **VÆRØY** hinein, wo all die Passagiere aussteigen, die die rund 18 km^2 große Insel mit einer der größten Seevogelkolonien der Welt zu Fuß erkunden (siehe Wanderung Nr. 14) oder per Boot die Vogelfelsen besuchen wollen (siehe unter »Ferien aktiv, Vogelbeobachtung«).

Die Seevögel von Værøy in Aktion erlebt auch, wer mit dem Schiff zu der nächsten, 40 km langen Etappe nach Røst aufbricht. Sind während der ersten Etappe oft hunderte von Papageitauchern zu beobachten, so geht ihre Zahl während der nächsten Stunde in die tausende. Vor allem im Bereich der MOSTADHEIA (siehe Seite 271 f.), dem Vogelberg am Südwestzipfel Værøys, ist das Meer mit den drollig ausschauenden Alkvögeln geradezu gespickt.

Seltsam berührt es, dass die »Clowns der See« noch vor wenigen Jahrzehnten in beachtlicher Anzahl gefangen und verspeist wurden. (Mit dem Juni begann die Saison, in der die Männer mit V-förmigen Netzen an langen Stöcken und mit Schlingen auf Jagd nach den Papageitauchern gingen.)

Mostad, der verlassene Ort am Fuß des Vogelbergs, war das Zentrum der Vogelfänger, und einen Hund gibt es, den MOSTAD- oder LUNDEHUNDEN, den scheint die Natur eigens zum Fangen des Papageitauchers geschaffen zu haben, wofür er übrigens auch gehalten wurde. Darwin hätte seine helle Freunde an der kynologischen RARITÄT gehabt, auch wenn der Hund wie ein normaler Straßenköter daherkommt: Die Evolution stattete ihn jedenfalls mit einer zusätzlichen Zehe

aus, die sicheren Halt beim Klettern gewährt; dann gab sie ihm Ohren, die er beim Kriechen einfach einklappen kann, denn kriechend holte er die Vögel aus ihren oft meterlangen Nisttunneln; weil dabei normale Schultergelenke hinderlich wären, sind die seinigen so gebaut, dass er die Vorderbeine waagrecht vom Körper abspreizen kann. Damit nicht genug, kam der Lundehund lange Zeit nur auf Værøy vor – wie die Wissenschaftler vermuten, handelt es sich bei ihm um einen Urhund, der sich über die letzte Eiszeit hinweg gerettet hat. Heute ist der PAPAGEITAUCHER gesetzlich geschützt, können die Einwohner von Værøy auf das Verzehren der Vögel verzichten. Früher, in den Jahrhunderten der Armut, war der Vogel dagegen notwendiger Fleischlieferant, konnte man seine Federn als Bettfüllung verwenden oder, lebenswichtig, gegen Salz, Zucker, Mehl, Tabak und Branntwein eintauschen.

Etwa 2 Stunden nach dem Aufbruch von Værøy erreichen wir die felsigen Außenposten des Inselreiches von **RØST**, und angesichts der überall aus dem Meer ragenden »Granitsplitter« – alle mit Wiese bewachsen und unbewohnt – sind die Worte des Dichters *Carl Dons* zu verstehen, der die Inselgruppe als »Land der tausend Inseln« taufte. Mehr als 60 Seemeilen liegt sie mutterseelenallein vor der Küste, letzte Schanze gegen das offene Meer. Aber sie ist nicht nur isoliert, sondern hat auch ihre eigene Entstehungsgeschichte. Wie es heißt, streifte der Herrgott, vom Schöpfungswerk ermüdet, den Lehm von seinen Händen, und wo er ins Nordmeer fiel, entstand Røst. Manche Lehmklumpen breiten sich als Pfannkuchen-flache Inseln aus, andere krönen Hut-ähnliche Gipfel: Die drei höchsten Berge des zerrissenen Inselreiches messen immerhin 148, 209 und 267 m Höhe.

Bewohnt ist nur ein Eiland: RØSTLANDET, ein 6 km langes und 3– 4 km breites Tellergebilde. Hier ist die Bevölkerungsdichte mit über 60 Menschen/ km^2 die größte der Lofoten. Sie leben von Fischfang und Schafzucht: Über 2000 Tiere weiden ganzjährig im Freien, da es dank Golfstrom auch im Winter nie knackig kalt wird. Lofoten-Wolle ist landesweit gefragt. Bereits 1432 berichtete der Italiener Pietro Querini, der mehrere Monate auf Røst verbrachte: »Das Volk ist in die derbe Wolle von Schafen gehüllt ... Und alle Menschen sind freundlich und hilfsbereit, man vertraut sich vollständig, ja die Häuser werden nie abgeschlossen. Sie sind rund und aus Holz, und inmitten des Daches ist ein Fenster, das im Winter mit Fischhaut zugedeckt wird. Darin leben die Menschen, aber meist sind sie draußen, und sie sind gut abgehärtet, denn wenn die neugeborenen Kinder vier Tage alt sind, werden sie nackt unter das Dachfenster gelegt, so dass der Schnee auf sie fallen und stärken kann.« Solche Sitten sind Vergangenheit, die Häuser – damals Unikate in Norwegen – sehen nun aus wie überall im Land.

Langsam tuckert das Schiff durch schmale Wasserstraßen, an Untiefen vorbei in den Hafen – Touristen auf Røst sind entweder passionierte Seekajak-Fahrer oder Ornithologen, denn sonst ist nicht viel zu unternehmen.

Dass der Lundehund nicht ausgestorben ist, verdankt er einer Privatzucht, die begonnen wurde, wenige Jahre bevor alle Hunde in Mostad an einer Krankheit starben. Heute sollen landesweit mehr als 500 Lundehunde leben.

Wanderungen

14 Pfade in die Bergwildnis

Sir James Bryce, Bergsteiger und früher Präsident des englischen »Alpine Club«, sagte einmal, dass, wenn sich der Meeresspiegel am Fuße von Chamonix befände, man etwa das charakteristische Bild der Lofoten-Gipfel vor Augen hätte: »Alpenkulisse, die aus Wogen steigt«. Ob man dieses hundert Kilometer lange Bollwerk gegen die arktische See aus der Ferne betrachtet – wenn es den Horizont füllt, so weit das Auge reicht – oder aus der Nähe – wenn der Grat der Lofoten-Wand auch Risse zeigt und sich aus dem homogen Geschmiedeten scharf profilierte Gipfel lösen: Stets scheint es ausgeschlossen, die Granitbastion auf Pfaden überwinden zu können.

Doch der Schein trügt: Wer sich die Mühe machen würde, die topografischen Karten des Archipels zu studieren, würde eine Vielzahl möglicher Wanderrouten aufspüren: solche, die fast hochalpine Anforderungen an die Kondition stellen, ebenso wie andere, die auch für »normal« trainierte Bergwanderer taugen – sogar Touren, die den ans Flachland gewöhnten Urlaubern keine großen Strapazen abverlangen, lassen sich entdecken. Jedenfalls macht die Bergwelt des Archipels seinen allergrößten Teil aus.

SICHERHEIT
Alles hängt von der realistischen Einschätzung der eigenen LEISTUNGSFÄHIGKEIT ab. Wer sich seiner Kondition nicht sicher ist, sollte zu Beginn leichten Wanderungen den Vorzug geben; dann stellt sich eine längere von alleine ein. Mit ihr wächst jedoch auch die Risikobereitschaft, die rasch zu LEICHTSINN verführt. Und Leichtsinn ist der Ursprung der meisten Unfälle in den Bergen, die auf den Lofoten fatale Folgen haben können, eben da viele Wanderungen in menschenleere Wildnis führen und kein organisierter Rettungsdienst auf solche Einsätze wartet. Auch wer unzureichend bekleidet ist, FALSCHES SCHUHWERK trägt, ohne ein Orientierungs-Hilfmittel aufbricht oder das eherne Gesetz der wandernden Zunft missachtet – niemals alleine loszugehen –, riskiert Kopf und Kragen.

Deshalb zusammengefasst einige Verhaltenstipps, die selbst erfahrene Wanderer nicht auf die leichte Schulter nehmen sollten, denn es vergeht fast kein Sommer auf den Lofoten, in dem nicht Bergunfälle mit tödlichem Ausgang zu beklagen sind!

◎ BERGTOUREN **NIEMALS ALLEINE** unternehmen; und falls es nicht anders geht, dann niemals, ohne zuvor jemanden informiert zu haben, wohin man geht und wann man ungefähr wieder zurückkommen wird!

Wer ein HANDY dabei hat, muss in der Lage sein, zumindest auf Englisch eine möglichst präzise Ortsbeschreibung an den Empfänger des Notrufs durchzugeben.

◎ Niemals von der **WANDERROUTE** abweichen!

Achtung: Auf das Handy als alleinigen Nothelfer kann man sich nicht verlassen; zwar liegt auf den Gebirgsregionen kein kompletter Funkschatten, da sich ...

◎ Auf **WEGMARKIERUNG** bzw. Orientierungspunkte achten!

◎ Sollte man sich **VERIRREN**, oder verläuft der Weg anders, als es die Karte oder die Wegbeschreibung eigentlich anzeigt – nicht auf eigene Faust weitergehen, sondern umkehren bis zum letzten Orientierungspunkt und von neuem beginnen! – Sich zu verirren kann vor Ort übrigens schnell geschehen, da die sommers in den Bergen lebenden Schafe Pfade anlegen, die rasch mit Wanderwegen verwechselt werden!

◎ Und immer den **WETTERBERICHT** Ernst nehmen: Nach starken Regen- oder Schneefällen sowie bei Nebelbildung sollte man auf Bergtouren verzichten. Ebenso bei starkem Wind (in den Wetterberichten beispielsweise der Zeitungen meist als *kuling* bezeichnet), da nämlich bei einer steifen Brise auf Meeresniveau in den Höhenlagen rasch Sturm herrschen kann!

◎ In höheren Berglagen kann das Wetter launisch sein: bei plötzlichem **NEBEL** (der selbst bei eitel Sonnenschein auftreten kann: Temperaturunterschied zwischen der Innen- und Außenseite der Lofoten) die Wanderung sofort unterbrechen und so lange an der selben Stelle verweilen, bis die Sicht wieder gut ist!

◎ Auf **SCHNEEBRÜCKEN** achten, sie möglichst gar nicht erst betreten, lieber einen noch so langen Umweg in Kauf nehmen: Es ist stets mit Einsturzgefahr zu rechnen und, bei geneigten Schneebrücken oder Schneefeldern, mit Abrutschen!

◎ **MOOS UND FLECHTEN** auf Fels gilt allergrößte Vorsicht, da sich diese bei Betreten oft vom Stein lösen und den Wanderer mit in die Tiefe reißen können: Sie sind für die allermeisten TODESFÄLLE auf den Lofoten verantwortlich!

◎ Immer geeignetes **SCHUHWERK** tragen, das heißt WANDERSCHUHE und nicht, wie häufig zu sehen, Turnschuhe oder Gummistiefel. Selbst die Norweger, die zum Teil Gummistiefeln mit verstärkter Knöchelpartie bevorzugen, sind für uns IN DIESEM TERRAIN keine Vorbilder.

◎ Bei den extremen Steigungs- und Gefällstrecken, die hier manche Wandertour auszeichnet, danken es die Bänder, Sehnen, Kniescheiben, wandert man mit einem (höhenverstellbaren) **TREKKINGSTOCK** oder zumindest mit einem Wanderstock, der auch hilft, Kräfte zu sparen sowie Stabilität und Trittsicherheit zu erhöhren!

◎ **OBLIGATORISCH** mitzunehmen: VERBANDSZEUG, selbstverständlich TOPOKARTE, je nach Tour HÖHENMESSER, ein SIGNALGERÄT (zur Not Trillerpfeife, Spiegel, obwohl Leuchtraketen auffallender sind), ein FELDSTECHER (auch gut, um eine evtl. verlorene Orientierung wiederzufinden), ein TASCHENMESSER (am besten ein »Schweizer Messer«), FEUERZEUG, SONNENBRILLE, ERSATZ-SCHNÜRSENKEL, TOILETTENPAPIER, PLASTIKTÜTEN für den Picknick-Müll!

◎ Stets, also ganz egal, wie das Wetter ist, **REGENKLEIDUNG** und WARME Kleidungsstücke mitnehmen!

◎ Reichlich **PROVIANT**, 1–1,5 kg pro Person (bedeutet um 3000 kcal/Tag) sollte man einplanen. Sofern WASSER mitzunehmen ist, oder Entkeimungstabletten, werden wir darauf verweisen.

... in der zerfurchten Landschaft auch mehrere Siedlungen hineinschieben; aber verlässlich ist die Funkdeckung keineswegs.

SCHWIERIGKEITSGRAD

Für ihn gibt es keine Messlatte, denn was für den einen leicht, ist für die andere schwer, weshalb wir auf die den einzelnen Wanderungen vorangestellten Kurzinformationen verweisen. – So kann sich jede/r selbst ausrechnen, was auf sie / ihn zukommt. Generell waren wir bemüht, die Touren so auszuwählen, dass sich leichte, mittelschwere und schwere die Waage halten. Nach alpinen Maßstäben wären sie überwiegend als einfach zu bezeichnen, denn spezielle Berg-Erfahrung und -ausrüstung ist nicht erforderlich; wohl aber Gehtüchtigkeit, Schrittsicherheit und manchmal auch Schwindelfreiheit.

ORIENTIERUNG

Auf dem Archipel gibt es nur wenige durchgehend markierte Wanderwege; selbst an den Startpunkten sucht man vergeblich Markierungen. Hier und da finden sich im Berggelände sporadisch aufgestellte STEINHÄUFCHEN, ziert ein ROTER PUNKT den einen oder anderen Stein – aber damit hat es sich auch schon. Pfade im eigentlichen Sinn sind rar, und darum führen die meisten der nachfolgenden Wanderungen durch WEGLOSES TERRAIN. Das erschwert zwar die Orientierung; aber einerseits gibt die Topografie die Marschrichtung vor, zum anderen wollen wir so detailliert auf die Wegbeschreibungen eingehen, dass es unserem Ermessen nach stets möglich sein müsste zu wissen, wo es langgeht.

◎ Trotzdem ist das Risiko nicht auszuschließen, dass man sich verläuft. Um in diesem Fall unbeschadet auch wieder aus den Berglagen herauszufinden, ist es – außer wo wir es anders angeben – unumgänglich, eine **TOPOGRAFISCHE KARTE** nicht nur im Wandergepäck zu haben, sondern die Route ständig auf der Karte zu verfolgen und mit ihr umgehen zu können. Ein Kompass ist eher überflüssig; sinnvoller hingegen erscheint uns die Mitnahme eines Höhenmessers.

Welche Karten erforderlich sind, finden Sie in den jeweils vorgeschalteten Kurzinformationen. Das Material (stets 1: 50.000) ist von guter Qualität; man kann die Karten entweder von zu Hause mitbringen (siehe unter »Vor der Reise, Karten«) oder vor Ort erstehen, was insbesondere in den Buchläden bzw. Shops in Svolvær auf Austvågøya, Leknes auf Vestvågøya, Ramberg auf Flakstadøya sowie in Reine und Moskenes auf Moskenesøya möglich ist. Auch die Touristenbüros der einzelnen Inseln (siehe Seite 274) verkaufen oft Topokarten; der Preis je Karte liegt bei rund 100 NOK.

Aber ACHTUNG: In den auf den Lofoten erhältlichen Karten (sowie auf den von den Touristenbüros herausgegebenen Kartenkopien) sind einige Wanderungen ROT eingezeichnet; sie folgen aber dennoch definitiv keinem existierenden Pfad und sind ausschließlich ALS VORSCHLÄGE für mögliche Wegverläufe zu nehmen.

LITERATUR/WEBSEITEN

Deutsch- oder englischsprachige Wanderführer zu den Lofoten gibt es nicht, doch wer etwas Norwegisch lesen sowie ein bisschen improvisieren kann, dem sei das 2006 vom Wanderverein LOFOTEN TURLAG herausgege-

Achtung: Die »Turkart Lofoten« hat den Maßstab 1 : 100.000 und ist nur sehr bedingt als Wanderkarte tauglich!

bene Wanderbuch »På tur i Lofoten« empfohlen, das auf 190 Seiten stolze 93 Bergtouren in allen Schwierigkeitsgraden, zu allen Jahreszeiten und auf allen Inseln vorstellt. Die meisten sind reich bebildert, und der Verlauf vieler Touren ist auf den Fotos markiert. – In Verbindung mit einer Topokarte für das jeweilige Gebiet kann man dann, ein wenig Erfahrung vorausgesetzt, den Routenverlauf auch ohne Sprachkenntnisse in etwa nachvollziehen. Das Buch gibt es vor Ort in den meisten Buchläden sowie Touristenbüros oder online via www.lofoten-turlag.no. Allein die Bilder lohnen schon den Preis von 198 NOK.

Auch die Webseiten der Touristenbüros informieren über Wanderungen. Unter www.lofoten.info werden unter »Erlebnisse und Aktivitäten«, Stichwort »Fusswanderungen«, rund 20 einfache Touren auf allen Inseln kurz skizziert, während www.lofoten-info.no unter »Attractions and Activities« und »Mountain Adventures« insgesamt 14 Touren auf Flakstadøya sowie Moskenesøya vorstellt.

LÄNGE, DAUER, HÖHENANGABEN

Die zu jeder Wanderung unter »Länge« aufgeführte Distanz ist stets ein Schätzwert und sagt bei dem üblichen Auf und Ab nicht viel darüber aus, wie lange man tatsächlich unterwegs sein wird. Darüber informiert das Stichwort »Dauer«, wobei die aufgeführten Zeiten die von uns benötigten darstellen, also NICHT unbedingt ALS FIXE WERTE AUFGEFASST WERDEN DÜRFEN.

Anders die Höhenangaben, die wir mit einem Höhenmesser ermittelt haben und die etwas darüber aussagen, in welchem Maße es hinauf und wieder hinab geht.

WANDERZEIT

Die Wandersaison auf den Lofoten beginnt einige Wochen früher als in Festland-Norwegen – nämlich bereits Mitte Mai – und endet rund vier Monate später gegen Mitte September mit Beginn der Herbststürme.

Am aufregendsten präsentiert sich der Archipel etwa VON MITTE MAI BIS ANFANG JULI, wenn die Höhenlagen der Berge noch das weiße Kleid des Winters tragen, in den tieferen Regionen aber schon der Frühling Einzug gehalten hat, wenn sich die Wasserfälle noch in ungezähmter Macht die Felswände herabstürzen und auf Meeresniveau längst der Sommer sein Stelldichein gibt – wenn obendrein die Tage am längsten sind, ja die Nächte mit umfassen. In dieser Zeit wandert man zwar streckenweise noch über geschlossene Schneeflächen, können bestimmte Wegabschnitte recht morastig sein. Diese Mühen nimmt man allerdings gerne in Kauf für das Erleben, als WANDERER ZWISCHEN DEN JAHRESZEITEN auf den Lofoten unterwegs zu sein.

Ab Anfang Juli, dem Beginn der Hauptreisezeit, schmilzt die Schneedecke selbst auf den höchsten Gipfeln mit rapider Geschwindigkeit ab. Gegen Mitte bis Ende des Monats liegen die »Mont Blancs« des Inselreiches als schwarz-braun-grau-grüne Felstürme über dem nun ÜPPIG ERBLÜHENDEN LAND. Und sofern die letzten Wochen nicht zu regenreich waren, trocknen die Feuchtstellen aus. Noch immer ist es TAG UND NACHT HELL und sind die

BEGRIFFE AUF DEN TOPOGRAFISCHEN KARTEN...

aksla: Ausläufer
austre/østre: östliche(r)
bekk, bekken: Bach
berg, berget, bergi: Berg(e)
botn, botnen, botnane: Talmulde
bre, breen: Gletscher
bukt, bukti, bukta: Bucht
dal, dalen: Tal
dokk, dokki: Loch, Höhle, Senke
egg, egga, eggi: Gebirgskamm
eid, eidet: Landenge
elv, elva, elvi: Fluss
fjell, fjellet: Berg, Gebirge
foss, fossen: Wasserfall
hallet, halline: Abhang
halsen, halsane: Enpgass
hamar, hamrane: Steilfels
haug, haugen, haugane: Hügel, Anhöhe
hav: Meer
hei, heiane: Gebirgsrücken (flach)
holm, holmen: kleine Insel/Schäre
hovd, hovda: Hügel
hø, høy, høa, høya: Höhe(n), Gipfel
høgda: Hügel, Berg
hølen: Fluss-/Seetiefe
jord: Land
jøkul: Gletscher
kløft: Kluft
kvelven: Wölbung
lang: lang
li, lii, lia: Abhang
lille, litle: klein
mellom, middels: mittel
myr, myra: Moor
ned, nedre: untere, -es, -er

Temperaturen von solcher Art, dass man hier und da ein kurzes, erfrischendes BAD im Bergsee einlegen kann.

Im August werden die Tage schon wieder merklich kürzer. Kälte und Feuchtigkeit kriechen nun nachts die Berge hinunter, schlagen sich als Nebel nieder und sorgen gegen Ende des Monats dafür, dass die Birken und Eschen, aber auch das Heidekraut und viele andere Pflanzen ihre farbenfrohen HERBSTKLEIDER überstreifen. In den Höhenlagen können Seen und Tümpel frühmorgens bereits mit einer dünnen Eisschicht bedeckt sein, die tagsüber noch kraftvoll scheinende Sonne lässt die Vorboten des Winters aber rasch wieder verschwinden.

Bis sie gegen Mitte bis Ende September – wenn das Wetter mit Temperaturstürzen einhergeht und erste gewaltige Stürme vom offenen Atlantik gegen die Lofoten-Wand hämmern – endgültig die Oberhand gewinnen und bald das ganze Bergland unter einem weißen Leinentuch begraben. Selbst der SPÄTHERBST hat seine Wanderreize – wie manche meinen, die schönsten. Jedoch ist er von kurzer Dauer und launisch, und wer jetzt noch in die Hochlagen der Lofoten-Wand vorstoßen will, muss viel Erfahrung sowie eine gute Ausrüstung mitbringen.

TREKKINGKÜCHE LEICHT GEMACHT

Wer nie mit TROCKENNAHRUNG wandernd unterwegs war, weiß gar nicht, mit wie wenig man sich abschleppen muss, mit wie wenig der Körper auskommen und wie gut man sich dabei fühlen kann. Sicher ist diese Nahrung

Zu Aussprache und Betonung finden Sie in der Wörterkladde die wichtigsten Hilfestellungen, siehe Seite 339 f.

kein Hochgenuss für verwöhnte Gaumen und einen an Mengen gewöhnte Magen – aber sie reicht im Großen und Ganzen aus, Wanderer zumindest über die Trekkingdauer hinweg ausreichend zu ernähren. Sie wiegt nicht mehr als 600 g pro Tag bei einer Energieabgabe von ca. 2500 kcal. Bei Wintertreks erhöhen wir auf 800 g, gleich ca. 3200 kcal. So oder so ist das nicht viel, man wird nicht dick dabei, schlafft jedoch auch nicht ab.

◎ Stellen wir unsere einzelnen Mahlzeiten vor. Zum **FRÜHSTÜCK** sind uns Körner (ca. 350 kcal je 100 g) ein Bedürfnis: Nachdem wir sie leicht in einer Pfanne angeröstet haben, schroten wir sie in einer »Taschen«-Körnermühle (die wiegt nur 500 g und ist in Bioläden etc. erhältlich) und geben rund 100 g gehackte Nüsse und/oder Mandeln dazu sowie schließlich Trockenmilch und Wasser. – Macht alles zusammen ca. 1000 kcal bei 200 g, sättigt enorm, füllt aber nicht ab, so dass das Wandern eine Freude bleibt.

◎ **MITTAGS** gibt es je 50 g *tørrfisk,* also luftgetrockneten Dorsch, und als »Nachtisch« Schokolade. Haben wir keinen Trockenfisch, weichen wir auf Trockenfleisch aus oder nehmen nur Schokolade. – Energiewert ungefähr 500 kcal.

◎ Nur **ABENDS** gibt's bei uns was Warmes: angebratenen oder mitgekochten Trockenfisch (oder -fleisch), dazu in Wasser aufgequollenes Trockengemüse plus Naturreis. Von allen Bestandteilen rund 100 g, macht wiederum ca. 1000 kcal, was 2500 kcal bei 600 g Gewicht ergeben.

◎ Auf **WINTERTREKS** nehmen wir zusätzlich fetten Speck mit (100 g pro

...NACH NORWEGISCHEM ALPHABET SORTIERT

nibba: Gipfel
nordre: nördliche(r)
nut, nuten, nutane: Gipfel, Bergspitze
os, osen: Flussmündung
pigg, piggen: Gipfel, Bergspitze
rygg, ryggen: Gebirgskamm, -rücken
sjø, sjøen: See
skog: Wald
skar, skard, skardet: Pass, Sattel
stein, steinen: Stein
store: groß
strupen: Pass, Sattel
straumen: (Gezeiten-)Strom
sund: Meerenge
sør, søre, søndre: südliche(r)
tangen: Landzunge, Landenge
tind, tinden, tindan, tindane: hohe(r) Gipfel
tjørn, tjørnet, tjine: See, Teich
topp, toppen: Gipfel, Spitze
ur, urd, urdi, urda: Geröllhang
utløper: Ausläufer
varde, varden: Steinhaufen
vatn, vatnet: See
vesle: kleine(r)
vestre: westliche(r)
vik, viki, vika: Bucht
voll, vollen: Bergwiese
vær: Fischerdorf
øv, øvre: obere, -es, -er
øy, øya: Insel(n)
å, åi, åa, åni: Bach
ås, åsen: Bergrücken

BEGRIFFE ZUM WETTER UND AUS DEM WETTERBERICHT

Hvordan blir været i dag: Wie wird das Wetter heute?
Det blir pent/dårligt vær: Es wird schönes/schlechtes Wetter
Det er kjøligt/varmt: Es ist kalt/warm
Det regner: Es regnet
Det blåser: Es ist windig

i aften: am Abend
i ettermiddagen: am Nachmittag
i formiddagen: am Vormittag
i morgen: morgen (gemeint der ganze morgige Tag)
i natten: in der Nacht
lavere/stigende temperatur: fallende/steigende Temperatur
oppholdsvær: heiteres, stabiles Wetter
regn av og til: zeitweise Regen
skiftende skydekke: wechselnd bewölkt
skyet: bewölkt
snø: Schnee
soloppgang: Sonnenaufgang
store nedbørmengder: große Niederschlagsmengen
storm: Sturm
tidlig: früh
tåke: Nebel
uvær: Unwetter
vekslende vindforhold: wechselnde Winde
værmelding: Wetterbericht

WINDSTÄRKEN:
lett/laber/frisk bris: 5–10 m/s
liten/stiv/sterk kuling: 12–20 m/s
liten/full/sterk storm: 22–30 m/s
orkan: Windstärke 12, 33 m/s

Tag und Person) – und mehr Schokolade. Zudem haben wir Würzhefe dabei, Zucker und Kaffee sowie ein wenig Butter für die Fladenbrote, die wir uns ab und zu aus gemahlenen Körnern und Wasser bereiten: einfach mischen, bis ein zäher, nicht mehr klebriger Teig entsteht; dünn ausrollen, in einer Pfanne (oder auf einem Stein) über dem Feuer ohne Fett »backen«. Bei den Körnern *(helkorn)* nehmen wir meist eine Mischung aus *hvete* (Weizen), *bygg* (Gerste), *rug* (Roggen) sowie *havre* (Hafer), Trockenfisch gibt's auf den Lofoten zu kaufen, Trockenfleisch und -gemüse in Ausrüstungsläden, was aber recht teuer kommt. Viel billiger geht das »handmade«: Zu diesem Zweck nehmen wir mageres Fleisch, so dünn wie möglich, schneiden es in Scheiben und trocknen es bei etwa 60° C im Backofen bei leicht geöffneter Klappe; es ist gut, wenn ganz trocken, jedoch nicht brüchig. Mit dem Gemüse geht es ähnlich; vor dem Trocknen muss es, bis auf Paprika, blanchiert werden (wir nehmen oft diverse Kohlsorten, Blanchierzeit 3 Min.). Ist es trocken, packen wir es einige Tage in einen dichten Gefrierbeutel, um zu sehen, ob sich Feuchtigkeit niederschlägt (dann nochmals trocknen); falls nicht, wird es in lichtundurchlässige Plastikbeutel gefüllt und luftdicht verschlossen.

Den Fisch und das Fleisch können Sie auch ohne weitere Zubereitung essen, das Gemüse hingegen sollte vor dem Kochen 24 Stunden in Wasser eingeweicht werden, weshalb wir morgens unsere Abendration zusammen mit Wasser in eine andere, natürlich wasserdichte Tüte packen.

Zu Aussprache und Betonung finden Sie in der Wörterkladde die wichtigsten Hilfestellungen, siehe Seite 339 f.

ORGANISIERTE WANDERUNGEN

Wer kein Risiko eingehen möchte, nehme an den geführten Bergtouren teil, die der Lofoten Turlag jeden Sommer organisiert. Die Touristenbüros (zumindest diejenigen in Svolvær sowie Moskenes) halten über diese Touren in der Regel Informationen bereit; weitere Kontaktadresse ist der Wanderverein selbst (siehe unten), dessen Webseite jedoch bisher leider nur auf Norwegisch gehalten ist. Unter »Turprogram« kann man sich dennoch einen Überblick verschaffen.

Die Ziele variieren je Insel und Woche: Auf dem PROGRAMM stehen u.a. der Småtindskardet auf Austvågøya (siehe Wanderung Nr. 1), der Matmora auf Austvægøya (siehe Wanderung Nr. 2), der Flakstadstien auf Flakstadøya (siehe Wanderung Nr. 9), Kvalvika (siehe Wanderung Nr. 10), ferner der Himmeltindan auf Vestvågøya, der Nappsatind auf Flakstadøya, der Hermannsdaltind auf Moskenesøya und Hell auf Moskensøya.

◎ **LOFOTEN TURLAG**, P.Boks 90, N–8376 Leknes, www.lofoten-turlag.no.

◎ **BERGFÜHRER** stehen ebenso zur Verfügung, wobei die Touristenbüros deutschsprachige Guides vermitteln.

Die NORD NORSK KLATRESKOLE in Henningsvær organisiert Bergwanderungen, ebenso *Jann Engstad* von LOFOTEN AKTIV, der einen auch auf normalen Wanderungen im Archipel begleitet. Zwischen Mai und 15.9. führt Jann wöchentlich 5 Bergtouren (Mo, Di, Do, Fr, Sa); leichte wie anspruchsvolle, Dauer 3–8 Std. für 395–595 NOK, ab Touristenbüro Svolvær. Die Adressen finden Sie unter Ferien aktiv, Seite 321 und Seite 322.

Wanderungen für Einsteiger

Trotz der vielerorts schwierigen Topografie warten auf den Lofoten zahlreiche Routen auf Kletterer und Wanderer. – Außer auf Vestvågøya finden sich insbesondere auf Austvågøya sowie auf Gimsøya viele Touren in allen Schwierigkeitsgraden, von denen die empfehlenswertesten in der hilfreichen Topokarte VÅGAN KOMMUNE verzeichnet sind.

HOCH ÜBER GIMSØYA

◎ **DAUER/LÄNGE**: ca. 2,5 Std. / 4 km.

◎ **WEGVERLAUF/ENTFERNUNGS-/HÖHENANGABEN** (Streckenwanderung): Parkplatz am Golfplatz (10 m) – Hovden (368 m, 1,5 Std.) – Parkplatz (10 m, 1 Std.).

◎ **WEGBESCHAFFENHEIT**: deutliche Pfade durch das Heidekraut und Feuchtstellen bis zum Fuß des Berges, sodann auf ausgetretenen Erdpfaden den Wiesenhang hinauf zum Gipfel.

◎ **ORIENTIERUNG**: problemlos, da die Richtung durch die Topografie zumeist klar vorgegeben ist.

◎ **KARTEN**: Topokarte »Vågan Kommune« im Maßstab 1 : 50 000; die eigentliche Wanderroute ist darin rot verzeichnet.

◎ **AN-/RÜCKFAHRT**: Der E 10 Svolvær-Leknes folgen bis zu der Lofoten Golfbane (Route 7), dort Parkplatz. – Keine Anfahrt per Bus möglich.

◎ **ZELTTOUR**: Das Terrain ist meist steinig und uneben, auch Trinkwasser ist kaum zu finden; das Zelten wird vor Ort kaum Spaß machen.

Aussicht vom Hovden auf Gimsøya über den Sundklakkstraumen auf Vestvågøya bei Kvalnes

◎ **ANMERKUNGEN**: Trinkwasser ist mitzubringen.

◎ **KURZBESCHREIBUNG**: Direkt hinter dem Parkplatz beginnt links vom Werkzeugschuppen ein deutlich ausgetretener Pfad, der in ziemlich direkter Linie auf den Berg zuhält. Nach wenigen Minuten ist sein Fuß erreicht. Weiter geht's auf teils stark ausgetretenen Pfaden den mal mehr, mal weniger steilen Wiesenhang hinauf. Der Weg ist kaum zu verlieren; eigentlich alle nach oben führenden Pfade sind recht. Und mit jedem Höhenmeter wächst das Panorama auf Golfplatz, die Küstenlinie, das Moor, schließlich auf ganz Gimsøya sowie hinüber nach Vestvågøya und auf die Vesterålen. Da der (mit einem dreieckigen Punkt gekrönte) HOVDEN ganz isoliert aus dem ausgedehnten GIMSØYA-MOOR ragt, genießt man ringsum völlig freie Sicht; deutlich auch kann man von der Höhe aus erkennen, dass in früheren Zeiten, als der Meeresspiegel noch höher lag, die Küstenlinie Gimsøyas mitten durch das heutige Moor verlief.

Die Tour ist leicht, auch für sportliche Kinder ohne Problem zu meistern (unsere waren bereits im Alter von 3 Jahren dabei), könnte sogar mit Turnschuhen angegangen werden. VORSICHT ist lediglich auf dem Gipfel angeraten, denn so sanft er von Süden her aufsteigt, so abrupt fällt er nach Norden hin ab, wo sein Gestein außerdem ziemlich brüchig ist.

AUSTVÅGØYA – AUF DEN SAUTINDEN

◎ **DAUER/LÄNGE**: ca. 3,5 Std. / 6 km.

◎ **WEGVERLAUF/ENTFERNUNGS-/HÖHENANGABEN** (Streckenwanderung): Laupstad (3 m ü.d.M.) – Tverrfjellet (100 m, 30 Min.) – Morfjordskardet (260 m, 45 Min.) – Sautinden (596 m, 45 Min.) – Rückweg ca. 1,5 Std.

◎ **WEGBESCHAFFENHEIT**: über einen Schotterweg, Aufstieg zum Skardet über Schafpfade, zum Gipfel über Wiesenhänge.

◎ **ORIENTIERUNG**: problemlos, da die Richtung durch die Topografie zumeist klar vorgegeben ist.

◎ **KARTEN**: Topokarte »Vågan Kommune«, Maßstab 1:50 000; die eigentliche Wanderroute ist rot verzeichnet und führt auf die andere Inselseite bei Morfjord, während wir ab Morfjordskardet zum Sautinden aufsteigen.

◎ **AN-/RÜCKFAHRT**: der E 10 Svolvær - Fiskebøl (siehe Route 5) bis nach Laupstad folgen, wo sich, vor dem Ort (aus Richtung Svolvær kommend) linker Hand eine Parkbucht befindet.

◎ **ZELTTOUR**: Da unterwegs einige herrliche Zeltwiesen anstehen (selbst auf dem Gipfel des Sautinden), auch reichlich Süßwasser (dies aber nicht auf dem Gipfel), drängt sich die Wanderung, die zudem Abstecher sowie Anschlusswanderungen ermöglicht, geradezu als Zelttour auf.

◎ **ANSCHLUSSWANDERUNGEN**: Vom Sautinden aus kann man leicht den nächsten nördlichen Gipfel (Piktindan, 662 m) erreichen; auch der Abstieg von dort ins Budalen an der E 10 nördlich Laupstads ist möglich. Vom Morfjordskardet aus bietet es sich an, die linker Hand aufragenden Gipfel zu besteigen (über 600 m); geradeaus weiter erreicht man vom Pass aus problemlos den ca. 2,5 km entfernten Ort Morfjord am gleichnamigen Fjord.

◎ **ANMERKUNGEN**: Trinkwasser ist vorhanden (mehrere Bachläufe), aber nicht mehr ab dem Morfjordskardet; generell sollte man möglichst filtern, entkeimen etc., da vor Ort viele Schafe weiden.

◎ **KURZBESCHREIBUNG**: Diese relativ einfache und auch für Familien (mit älteren Kindern) machbare Wanderung ist voller Kontraste, führt sie doch vom Nordrand des Austnesfjord über leicht zu begehende Schafpfade sowie Wiesenhänge auf den 596 m messenden WIESENBUCKEL des Sautinden, der sich als Panorama-Balkon erweist: Gegenüber und zum Greifen nahe, die in die Höhen teils noch vergletscherten Reif-Riesen u.a. des HIGRAVTINDAN über dem Austnesfjord (rechts) sowie auch über dem Higravfjord (links), während im Norden die mächtigen Zinnen des Trolldalstind mit dem Morfjord kontrastieren und im Süden Skrova und Lille Molla aus dem Vestfjord steigen. Jede Richtung bietet einen anderen optischen Höhepunkt, und wir kennen keine Wanderung sonst, die derart einfach, aber gleichzeitig ebenso eindrucksvoll ist.

AUSTVÅGØYA – AUF DEN FESTVÅGTINDEN

◎ **DAUER/LÄNGE**: ca. 3,5 Std., 4 km.

◎ **WEGVERLAUF/ENTFERNUNGS-/HÖHENANGABEN** (Streckenwanderung): Festvåg an der R 816 – (3 m) – Heiavatnet (189 m, 1 Std.) – Festvågtinden (541 m, 1 Std.) – Rückweg rund 1,5 Std.

◎ **WEGBESCHAFFENHEIT**: bis zum Heiavatnet teils sehr steil über (nicht immer sichtbare) Pfade sowie Geröllbänder, ab dem See über deutliche Pfade zwar teils ebenfalls sehr steil, aber nicht gefährlich.

◎ **ORIENTIERUNG**: problemlos, da die Richtung durch die Topografie zumeist klar vorgegeben ist.

◎ **KARTEN**: Topokarte »Vågan Kommune« im Maßstab 1:50 000; nur der erste Teil der Wanderung, bis zum See Heiavatnet, ist verzeichnet.

◎ **AN-/RÜCKFAHRT**: Wie unter Route 4 beschrieben Richtung Henningsvær, aber vor Erreichen der ersten Bogenbrücke parken. Entweder direkt linker Hand davor (und dann ungefähr 200 m retour) oder bei dem einzigen Haus von Festvåg (rechts an der Straße; dort eventuell Genehmigung einholen, die am See gelegene Lavvu benutzen zu dürfen) und nun der Straße noch rund 200 m weiter folgen bis zu dem unübersehbaren, aus Granitquadern gemauerten Wasserbecken links der Straße.

Mit dem Bus: Der Bus der Linie 520 Svolvær - Henningsvær passiert jenes Wasserbecken bei Festvåg; zu Fuß ist man ab Henningsvær etwa 15 Min. bis dorthin unterwegs.

◎ **ZELTTOUR**: Im Bereich des Heiavatnet kann man Zeltplätze finden, aber die meisten sind uneben und winzig, weshalb es sich evtl. anbietet, in der am Seeufer einladenden Lavvu (Samenzelt aus imprägnierten Baumwollstoff mit offener Feuerstelle in der Mitte) zu übernachten. Doch ist sie PRIVAT, weshalb man in Festvåg (dort im einzigen Haus) unbedingt die Genehmigung einholen muss.

◎ **KURZBESCHREIBUNG**: Ab dem Wasserbecken ist die Richtung deutlich vorgegeben, geht es doch lediglich die Geröllkerbe hinauf. Der Pfad beginnt rechts vom Becken, verläuft sich aber immer wieder mal, und die Idealroute hinauf verläuft mehr in der rechten Kerbhälfte. Dann ist der See erreicht: Von hier aus genießt man bereits ein schönes, allerdings noch kein überwältigendes Panorama. Das gibt erst der Gipfel frei, und vom See aus sieht man schon deutlich den Pfad sich in Zickzackkurven hinaufziehen. Die Richtung kann man kaum verlieren, aber es ist teils sehr steil. Am Ende des Aufstiegs wird ein Bergrücken erreicht; der Festvågtinden, mit einem dreieckigen Punkt gekrönt, liegt linker Hand. Der Kick bei dieser Tour ist das Panorama von der Höhe aus, die nämlich nahezu senkrecht zur R 816 und zum Henningsværstraumen hin abfällt. Von hier aus betrachtet man wahre Postkartenmotive auf das über

FARBSEITEN 201 – 208, WANDERN AUF DEN LOFOTEN:

Seite 201:
Unterwegs zum Rangeldal, Wanderung Nr. 2, mit Blick auf die Lofoten-Wand von Austvågøya (Fotos: Annette Ster)

Seite 202 oben:
Aussicht vom Glomtinden, Wanderung Nr. 3, Richtung Ørsnes, Kabelvåg, Svolvær (Foto: Annette Ster)

Seite 202 unten:
Aussicht vom Svarttinden, Wanderung Nr. 5, auf die Brücke über den Gimsøyastraumen (Foto: Annette Ster)

Seite 203 oben:
Blick vom Hovden auf Gimsøya, Einsteiger-Tour ab Seite 197, auf Sundklakkstraumen (Brücke) und Gimsøyastraumen (Foto: Annette Ster)

Seite 203 unten:
Blick vom Hovden auf Gimsøya, Einsteiger-Tour ab Seite 197, hinunter auf Hovsund (Foto: Annette Ster)

Seite 204:
Blick vom Hovden auf Gimsøya, Einsteiger-Tour ab Seite 197, auf Austvågøya mit Matmora (Foto: Annette Ster)

Seite 205:
Blick vom Berg Blåheia auf Vestvågøya über Stokkelvika, Valberg bis Stamsund, unser Buchcover-Motiv hier im Sommer (Foto: Annette Ster)

Seite 206 oben:
Blick von einem namenlosen Berg auf Vestvågøya auf Henningsværstraumen, die Halbinsel Malnes und den Olderfjord (Foto: Annette Ster)

Seite 206 unten:
Strände von karibischer Schönheit auf Moskenesøya, Wanderung Nr. 10 (Foto: Familie Christmeier)

Seite 207:
Unterwegs im Fjell über Reine (Foto: Annette Ster)

Seite 208:
Herbstkleid im Fjell (Foto: Annette Ster)

Unsere Autoren *sind* Himalaya-erprobt. Wo die Fotos des zweiten Farbbildteils in weglosem und/oder kniffligem Terrain entstanden, verzichten wir zu Ihrer Sicherheit auf Hinweise, wie man zu den jeweiligen Aussichtspunkten gelangt.

Inseln und Holme hingestreute Henningsvær und auf den gesamten Vestfjord sowie auf die Bergmauern von Vestvågøya.

AUSTVÅGØYA – AUF DIE KLEPPSTADHEIA

◎ **DAUER/LÄNGE**: ca. 3,5–4 Std. / ca. 6 km.

◎ **WEGVERLAUF/ENTFERNUNGS-/HÖHENANGABEN** (Streckenwanderung): Parkplatz Kreuzung E 10 mit der nach Brenna ausgeschilderten Straße (5 m) – Baumgrenze (250 m, 1 Std.) – Kleppstadheia (534 m, nach 1,5 Std.) – Rückweg rund 1,5 Std.

◎ **WEGBESCHAFFENHEIT**: deutliche Wald- und Wiesenpfade bis zur Baumgrenze, die sich zwar vereinzelt verlieren, aber alle in die Höhe führen. Ab der Baumgrenze über Schafpfade sowie Felsbahnen, vereinzeltes Geröll und Wiesenhänge zum Gipfel.

◎ **ORIENTIERUNG**: problemlos, da die Richtung durch die Topografie zumeist klar vorgegeben ist.

◎ **KARTEN**: Topokarte »Vågan Kommune« im Maßstab 1 : 50.000; die eigentliche Wanderroute ist darauf rot eingezeichnet.

◎ **AN-/RÜCKFAHRT**: Der E 10 Svolvær Richtung Leknes folgen (Route 7), dann hinter Kleppstad und kurz vor der Bogenbrücke über den Gimsøyastraumen auf den Parkplatz direkt an der Kreuzung der E 10 mit der Straße nach Brenna.

Mit dem Bus: Die Busse der Linie 100 (Svolvær - Leknes) passieren den Parkplatz, der zwar Bushaltestelle ist, wo sie bei manchen Touren aber nur bei Bedarf anhalten; deshalb deutlich auf sich aufmerksam machen!

◎ **ZELTTOUR**: Das Terrain ist meist steinig und uneben, auch Trinkwasser ist hier kaum aufzutreiben; das Zelten würde hier wenig Spaß bereiten.

◎ **ANMERKUNGEN**: Trinkwasser ist mitzubringen.

◎ **KURZBESCHREIBUNG**: Von dem Parkplatz aus folgt man der Straße in Richtung Brenna für vielleicht 100 m, bis man rechter Hand unübersehbar einen Pfad den teils bewaldeten Höhenrücken hinaufsteigen sieht; dann über den Schafzaun und auf den Pfad, den Höhenrücken hinauf und durch teils regelrecht verfilzten Birkenwald bis zur Baumgrenze hinaus; dann einfach geradeaus bzw. leicht halb links den nun mit Wiese, Geröll und Felsbändern bedeckten Buckelhang hinauf. Auf der Höhe öffnet sich jäh ein Steilhang nach Norden – die Kleppstadheia, wohin ab hier deutliche Pfade führen, liegt linker Hand, markiert mit jenem trigonometrischen Punkt.

Das Besondere auch dieser Tour ist natürlich das Panorama, das man farbenprächtiger selbst auf dem Archipel nicht überall genießen kann: Auf Grund der zahlreichen Untiefen nämlich schimmert der Gimsøyastraumen in den verführerischsten Farben zwischen Schwarzblau und hellem Türkis, während die Berge Gimsøyas und Vestvågøyas als hellbraune bis tiefgraue Skulpturen aus dem Vestfjord ragen und sich das Sydal als ein Traum in sattem Wiesengrün präsentiert.

Wanderung 1 – Austvågøya: Über das »Dach« der Inselwelt

IM ÜBERBLICK

◎ **DAUER**: zwischen 4,5 und 6 Std. reine Laufzeit.

◎ **WEGVERLAUF / HÖHEN-/ENTFERNUNGSANGABEN** – AUFSTIEG: Litlhaugen (5 m) – Jorden (10 m, rund 15 Min.) – Storvika (10 m, 10 Min.) – Höhe 250 m ü.d.M. (45 Min.) – Kamm (350 m, 15 Min.) – Finnmarkdal (250 m, 15 Min.) – Småtindskardet (550 m, 1 Std.);

Alternativroute: Litlehaugen (5 m) – Jorasmusdal (20 m, 30 Min.) – Finnmarkdal (250 m, 30 Min.) – Småtindskardet (550 m, 1 Std.).

◎ **WEGVERLAUF/HÖHEN-/ENTFERNUNGSANGABEN** – ABSTIEG: Småtindskardet (550 m) – Storkongsvatnet (35 m, nach 2 Std.) – E 10 (5 m, nach 30 Min.);

Alternativ: Småtindskardet (550 m) – Damvatnet (133 m, 1,5 Std.) – Turbinenhaus beim Storkongsvatnet (5 m, 30 Min.) – E 10 (5 m, 1 Std.).

◎ **WEGBESCHAFFENHEIT**: im ersten Abschnitt (beider Aufstiegsrouten) überwiegend durch morastiges Terrain, danach über Fels und Geröll bis zum Pass; ab Småtindskardet Fels und Geröll (direkter Abstieg zum See Storkongsvatnet) bzw. mit Geröll durchsetztes Wiesenterrain (Alternativabstieg via Damvatnet).

◎ **ORIENTIERUNG**: via Jorden zum Teil schwierig ohne Erfahrung im Lesen von Topokarten; via Finnmarkdal problemlos; ab Småtindskardet sollte man für den Direktabstieg ebenfalls schon ein wenig versiert sein (da kein Weg sichtbar), wohingegen die Alternativroute via Damvatnet recht problemlos ist.

◎ **KARTEN**: Die auf den Lofoten erhältliche Topokarte »Vågan Kommune« stellt das gesamte Gemeindeareal und die Wanderung selbst (inklusive Alternativabstieg) dar.

◎ **ANFAHRT**: von Svolvær/Austvågøya aus über die E 10 bis 2 km nördlich der Sundbrücke nach Gimsøya, wo in einer Linkskurve von 90° eine Schotterpiste rechts abzweigt; diese Straße führt dann nach 2 km zum Ausgangspunkt.

Um 9 und 11.30 Uhr verkehrt zwischen Svolvær und Leknes ein Bus, der direkt an der Abbiegung nach Litlhaugen entlangfährt; ab dort 2 km zu Fuß zum Ausgangspunkt der Tour.

◎ **RÜCKFAHRT**: Um ca. 14.45, 16.20, 17.25 und 21.30 Uhr fahren von Leknes kommende Busse am Zielpunkt (E10) vorbei in Richtung Svolvær; wer sein Fahrzeug am Ausgangspunkt der Wanderung geparkt hat, kann vom Zielpunkt aus einen Bus um ca. 15.30, 18.40 und 22.15 dorthin zurück nehmen (Richtung Leknes). Taxi im Zentrum von Kabelvåg auf dem Parkplatz vor dem Supermarkt (rund 1,5 km ab dem Endpunkt der Tour).

◎ **ZELTTOUR**: Der Småtindskardet gibt einen wildromantischen Zeltplatz ab.

◎ **ANSCHLUSS-/ALTERNATIVWANDERUNGEN**: Der Damvatnet (Alternativabstieg) bietet sich als Ausgangspunkt für eine Anschlusswanderung zum direkt oberhalb gelegenen See VESTRENØKKVATNET an: Der Weg ist deutlich zu erkennen, man

Zu jeder folgenden Wanderung gibt es einen einleitenden Info-Block. Beachten Sie bitte besonders die Kurzbeschreibung sowie die Texte zu »Wegbeschaffenheit« und »Orientierung«, da sie zum Schwierigkeitsgrad Auskunft geben.

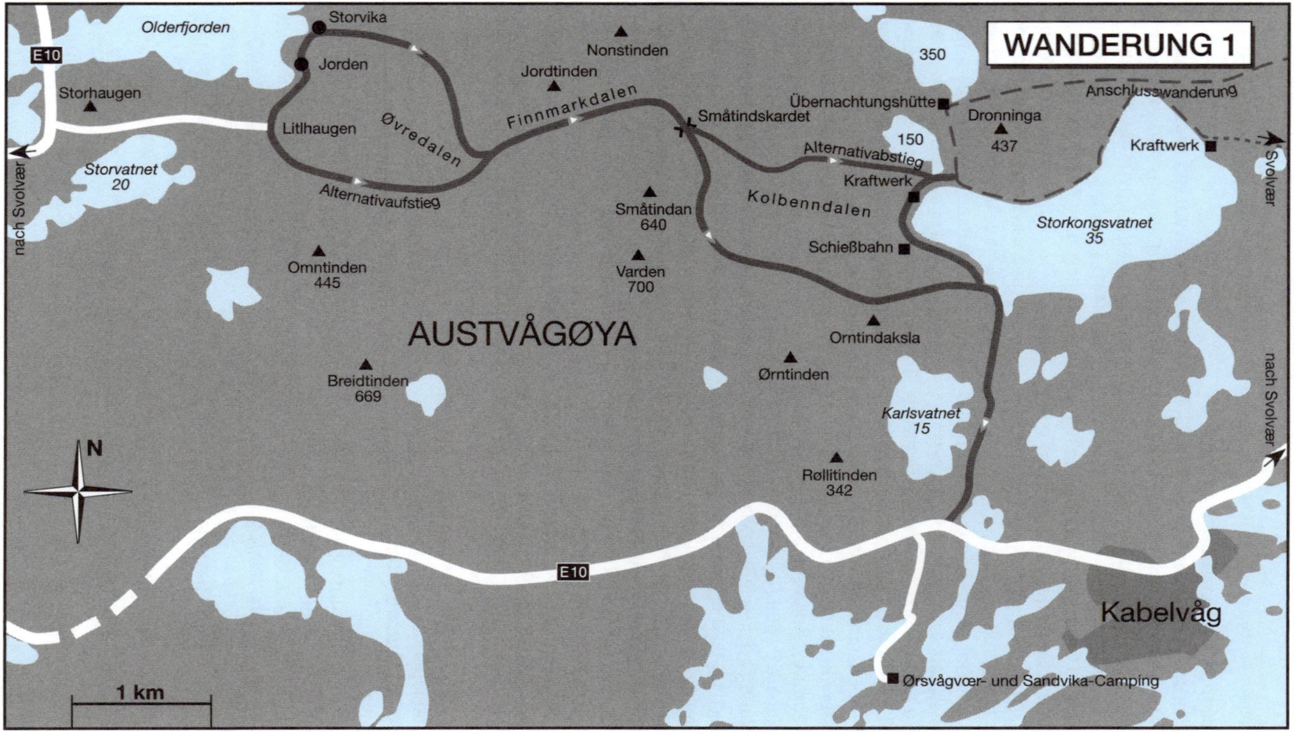

WANDERUNG 1
Olderfjorden
Storvika
Jorden
E10
Storhaugen
Litlhaugen
Øvredalen
Finnmarkdalen
Nonstinden
Jordtinden
Småtindskardet
Übernachtungshütte
350
Dronninga
437
150
Anschlusswanderung
Kraftwerk
Svolvær
Alternativabstieg
Kraftwerk
Storvatnet
20
nach Svolvær
Alternativaufstieg
Småtindan
640
Kolbenndalen
Storkongsvatnet
35
Schießbahn
Omntinden
445
Varden
700
AUSTVÅGØYA
Orntindaksla
Breidtinden
669
Ørntinden
Karlsvatnet
15
nach Svolvær
N
Røllitinden
342
E10
Kabelvåg
Ørsvågvœr- und Sandvika-Camping
1 km

folgt nämlich einfach der unübersehbaren Rohrleitung, die direkt zum Vestrenøkkvatnet hinaufführt. Dieser Pfad ist mitunter rutschig, an den gefährlichsten Stellen jedoch durch ein Seil gesichert. Aufstieg für die rund 200 Höhenmeter etwa 45 Min.

Oben angekommen, erwartet die Wanderer wieder einmal ein wahres Traumpanorama (noch imposanter als vom Damvatnet aus), findet man sich einem wunderschönen, teils von Wiesenmatten gesäumten Bergsee gegenüber. Hier steht eine 1997 errichtete Wanderhütte, die stets geöffnet ist und in der zwei Etagenbetten (4 Personen), ein Gaskocher sowie ein Bollerofen eingerichtet sind. Bezahlen muss man nur eventuell benutztes Brennholz (100 NOK), im Hüttenbuch finden sich Benutzungshinweise auch auf Deutsch. Hier wohnt man wildromantisch: Draußen auf einem Panorama-Balkon lädt eine Bank mit Tisch ein. Von der Hütte als Basecamp sind einige einfache Anschlusswanderungen auf die Gipfel der Umgebung möglich.

Wer wenig Zeit hat, kann diese Variante anstatt der eigentlichen Tour machen und wandert ab der E 10 entlang der Schotterstraße am Schießstand vorbei bis ans Wegende beim Kraftwerk samt Turbinenhaus. Oberhalb befindet sich ein altes, heute unbewohntes Gehöft, neben dem rechts ein ausgetretener Pfad in mäßiger Steigung den Hang zum Damvatnet hinaufsteigt. Laufzeit ab E 10 bis Kraftwerk ca. 45 Min., dann 30 Min. bis zum Damvatnet plus 45 Min. bis zum Vestrenøkkvatnet; das macht total etwa 2 Std./Weg.

Eine weitere Anschlusswanderung bietet sich vom Kraftwerk aus an: Direkt am Seeufer beginnt ein schmaler Erdpfad, der den See Storkongsvatnet umrundet (ca. 3 km); am Zielpunkt befindet sich ein weiteres Kraftwerk; von dort aus sind es ca. 4,5 km Schotterstraße bis Svolvær. Siehe auch unter Route 1 auf Seite 128.

◎ **ANMERKUNGEN**: Bis etwa Mitte Juli zeigt sich der Småtindskardet von Schnee bedeckt, wie auch die direkte Abstiegsroute zum Storkongsvatnet dann mitunter noch Schneefelder behindern – dann besser auf den Alternativabstieg ausweichen.

◎ **KURZBESCHREIBUNG**: Wer die komplette Tour begehen will, die eine Überquerung der Lofoten-Wand darstellt, braucht KONDITION, denn die Wanderung gehört zu den EXTREMEN, die wir vorstellen. Wer nicht fit ist im Lesen von Topokarten, soll den Aufstieg durch das Jorasmusdal wählen und den Abstieg via Damvatnet. Die gesamte Strecke, egal welche Route, prägen wundervolle Landschaftsbilder, wie auch die Anschluss-/Alternativwanderung für ein stundenlanges Landschafts-Bestaunen gut ist.

Ausgangspunkt der Wanderung ist **LITLHAUGEN**, ein aus drei, vier Häusern bestehendes Dorf am Olderfjord, das kaum als solches zu erkennen ist. Wir folgen der bei Storhaugen von der E 10 nach Westen abzweigenden Stichstraße für etwa 2 km und parken an der dritten, links abzweigenden Hauseinfahrt; gegenüber führt ein weiterer Fahrweg zu einem rechts liegenden Gehöft mit Scheune. Unsere Tour auf das Dach von Austvågøya

Leser-Erfahrung: Einstieg schwer zu finden, Terrain wirklich steil, unwegsam, stellenweise absturzgefährdet; darum Tour in umgekehrter Richtung ab E 10 bei Kabelvåg begonnen; dort leicht zu finden (siehe Karte). **Fortsetzung S. 213.**

wird der am westlichen Talschluss klaffenden Kerbe des Finnmarkdals folgen. Zwei »Wege« gibt es dorthin, beide sind beschwerlich. Welchen man wählt, hängt von der Jahreszeit ab, oder besser: vom Wasserstand der ausgedehnten Feuchtstelle, die sich westlich an Litlhaugen anschließt und ins Finnmarkdal übergeht.

Früh im Jahr, etwa bis Anfang Juli, wenn die Schmelzwasser noch reichlich fließen, sollte man die Route via Jorden und Storvika wählen, die einen weiten Bogen nach Nordost beschreibt, bevor sie unterhalb des Jordtinden in die Talkerbe absteigt. Der andere Weg ist in der Orientierung viel einfacher, aber erst begehbar, wenn besagte Feuchtstelle auszutrocknen beginnt. Er zweigt rechts ab, führt also zunächst nach Westen, umrundet so die Feuchtstelle, durchquert nach ca. 1 km den aus dem Jorasmusadal abfließenden Bach und steigt in das vorausliegende Finnmarkdal ein, durch das sich ebenfalls ein Bach ergießt. Einfach geradeaus durch die tief eingeschnittene Felskerbe bis zu ihrem Ende – dem Småtindskardet, einem Pass im Zentrum der Lofoten-Wand. Das hört sich einfacher an, als es ist, denn im ersten Teil behindern Morast – wie gesagt – und schwer zu durchdringendes Weidegehölz, ebenso wie Geröllfelder zu schaffen machen.

Nicht anders verhält es sich mit der ALTERNATIVROUTE, der wir während der Recherche (Mitte Juni) den Vorzug geben mussten. Aber zumindest das erste Wegstück ist einfach und folgt dem links abzweigenden Fahrweg, der zu einer Kiesgrube führt und hier endet. Wir steigen auf den links angrenzenden Erdwall hinauf, von dem aus man deutlich das noch etwa 500 m entfernte Gehöft von Jorden ausmachen kann, das etwas oberhalb des Olderfjords am Wiesenhang liegt. Dorthin wollen wir wandern, folgen dazu dem Erdwall, überqueren einen Bach und halten durch lichtes Birkengestrüpp auf das Haus zu. Wenn das Terrain zu feucht ist, läuft man direkt am Fjordufer entlang. Wir passieren **JORDEN** rechter Hand und kommen nicht umhin, die zu beneiden, die hier einst gewohnt haben: Über saftige Wiesen blickt man auf den niedrigen, daher türkisfarbenen Fjord vor Gimsøyastraumen und Vestvågøya sowie, im Westen und Süden, auf die Zackenlinie der Austvågøya-»Wand«.

Hinter dem Haus lässt sich mit etwas Glück ein Trampelpfad ausmachen. Aber selbst wenn nicht, ist es egal, denn die Richtung steht fest: nahe am Fjordufer entlang, über Wiesen und durch lichte Birkenhaine nach **STORVIKA**, einem verlassenen und vielleicht noch idyllischer als Jorden liegenden Gehöft. Etwa 100 m vor diesem Etappenziel biegen wir rechts ab, queren die Wiese, laufen unter den dort entlangführenden Stromleitungen hindurch und betreten einen bewaldeten Hang. Von einem Pfad fehlt ab jetzt jede Spur, man muss sich seinen Idealweg hinauf suchen. Bis auf 100 m Höhe etwa geht es durch dicht gewebte Vorhänge aus eng stehenden Birken und Fichten, bis 200 m muss man sich durch ein Dickicht aus sperrigen Weidengerten mühen.

Fortsetzung Leser-Erfahrung: Weg zum Storkongsvatnet – Schranke steht oben bei Schießbetrieb, Aufstieg zum Damvatnet gut erkennbar rechts vom Turbinenhaus Storkongsvatnet; ab Schleusenhaus Damvatnet über den Damm, ...

Aber dann darf man aufatmen: Die Weiden werden niedriger, und auf **250 M HÖHE** weichen sie Heidekraut und glatten Felsbahnen; das weite Panorama entschädigt für alle Anstrengungen. Im Süden erstreckt sich das Moor bei Litlhaugen zu Füßen des Lyngværsfjellet, dessen Geröllfelder in den Gimsøyastraumen stürzen. Auch die Bogenbrücken nach Gimsøya und von dort nach Vestvågøya sind im Bild, und voraus, gen Westen, ragt die kleine Felspyramide des JORDTINDEN auf, dessen rechter Rand anzuvisieren ist: In gerader Linie geht es hinauf, das Felsterrain hilft zügig voranzukommen: Schon nach etwa 15 Min. ist eine Höhe von 350 m genommen, ist die Grenze zwischen Hochheide und der nackten Felswelt überschritten.

Wir stehen auf einem **KAMM**, der in einem Bogen nach Südosten um den Jordtinden herumführt, wo deutlich die Kerbe des Finnmarkdals auszumachen ist. Wir folgen ihm, steigen dabei leicht, aber konstant ab, so dass die Höhe nur noch 300 m beträgt, als kurze Zeit später der obere Rand des **FINNMARKDALS** erreicht ist, in das es nun über eine (nicht zu) steile Wiesenflanke hinuntergeht.

Knapp 105 Min. sind seit dem Aufbruch von Litlhaugen vergangen. Der Alternativweg, der hier mit dem von uns begangenen zusammenläuft, ist schneller, aber ohne Ausblick. Zur Zeit der Recherche (Mitte Juni) war der Talgrund noch komplett mit Schnee bedeckt, so dass wir keine Aussage darüber treffen können, wie er sich ab Mitte Juli präsentiert, wenn das Winterkleid endgültig geschmolzen ist.

Die weitere Richtung ist immerhin klar ersichtlich. Während des folgenden Kilometers sind rund 300 Höhenmeter zu überwinden; 1 Stunde sollte man für diese Steigungsstrecke schon ansetzen. In der Höhe öffnet sich bald das »V« eines Sattels am Himmel, aber als wir es erreichen (400 m), wird klar, dass gerade erst die Hälfte der Strecke zu einem weiteren »V« in der Höhe zurückgelegt ist.

Die letzten Meter sind vermutlich die anstrengendsten, aber dann ist es geschafft: Man steht in dem mit Felsbrocken übersäten Einschnitt des **SMÅTINDSKARDET**, der die Wasserscheide markiert und im Zentrum der Lofoten-Wand liegt. Wir sehen Svolvær, die Schären, den rotbraunen Felkskoloss der Insel Lille Molla, überspannen den Vestfjord bis hin zum Kaledonischen Gebirge. Es geht etwas weiter in den von einem kleinen See mit Wiesenufern ausgefüllten Passsattel hinein, dann liegt auch Kabelvåg mit der ockerfarbenen LOFOTEN-KATHEDRALE zu Füßen, während sich links im »Felsrahmen« das graue Oval von Store Molla gegen das Meer abhebt.

Schließlich haben wir uns satt gesehen und denken mit Schrecken an den Abstieg. Es scheint unvorstellbar, dass von hier ein gangbarer Weg hinunter nach Kabelvåg führen soll. Um zu erkennen, dass der Schein trügt, muss man, direkt am Saum der rechten Berglehne entlang, ca. 30 m absteigen. Jedoch nicht in gerader Linie dem offenen Kolbenndal entgegen, sondern vielmehr rechts herum auf

... Seeufer verlassen, nach links, zunächst leicht bergab halten durch unwegsames Birkengestrüpp, das nach ca. 5 Minuten aufhört; Pfad gut ausgetreten, auf der Talschulter links vom Damvatnet hinauf zum Småtindskardet.

die Felsnase des Ørntindaksla (»Ørntind-Ausläufer«) zu, die rechts über dem Kolbenndal aufragt und sanft nach Südwesten abfällt.

Während der Recherche begingen wir den Fehler, der Talmulde zu folgen. Es ging steil hinab, schließlich mit solchem Gefälle über spiegelglatte Felsbahnen, dass an ein erneutes Aufsteigen nicht zu denken war; wir hatten uns hoffnungslos verstiegen, benötigten rund 3 Std., um extrem steil abfallende Felswände kletternd zu bezwingen – dies nur als Warnung, nicht dem einfach scheinenden Weg durch das Tal zu folgen, sondern stets oberhalb seiner rechten Flanke zu bleiben. Dort verläuft auch ein einigermaßen ausgetretener Pfad, leicht zu verfolgen, wenn man ihn erst einmal gefunden hat (was aber zuletzt nicht einfach war). Das Gefälle ist gering, erst nach rund 1,3 km (unterhalb von zwei kleinen Seen) überschreitet man die 300-m-Marke. Jetzt erkennt man die Nasenform des Bergausläufers und auch den Storkongsvatnet an dessen Wurzel, den eine Straße umrundet. Zu der gilt es abzusteigen; von hier aus, direkt unterhalb des ØRNTINDEN auf dem Ørntindaksal, ist der breit ausgetretene Pfad (siehe oben), der bis ans Seeufer führt, eigentlich nicht mehr zu verfehlen: Er führt – direkt gegenüber ist eine Bushaltestelle, die für beide Richtungen gut ist – gen Westen, auf die nach unten geneigte Nasenspitze zu; ab Höhe 200 m behindern wiederum Gestrüpp und Weidedickicht, bald auch Geröll, aber es geht so zügig voran, dass mal gerade 2 Std. seit der Passhöhe vorbei sind, als das Ufer des **STORKONGSVATNET** (35 m) im Bereich einiger Ferienhäuser voraus liegt.

Der ALTERNATIVABSTIEG ab Småtindskardet ist ebenfalls von der Passhöhe nicht erkennbar: Anstatt nach rechts halten wir uns nun unterhalb des Sattels links und steigen, direkt am Saum der linken und mit Wiese bewachsenen Berglehne, sanft auf einen (noch nicht erkennbaren) Kamm hinunter. Streckenweise macht man deutlich einen Pfad aus; sofern man nicht zu weit nach rechts läuft (wo der Kamm bald über Steilwände ins Tal fällt), kann eigentlich gar nichts schief gehen. Bald taucht voraus der Vestrenøkkvatnet (siehe als Anschlusswanderung) auf mit dem unterhalb gelegenen Damvatnet, an den es hinuntergeht. Zuletzt ist der Pfad morastig, führt durch Weidendickicht, aber die Orientierung ist kein Problem. Der **DAMVATNET** ist ereicht, es geht an seinem Ufer mit Mini-Staudamm und Schleusenhaus entlang, ein paar Meter weiter den Hang (teilweise morastig) zu dem Turbinenhaus am STORKONGSVATNET hinunter.

Wer die Anschlusswanderung anhängt, hält sich vom Damvatnet hinter dem Schleusenhaus in Richtung Wasserrohr, wo ein Pfad bergauf verläuft.

Wir folgen der Schotterstraße nach rechts, passieren dann die Seen Svarttjørna und Karlsvatnet und stehen 30 Min. später am Mølnosen-Meerarm, den die **E 10** überspannt.

Wanderung 2 – Austvågøya: Alpine Bergwelt zwischen Fjorden

IM ÜBERBLICK

◎ **DAUER/LÄNGE**: ca. 6–7 Std./9 km.

◎ **WEGVERLAUF/HÖHEN-/ENTFERNUNGSANGABEN** (Streckenwanderung): Nordpollen/Schotterpiste (15 m) – Rangeldal (200 m, nach 30 Min.) – Rangeldalsvatnet (240 m, 15 Min.) – Sattel (400 m, 45 Min.) – Steindalsvatnet (450 m, 20 Min.) – Matmora (788 m, 90 Min.) – Storskardet (560 m, 1 Std.) – Gjersvollheia (450 m, nach 30 Min.) – Delpen (400 m, 45 Min.) – Küstenstraße (1 m, 20 Min.).

◎ **WEGBESCHAFFENHEIT**: bei dem Aufstieg zum Matmora teils über loses Gestein, Geröllfelder; bis zum Ziel über größtenteils weichen und leicht zu begehenden Heideboden.

◎ **ORIENTIERUNG**: problemlos; der Weg folgt weitgehend einem Pfad, und sporadisch sind Steinhaufen als Markierungen gesetzt.

◎ **KARTEN**: Topokarte »Vågan Kommune« (siehe Seite 210), der gesamte Wegverlauf ist dort rot markiert.

◎ **ANFAHRT**: ab E 10 bei Vestpollen (19 km nördlich von Svolvær) auf die Straße nach Laukvik abbiegen und ihr etwa 15 km folgen. 2 km nördlich der Ortschaft Sandsletta (Camping/Hütten, am Ufer des Nordpollen, zweigt rechts die parallel zur Küstenstraße verlaufende Schotterpiste ab, die den Ausgangspunkt der Tour markiert. – Unter Route 5 (siehe Seite 144) ist die Anfahrt ab Svolvær beschrieben.

◎ **RÜCKFAHRT**: Der Endpunkt der Wanderung ist 9 km vom Ausgangspunkt entfernt; dorthin sind es rund 2 Std. über die Straße, aber auch das Trampen sollte möglich sein.

◎ **ZELTTOUR**: unbedingt geeignet, zahlreiche mögliche Stellplätze für's Zelt; kein Brennmaterial.

◎ **ALTERNATIVWANDERUNG**: Wer zwar reiche Aussicht genießen will, jedoch eher Lust auf einen kurzen Spaziergang und nicht eine anstrengende Wanderung hat, kann dem ausgetretenen (und nicht zu verlierenden) Serpentinenweg vom Ausgangspunkt der Tour ins RANGELDAL folgen. Rund 30 Min. ist man bis dorthin unterwegs – unsere Eltern, beide über 70 Jahre, schafften es in 50 Minuten. Am Eingang zum Tal kann man sich ins Heidekraut setzen und die Aussicht Richtung Laukvik, Gimsøy und Vestvågøy sowie zu den Vesterålen genießen. An einem nahen See lässt es sich herrlich relaxen, die lichten Birkenwälder rings umher sind für ihre Fülle an Blaubeeren und Pilzen bekannt. Der Abstieg nimmt etwa 20 –30 Min. in Anspruch.

◎ **ANMERKUNGEN**: letztes Trinkwasser im Steindal (am See), wo man die Wasserflasche auffüllen sollte.

◎ **KURZBESCHREIBUNG**: Wir kennen keine Wanderung auf dem Archipel, die so hoch (auf 788 m) hinaufführt, während nahezu ihrem ganzen Verlauf so ein hochalpines Panorama freigibt und gleichzeitig Meerblick nach drei, manchmal vier Seiten, bei all diesen Superlativen so relativ unbeschwerlich ist wie diese – die das »Dach« der Wand nicht überschreitet, sondern gewissermaßen auf ihrem »First« verläuft. Nur das Teilstück vom

WANDERUNG 2
N
Nordmeer
888
nach Fiskebøl
Grunnfør
Delpneset
Delp
Grunnfør-
fjord
Delpen
374
Gjersvoll
Straumnes
Laukvika
Camping
Gjersvolldalen
Gjersvollheia
424
Straumnes-
myran
Storskardet
529
888
Trolldalen
Mølndalsvatnan
Matmora
788
Stornestinden
644
Steindalen
Nordpollen
Jordene
Rangeldalen
Maritdalstinden
648
Rangeldalsvatnet
AUSTVÅGØYA
Vatn-
fjord
Sandsletta
Camping
1 km
nach Vestpollen
E10

Rangeldal bis zum Gipfel des Matmora ist streckenweise Schweiß treibend und die Muskeln ermüdend – da steil. Für die folgenden 5 km bis zum Abstieg ans Meer folgt der Weg erst einem (nicht zu schmalen) Grat, dann einem Hochplateau. Auch botanisch interessierte Zeitgenossen kommen auf ihre Kosten, denn alle lokalen Vegetationsstufen werden der Reihe nach durchschritten. Und wer in dem faszinierenden Buch geologischer Entwicklungsgeschichte lesen will, findet die ersten Kapitel – Archaikum und Proterozoikum – aufgeschlagen.

Direkt unterhalb des Startpunktes erstreckt sich der **NORDPOLLEN**, ein nur 2-8 m tiefer (und darum akzeptable Badetemperaturen aufweisender) Seitenarm des Vatnfjords. An seinem Südufer zweigt parallel zum Pollen eine SCHOTTERPISTE nach Osten ab, die 2 km oberhalb wieder auf die Asphaltstraße mündet. Die südliche Einfahrt ist gesperrt, und so geht es zum Nordende, wo wir einbiegen. Nur ein paar Meter nach dem Abzweig kann man linker Hand parken.

Wiederum ein paar Meter weiter beginnt linker Hand ein stark ausgetretener, deutlich sichtbarer Pfad, der eher sanft und über Serpentinen den Hang hinaufansteigt, mitunter sogar mit einem roten »T« markiert ist (was überflüssig ist). Er führt schnell und problemlos ins etwa 200 m hoch gelegene Rangeldal und wurde einst für den Abtransport von Eisenerz angelegt, das am linken Talrand abgebaut wurde. Wo sich das Tal inseleinwärts öffnet, genießt man herrliche Panoramen. Bis hierhin bzw. auch weiter ins Rangeldal hinein kann auch wandern, wer nur eine geringe Kondition hat (s. o. unter »Alternativwanderung«).

Der Weg führt von hier an deutlich sichtbar entlang der linken Talflanke ins **RANGELDAL** hinein, gabelt sich aber in seinem Verlauf mehrmals, und man muss AUFPASSEN, nicht zu weit nach rechts zu gehen, sondern stets nahe am Talschenkel zu bleiben. Linker Hand kann man ein paar Stollenlöcher der ehemaligen Eisenerzmine ausmachen, auch eine alte Lorenrampe sowie Hausfundamente liegen am Weg, der sich bald in einen üppig wuchernden Wiesengrund-Birkenwald hineinschlängelt. Überall blüht, überall duftet es – zwischen den Birken wachsen Eschen, ein paar Espen und Weidengebüsche, während von den Hängen her das Blöken und Glockenbimmeln von Schafen ans Ohr dringt, die hier zwischen Mai/Juni und September ihre Sommerweide haben. Es ist ein Idyll, das der auf ca. 240 m Höhe gelegene See Rangeldalsvatnet endgültig perfekt macht.

Am Ostufer des Sees vorbei verläuft der stets gut sichtbare Wanderpfad, der schließlich, und etwa in Höhe des Nordufers, nach links führt, den Wiesenhang hinauf in gerader Linie auf das Steindal zu. In diesem Abschnitt verläuft sich mal der Pfad, mal finden sich viele Spuren, das ist allerdings egal, denn die Richtung ist eindeutig. Bis 300 m Höhe stehen noch ein paar krumme Birken Spalier; danach kommen Geröllfelder ins Bild, die rechts zu umgehen sind. Auf 350 m bleiben die kleinwüchsigen Weiden zurück; da

Aussicht vom Rangeldal über den Nordpollen hinweg auf den Svarttinden, der im Rahmen der Wanderung Nr. 5 zur Geltung kommt ▶

sich die den (ca. 30° steilen) Hang bedeckenden Steine gut als Stufen nutzen lassen, kommt man zügig voran.

Nach ca. 30 Min. wird der auf knapp 400 m Höhe gelegene **SATTEL** überschritten. Voraus steigt die Pyramide des STORNESTINDEN markant in den Himmel, rechts ragt der MARITDALSTINDEN auf. Grau und Braun sind die Farben des Felses, der hauptsächlich aus MANGERIT besteht, einer magmatischen Gesteinsart, die vielerorts

als Bau- oder Dekorationsstein Verwendung findet.

Die Richtung – geradeaus auf den Stornestinden zu – ist klar, aber das Fortkommen mühsam: von Felsblock zu Felsblock, ein Geröllfeld folgt dem anderen: 20 Min. muss man schon ansetzen, bis der auf 450 m gelegene und vom Sattel nur 400 m entfernte See **STEINDALSVATNET** erreicht ist. Dieser 30 m durchmessende See kann bis in den Juli hinein teilweise von Eis bedeckt sein. Nach Norden und Osten zu bilden steile und wüst erodierte, weil uralte Felswände seine Begrenzung, und gen Westen steigt ein von Geröll übersäter Hang gut 45° steil in die Höhe. Die Schräge markiert fortan den Weg, aber bevor man sich an den Aufstieg macht, sollte man noch einmal die Wasserflasche füllen, denn bis zum Ziel der Wanderung lässt sich nichts Trinkbares mehr auftreiben.

Auf einer Distanz von rund 1 km ist jetzt ein Höhenunterschied von fast 400 m zu überwinden. Ob man in spitzem oder rechtem Winkel vom See her aufsteigt, ob in gerader oder Serpentinenlinie: es bleibt gleich, sofern man einfach den höchsten Punkt des Hangs zum Ziel macht. Streckenweise läuft man wie auf einem Kugellager aus Felsmurmeln – vielleicht bereut man jetzt, sich überhaupt auf den Weg gemacht zu haben? Auf einer Höhe von 550 m nimmt das Panorama dem Anstieg von seiner Schwere, denn nun wachsen im Osten die ersten Zipfel der Lofoten-Wand ins Bild, und von Meter zu Meter werden sie größer. Auf 580 m Höhe ist eine Felsterrasse erreicht, die man aus der Tiefe eventuell fälschlich für das Ziel gehalten hat. 120 m höher kann der Blick schon einen Halbkreis schlagen, ohne auf Hindernisse zu stoßen; noch mal 40 m weiter, nach insgesamt ca. 1 Std. ab See, dehnt sich das PANORAMA AUF 270° aus.

Jetzt gilt es durchzuhalten: Nur noch etwa 20 Min. wird die Mühe währen, nur noch 100 m Höhenunterschied wollen bewältigt sein, bis der **MATMORA** erreicht ist. Höher und höher geht es, und was gerade noch unser Himmel war, liegt bald darauf zu unseren Füßen. Plötzlich – blickt man nach Süden und Osten, glaubt man auf einer Insel im aufgeregten Meer von Gebirgswogen zu stehen, denn dort, wie hingemalt von Sonnenstrahlen, erstreckt sich eine Komposition aus weißen Zacken und Zinnen, Pyramiden und Kegeln: das Lofoten-Dach von oben. Im Westen umfasst der Blick tausende von winzigen Felseilanden, bevor er sich an Gimsøya und Vestvågøya vorbei auf dem offenen Meer verliert. Gen Norden schimmert der Grunnførfjord so türkis wie eine Lagune in den Tropen, hinter dem kilometerbreiten Hadselfjord heben sich die wild modellierten Berge der Vesterålen dunkel gegen das blaue Nordmeer ab. Zu unseren Füßen jedoch – und so tief, dass einer/m schwindelig wird – stürzt der Blick über meterbreite Schneewechten senkrecht in einen gigantischen Felskessel, aus dem die beiden Seen Mølndalsvatnan grün emporleuchten.

Dieses Panorama finden wir jede Mühe wert, und die, die wir hatten, scheint uns jetzt schon minimal. Zumal wir wissen, dass keine Strapazen mehr folgen, der Weg einfach um den Kessel herum nach Norden führen wird, um auf dem geneigten Plateau eines schief liegenden Tafelberges weiterzulaufen. Die Richtung ist klar: nach links, wo man sogar die Spur eines Pfades ausmachen kann. Während des folgenden Kilometers wandern wir stets im Angesicht des Felskessels, der ein Kraterloch sein könnte. Aber zu nahe sollte man nicht an den Abgrund treten, denn die Felsen HÄNGEN ÜBER, wie auch die Schneewechten, die sich bis Mitte Juli blendend weiß ins Bild fügen, keinen Boden unter sich haben – wer sie betritt, begibt sich in LEBENSGEFAHR.

Nach 15 Min. ist man eher sanft bis auf 700 m abgestiegen. 10 Min. später ist der Kessel halb umrundet und blicken wir nach links über eine fast schon geometrisch exakte Schräge auf das vielfarbig braune Straumnes-Moor, das sich bis zu den Orten Straumnes und Gjervoll erstreckt, wo das Meer an grünen Wiesen leckt. Ungefähr 1 Std. ist seit dem Matmora vergangen, da betreten wir die 100 m tiefer als das Umland gelegene Kerbe des **STORSKARDET** – der rechts abzweigende Pfad ist zu ignorieren! –, aus der sich ein Pfad wieder 70 m emporwindet, einem Steinhaufen entgegen.

Für die folgenden 30 Min. verläuft die (meist von Schafen getretene) Spur etwa 20 m unterhalb des Grat-Scheitelpunktes auf seiner linken Seite. Dann öffnet sich voraus das vom Heidekraut rote Hochplateau der **GJERSVOLLHEIA.** Bis zu ihrem Nordrand, wo sie sich steil über den Delpneset ins Meer stürzt, ist das Wandern eine reine Freude, denn der Boden ist angenehm nachgiebig, das Terrain ist eben und das Panorama unbegrenzt. Wer Augen hat für das Kleine, Zarte, kann zwischen Steinen, Heidekraut und Moospolstern eine Kollektion an nordischer Gebirgsflora ausmachen; Schafe bimmeln durch das Land, über dem nicht selten Greifvögel ihre weiten Kreise ziehen. Rund 30 Min. wandert man so dahin. Dann läuft die Heia zur Felsnase von **DELPEN** aus. Rechter Hand schwingt sich der Straßendamm durch das Türkis des Grunnførfjords, voraus erstrecken sich die Feld- und Wiesenparzellen von DELP ans Meer, dort wo rote Bootsschuppen leuchten, zur Linken setzt der Tafelberg von Gimsøya Akzente in Braun, Grau und Schwarz. Dieser Anblick ist ein letzter Höhepunkt, dem eine abschließende Anstrengung folgt: der Abstieg zur Küste.

Der Pfad führt direkt auf einen tiefer gelegenen FELSBALKON zu und von dort an, deutlich sichtbar, jedoch teilweise steil und durch Bachbetten bis auf Meeresniveau hinab, wo bald die **KÜSTENSTRASSE** erreicht wird und wo ein Wegweiser mit der Aufschrift »Matmora« nach dorthin weist, woher wir gekommen sind.

Jenseits der Straße öffnen sich kleine SANDBUCHTEN im Wiesen- und Felssaum zum Meer – dort steht man übrigens auch herrlich mit Wohnmobil oder Zelt.

Wanderung 3 – Austvågøya: Panoramatour für alle

IM ÜBERBLICK

◎ **DAUER/LÄNGE**: ca. 3 Std. / 4 km.

◎ **WEGVERLAUF/HÖHEN-/ENTFERNUNGSANGABEN** (Streckenwanderung): Parkplatz an der E 10, südlich der Abzweigung nach Hopen (6 m) – Rørvikskaret (150 m, 40 Min.) - Felsbalkon (360 m, 1 Std.) – Glomtinden (419 m, 20 Min.).

◎ **WEGBESCHAFFENHEIT**: Vom Startpunkt aus bis zur Rørvikskaret folgt der Weg der alten Trasse der E10, die sich als Schotter- und Wiesenweg präsentiert; bis hinauf zum Plateau geht es über konstant ansteigende Pfade, zwar gut ausgetreten, aber teilweise etwas rutschig; das letzte Teilstück zum Gipfel ist sehr steil und rutschig und nur für alpin Erprobte.

◎ **ORIENTIERUNG**: problemlos, da die Richtung durch die Topografie vorgegeben und der Weg bei normaler Sicht kaum zu verfehlen ist.

◎ **KARTEN**: Topokarte »Vågan Kommune«, Maßstab 1 : 50.000; die Wanderroute ist rot verzeichnet; auch die Rundwanderung (siehe unter »Alternativwanderungen«) ist vorgestellt.

◎ **AN-/RÜCKFAHRT**: Der E 10 Svolvær - Leknes folgen (Route 4), an der Abzweigung nach Hopen vorbei und zum ca. 500 m weiter erreichten Parkplatz auf der rechten Seite.

Jeder Bus der Linien Svolvær - Henningsvær sowie Svolvær - Leknes passiert den direkt an der E10 gelegenen Parkplatz.

◎ **ZELTTOUR**: Im Höhenbereich ist das Terrain ist meist steinig, uneben und ist auch kein Trinkwasser vorhanden, während im Abschnitt zwischen Parkplatz und Rørvikskaret mehrere Wiesenflächen zum Zelten einladen; es plätschern dort mehrere Bäche.

◎ **ALTERNATIVWANDERUNGEN**: Anstatt die Wanderung am o. g. Parkplatz zu beginnen, kann man ca. 4 km weiter fahren (muss also den Tunnel durchqueren), wo, am Ende des Rørvikvatnet und kurz vor der Abbiegung nach Henningsvær, ein weiterer Parkplatz direkt rechts an der E10 liegt; ab dort aus folgt man dem diesseitigen Abschnitt der alten Trasse bis auf den Rørvikskaret. Diese Strecke ist etwas kürzer, aber steiler, der Weg stellenweise sehr steinig, die Landschaft und Panoramen sind weniger schön.

Wer höhere Ansprüche stellt, kann alternativ nicht an der E 10 starten, sondern am Hopspollen: dann der E 10 Svolvær - Leknes wie oben folgen, jedoch links ab nach Hopen und wieder rechts auf die mit »Kalle« ausgeschilderte Schotterstraße; über den Fahrdamm hinweg, gleich rechts in einer Einbuchtung (okay für einige Autos) parken. Direkt oberhalb vom Parkplatz beginnen deutliche Pfade, die sich über einen Kamm allesamt zum unübersehbaren Glomtinden-Gipfel hinziehen, sich aber immer wieder mal verlieren und in späteren Abschnitten auch recht steil sind; deshalb ist diese Tour nur für jene Wanderer tauglich, die konditionsstark und trittsicher sind. Der Weg endet auf dem Felsbalkon auf 360 m Höhe (s.o.), von wo sich der »Gipfelsturm« anschließen lässt. Auch diese Route (hin und zurück ca. 4 Std.)

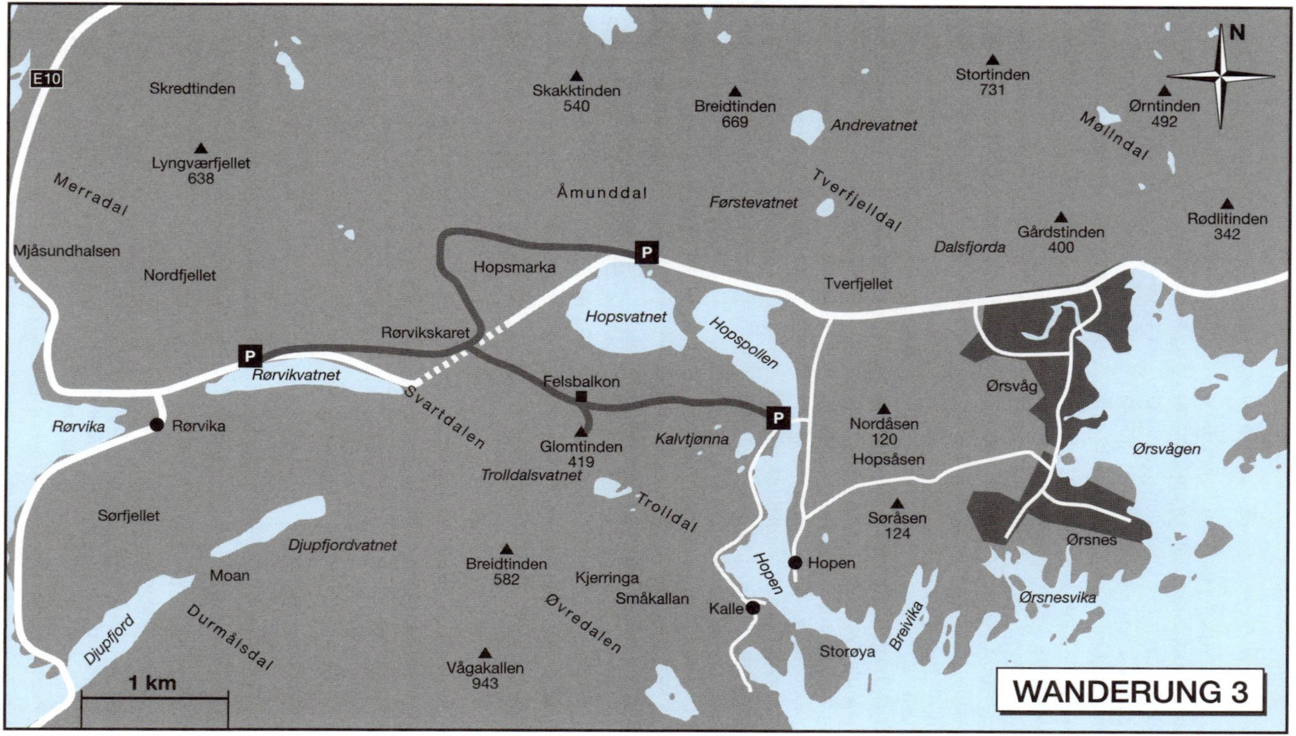
WANDERUNG 3
E10
Skredtinden
Lyngværfjellet
638
Merradal
Mjåsundhalsen
Nordfjellet
Skakktinden
540
Breidtinden
669
Andrevatnet
Stortinden
731
Ørntinden
492
Møllndal
Åmunddal
Førstevatnet
Tverfjelldal
Rødlitinden
342
Gårdstinden
400
Dalsfjorda
Hopsmarka
Tverfjellet
Hopsvatnet
Hopspollen
Rørvikskaret
P
Rørvikvatnet
Svartdalen
Felsbalkon
Rørvika
Glomtinden
419
Kalvtjønna
Trolldalsvatnet
Trolldal
Nordåsen
120
Hopsåsen
Ørsvåg
Ørsvågen
Søråsen
124
Ørsnes
Sørfjellet
Djupfjordvatnet
Moan
Breidtinden
582
Kjerringa
Småkallan
Øvredalen
Hopen
Kalle
Ørsnesvika
Breivika
Storøya
Durmålsdal
Djupfjord
Vågakallen
943
1 km
N

ist auf der o.g. Topokarte verzeichnet; anstatt den selben Weg wieder zurück zu nehmen, ist eine Rundwanderung möglich, indem man der oben vorgestellten Wanderung zum Startpunkt an der E 10 hinab folgt und von dort aus entlang der Straße zum Parkplatz wandert; dann sind etwa 5 Std. insgesamt anzusetzen.

◎ **KURZBESCHREIBUNG**: Der erste Abschnitt dieser Wanderung bis zur Rørvikskaret ist denkbar leicht und eher ein Spaziergang, der sich gerade auch für Senioren oder für Familien mit kleinen Kindern anbietet. Von dieser aussichtsschönen Passhöhe aus geht es konstant, teils etwas rutschig und steil bergauf, aber die »Mühen« sind kurz, und das nächste Etappenziel ist ein wahrer Panorama-Balkon. Wer bis zum Gipfel aufsteigt, erfährt noch eine gute Steigerung, aber dieser letzte Abschnitt ist nur für geübte Bergwanderer zu empfehlen.

Schon bei der Anfahrt aus Richtung Svolvær kann man den ersten Wegabschnitt der Tour überblicken, denn deutlich sichtbar zieht sich die alte Trasse an den Hängen der wie ein Amphitheater geformten Bergwelt zu einer Passhöhe hinauf. Bis in den frühen 1970er Jahren, als der Rørviktunnel eröffnet wurde, war diese Wegstrecke »der« Gefahrenpunkt der alten Reichsstraße, denn immer wieder sorgten Bergrutsche und Steinschlag für Aufregung, und im Winter gar war es oft tagelang unmöglich, sie nur zu befahren: Zu gewaltig waren die oft meterhoch aufgehäuften Schneewehen, zu groß auch die Gefahr von Schneelawinen, die hier in Vergangenheit so manches Opfer gefordert haben. Wer die Wanderung früh im Sommer angeht, kann sich davon überzeugen, wie spät hier erst der Schnee wegtaut: Vor Anfang Juni ist in manchem Jahr kein Durchkommen in den höheren Lagen.

Der Weg beginnt am **PARKPLATZ** hinter einer Schranke und führt in gerader Linie für etwa 1,5 km durch lichten Birkenwald sanft hinauf. Wer hier ab Ende Juli/Anfang August wandert, kann beidseits reiche Blaubeer- sowie Pilzernte halten; bereits ab etwa Mitte Juli gibt es MOLTEBEEREN in Hülle und Fülle sowie ab Ende August Preiselbeeren. Fortlaufend ergeben sich herrliche Blicke auf die zur Rechten bis über 700 m hoch aufragenden Steilhänge der Lofoten-Wand. Konditionsstarke Wanderer können von hier aus zu wahren Höhenflügen starten, und gerade der Breidtinden sowie der angrenzende Skakktinden, unterhalb dem Stromleitungen verlaufen, sind populäre, aber nicht leicht erreichbare Ziele einheimischer Bergfreaks.

Die Aussicht nach links versperren zumeist Bäume, was sich erst am Ende dieses Teilstücks ändert, wo ein kleiner Wildbach auf einem alten *ferist* (Viehsperre) zu queren ist. Wer einen schönen Zeltplatz für die Nacht sucht, kann hier fündig werden. Der Weg beschreibt nun eine 90°-Kurve und zieht sich bis zur Passhöhe, noch etwa 1 km entfernt, als Saumpfad am Steilhang entlang. Unterwegs kann man deutlich Spuren der im Winter zahlreichen Geröll- sowie Schneelawinen ausmachen, und hier auch ist es, wo mitunter noch bin in den frühen Juni hinein wegen Schnee kein Durchkommen

Unter den Lofotern ist diese Tour sehr populär, auch da sich das beschriebene erste Teilstück für alle Altersklassen eignet und nach einheimischen Maßstäben zu den leichtesten Touren im Inselreich gehört.

ist. Der Weg ist nun zumeist steinig, viel mit losem Geröll bedeckt und bietet immer imposanter werdende Tiefblicke auf den Hopen-See hinunter sowie Richtung Kabelvåg hinüber. Dann wird der **RØRVIKSKARET** erreicht. Gut 140 m ist man nun hoch; das Erste, was man auf dieser Passhöhe zu sehen bekommt, ist ein hoher Zaun mit Warnschilder *livsfare* (Lebensgefahr), denn beim Tunnelbau vor gut 30 Jahren brach hier der Berg »zusammen«, woran ein klaffendes Loch erinnert.

Ein paar Meter noch, dann kann man auch auf die andere Seite hinabblicken, wo sich der Rørvikvatnet vor der Rørvika mit dem Henningsværstraumen öffnet. – Im Hintergrund steigt die Bergkette von Vestvågøya ins Bild, das auf der nun folgenden Strecke von Höhenmeter zu Höhenmeter eindrucksvoller wird: Der Zaun liegt ein paar Meter zurück, da sehen wir linker Hand einen ausgetretenen Erdpfad den angrenzenden Birkenhang hinaufführen. Er markiert die weitere Richtung, läuft bald mit weiteren vom Pass her kommenden Pfaden zusammen. Von nun an geht es auf einem deutlich erkennbaren Kamm in direkter Linie Richtung Glomtinden hinauf.

Der Weg wird steinig und auch rutschig, weil oft sandig; mit ein bisschen Glück kann man auf diesem Abschnitt FOSSILIEN finden, insbesondere versteinerte Muscheln, die belegen, dass sich einst der gesamte Archipel unter der Meeresoberfläche befand. Sonst ist über dieses Teilstück nicht viel zu sagen, der eigentliche Weg nicht zu verlieren, auch wenn er sich hin und wieder gabelt – diese Spuren laufen jedenfalls weiter oben stets wieder zusammen.

Ab etwa halber Hangstrecke, wo ein großer Steinhaufen passiert wird, kommt zusätzlich zu dem Panorama Richtung Vestvågøy die Aussicht über Ørsnes sowie Kabelvåg bis über den Vestfjord hinweg zum Festland ins Bild. Aber erst, wenn der letzte Buckel genommen ist, wo der Hang nahezu senkrecht zum Trolldal hin abstürzt, genießt man die optimale Fernsicht gen Osten Richtung Schweden-Grenze, in die Tiefe auf Hopen sowie gen Westen bis weit über Vestvågøya hinweg. Wir stehen hier auf einem ausgedehnten **FELSBALKON**, gut 360 m hoch. Im Inselreich sind uns nicht viele Touren bekannt, die vergleichsweise leicht und schnell mit solch beeindruckenden Ausblicken belohnen.

Auf den umher liegenden Felsblöcken in Garagengröße lassen sich herrliche Logenplätze für eine Rast finden, und wer nicht wirklich trittsicher und in der Höhe erfahren ist, sollte es hier genug sein lassen. Den Spezialisten sei empfohlen, den am rechten Balkonrand zu sehenden Pfad zu begehen, der in direkter, teilweise sehr steiler Linie auf den 419 m hohen Gipfel des **GLOMTINDEN** führt. In den oberen Lagen muss sich jede/r den eigenen Weg ersteigen.

Oben angekommen, dort wo flache Felsblöcke ein bequemes Sitzen ermöglichen und es auf zwei Seiten senkrecht gut 100 m hinuntergeht, ist das Panorama noch famoser als vom Felsbalkon aus. Denn nur von hier aus hat man auch das gewaltige Felsmassiv des Vågakallen voll im Blick!

Die Aussicht vom Glomtinden Richtung Ørsnes, Kabelvåg, Svolvær ist auf Seite 120 abgebildet, ein anderer Blickwinkel im Farbbildteil 2 auf Seite 202 oben.

Wanderung 4 - Austvågøya: Ins Zentrum der »Wand«

IM ÜBERBLICK

◎ **DAUER/LÄNGE**: ca. 5–7 Std./9 km.

◎ **WEGVERLAUF/HÖHEN-/ENTFERNUNGSANGABEN** (Streckenwanderung): Parkplatz am Friedhof von Sydalen (siehe Route 4; ca. 10 m) – Stromleitungen (40 m, 30 Min.) – Sydalsskardet (240 m, 40 Min.) – Abzweigung (300 m, 15 Min.) – Bergsee – (450 m, 45 Min.) – Panorama-Balkon (ca. 550 m, 15 Min.) – Abbruchkante (640 m, 30 Min.) – Kroktinden (707 m, 20 Min.).

◎ **WEGBESCHAFFENHEIT**: in den unteren Lagen Erdwege, teils morastig; dann bis zum Sydalsskardet mehr oder weniger weglos über Wiese und Geröll; ab der Passhöhe auf Erde bis zum Bergsee; von dort bis zum Gipfel über Wiese, Fels und Geröll.

◎ **ORIENTIERUNG**: bis auf einige Abschnitte im unteren und mittleren Bereich relativ leicht, doch nur, sofern man mit Topokarte unterwegs ist.

◎ **KARTEN**: Topokarte »Vågan Kommune« (siehe Seite 210), der gesamte Wegverlauf ist dort rot markiert. Die Topokarte ist ein »Muss«, aber da der zum Sydalsskardet verzeichnete Weg nur schwer zu finden ist, beschreiben wir eine Alternativroute, die erst ab der Abzweigung von dort (geradeaus ist auf der Karte ein Weg zum Indrefjord markiert) wieder mit der auf der Karte verzeichneten Strecke übereinstimmt. Ab dem kleinen Bergsee, der ebenfalls auf der Karte zu sehen ist, beschreiben wir erneut einen anderen, da aussichtsreicheren Weg zum Gipfel.

◎ **AN-/RÜCKFAHRT**: der E 10 Svolvær - Leknes folgen (Route 7); an der Abzweigung vor der Gimsøyabrücke auf die nach Sydalen und Brenna ausgeschilderte Nebenstraße bis nach Sydalen; dort an der Schule vorbei, die nächste Schotterstraße rechts ab, geradeaus ins Tal bis zum Friedhof mit Parkplatz (siehe auch Seite 154). Mit öffentlichen Verkehrsmitteln ist Sydalen im Sommer kaum zu erreichen.

◎ **ZELTTOUR**: Im oberen Bereich der Strecke, im Umfeld des Bergsees, lassen sich schöne Wiesenplätze finden, ebenso beim Sydalsskardet; Wasser ist vorhanden, sollte aber eventuell abgekocht bzw. entkeimt werden, da hier viele Schafe unterwegs sind.

◎ **ANMERKUNGEN**: Die Wanderung sollte man nur bei wirklich guter Wetterlage machen und nur bei Winden, die nicht aus nördlicher Richtung wehen. Dann nämlich kondensiert die vom offenen Nordmeer her aufsteigende Feuchtigkeit oft zu Nebel, der eine derart »dicke Suppe« zu bilden vermag, dass man gerade noch die eigenen Füße sieht. – So erging es uns schon, so dass wir 6 Stunden lang im Sprühregen in einer Felsmulde ausharren mussten.

Ein Wanderstock kann den Auf- und vor allem auch späteren Abstieg enorm erleichtern.

◎ **ALTERNATIVWANDERUNGEN**: Auf der o.g. Topokarte ist ab der Passhöhe Sydalsskardet ein Weg hinunter an den Indrefjord eingezeichnet; weiter führt er nach Nedreneset, wo Anschluss an die (schwere) Wanderung

Unsere Übersichtskarte enthält nicht (!) den auf der (trotzdem unerlässlichen) Topokarte vorgeschlagenen roten Wegverlauf; dieser stellt ohnehin keine markierte Route dar (siehe auch Seite 192).

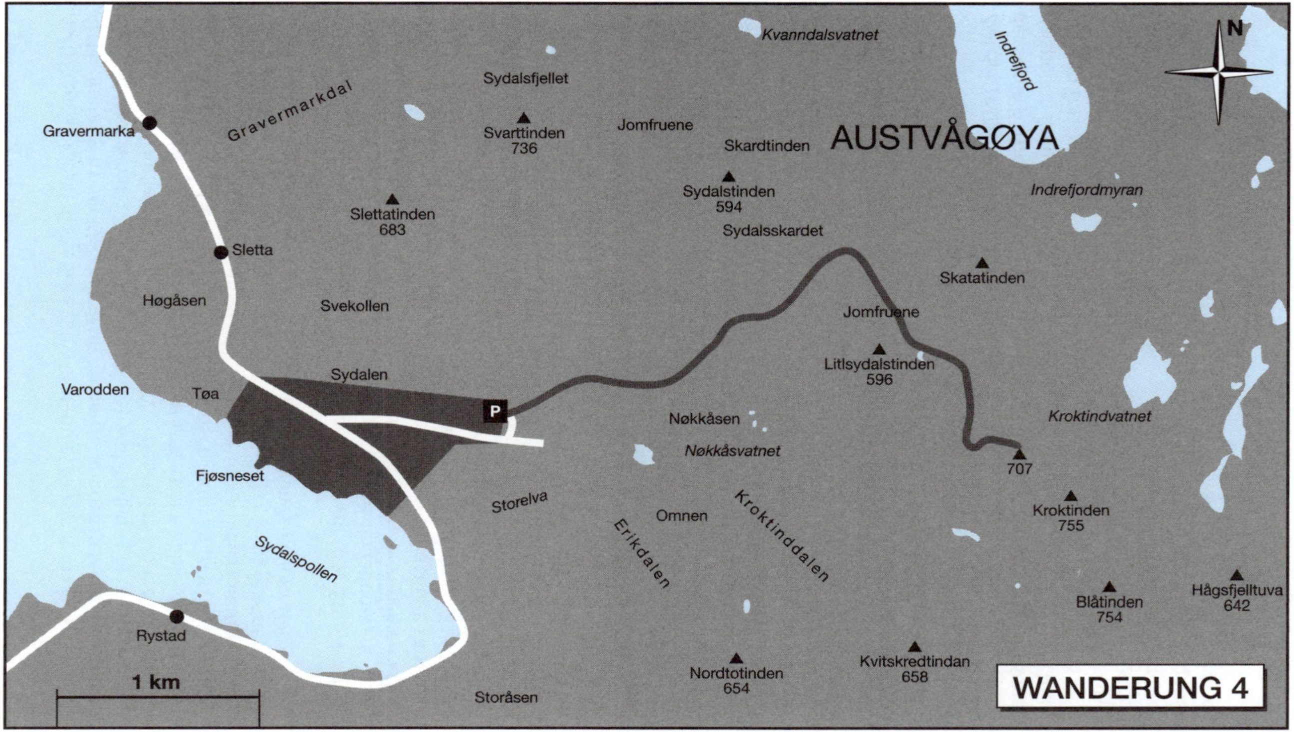
Kvanndalsvatnet
Indrefjord
N
Sydalsfjellet
Gravermarkdal
Gravermarka
Svarttinden
736
Jomfruene
Skardtinden
AUSTVÅGØYA
Sydalstinden
594
Indrefjordmyran
Slettatinden
683
Sydalsskardet
Sletta
Skatatinden
Høgåsen
Svekollen
Jomfruene
Sydalen
Litlsydalstinden
596
Varodden
Tøa
P
Nøkkåsen
Kroktindvatnet
Nøkkåsvatnet
707
Fjøsneset
Storelva
Omnen
Kroktinddalen
Erikdalen
Kroktinden
755
Sydalspollen
Blåtinden
754
Hågsfjelltuva
642
Rystad
Nordtotinden
654
Kvitskredtindan
658
1 km
Storåsen
WANDERUNG 4

nach Brenna besteht (siehe Seite 230). Ab Nedreneset ist der Weg gut sichtbar und problemlos, doch von der Passhöhe zum Indrefjord hinunter ist es streckenweise rutschig und steil, so dass man bis zum »Geisterdorf« (gut 4,5 km) mindestens 2 Std. ansetzen sollte; ab Brenna dann, weitere 6 km entfernt, müsste man zudem nach Sydalen zurückwandern (weitere 10 km), so dass diese Rundwanderung nur etwas für »Dauerläufer« ist.

◎ **KURZBESCHREIBUNG**: Diese abwechslungsreiche Wanderung auf den Gipfel des im Zentrum der Lofoten-Wand gelegenen Kroktinden ist- wegen ihrer Steigungsstrecken sowie der Orientierung als mittelschwer bis schwer einzustufen; sie steigt aus dem wildromantischen Sydal bald über »Stock und Stein« steil zur Passhöhe Sydalsskardet auf. Ein Seitental markiert von dort aus den mehr oder weniger steilen und teils rutschigen Weg zu einem kleinen Bergsee, von wo aus es auf einen lang gestreckten Felssaum hinaufgeht, der sich bis an die Flanke des Kroktinden als Panorama-Balkon hinzieht. Es folgt der eigentliche Aufstieg, der mitunter recht steil ist und eine gute Portion Kondition erfordert. Die Gipfelaussicht ist (für Schwindelfreie) der Lohn für alle Mühen.

Ziel der Tour soll der Kroktinden sein, der schon bei der Anfahrt um den Sydalspollen herum auffällt: Über dem rechten Talschluss des Sydalen bildet er mit seiner markanten Form eines nach rechts gebogenen Hakens einen deutlichen Blickfang, und dieser Form auch verdankt der 707 m hohe Gipfel seinen Namen: Kroktind nämlich bedeutet übersetzt so viel wie »Hakenberg«. Aus der Tiefe des Tals betrachtet, wohin hinter der rechter Hand am Weg liegenden Dorfschule bald eine Schotterstraße abbiegt, sieht er »unendlich« fern, steil und fast unerreichbar aus, doch dieser Eindruck täuscht: Nur ungefähr 3–3,5 Stunden trennen geübte Wanderer vom Ziel.

Sobald wir von der Straße auf die Schotterpiste eingebogen sind, sieht man sich von einer zunehmend wildromantischer werdenden Landschaft umgeben: Das Trogtal Sydalen könnte durchaus in den Alpen liegen.

Die letzten Häuser bleiben zurück; nach etwa 1,5 km wird vor dem Friedhof des Ortes ein kleiner **PARKPLATZ** erreicht. Dort stellen wir den Wagen ab und folgen der Schotterstraße, die von hier aus noch weiter ins Tal führt und im Winter eine beleuchtete Skiloipe ist. Zur Rechten geben die »Jungfrauen« (Jomfruene) mit ihren nahezu 600 m senkrecht aufragenden Felswänden ein tolles Bild ab, das nach links steile Wiesenflanken begrenzen, die zum Svarttinden (Wanderung 5) hin ansteigen. Geradeaus allerdings ist deutlich ein Pass auszumachen, der Sydalsskardet: Stromleitungen führen hinüber, und der Pass wird in etwa gut 1 Std. Ziel der ersten Etappe sein.

Nach etwa 800 m zweigt ein »Karrenweg« nach halblinks in Passrichtung ab; diese Spur, die direkt rechts an einem Fichtenhain vorbei und von nun an durch ein zunehmend morastiger werdendes Feuchtgebiet führt, markiert die weitere Richtung. Es geht in einen lichten Birkenwald, rechts be-

Während wir drei Stunden für den Hinweg zum Kroktinden veranschlagen, nennt der Wanderführer »På tur i Lofoten« des Lofoten Turlag (siehe Seite 192 f.) lediglich zwei Stunden. In jedem Fall ist eine gewisse Ausdauer erforderlich.

grenzen Fichten die Sicht. Bald wird die Orientierung ein bisschen haarig, denn Schafe haben hier viele Pfade angelegt, die in die Irre führen können. Wir selbst haben uns hier trotz guter Wegkenntnis schon verlaufen; der eigentliche Weg führt nach halblinks auf die Talflanke zu, an der er bis etwa Passhöhe aufsteigt, um von dort aus direkt auf den Sattel zuzulaufen. Ebenso gut kann man aber mehr oder weniger geradeaus weiter wandern, auf die Strommasten zu, die vom Ende des Sydals aus zum Sydalsskardet hinaufführen. Dann gelangt man bald auf eine ausgedehnte und teilweise sehr morastige Wiesenfläche, die voraus ein weiterer Fichtenhain begrenzt. Diese Pflanzung ist rechts zu umgehen, die **STROMLEITUNGEN** liegen nun direkt voraus, und ihnen folgen wir auf der linken Seite direkt am rechten Rand des Fichtenwaldes entlang.

Nach wenigen Minuten kommen wir an den Fuß des Wiesenhangs heran, der zum Pass führt, und der leichteste Aufstieg dorthin verlauft auch weiterhin auf der linken Seite der Strommasten, links der Kerbe eines schmalen Bachlaufs. Die nun beginnende, mehr oder weniger weglose Steigungsstrecke ist nicht ohne. Sie führt durch einen zunehmend lichter werdenden, mit Wiese und Farn bestandenen Birkenwald in die Höhe, und immer wieder behindern kurze Geröllpassagen. Gut 40 Min. und mehrere Verschnaufpausen muss man schon ansetzen, bis die etwa 200 m höher gelegene Passkerbe des **SYDALSSKARDET** erreicht wird. Wir halten uns rechts, auf die Stromleitung zu, wo mehrere größere Felsblöcke liegen und schnell ein Pausen- und Aussichtsplatz gefunden ist: Man überblickt das gesamte Sydal, den Sydalspollen sowie den Gimsøyastraumen bis nach Gimsøya hinüber.

Auch von hier aus gibt es einige Wege, die man nehmen kann; aber der leichteste führt unter der Stromleitung hinweg auf deren rechte Seite an den rechten Rand der Talflanke heran, die den lang gestreckten Passsattel begrenzt. Dort wachsen Heidekraut und Wiese. Folgt man diesem leicht ansteigenden rechten Talhang etwas aufwärts und taleinwärts, kann man eine in den Sattel führende Spur ausmachen, die sich bald als Pfad zu erkennen gibt und, sanft ansteigend sowie um einige Felsblöcke herum und über kleine Geröllflächen hinüber, in Richtung auf den Indrefjord zuhält, den man etwa 10 Min. weiter in der Tiefe ausmachen kann. Ist dieser Pfad nicht zu finden, ist es aber auch egal, denn dank der Topografie ist die Richtung klar: So ist bald der Punkt erreicht, an dem der eigentliche Passsattel in Richtung Indrefjord absteigt und wo auf der Topokarte die **ABZWEIGUNG** rechts zum Kroktinden beginnt.

Anders als auf der Karte, befinden wir uns hier aber bereits rechts der Stromleitungen; nach rechts muss man sich auch halten, dort wo sich weiter oben ein Seitental öffnet, das von hier unten noch nicht einsehbar ist. Ganz ins Blickfeld gerückt ist aber nun der vielfarbig schimmernde INDREFJORD mit dem angrenzenden Sunnlandsfjord, mit den Schären und Stränden Richtung Laukvik dahinter, vor dem angrenzenden Nordmeer, das am Horizont von der Bergkette der Vesterålen begrenzt wird. Diese Fernsicht ist ein Höhepunkt, aber erst der Anfang...

Der Pfad schlängelt sich nun stellenweise recht steil in das o.g. Seitental hinauf; immer wieder auch bildet die zumeist feuchte Grasnabe einen rutschigen Untergrund, so dass man langsam, aber dennoch gut vorwärts kommt; selbst wer den Pfad verliert, für die/den bleibt die Richtung klar.

An einigen Stellen, wo Geröllfelder zu queren sind, markieren STEINHAUFEN den Weg, der ab einer Höhe von etwa 350 m einen schmalen Bachlauf begleitet, der direkt an den **BERGSEE** geleitet, eher ein Teich, der am linken Ufer umrundet wird. Dort ist der Pfad deutlich erkennbar.

Von den zahlreichen Wegspuren, die bald in alle Richtungen abzweigen, wählen wir eine beliebige, die nach links den Wiesenhang hinaufführt; die ideale Route verläuft auf der rechten Seite einer ausgedehnten Geröllfläche; etwa 15 Min. währt die Steigung, bis der von Schafen bevölkerte Wiesenhang plötzlich und übergangslos vor einer abstürzenden Felswand endet. Der **PANORAMA-BALKON** ist erreicht: Der ganze Nordostzipfel mit all seinen wild verzweigten Fjordarmen der Insel liegt zu Füßen; im Nordosten thronen die bis über 1000 m aufragenden Berggiganten von Hinnøya; direkt unter uns, bis 300 m tiefer, breiten sich in Fels gefasste Bergseen aus, die untereinander durch Wildbäche und Wasserfälle verbunden sowie oft noch Mitte Juni mit Eis bedeckt sind.

Dem Panorama-Balkon ist nun nach rechts entlang eines nahe an der Abbruchkante verlaufenden Pfades zu folgen, teils über Felsblöcke hinweg, teils um sie herum.

Nach ca. 10 – 15 Min. stehen wir an der »Wurzel« des Kroktinden, der die ganze Zeit über deutlich voraus liegt und die Richtung weist. Bis hierhin war die Steigung erträglich, nun wird sie heftig; hier sollte man den Balkon verlassen und sich stattdessen geradeaus halten und so den vom Gipfel herabführenden Kamm zu seiner anderen Seite queren. Ein paar Minuten, dann ist es geschafft: Wieder stehen wir an einer ABBRUCHKANTE, die ihrerseits steil in das Kroktinddal abfällt und weit über den Gimsøyastraumen hinweg nach Süden auf Gimsøya und gen Vestvågøya blickt. An ihrem Rand ist relativ deutlich ein Pfad auszumachen, dem wir in ziemlich gerader Linie dem Kamm hinauf Richtung Gipfel folgen. Es wird noch einmal arg steil; immer wieder geht es um Felsblöcke herum, oder über sie hinweg. Doch näher und näher rückt der Gipfelturm, der schließlich nach ca. 3–3,5 Std. (oder 2 Std., wie angeblich die Lofoter gehen) erreicht ist und in einer Höhlung ein Gipfelbuch bereit hält.

Der 707 m messende **GIPFEL** des **KROKTINDEN** ist nicht mehr als ein ca. 1 m breites, 2 m langes Felsband, so dass man wirklich das Gefühl hat, auf einer Gipfelspitze zu stehen. So etwas kann man sonst fast nur als Bergsteiger erleben, auch das Panorama ist schlicht extraordinär. Eine Stunde mag man wenigstens hier oben sitzen und staunen; einige kleine Felsmulden bieten sich zu diesem Zweck an.

Wanderung 5 – Austvågøya: Hoch über dem Gimsøyastraumen

IM ÜBERBLICK

◎ **DAUER/LÄNGE**: rund 6 Std. / rund 11 km.

◎ **WEGVERLAUF/ENTFERNUNGS-/HÖHENANGABEN** (Rundwanderung): Brenna (20 m) – Nedrevatnet (45 Minuten, 53 m) – Trolldalsvatnet (50 Min., 241 m) – Pass (1 Std., 600 m) – Svarttinden (45 Min., 715 m) – Wiesenbalkon (50 Minuten, 300 m) – Gravermarka (60 Min., 20 m) – Brenna (60 Min., 20 m).

◎ **WEGBESCHAFFENHEIT**: Das Terrain ist weitgehend weglos; es geht über Wiese und Heide, »Stock und Stein«, bis Juli teilweise über Schneefelder; auch mehrere Geröllgeschiebe sind zu überqueren.

◎ **ORIENTIERUNG**: ist problemlos, die Topografie weist die Richtung.

◎ **KARTEN**: Topokarte »Vågan kommune« (siehe Seite 210).

◎ **ANFAHRT**: der E 10 bis zum Gimsøyastraumen bei Kleppstad/Austvågøya folgen, aber nicht über die Sundbrücke nach Gimsøya, sondern entlang der nach Brenna ausgeschilderten Straße bis zum Ende mit Wendeplatz unterhalb Brennas (siehe Route 7, Seite 155).

◎ **ZELTTOUR**: geeignet; mögliche Stellplätze bei der Passhöhe über der Kerbe, in der Mulde direkt unterhalb des Svarttinden u.a.

◎ **ALTERNATIVWANDERUNG**: Anstatt in Brenna zu beginnen und eine Rundwanderung nach Gravermarka zu unternehmen, kann man auch in Gravermarka starten und lediglich zum Svarttinden aufsteigen. Das Problem ist nur, dass der Einstieg, der über eingezäunte Wiesen führt, schwer zu finden ist; ist das aber gelungen, ist die Route recht leicht zu verfolgen, da sie einem ausgetreten Pfad erst durch einen Nadelwald und dann einen Heidekrauthang hinauf ins Gravermarkdal folgt, durch das die hier beschriebene Wanderung absteigt. Hin und zurück sind etwa 4–5 Std. anzusetzen, der Schwierigkeitsgrad ist moderat.

◎ **ANMERKUNG**: nicht bei Schlechtwetter aufbrechen, nie bei Nordwind (siehe Wanderung Nr. 4, Seite 226)!

◎ **ANSCHLUSSWANDERUNGEN**: Empfehlenswert ist es, ab Brenna entlang der Küstenlinie um das Felskap herumzuwandern; dieser Weg ist bis Festvåg als Piste ausgebaut, stets gut zu begehen, macht kaum Steigung, folgt der Stromleitung und ist nicht zu verfehlen. Endstation ist NEDRENESET, das ansonsten nur per Boot zu erreichen ist; tolles Panorama auf den Sunnlandsfjord samt den vielen Schären in seiner Mitte; je Strecke ca. 6 km. Die Tour ist mit älteren und erprobten Kindern machbar und am schönsten zur Nachtzeit (Mitternachtssonne).

◎ **KURZBESCHREIBUNG**: Von den anstehenden 6 Std. der Wanderung nehmen die Steigungsstrecken rund 4 Std. in Anspruch, diejenigen mit Gefälle etwa 2 Std. – beide Abschnitte sind dermaßen extrem, dass man der Tour den Schwierigkeitsgrad schwer verpassen muss. Von Brenna aus geht es durch das Mølndal zum Talschluss; ein Aufstieg zum See Trolldalsvatnet

Unsere Übersichtskarte zur Wanderung 5 finden Sie auf Seite 233.

schließt sich an; bis dahin kann man die Wanderung als Spaziergang bezeichnen. Für alle mit wenig Kondition und Übung ist die folgende Strecke zum höchsten Punkt ebenso eine Tortur wie der Abstieg zur Küste zurück. Die Wanderung fordert viel, gibt aber auch viel – natürlich Panorama.

Ausgangspunkt ist das Einöddorf **BRENNA.** Hier endet die parallel zum Gimsøyastraumen verlaufende Straße. Der zerhackten, auf das offene NORDMEER blickenden Küstenlinie sieht man an, dass sie seit Jahrtausenden die Kampflinie bildet, an der Meer und Land aufeinanderprallen. Eher gewöhnliche Winterstürme donnern mit über 6 m hohen BRECHERN gegen die Granit- und Gneisgestade, wobei die Wucht der Wogen der eines Autos entspricht, das mit etwa 140 km/h gegen eine Mauer rast. Aber nicht nur die BRANDUNG setzt dem Nordwestzipfel Austvågøyas hart zu. Der Gimsøyastraumen, der sich in den 2–4 km breiten Sund zwischen Austvågøya und Gimsøya zwängt, ENTFESSELT solche Kräfte, dass das Meer häufig wie ein Fluss dröhnt und rauscht und flatternde Schaumfahnen aufwirft.

Wir parken unser Fahrzeug auf dem Wendeplatz zwischen Küste und dem 30 m höher liegenden Dorf, zu dem wir in wenigen Minuten aufsteigen. Die ersten fünf Häuser sind passiert, sodann ein weißes, von einer Steinmauer eingefasstes Gebäude, an das sich eine Scheune anschließt, vor der wir nach rechts, in die weit gestreckte Mulde des Mølndals, abbiegen. Diese führt auf einen niedrigen Wiesendamm, dem, über offenes Weideland, in Richtung auf ein einzeln stehendes, weißes Haus zu folgen ist, das nach etwa 5 Min. am Weg liegt. Zur Rechten erstreckt sich ein kleiner Fußballplatz; es folgen die Grundmauern eines ehemaligen Gehöfts, und nach weiteren 10 Min. geradeaus treten wir durch ein Gatter.

Alternativer Einstieg: ab Parkplatz der bergan führenden Schotterstraße (mit Sackgassen-Schild) nach Brenna folgen; nach knapp 10 Min. (1 km) zweigt rechts ein Feldweg ab, der nach 20 m von einer Schranke mit selbst angefertigtem, gelbem Stopp-Schild gesperrt ist, daneben ein Gittermast mit Satellitenantennen. Dieser Feldweg führt direkt ans nördliche Ufer des Nedrevatnet (siehe unten).

Die Schenkel des MØLNDALS sind näher zusammen gerückt, die Trogform des Tales offenbart, dass sich hier einst ein Gletscher seinen Weg gebahnt hat. Sobald man rechter Hand und zu Füßen der von tiefen Regenrillen gefurchten Felsflanke den dunklen Spiegel eines Sees gewahrt, müssen wir uns leicht links halten, auf einen lichten Gürtel aus jungen Fichten zu. Wir folgen der Schonung, nach rund 45 Min. ab Brenna steht man vor dem nördlichen (linken) Ufer des Sees **NEDREVATNET**, der direkt an seinem Ablauf in den Mølnelva erreicht wird. Ein Damm führt über den schmalen Fluss hinüber; vorbei am linken Ufer des vielleicht 500 m durchmessenden Sees geht es auf den unübersehbaren Talschluss zu: einer recht steil zu einem Sattel ansteigenden Wiesenmulde, durch die ein Bach hinabplätschert. Mit etwas Glück ist (rechts des

Leser-Erfahrung: Einstieg am Gehöft mit Steinmauer nicht gefunden, deshalb oben alternativen Einstieg bis zum See Nedrevatnet hinzugefügt.

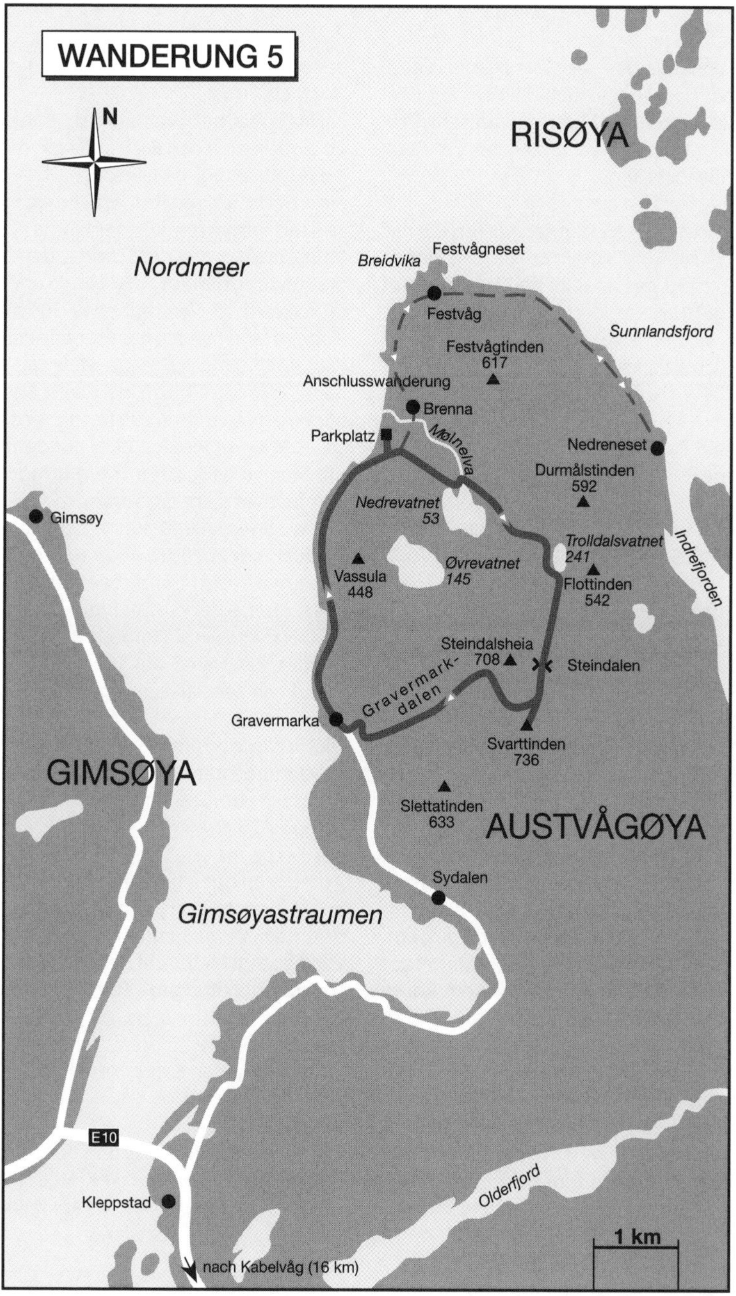

WANDERUNG 5
N
RISØYA
Nordmeer
Breidvika
Festvågneset
Festvåg
Sunnlandsfjord
Festvågtinden
617
Anschlusswanderung
Brenna
Parkplatz
Mølnelva
Nedreneset
Durmålstinden
592
Nedrevatnet
53
Gimsøy
Trolldalsvatnet
241
Indrefjorden
Vassula
448
Øvrevatnet
145
Flottinden
542
Steindalsheia
708
Steindalen
Gravermark-
dalen
Gravermarka
Svarttinden
736
GIMSØYA
Slettatinden
633
AUSTVÅGØYA
Sydalen
Gimsøyastraumen
E10
Kleppstad
Olderfjord
1 km
nach Kabelvåg (16 km)

Wasserlaufes) ein schmaler Pfad auszumachen, der sich die bald zur Kerbe werdende Mulde hinaufzieht. Findet man ihn nicht, markiert der Bach die Richtung.

Nach etwa 15 Minuten hat uns die mit Wiese und vereinzeltem Weidegestrüpp bestandene Kerbe zum Sattel geführt. Im letzten Teil ging es gut und gerne 40° steil hinauf, und ziemlich außer Atem erreichen wir die auf 240 m Höhe gelegene Landmarke, die sich für eine Rast anbietet. Voraus fällt der Blick in das 150 m durchmessende Rund eines von 400 m aufsteigenden Felswänden gebildeten Kessels, dessen Sohle der tiefschwarze **TROLLDALSVATNET** vollkommen ausfüllt. Mehr als 30 m ist dieser »Kratersee« tief; er markiert die *Kar*-Stelle, wo sich einst der Gletscher aufbaute, bevor er als Eiswalze über den Sattel ins Mølndal hinabglitt. Weit unten, an der Trichteröffnung des Trogtals, liegen die Farbtupfen von Brenna vor dem mit vereinzelten Schären gespickten Gimsøyastraumen, auf dessen anderer Seite wir die typisch braune Moorlandschaft der Nachbarinsel erkennen.

Das Panorama ist eindrucksvoll, und wäre der Sattel das Ziel der Wanderung – sie hätte sich auch gelohnt. Aber wir haben gerade ein Fünftel der Strecke geschafft. Die weitere Route zieht sich als unübersehbarer Pfad nach rechts zum Südrand des Sees hin, wo er vor einem schmalen Bachlauf endet. Ein Blick hinauf, in die Felskerbe, durch die das Wasser plätschert, und es kann einem schon angst und bange werden angesichts der steil ansteigenden Rinne, die sich in Schwindel erregender Höhe ins Dreieck des Himmels öffnet.

Noch mal tief durchatmen, dann überqueren wir den Bach und steigen – das ist wichtig! – am linken Kerbenrand (nicht am rechten, wo ein paar Spuren verwirren können) hinauf. Mühsam kommen die Schritte, denn die Steigung beträgt zwischen 45 und 60 %. Nach 15 Min., auf etwa 300 m Höhe, erscheint hoch oben die wie ein Pass-Wächter aufragende Steindalsheia-Pyramide (708 m), bei deren Anblick man von nun an aufsteigen wird. Das Terrain ist weglos, aber auf dem mit Steinen bedeckten Wiesengrund kommt man recht gut voran. Nach einer weiteren Viertelstunde liegt der Trolldalsvatnet 200 m unter uns, und noch mal 100 m höher beeindruckt links, über einen Sattel hinweg, ein von jetzt an ständig imposanter werdendes Panorama auf die Lofoten-Wand von Zentral-Austvågøya.

Die Steigung nimmt noch zu, und etwa mindestens 1 Std. ist seit dem Aufbruch vom See vergangen, als wir einen **PASS** erreichen, der das Ende der Kerbe markiert und für herrliche Aussichten gut ist: Der Blick umfasst das Meer im Norden, dort wo die Konturen der Vesterålen aufsteigen, davor die Stadt Melbu auf Hadseløya. Im Osten liegen als lange Tuschestriche ein paar Holme im Meer, gen Westen spannt sich die Lofoten-Wand über dem halbrunden Kamm des Flottinden in den Raum.

Zu diesem Kamm ist es ein Katzensprung von 15 Min. Wer die Kraft dazu verspürt, biegt hinter dem Pass links ab; ein freier Blick hinunter auf den SUNDLANDSFJORD ist der Lohn. Der weitere Wanderweg schlägt die entgegengesetzte Richtung ein, indem er der hinter dem Pass aufsteigenden Mulde nach rechts folgt. In diesem Abschnitt ist es nicht mehr die Steigung, die zu schaffen macht, sondern der Schnee, der hier bis Mitte / Ende Juli eine geschlossene Fläche bildet. Als Zielpunkt thront der 736 m hohe **SVARTTINDEN** voraus, ein im Sinne des Wortes SCHWARZER BERG, dem man ansehen kann, dass er schon gut 2 Mrd. Jahre auf dem Buckel hat. Ihm zu Füßen endet die Mulde; wir halten uns rechts, und zwar einen sanft geneigten Wiesenhang hinauf.

Vom oberen Rand des Hangs, nur einem schmalen Grat, fällt der Blick 715 m senkrecht hinab auf den Gimsøyastraumen. Gimsøya liegt als dunkles Tafelland unter dem Gegenlicht, zur Rechten öffnet sich das Nordmeer, links der Vestfjord, aus dem sich Vestvågøya, Flakstadøya und Moskenesøya heben.

So beeindruckend das Panorama ist: Lange währt es nicht, bis die (bange) Frage aufsteigt, wie denn von hier aus der anstehende Abstieg gelingen soll. Zugegeben, es scheint knifflig, vom Svarttinden-Grat ins 400 m tiefer gelegene Gravermarkdal abzusteigen: Würde man gerade hinunter gehen, wo sich Geröllbänder über 70° steil herabziehen – es wäre lebensgefährlich. Relativ problemlos jedoch ist es, folgt man dem Grat für etwa 5 Min. nach rechts, wohin er einen Bogen beschreibt und als Felswulst ausläuft. Dort ist die Hangneigung akzeptabel – vielleicht noch 45°. Man kommt gut voran, es geht über Wiese, Heide und mehrere schmale Geröllbänder hinab; nach ca. 30 Min., 500 m hoch, ist das Schlimmste geschafft. Auf dieser Höhe wächst links die Sundbrücke über den Straumen ins Bild, ist der Boden angenehm nachgiebig und einfach zu begehen. Auch die Straße gen Henningsvær kann man bald ausmachen, nach 40 Min. taucht die nach Brenna auf, wenig später endet das Trogtal auf einem **WIESENBALKON**, 300 m über dem Ort Gravermarka.

Das Gefälle ist noch einmal beachtlich, aber an der rechten Hanghälfte, rechts eines kleinen, direkt nach **GRAVERMARKA** führendes Baches, verläuft ein gut sichtbarer Pfad. Den sollte man finden; er führt den mit Geröll gespickten Heidekrauthang hinab, direkt auf einen Nadelwald zu und hindurch bis vor einen Zaun. Weiter geht es nach rechts am Zaun vorbei, bis nach ein paar Minuten ein Holzgestell beim Übersteigen des Hindernisses hilft. Also hinüber und die angrenzende Wiese hinunter, die direkt zur Straße führt, wo ein weiterer Zaun zu überqueren ist. Anschließend geht es nach rechts, der Straße folgend, die nach BRENNA zurückführt, das noch rund 4,5 km entfernt liegt.

Wanderung 6 – Vestvågøya: Am offenen Nordmeer

IM ÜBERBLICK

◎ **DAUER/LÄNGE**: ca. 4 Std. / 9 km.

◎ **WEGVERLAUF/HÖHEN-/ENTFERNUNGSANGABEN** (Streckenwanderung): Passhöhe (160 m, nach 20 Min.) – Unstad (4 m, 45 Min.) – Norddalselva (10 m, 20 Min.) – Kleivheia (60 m, 30 Min.) – Utdalsvatnet (13 m, 1 Std.) – Tøan (10 m, 45 Min.).

◎ **WEGBESCHAFFENHEIT**: über weite Strecken angenehm zu begehender Wiesen-/Erdpfad, wobei insgesamt 6 km davon über Fahrzeugbreite Wege. Allerdings gibt es auch einige recht schwierige Abschnitte zu meistern, wo kein Pfad zu erkennen und das Terrain recht glitschig ist.

◎ **ORIENTIERUNG**: ist problemlos.

◎ **KARTE**: Topokarte »Vestvågøya« (ohne Nummer); diese Karte ist nur in Norwegen (Svolvær) erhältlich, aber nicht unbedingt erforderlich.

◎ **ANFAHRT**: von der E 10 auf Vestvågøya bei Liland (ca. 12 km nördlich Leknes') auf die nach Mærvoll und Unstad ausgeschilderte Straße abzweigen und an Mærvoll (Sjøhus-Vermietung) vorbei bis zum Tunnel unterhalb der Passhöhe über dem Trogtal von Unstad. Wer die Wanderung um 3,5 km abkürzen will (siehe unten), fährt nach Unstad hinunter und folgt der Küstenstraße nach rechts bis zum Wendeplatz vor dem Bach Norddalselva (siehe Route 9, Seite 166).

◎ **ZELTTOUR**: unbedingt geeignet; Stellplätze fürs Zelt am Utdalsvatnet (Wasser/Treibholz vorhanden) und am Ziel bei Eggum (Wasser vorhanden).

◎ **KÜRZERE VARIANTEN**: nicht auf der Passhöhe beginnen, sondern in Unstad (2 km / 30 Min. kürzer) oder am Ende der Straße vor dem Norddalselva (3,5 km / 50 Min. kürzer).

◎ **KURZBESCHREIBUNG**: eine relativ einfache Küstenwanderung, die es aber in einigen Abschnitten ein wenig »in sich hat« (weglos, glitschig), weshalb sie sich nur bedingt als Familientour eignet. Für ältere Kinder mit Erfahrung okay, jedoch sind Trittsicherheit, allemal ein wenig Kondition (und unbedingt adäquate Schuhe) erforderlich. Geht man zur sommerlichen Nachtzeit, ist man im goldenen Licht der Mitternachtssonne unterwegs.

Was den Berlinern ihr Grunewald, das ist den Bewohnern von Vestvågøya ihr KYSTSTIEN. Der Küsten-Wanderweg zwischen Unstad und Eggum erfreut sich recht großer Beliebtheit – an sonnigen Wochenenden kann es allemal passieren, dass einem auf der etwa 9 km langen Strecke drei oder vier einheimische Wanderer entgegenkommen: Rekord nach Lofoten-Verständnis! In klaren Sommernächten hingegen, wenn überschwängliches Orange auf dem Meer liegt und eine wahre Farbsinfonie auf den Bergen, dann kommen die ausländischen Besucher, um die Botschaft des Lichts zu empfangen. Häufig kraxeln auch ein paar Naturfreunde an den Hängen entlang, um Seevögel zu beobachten oder die kalkreichen Böden nach seltenen Florenarten abzusuchen.

Sonst ist nicht viel zu sagen, denn der Weg ist rasch gefunden und dann nicht mehr zu verlieren. Er beginnt auf der **PASSHÖHE** oberhalb des 160 m tiefer gelegenen Wiesen-Trogtals, in dessen Mitte und nahe am Meer sich das etwa drei Dutzend Häuser große Unstad ausbreitet.

Die Fahrstraße folgt ab dem Pass der rechten Felsflanke, doch einen breiten Karrenweg gibt es, der steigt über Serpentinen in den vielfarbig grünen Trog hinunter. Er ist mit Wiese bewachsen, angenehm zu begehen und bietet reiche Aussicht auf Unstad, die geschwungene Bucht sowie die bemoosten Schenkel der Berge. Etwa 45 Min. muss man für diesen Abschnitt ansetzen. Das Zentrum von **UNSTAD**

bilden drei enge Gässchen zwischen bunten Holzkaten.

Die nach rechts zur Küste abzweigende Asphaltstraße markiert die weitere Richtung. Wo sie in Schotter übergeht, muss ein Gatter durchschritten werden, und mit Blick auf den Kiesstrand der Bucht Unstadvika wandert man noch etwa 15 Min. bis zu einem kleinen Wendeplatz vor der Brücke über den **NORDDALSELVA**, der als breiter Bach weiter rechts an einem Kiefernhain entlang verläuft und bei ortskundigen Lofotern als PICKNICKPLATZ beliebt ist.

Ein rotes »T« markiert den eigentlichen Beginn der Route. Unmerklich steigt der (noch) Jeep-taugliche Weg zum Kleivneset an. Nach 20 Min. ist ein weiteres Gatter zu durchschreiten, jenseits dem die Piste zum breiten Trampelpfad wird. Der windet sich hangaufwärts, umrundet die Felsklippe von Kleiv auf 60 m Höhe. Zur Linken stürzt das Land senkrecht ins Meer, aber auch für ängstliche Naturen ist diese spektakuläre Passage zu bewältigen, denn entlang dieses Abgrunds und der noch folgenden sind sichernde Ketten gespannt. 10 Min. später, während deren ein paar Geröllbänder zu übersteigen sind, umrundet man die **KLEIVHEIA**, die ein Leuchttürmchen schmückt.

Über den jetzt schmaler werdenden Pfad blickt man in gerader Linie über den ganzen Wanderweg bis zu seinem Ziel vor Eggum. Auch hier sichert eine Kette den folgenden Abstieg zur Küstenlinie hinab. Im weiteren Verlauf geht es in ständigem Wechsel hangauf- oder -abwärts, und nach insgesamt 1,5 Std. ab Wendeplatz hat dieser etwas anstrengende Abschnitt ein Ende. Die Bergflanken treten weiter nach rechts zurück, das Terrain ist eben und ermöglicht leichtes Wandern direkt über dem Kies- und Geröllsaum der Küste. 1 km weiter ist eine eine leichte Anhöhe zu nehmen, von der aus man einen Blick in den Trichter des rechts klaffenden Utdals werfen kann. Zu Füßen liegt der See **UTDALSVATNET**, über dessen Ablauf ins Meer sich eine kleine Holzbrücke schwingt. Am nördlichen Ufer der langen, schmalen Wasserfläche lädt ein Tisch mit Bänken zum Picknicken ein, und wer zelten will, findet hier viele geeignete Wiesenplätze. Treibholz ist reichlich vorhanden. Hinten im Utdal stürzt ein Wildbach über Felsstufen, es rauscht das Meer – romantisch, hier die Nacht zu verbringen.

Der Weg ist jetzt wieder breit und ausgebaut, wäre 1 km weiter auch Jeeptauglich, passiert winzig kleine Sandbuchten und eröffnet ein Panorama auf den zerhackten Felsgiganten der Middagsheia, die den Blick auf Eggum verstellt. Ihr zu Füßen erstreckt sich eine von Meter zu Meter größer werdende Wasserfläche: der Heimredalsvatnet, der immerhin fast 2 mal 1 km misst. An sein jenseitiges Ufer schmiegen sich zwei Ferienhütten, und über einen sandigen Isthmus gelangen wir über den abflusslosen See und damit an den Fuß der begrünten Dünengürtels von **TØAN**, eines der beliebtesten Refugien unter WILDCAMPERN (siehe Route 9, Seite 168).

Uns liegt auch die Rückmeldung eines Lesers vor, nach der die Ketten im Bereich der Felsklippe Kleiv keine Sicherung darstellten bzw. keine Sicherheit vermittelten, was natürlich subjektiv und für uns schwer zu beurteilen ist.

Wanderung 7 – Vestvågøya: Am Steinsfjord

IM ÜBERBLICK

◎ **DAUER / LÄNGE**: ca. 75 Min. / etwa 2,5 km.

◎ **WEGVERLAUF/ENTFERNUNGS-/HÖHENANGABEN** (Streckenwanderung, stets auf Meeresniveau): Sortland – Geröllstrand (20 Min.) – gespaltener Findling (5 Min.) – Zeltwiese (5 Min.) – Felsbalkon (5 Min.).

◎ **WEGBESCHAFFENHEIT**: simpler Pfad entlang der an Geröll reichen Küstenlinie, im letzten Abschnitt über Felsbänder.

◎ **ORIENTIERUNG**: problemlos, da die Richtung entlang der Küste durch die Topografie klar vorgegeben und das Ziel nicht zu verfehlen ist.

◎ **KARTE**: Passend, aber nicht erforderlich, ist die Topokarte »Vestvågøy Kommune« im Maßstab 1 : 50.000.

◎ **AN-/RÜCKFAHRT**: In Liland (nur knapp 2,5 km südlich des Wikingermuseums an der E10 gelegen; siehe Route 9) dem Hinweisschild Richtung »Unstad/Tangstad« folgen und dann via Eltoft (Abzweig nach Tangstad ignorieren) und durch den Tunnel nach Saupstad, wo sich die Strasse gabelt: Wir biegen links ein (geradeaus geht es weiter nach Unstad) und folgen der zur Schotterpiste gewordenen Fjorduferstraße für rund 2,5 km via Mærvoll bis Sortland, wo sie endet. Kurz vor dem letzten Haus befindet sich rechter Hand ein kleiner Parkplatz.

◎ **ZELTTOUR**: In direkter Nähe des Ziels lädt eine wunderschöne kleine Zeltwiese ein, die zudem direkt am Steinsfjord gelegen ist – höchst idyllisch, dort zu übernachten, nur muss man Trinkwasser mitbringen.

◎ **ANSCHLUSSWANDERUNGEN**: Von Mærvoll/Saupstad aus ist es nur ein etwa 2 km langes Wegstück bis zur Abzweigung der nach Unstad führenden Passstraße, wo sich die KÜSTENWANDERUNG NACH EGGUM (siehe Nr. 6, Seite 235) anschließt.

◎ **ANMERKUNGEN**: Trinkwasser ist mitzubringen, bei Lust und Laune außerdem Bade- und Angelzeug.

◎ **KURZBESCHREIBUNG**: Ziel dieser denkbar leichten, kurzen und deshalb auch für Familien (selbst mit kleineren halbwegs sportlichen Kindern) geeigneten Wanderung ist ein landschaftlich sehr eindrucksvoll gelegener Felsbalkon direkt über dem Meer. Dort kann man sich herrlich sonnen, auch ins kühle Nass springen (schwimmen und schnorcheln) und vor allem direkt von der Klippe aus angeln; im Hintergrund werden die Kleinsten einen ihnen genehmen Badetümpel finden – es ist traumhaft, hier an diesem abgelegenen Ort zu zelten.

Schon die Fahrt nach **SORTLAND**, die vorbeiführt an malerisch in schmale Fjorde geschmiegte Dörfer, mag die Lust wecken, die Straße mit dem Wanderweg zu tauschen, und nachdem wir den kleinen Parkplatz angesteuert haben, der sich ca. 100 m vor dem letzten Haus und dem Schluss der Schotterstraße findet, machen wir uns mit »Kind und Kegel«, Picknick- und Badezeug sowie natürlich Angelausrüstung auf den nicht zu verfehlenden Weg. Er verläuft zwischen dem letzten

Unsere Übersichtskarte zur Wanderung 7 finden Sie auf Seite 237.

Haus und der seitlich angrenzenden Hütte, führt dann direkt ans Nordufer der Sortlandsvika heran und folgt der Geröll- und Felsküste als erkennbarer Pfad.

Nach ca. 15 Min. erreichen wir ein Geschiebe bis hausgroßer Felsblöcke, in längst vergessenen Zeiten vom Steilhang des Bjørnskardryggan herabgestürzt. Hier kann das Laufen ein wenig Mühe bereiten, was aber ein kurzes Zwischenspiel bleibt, stehen wir doch bald schon am Westrand der Vika, gebildet durch eine in den Steinsfjord reichende und bis maximal 20 m hoch aufragende Halbinsel. An deren Südwestzipfel liegt das Ziel unseres Spaziergangs, der uns nun am Rand eines aus kugelrunden Steinen bestehenden **GERÖLLSTRANDS** entlangführt. Linker Hand wird diese ehemalige Strandlinie von einer kleinen und sehr seichten Wasserfläche begrenzt, die nur bei Hochflut vereinzelt mit dem Meer in Verbindung steht und daher im Sommer entsprechend warm ist.

Am Westende dieses idealen Baby-Badepools geht der Geröllstrand in flache Felsbahnen über. Wir queren nach links und halten direkt auf einen gut 2 m hohen und in der Mitte **GESPALTENEN FINDLING** zu.

Durch die Kerbe und in gerader Linie weiter, sind es nur ein paar Minuten bis zu einer idyllischen **ZELTWIESE** dunkelgrünen und (von den Schafen) kurzgefressenen Grases. Dieser Platz, eben und trocken und direkt an den Fjord grenzend, ist wie kein anderer zum Campen geeignet. Zu bedauern ist nur, dass es vor Ort kein Süßwasser gibt; aber dafür Treibholz für's abendliche Lagerfeuer, ebenso wie alte Feuerstellen, die unbedingt benutzt werden sollten, um die Natur zu schonen.

Die Küste wird hiervon flach ins Meer ragenden Felsbahnen gebildet – allesamt ideal zum In-der-Sonne-dösen –, und geht gen Westen in bis 20 m hohe Felsbuckel über. Von der schnell erreichten Höhe genießt man ein tolles Panorama zurück in die Fjordkerbe bei Mærvoll, hinauf aufs offene Nordmeer, hinunter auf die markanten Gebirgszacken von Flakstadøy, und über den etwa 2 km breiten Steinsfjord hinweg auf den Tangstadpollen und insbesondere auf den jäh aus dem Meer aufsteigenden Himmelstindan, der als 964 m hoher Felsendom seinem Namen alle Ehre macht. Auf dem Gipfel machen wir eine rotierende Radarschüssel aus, die als »Auge« der Nato das Nordmeer nach verdächtigen Schiffen absucht. Ein paar Soldaten versehen dort ihren Höhendienst in einer in den Fels gesprengten Kammer, erreichbar nur durch einen inmitten des Himmelstindan nach oben führenden Fahrstuhl; der (verschlossene) Eingang ist von Haukland aus zu erreichen (siehe Seite 165).

Doch uns lockt jetzt das Wanderziel, jener **FELSBALKON**, der direkt über dem Westkap der Halbinsel liegt und von der Buckelhöhe nach wenigen Metern erreicht ist. Das Panorama ist fast so eindrucksvoll wie das von oben genossene, vor allem aber fasziniert auf diesem etwa 10 m langen, 2–3 m breiten sowie von Land nicht einseh-

Blick vom Brattflogan aufs offene Nordmeer ▶

baren Aussichtsplatz der Blick in die kristallklare Tiefe des Meeres, dessen Oberfläche 2–3 m weiter unten liegt.

An warmen Sommertagen gibt es nichts Schöneres und Erfrischenderes als den Sprung hinab, doch ist zu bedenken, dass hier, nahe am offenen Nordmeer, die Temperaturen kaum je zu einem längeren Bad einladen. Also Augen zu, mit Mut hinein, und ganz schnell wieder hinaus, was dank der rauen Felsen und kleiner Vorsprünge kein Problem bereitet. Und dann zum Aufwärmen auf die warmen Felsen legen oder, immer ein Erlebnis, die Angel herausgeholt und mit mehr oder weniger weitem Schwung ausgeworfen: Das Meer erreicht hier direkt an der Küste zum Teil außerordentliche Tiefen: sogar Rotbarsche, bekanntlich Tiefseefische, wurden vor Ort schon gefangen, selbstredend ebenso Seelachse und Dorsche sowie Makrelen (ab ungefähr Mitte Juli / Anfang August), die natürlich über einem Feuer gegrillt am besten schmecken.

Wanderung 8 – Vestvågøya: Rings um den Brattflogan

IM ÜBERBLICK

◎ **DAUER/LÄNGE**: ca. 3,5 Std. / ca. 8,5 km.

◎ **WEGVERLAUF/ENTFERNUNGS-/HÖHENANGABEN** (Rundwanderung): Brustranda Sjøcamp, Strandslett an der R815 (5 m) – Tjønndal oder Tjørndalen (15 Min., 60 m) – letztes Haus im Tal (15 Min., 100 m) – 170-m-Höhe (15 Min.) – 280-m-Höhe (nach 25 Min.) – Bachbett (10 Min., 280 m), Djupdal (15 Min., 360 m) – Brattflogan (15 Min. 420 m) – Hochmoor (30 Min., 320 m) – Steinbakkdal (35 Min., 160 m) – Schotterstraße (20 Min., 50 m) – Brustranda Sjøcamp (20 Min., 5 m).

◎ **WEGBESCHAFFENHEIT**: für etwa 4 km über Schotterpisten, ansonsten über Wiese und Heide, streckenweise durch Feuchtgebiete und vereinzelte Weidendickichte.

◎ **ORIENTIERUNG**: Die Wege sind nicht markiert. Auch die auf der Topokarte verzeichneten Pfade sind keine verlässliche Hilfe, die Schafe haben zudem dutzende Spuren getrampelt, die schnell in die Irre führen. Darum können ab der 170-m-Höhe rasch Orientierungsprobleme auftreten. Auch in den Hochmoorregionen unterhalb des Gipfels ist der Wegverlauf nicht klar zu erkennen, da der Brattflogan ja nicht allein dasteht, sondern vielmehr der westlichste einer Kette mehrerer sehr ähnlich aussehender, sich auch in der Höhe nicht sonderlich unterscheidender Felsgipfel ist. Da nun die Richtung relativ klar ist, braucht man sich keine ernsthaften Sorgen zu machen, sollte aber eventuell einplanen, dass man ein paar Mal in die Irre geht und deswegen mehr Zeit benötigt, als angegeben.

◎ **KARTEN**: Topokarte »Vestvågøy Kommune«, Maßstab 1:50 000; die eigentliche Wanderroute ist zwar eingezeichnet, verläuft aber streckenweise etwas anders als die auf den folgenden Seiten beschriebene Strecke.

◎ **AN-/RÜCKFAHRT**: Der Straße 815 bis zu dem Campingplatz Brustranda Sjøcamp in Strandslett (siehe Route 8, Seite 159) es stehen genügend Parkplätze zur Verfügung und man kann auch einkehren.

◎ **ZELTTOUR**: Da viele tolle Zeltwiesen sowie Abstecher und Anschlusswanderungen auf der Route liegen, drängt sich die Wanderung geradezu als Zelttour auf.

◎ **ANSCHLUSSWANDERUNGEN**: Diese Route steht stellvertretend für viele andere, die hier, gewissermaßen im »Herzen« von Vestvågøya, möglich sind. Mehrere Touren sind auf der Topokarte verzeichnet: von der 280-m-Höhe beispielsweise (auf Topokarten mit »Hestbergan« verzeichnet) kann man in das HELLOSDAL wandern, wo in Hellosan (ca. 6 km ab der o.g. Höhe) eine Schotterstraße zur E 10 verläuft; ein anderer Pfad führt um den 601 m hohen Blåtinden durch das Valbergsdal nach VALBERG (etwa 8 km ab der 180-m-Höhe) an der Str. 815; auch das LAUVDAL, VENDALSJORDEN sowie Li sind von der Höhe aus in weniger als 2 km erreichbar. Von allen drei Orten aus Straßenanschluss an die E 10 beim Indre-/Borgpollen (siehe Route 9).

Vom Steinbakkdal aus ist, nach nur etwa 1,5 km das ebenfalls mit der E 10 (bei Liland) verbundene SLYDAL zu erreichen; andere (auch auf den Topokarten verzeichnete) Pfade gibt es ab dem Steinbakkdal, die führen quer durch das Innere der Insel hinüber zum HAGSKARET, an der R 815 zwischen Leknes und Stamsund gelegen; oder nach Kråklia am Ski- und Vestfjord nördlich von Stamsund nahe der Kreuzung der R 815 mit der R 817.

Wer will, kann in dieser vorgestellten Inselregion mehrere Tage in Wanderstiefeln verbringen und dabei eine Reihe moderater Gipfelbesteigungen unternehmen. Diese Vielzahl an Varianten macht einen besonderen Reiz von Vestvågøya aus, während alle andere Inseln auf Grund ihrer Topografie eher kürzere (und in aller Regel wesentlich anstrengendere) Touren ermöglichen.

◎ **ANMERKUNGEN**: Trinkwasser ist im Normalfall vorhanden; nur nach längerer Trockenheit kann es in den Höhenlagen schwer fallen, eine Was-

Die Bezeichnungen R 815 und R 817 stehen für Straßen; auf Norwegisch: R 815 für Riksvei 815, übersetzt: Reichsstraße 815, ist die traditionelle Bezeichnung; gemeint ist Norwegen als Königreich.

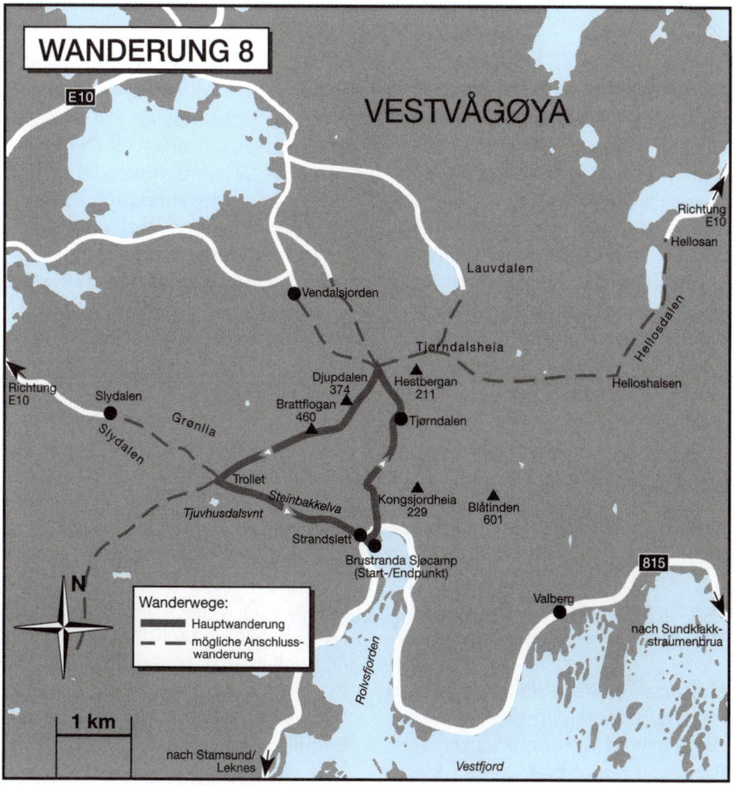

serstelle aufzufinden. Auf Grund der Schafe, die hier sommers in Scharen weiden, sollte man das Wasser möglichst filtern, entkeimen oder zumindest abkochen (Koli-Bakterien).

Empfehlenswert ist eine Tour gerade auch zur Zeit der Mitternachtssonne, wenn große Streckenabschnitte illuminiert werden.

◎ **KURZBESCHREIBUNG**: Diese vom Profil her fast einfache, von der Orientierung jedoch eher mittelschwere Tour ist auch für Familien (mit älteren Kindern) geeignet. Sie führt vom Vestfjord in ein irisch anmutendes Hochtal: Hier und auf den angrenzenden Höhen tummeln sich hunderte Schafe. Im weiteren Verlauf gelangt man, ohne schweißtreibende Aufstiege, zu beeindruckenden Aussichtspunkten über weiten Hügel- sowie Hochmoor-Landschaften, mit Ausblicken auf bizarr geformte Gipfeltürme, auf Gimsøya, Vestvågøya und Austvågøya und sogar auf Vesterålen. Auch der Vestfjord und das offene Nordmeer sind Augenverführer, bevor es schließlich wieder zu Tal und sodann zum Ausgangspunkt zurückkehrt.

Ausgangspunkt der Rundwanderung ist das **BRUSTRANDA SJØCAMP** in Strandslett an der R 815, wo man parken kann. Ein paar Meter geht es von hier entlang der R 815 am Nordufer des geschützten Rolvsfjords Richtung Valberg/Sundklakkstraumen dahin, bis ein deutliches, gelbes Hinweisschild links ins »Tjønndal« (laut Topokarte: »Tjørndalen«) weist. Wir biegen ein auf die gut ausgebaute (und für ca. 1,5 km Fahrzeug-taugliche) Schotterstraße, ignorieren eine bald nach links abzeigende Fahrspur und steigen auf in ein ständig wilder werdendes, enges Kerbtal, das an einigen Stellen dichte Fichtenhaine begrenzen. Hier haben SCHNEEHÜHNER ihre Schlupfwinkel; entsprechend oft sind die typischen RUFE ZU VERNEHMEN, in die sich das zunehmend lauter werdende Plätschern eines Wasserlaufs mischt.

Nach starken Regenfällen kann statt Plätschern ein regelrechtes Rauschen des zum Wildstrom angeschwollenen Baches zu vernehmen sein, an dessen Lauf wir auf etwa 60m Höhe stoßen. Er entwässert das **TJØNNDAL,** das sich wenige Meter weiter als lang gezogener breiter Wiesentrog vor uns öffnet. Das Tal ist ganz der Weidenwirtschaft unterzogen, überall an den Flanken sieht man die weißen Tupfen zahlloser Schafe, und erst etwa 200 m über dem sattgrünen Talgrund gehen die Wiesenhänge in Fels- und Geröllbänder über, die – nach Lofoten-Verhältnissen – relativ sanft anmutende Gipfel überragen. Hier herrscht nicht die oft bedrückende Enge typischer Lofoten-Täler, sondern die Idylle etwa südnorwegischer Seter- oder Bauerntalungen. Diesen Eindruck, uns nirgends sonst bekannt auf den Lofoten (außer ähnlich im Slydal, ebenfalls auf Vestvågøya), verstärken die Farbkleckse einiger kleiner Gehöfte, die sich locker, da weit auseinander gezogen, im vollkommen fels- und selbst steinlosen Talgrund verteilen.

Ein kleiner Weiher im Schilf- und Wiesensaum setzt dem lieblichen Bild das i-Tüpfelchen auf, und erst auf den zweiten Blick bemerkt man, dass alle Höfe und Häuser im Tjønndal verlassen sind – hier wohnt niemand mehr, denn schon vor vielen Jahren sind die Bewohner an die Küste gezogen, da das Tal im langen Winter oft monatelang von der Außenwelt abgeschnitten ist. Die Weiden freilich werden weiterhin intensiv genutzt, und eben darum wohl ist auch die bis zum oberen Talschluss führende Schotterstraße noch in recht gutem Zustand. Sie markiert unsere weitere Richtung, und nach insgesamt etwa 30 Min. seit Beginn der Wanderung stehen wir kurz vor dem oberen Talschluss am LETZTEN HAUS und damit auf einer Höhe von immerhin schon 100 m. Den Vestfjord können wir von hier aus nicht mehr einsehen, dafür aber das Tjønndal in seiner gesamten Länge. Es mag reizvoll wirken, hier einerseits abgeschieden und doch nahe der Zivilisation einige Zeit zu verbringen.

Ein paar Meter weiter endet die nun ohnehin nur noch spurbreite Piste vor einem Schafgatter, hinter dem sich ein deutlich sichtbarer, recht breiter Pfad fortsetzt. Ihm folgen wir hangaufwärts, und keine 5 Min., da gabelt sich die Spur. Wir wählen die linke, die nun in ihrem weiteren Verlauf als Zickzack-Weg aufsteigt und uns schnell und leicht zur **170-M-HÖHE** führt (die rechts/geradeaus verlaufende Spur steigt für etwa 15 Min. zu einem Höhenrücken auf, wo sie auf eine Schotterpiste stößt: nach rechts geht es gen Hellosan und Valberg, nach links Richtung Lauvdalen und gen Vendalsjord; s.o. unter »Anschlusswanderungen«).

Ein herrlicher Blick über das ganze Tal hinweg ist unser Lohn, doch werden wir bald mit noch schöneren Panoramen belohnt, wie die Aussicht von nun an überhaupt mit jedem Schritt an Weite und Schönheit zunehmen wird. Doch erst einmal gilt es, genau auf den Weg zu achten, der sich wenige Meter nach Passieren der 170-m-Höhe erneut gabelt. Wir wählen die linke Spur (geradeaus geht es hinauf zur Tjønndalsheia, wo die o.g. Schotterpiste verläuft), die sich mit mittlerer Steigung und bald als recht breiter Pfad den Wiesenhang hinaufzieht.

War gerade nur das Tjønndal sichtbar, so nun schon dahinter auch ein Dreiecks-Ausschnitt auf den Vestfjord vor Stamsund, der ständig größer wird, bald die Schärengruppe vor Stamsund und schließlich ganz Stamsund mit umfasst. Auf 250 m Höhe dann kommt voraus zusätzlich ein Zipfel des offenen Nordmeeres ins Blickfeld; von hier aus etwa beschreibt der Pfad einen Linksbogen, so dass er nahezu parallel zum Tjønndal verläuft. Das baldige Erreichen der **280-M-HÖHE** dann ist auch in Sachen Panorama ein Höhepunkt: in der Tiefe das Tal, dahinter der Vestfjord mit Stamsund; Richtung Nordwesten fällt der Blick auf die gleißenden Wasserflächen von Indre- und Borgpollen vor dem Nordmeer, und im Norden schließlich bildet der von einem weiten Moor-Ring umgebene HOVDEN-Berg auf Gimsøya einen markanten Augenfang, der dadurch noch gesteigert wird, dass weit jenseits die gezackte Bergkette der Vesterålen aus dem Meer steigt.

Hier wird man eine Zeitlang verweilen, eine Pause einschieben wollen, bevor es, in etwa auf gleicher Höhe bleibend, noch weiter nach Süden, parallel zum Tjønndal, weitergeht.

Dutzende Pfade bieten sich dazu an, angelegt von den Schafen, und jede Spur ist recht, sofern sie nicht stärker ab- oder aufsteigt. Ganz ohne Anstrengung geht es auf einem dieser Saumpfade dahin, bis wir, fast schon auf einer Linie mit dem im Tjønndal liegenden Weiher, an ein von oben her zu Tal führendes BACHBETT kommen, das (mal mit mehr, mal mit weniger Wasser gefüllt) das vor Ort noch nicht einsehbare Djupdal entwässert, das die nächste Landschaftsmarke sein wird. So folgen wir einfach dem Bachbett hangaufwärts, was wegen der Steigung, je nach Kondition, allemal anstrengend ausfallen kann.

Doch dieser Aufstieg ist kurz, und kaum 15 Min. sind vergangen, da erreichen wir das **DJUPDAL,** das sich als wannenförmiges HOCHMOOR zwischen nur wenige Meter höhere Bergrücken spannt. Halblinks, also im Südwesten, erhebt sich als die einzig nennenswerte Höhe der Felsgipfel des Brattflogan, auf den wir nun in direkter Linie zuhalten. Zu diesem Zweck ist ein Ausläufer (des an möglichen

Zeltplätzen reichen) Moores zu queren; zur Warnung sei gesagt, dass der direkt im Süden das Moor begrenzende Sattel keineswegs unsere Richtung markiert: Der Pfad dorthin verläuft sich bald bzw. endet jenseits des Sattels an einer gefährlichen Abbruchkante in das Steinbakkdal.

Also halten wir auf den Fuß des Brattflogan zu, wo sich wieder zahlreiche Schafpfade finden, die fast alle eine Wiesensenke unterhalb des eigentlichen Gipfels des **BRATTFLOGAN** zum Ziel haben. Das Panorama korreliert mit der erreichten Höhe von nunmehr rund 420 m und wäre, für sich allein genommen, durchaus bereits die ganze Wanderung wert.

Diese Wiesensenke unter dem Gipfel setzt sich auch nach Süden fort, wohin ein breiter und mehr oder weniger auf gleicher Höhe bleibender Pfad verläuft. Entgegen allem Anschein markiert er aber nicht unsere weitere Richtung, denn würde man ihm folgen, stünde man schon nach etwa 10 Min. vor einer unüberwindlich steilen Abbruchkante ins 400 m tiefer gelegene Steinbakkdal. – Dies nur als Hinweis, denn wir wollen uns jenseits, also südlich dieser Wiesensenke, nach rechts halten, so also den Gipfel des Brattflogan entlang seines Fußes in nordwestliche Richtung umrunden. Einen regelrechten Weg gibt es nicht, immer wieder aber wechselnde, gut begehbare Schafspuren, denen entlang wir nach etwa 15 Min. oberhalb eines ausgedehnten Hochmoorplateaus zu stehen kommen. Weit dahinter und etwa in gerader Linie ragt als unübersehbarer Markierungspunkt der 964 m hohe Berggipfel des von einem Radarschirm gekrönten Himmeltindan auf, während das Moorplateau links kerbenförmig in ein quer verlaufendes U-Tal abfällt.

Diese Kerbe visieren wir nun an und steigen sodann und oft weglos zum **HOCHMOOR** ab. Feuchtstellen und Weidendickichte können einem hier das Gehen erschweren, aber alles in allem ist der sanfte Abstieg gut machbar, wie auch der Abstieg vom Hochmoor in das linker Hand verlaufende Trogtal recht einfach und flott getan ist: Auf dem letzten Wegstück visieren wir einfach einen kleineren, im Talgrund gelegenen See an.

Dann ist das Tal erreicht, das hier lediglich noch auf 160 m Höhe gelegene **STEINBAKKDAL**. Wir biegen nach links ein (nach rechts sind es nur etwa 1,5 km bis ins Slydal, mit Straßenanschluss nach Liland an der E 10; siehe »Anschlusswanderungen«), stoßen dort bald auf einen breiten Pfad und müssen ein wenig später den das Tal durchströmenden Bach auf seine rechte Seite hin überqueren.

Sanft, mal mit, mal ohne Weg, steigen wir parallel zum Bachlauf und dem an seinem Ufer verlaufenden Schafzaun ab und erreichen so nach insgesamt etwa 20 Min. das Ende einer ca. 1,5 km weit in das Steinbakkdal führenden SCHOTTERSTRASSE. Am unteren Ende der Straße liegt der Ausgangs- und Endpunkt dieser Tour: **BRUSTRANDA SJØCAMP** an der R 815.

Es mag ein gelungener Abschluss der Wanderung sein, auf der Fjordveranda des Cafés von Brustranda Sjøcamp einzukehren und die Aussicht zu genießen und/oder die zugehörige Steinbua zu besuchen (siehe Seite 158 f.).

Wanderung 9 – Flakstadøya: Der Flakstadstien – mit Vestfjord-Blick

IM ÜBERBLICK

◎ **DAUER / LÄNGE**: rund 2 Std. / ca. 4,5 km.

◎ **WEGVERLAUF/HÖHEN-/ENTFERNUNGSANGABEN** (Streckenwanderung): Nesland – Sloka (20 Min.) – Kvalkeila (30 Min.) – Lyrvika (30 Min.) – Nusfjord (30 Min.); die Höhenunterschiede sind gering, mehrmals steigt man von Meeresniveau auf 50 m, einmal bis 120 m.

◎ **WEGBESCHAFFENHEIT**: relativ gute und leicht zu begehende Pfade, vereinzelt über schmale Geröllfelder, eventuell morastige Wiesen.

◎ **ORIENTIERUNG**: Der Pfad ist weitgehend ausgetreten und gut sichtbar, obendrein sporadisch mit roten Farbklecksen sowie Steinpyramiden markiert; er folgt der Küstenlinie, was die Orientierung problemlos macht.

◎ **KARTE**: Topokarte »Vest-Lofoten« im Maßstab 1 : 50.000. Der Weg zwischen Nesland und Nusfjord ist eingezeichnet, auch die Anschlusswanderung von Nusfjord nach Kilan.

◎ **ANFAHRT**: 2 km südwestlich von Ramberg von der E 10 (siehe Route 10, Seite 175 f.) auf die nach Skjelford und Nesland ausgeschilderte Straße abzweigen, ihr bis zum Ende nach Nesland folgen (etwa 10 km); parken auf dem Wendeplatz direkt am Meer.

Nesland ist mit öffentlichen Verkehrsmitteln nicht erreichbar; man kann versuchen, an der Abzweigung von der E 10 zu trampen, aber viele Fahrzeuge nehmen die Strecke nicht.

◎ **RÜCKFAHRT**: Nusfjord ist 27 Straßenkilometer von Nesland entfernt (zurück zur E 10, nach links und über Ramberg zur Abzweigung nach Nesland) und wird nicht von Bussen angefahren. So bleibt nur die Möglichkeit, in Nusfjord andere Touristen um einen Lift zu bitten, sofern man nicht im Ort ein Fahrrad mieten will, was dort aber angeboten wird.

◎ **ZELTTOUR**: An der Bucht von Lyrvika und Kvalkeila verteilen sich idyllische Wiesenmulden, die zum Zelten wie geschaffen sind; Frischwasser ist vorhanden, jedoch kein Brennholz.

◎ **ANSCHLUSSWANDERUNGEN**: von Nusfjord aus nach KILAN am Flakstadpollen (5,5 km, 2–3 Std.; leicht).

◎ **ANMERKUNGEN**: Die Route führt vorbei an einem interessanten Florenbezirk, kennt außerdem gute Plätze, um Seevögel zu beobachten: insbesondere Dreizehenmöwen, die an der Küste ihre Nistplätze haben.

◎ **KURZBESCHREIBUNG**: Auf Pfaden geht es an der wunderschönen Felsküste der Innenseite Flakstadøyas entlang; stets hat man Aussicht auf den Vestfjord und (bei gutem Wetter) auf den Gebirgsriegel des norwegischen Festlands. Es bestehen Möglichkeiten zur Vogelbeobachtung, ebenso zum Schnorcheln (Wassertemperatur im August um 14–16°C). Idyllische Wiesen- und Blumenmulden laden zum Picknicken ein; sowohl der Ausgangs- als auch der Endpunkt der Tour sind den Besuch wert; vom Schwierigkeitsgrad her eine mittelschwere Wanderung, die auch mit erfahrenen älteren, trittsicheren Kindern zu machen ist.

FLAKSTADSTIEN (= der Flakstadpfad) ist einer der wenigen Wanderwege auf den Lofoten, die (zumindest einigermaßen markiert sind. Er zieht sich vom Südzipfel Flakstadøyas bei Nesland über Nusfjord nach Kilan hin.

Wir beschränken uns darauf, lediglich die südliche Etappe genau vorzustellen, die den landschaftlich beeindruckendsten und ebenso abwechslungsreichsten Teil des Flakstadpfads beinhaltet. Die Etappe bis nach Kilan wird im Anschluss kurz skizziert.

Ausgangspunkt dieser »Wanderung fast für jedermann« ist das am Südwestzipfel von Flakstadøya gelegene Dorf **ØSTRE NESLAND**, das erst gegen Mitte des 19. Jhs. gegründet wurde und trotz seines geringen Alters als eine der besuchenswerten Ortschaften der Insel gilt. Die Lage in einer kleinen Felsbucht am Fuß der steil ansteigenden Neslandheia ist von großer Schönheit, und bei guter Wetterlage genießt man von hier aus einen Fernblick auf die ganzjährig beschneite Zackenlinie des 50 km entfernt aus dem Meer steigenden Kaledonischen Gebirgszuges. Vor gut zwanzig Jahren noch glich Nesland einer Geisterstadt, denn seit 1950 – dem Zeitpunkt, als die Fischereiflotte der Lofoten komplett motorisiert wurde – verlor dieser Fischerort, der über keinen für Motorschiffe tauglichen Hafen verfügt, rapide an Bedeutung: Die Fischer wanderten ab. Ihre Kinder jedoch kehrten zurück, denn heutzutage, wo fast alle Familien mit einem eigenen Auto ausgestattet sind, macht es nichts, wenn der nächste Hafen ein paar Kilometer entfernt ist.

Vom **WENDEPLATZ** (der das Ende der Straße markiert; dort wo eine hölzerne Info-Tafel den Flakstadstien vorstellt) wenden wir uns nach Norden einem breiteren Schotterweg zu, der sich – zwischen zwei Holzschuppen – den Hang hinaufzieht. Sehenswert ist das alte TORFDACH des rechter Hand liegenden Gebäudes, auf dem niedrige Büsche Halt suchen und mehrere Möwenfamilien ihre Nistplätze eingerichtet haben. Ein paar Meter nur, und dann endet der breite Weg vor einer Felsnische, um gegenüber, wo ein rotes »T« als Markierung dient, als Pfad weiterzuführen.

Die Spur ist ausgetreten, gut sichtbar, steigt innerhalb der nächsten 10 Min. sanft, aber konstant bis auf 50 m Höhe und ist nur sporadisch mit Farbklecksen gekennzeichnet. Der Hang kippt schräg zum Meer hin ab, kolonisiert von zahlreichen SEEVÖGELN (vor allem Dreizehenmöwen) und bewachsen mit Heidekraut und vereinzelten Wiesenbüscheln.

Das Meer schillert in seinen bestechendsten Farben und ist so klar, dass man stellenweise bis auf den 40 m tiefen Grund spähen kann, auf dem eine reiche Unterwasserflora hin und her wogt. Am schönsten aber ist der Tiefenblick (nach etwa 20 Min.) während der Umrundung der sich keilförmig öffnenden KLUFT VON **SLOKA**. Unser Pfad schlängelt sich in diesem Abschnitt direkt auf den senkrecht abstürzenden Felswänden entlang, und nach links abzweigende Spuren führen zu weiter oben liegenden Berghängen, wo Mertensien, Baldrian und Weidenröschen, Sonnentau und Äh-

Unsere Inselroute Nr. 10 zu Flakstadøya beginnt auf Seite 170.

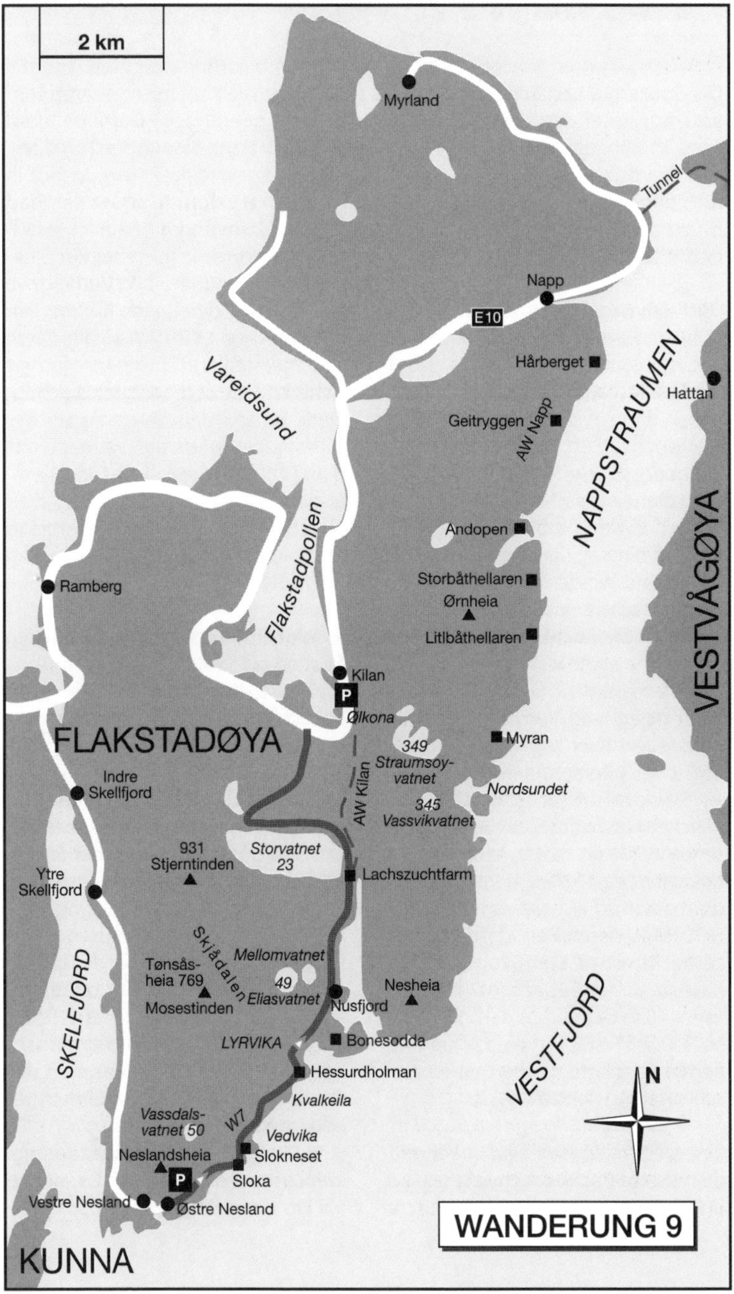

2 km
Myrland
Tunnel
Napp
E10
Hårberget
Hattan
Vareidsund
Geitryggen
AW Napp
NAPPSTRAUMEN
VESTVÅGØYA
Andopen
Flakstadpollen
Ramberg
Storbåthellaren
Ørnheia
Litlbåthellaren
Kilan
P
Ølkona
FLAKSTADØYA
Myran
349
Straumsoy-
vatnet
Nordsundet
Indre
Skellfjord
345
Vassvikvatnet
AW Kilan
931
Stjerntinden
Storvatnet
23
Lachszuchtfarm
Ytre
Skellfjord
Skjådalen
Mellomvatnet
Tønsås-
heia 769
49
Eliasvatnet
Nesheia
Nusfjord
Mosestinden
SKELFJORD
LYRVIKA
Bonesodda
VESTFJORD
Hessurdholman
N
Kvalkeila
Vassdals-
vatnet 50
W7
Vedvika
Neslandsheia
Slokneset
Sloka
Vestre Nesland
Østre Nesland
WANDERUNG 9
KUNNA

renlilien auf satten Wiesen gedeihen. Die Spuren haben Schafe getreten, und wer ihnen folgt, erreicht nach rund 15 Min. den auf 111 m gelegenen Skardslag-Haugen, von wo es – Richtung Westen – noch rund 20 Min. bis zu diesem interessanten Florenbezirk sind.

Die Felsnase von Slokneset umgehen wir weiträumig; worauf die Bucht von Vedvika voraus liegt, an deren Nordrand wir fast auf Meeresniveau hinabgehen und ein paar Felsblöcke überklettern müssen. Nach einer kurzen Steigungsstrecke – als Wegmarkierung dienen Steinhäufchen – geht es wieder abwärts, über ein schmales Kiesfeld hinweg und hinein in die mit Birken und Weiden sowie vielen Blumen bestandene Wiesenmulde, die direkt an die Bucht von **KVALKEILA** grenzt und einen idyllischen Zeltplatz abgeben könnte. Der von dem 438 m hoch gelegenen Vedvikvatnet kommende Bergbach plätschert durch die Idylle; wir überspringen ihn, steigen ein Stück an, und unser Blick umfasst gleichermaßen das Meer und die Wiesenoase. Wenig später, nach nun insgesamt etwa 50 Min., betrachten wir die markante Felsnase von HESSURDHOLMAN, dermaßen zerfurcht und zerhackt vom steten Wogenschlag, dass sie an ein Felsenmeer erinnern kann. 40 m dann über dem STEINERNEN KUNSTWERK ist eine schräg liegende Felsplatte zu überqueren, was schwerer aussieht, als es ist.

Eine weitere Wiesen- und Birkenmulde mitsamt Bachlauf schließt sich an, und zur Rechten liegen fantastische Schnorchelgründe für Unentwegte; eine schmale Kluft mit mehreren (einfach zu querenden) Geröllbändern führt den Hang hinauf, den hier übereinander gestapelte Felsterrassen bilden. Zickzackförmig steigt der Pfad bis auf 120 m und gibt ein imposantes Panorama bis hinunter zur Slokneset und hinüber nach Vestvågøya frei, bevor er durch eine Kiesrinne in die Bucht von **LYRVIKA** abfällt. Diese Passage, steil und rutschig, erfordert sicheren Tritt und adäquates Schuhwerk. Schären tauchen grau aus der türkisfarbenen See auf, während aus dem Zentrum Flakstadøyas der Stjerntinden 931 m hoch aufragt und man selbst in einer feuchten Wiesenmulde steht, in der ein Bachlauf zweimal zu überqueren ist.

Es folgt ein Aufstieg bis auf 80 m, ein Abstieg bis 5 m, noch einmal mühen wir uns bis über 50 m hinauf – dann endlich tauchen rechts unten die ersten kupferroten Fassaden der Rorbuhütten von **NUSFJORD** auf. Ein paar Minuten noch, und der Pfad endet vor der Rückfront eines Wohnhauses. Wir wenden uns nach rechts, der Straße entgegen, die hier einen Wendeplatz ausspart und direkt am Nusfjord verläuft, einer der dramatischsten, engsten Fjorde, an seinem Ufer das gleichnamige Dorf aus bunten Holzhäusern, auf Pfählen im Wasser stehend. Seine ungewöhnliche jüngere Vergangenheit u.a. finden Sie im Rahmen der Route 10 auf Seite 173 ausführlich beschrieben.

In Nusfjord endet die Wanderung. Wer Lust auf mehr verspürt, kann die 5,5 km lange Etappe Stück des Flakstadstien anschließen nach Kilan und zur E 10 anschließen.

Die Etappe nach **KILAN** ist moderat und in rund 2–3 Std. gut zu bewältigen. Man folgt der Straße ab Nusfjord nach links für knapp 3 km, passiert die zur Linken liegende Lachszuchtfanlage, hinter der schon bald ein Holzschild mit der Aufschrift »Kilan« rechts den Hang hinauf weist. Der Pfad ist gut sichtbar, auch teilweise markiert, steigt an der Flanke zu einem Kamm auf (120 m), von dem sich eine kontrastreiche AUSSICHT ergibt: Gen Süden reicht der Blick auf den ganzen Nusfjord, direkt unterhalb des Kamms breitet sich der Storvatnet aus (den die glatt polierten Felsplanken des halbrund aufragenden Stjerntinden begrenzen), während sich im Norden der nur wenige Meter tiefe und daher seidig grün schimmernde FLAKSTADPOLLEN im Saum weißer Strände zum Nordmeer öffnet. Rechts am Pollenschluss liegt das Dorf Kilan, wohin der Weg sanft abfällt. Die Wanderung endet auf einem Parkplatz am Ufer mit Info-Tafel, die zuletzt aber kaum noch lesbar war.

Warum Kilan bis ins 20. Jahrhundert den seltsamen Beinamen Klöcknergrund trug, ist im Rahmen der Route 10 auf Seite 172 nachzulesen.

Traumstrand offenbar nicht nur für Zweibeiner: Flakstadpollen (siehe auch Seite 172) ▲

Wanderung 10 – Moskenesøya: Strände von karibischer Schönheit

IM ÜBERBLICK

◎ **DAUER/LÄNGE**: gut 5 Std. / etwa 10,5 km.

◎ **WEGVERLAUF/HÖHEN-/ENTFERNUNGSANGABEN** (Rundwanderung): Marka (10 m) – Markavatnet (24 m, 30 Min.) – Wiesenbuckel (90 m, 25 Min.) – Felssattel (100 m, 35 Min.) – Kvalvikvatnet (4 m, 15 Min.) – Strand Kvalvika (4 m, 30 Min.) – Skoren (100 m, 10 Min.) – Straße (10 m, 30 Min.) – Marka (10 m, 1 Std.).

◎ **WEGBESCHAFFENHEIT**: Wiese, Heide, Sand sowie reichlich Geröll, im Küstenabschnitt teilweise über glitschige Felsblöcke.

◎ **ORIENTIERUNG**: Drei Viertel der Strecke etwa geht es über einen mal mehr, mal weniger gut erkennbaren Pfad, dessen Verlauf obendrein Steinpyramiden kennzeichnen, zumindest teilweise. Zudem lässt die Topografie stets nur eine Richtung zu, so dass die Orientierung einfach ist.

◎ **KARTE**: Topokarte »Vest-Lofoten« im Maßstab 1 : 50.000; der Wanderweg ist auf der Karte in seiner gesamten Länge verzeichnet.

◎ **ANFAHRT**: Von Finnbyen, südlich Rambergs, zweigt von der E 10 eine nach Fredvang ausgeschilderte Straße ab, die mit zwei Bogenbrücken den Fjord überspannt. In Fredvang (auf Moskenesøya) biegt man an der (einzigen) Kreuzung nach links ab, auf eine Schotterpiste, die sich nach etwa 8 km gabelt: Links geht es nach Krystad (1 km), rechts sind es rund 2,5 km bis Marka, dem Ausgangspunkt.

Von Finnbyen aus verkehrt einmal täglich (morgens) ein Bus via Fredvang und Marka nach Selfjord.

◎ **ZELTTOUR**: absolut geeignet, da an/hinter/auf den Dünengürteln der beiden Strände wunderbar gelegene Zeltplätze warten; Trinkwasser ist vorhanden, kann aber von streunenden Schafen verunreinigt sein. Als Brennmaterial dient Treibholz.

◎ **ANSCHLUSSWANDERUNGEN**: Vom Kvalvika-Strand aus kann man in ca. 1,5 Std. (je Weg) den RYTEN-Tafelberg (543 m) besteigen, bekannt für Florenreichtum und famose Aussicht auf Meer und Mitternachtssonne.

◎ **KURZBESCHREIBUNG**: Die eigentliche Wanderstrecke misst 6 km, führt über rund die Hälfte der Distanz über erkennbare Pfade, hat eher wenige Steigungs- und Gefällabschnitte und ist, abgesehen von einigen aber sehr anstrengenden Teilstücken (siehe Seite 254, defekte Seilsicherungen), normalerweise relativ leicht zu begehen: eine Tour auch für Familien mit älteren, trittsicheren Kindern, und die die schönste Küstenwanderung ohnehin: Mehrere Seen liegen am Weg, der durch eine Schlucht bis zum Nordmeer führt, wo sich zwei weiße Strände an uralte Felsmonolithen sowie Tafelberge lehnen.

Ausgangpunkt ist das am Selfjord gelegene Dörfchen **MARKA**, mal gerade drei Häuser groß, an dem die von Fredvang kommende Schotterpiste vorbeiführt. Auf der linken Straßenseite macht ein mit blauen Fensterrah-

Elch-Tipp: Der Ryten (540 m, siehe Seite 255) ist dafür prädestiniert, im Schein der Mitternachtssonne wundervolle Stunden zu verbringen.

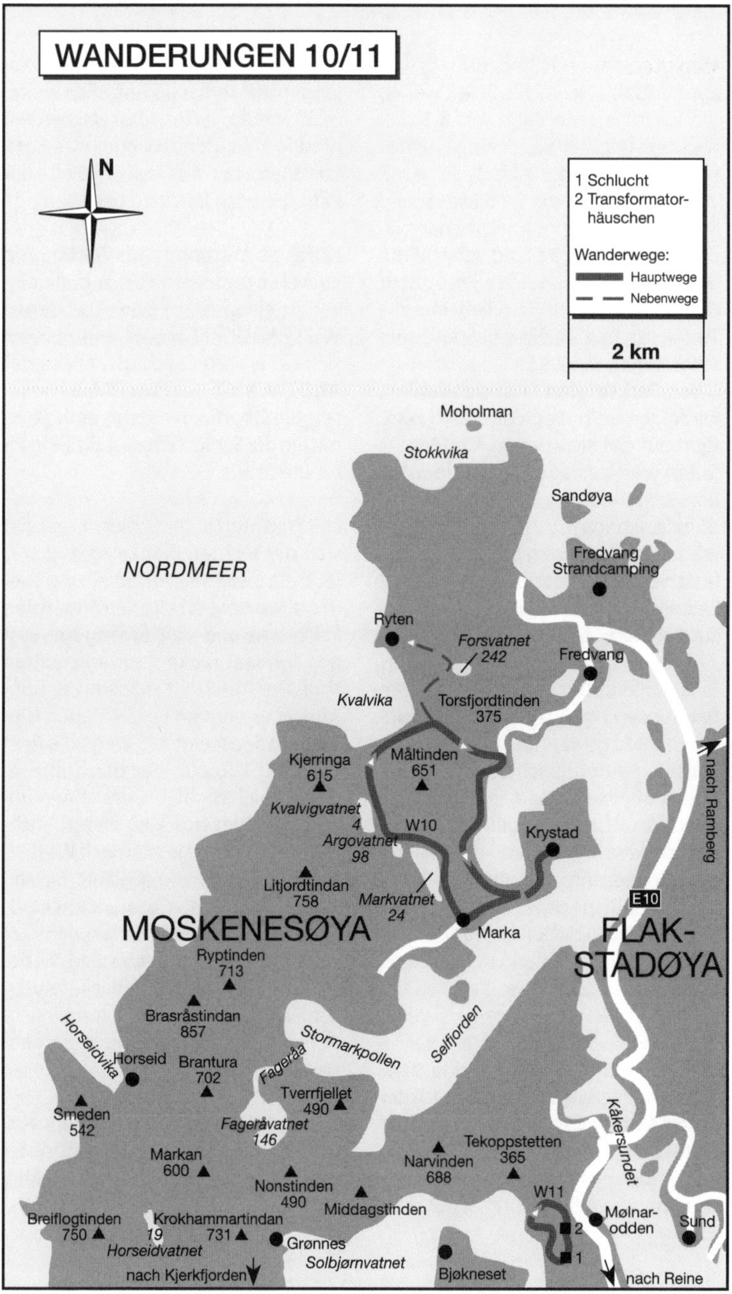

WANDERUNGEN 10/11
N
1 Schlucht
2 Transformatorhäuschen
Wanderwege:
Hauptwege
Nebenwege
2 km
Moholman
Stokkvika
Sandøya
Fredvang Strandcamping
NORDMEER
Ryten
Forsvatnet 242
Fredvang
Kvalvika
Torsfjordtinden 375
Kjerringa 615
Måltinden 651
nach Ramberg
Kvalvigvatnet 4
W10
Argovatnet 98
Krystad
Litjordtindan 758
Markvatnet 24
E10
MOSKENESØYA
Marka
FLAKSTADØYA
Ryptinden 713
Brasråstindan 857
Horseidvika
Horseid
Brantura 702
Fageråa
Stormarkpollen
Selfjorden
Tverrfjellet 490
Smeden 542
Fageråvatnet 146
Kåkersundet
Markan 600
Nonstinden 490
Narvinden 688
Tekoppstetten 365
Middagstinden
W11
Breiflogtinden 750
Krokhammartindan 731
19
Horseidvatnet
Grønnes
Solbjørnvatnet
Bjøkneset
Mølnarodden
Sund
nach Kjerkfjorden
nach Reine

men geschmücktes Gebäude auf sich aufmerksam; ein kurzes Stück weiter, direkt vor einem Bach mit Brücke, weist ein (rechter Hand) aufgestelltes Holzschild mit der Aufschrift »Kvalvika« ins Inselinnere. Da dieses Schild aber in der Vergangenheit immer wieder mal eine Saison lang verschwunden war, sollte man sich nicht zu sehr darauf fixieren, sondern lieber an die Topokarte halten, die den Startpunkt recht genau markiert.

Ein Parkstreifen lässt sich finden, wir folgen dem Wegweiser und wandern auf gut sichtbarem Pfad hinein in ein weit ausladendes Muldental, dass sich Richtung Nordmeer in eine dunkle, schattige Schlucht öffnet. Der Weg führt durch den Schlund, eingefasst vom Litljordtindan (758 m) zur Linken sowie dem Måltinden (651 m) zur Rechten.

Ein paar Minuten erst sind wir in dem baumlosen Wiesen- und Heidetal unterwegs, da gewahren wir eine kleine, künstlich aufgeschichtete Steinpyramide auf einer voraus liegenden Anhöhe. Der Pfad schlängelt sich zu dieser Markierung hinauf, erreicht sie nach insgesamt 10 Min. Man blickt hinunter auf einen winzigen See und hinein in die rund 2 km entfernt klaffende Schlucht. Entlang dem rechten Seeufer geht es zu einer weiteren Anhöhe (mit Steinpyramide), auf deren westlicher Seite sich das Oval eines silbernen Sees, silbern wie ein blind gewordener Spiegel, öffnet. Es ist der **MARKAVATNET**, der auf der rechten Seite zu umgehen ist. Nach 30 Min. ist das Ufer erreicht; mehrere Steinhäufchen geben die Richtung an, und bis zur hinteren Stirnseite der rund 1 km langen Wasserfläche vergehen weitere 20 Min. Im letzten Teil erschweren niedrige Weidendickichte das Fortkommen, aber alles in allem bleibt der Pfad dennoch leicht zu begehen.

Durch etwas morastiges Terrain und vorbei an mehreren Tümpeln steigen wir zu einem 90 m hoch gelegenen **WIESENBUCKEL** hinauf, jenseits dem sich ein weiterer See ausbreitet – der AGOTVATNET. Kein Windhauch kräuselt die Oberfläche, denn er liegt inmitten der Schlucht bzw. füllt sie in ihrer Breite aus.

Der Pfad führt in die Schlucht, wendet sich der rechten Flanke zu und verläuft ein paar Meter oberhalb des Seeufers, wo vereinzelte Geröllbänder, Felsblöcke und – bis Anfang Juli – sogar Schneebrücken zu überqueren sind. Der Abschnitt ist ziemlich mühsam, aber nur von kurzer Dauer. Hinter dem See steigt der Weg zu einem **FELSSATTEL** auf, der das Zentrum der Schlucht markiert und einen unvergesslichen Ausblick bietet: Trichterförmig öffnet sie sich nach Westen, wo sie in einen See ausläuft. Ein mit Wiese und Blumen bestandener DÜNENGÜRTEL schließt sich an; dahinter wogt das Meer, das schwarze Monolithen und ein abkippender Tafelberg flankieren. In klaren Mittsommernächten sind hier unvergessliche Farbenspiele zu verfolgen.

Rund 90 Min. sind wir jetzt unterwegs. Über Geröll, später auch Moospolster und Wiese geht es hinab zum 15 Min. entfernten **KVALVIKVATNET**, des-

Leser-Erfahrung: Familie Christmeier empfiehlt die Tour im Schein der Mitternachtssonne bzw. erst abends aufzubrechen, da sich die Strände morgens ...

sen trockene Wiesen- und Sandufer ideale Zeltplätze abgeben. Das letzte Stück ist weglos, aber am See stößt man bald wieder auf einen deutlich sichtbaren Pfad, der zum Strand führt. Die Sandfläche ist WEISS WIE SCHNEE, ca. 300 m lang und bei Ebbe ebenso breit, fällt sanft ins (eiskalte) Meer ab, das zum Baden und Schwimmen wie geschaffen wäre.

Aber noch einen weiteren Strand gilt es zu entdecken, nur 30 Min. entfernt und gen Norden entlang einem Küstenpfad zu erreichen, der am Kvalvikvatnet seinen Anfang nimmt und teils mit Seilen »gesichert« ist. Im Sommer 2007 waren die Seile größtenteils defekt, so dass man sich nicht darauf verlassen kann, sondern damit rechnen muss, in diesem Wegabschnitt an einigen Stellen mühsam über mitunter glatte, glitschige Felsbrocken kraxeln zu müssen.

Der Name des anschließend nach etwa 15–30 Min. (je nachdem, ob mit oder ohne Seil) erreichten Strandes ist **KVALVIKA**; er bildet ein großes Dreieck, umgeben von Dünenhügeln und an seinem Nordrand mit dem Fuß des Tafelbergs Ryten verwachsen. Ein Bach plätschert von der schräg gestellten Flanke; wo er den Sand beleckt, gibt es sogar einen Picknicktisch mit Bänken sowie Feuerstelle. Brennmaterial liegt reichlich in Form von Treibholz herum. Sogar 50 m oberhalb der Flutmarke ist welches aufzuspüren.

Wer einen zusätzlichen Marsch von mind. 90 Min. nicht scheut, kann von hier aus den RYTEN besteigen: dem Bachlauf entlang bis zum Forsvatnet (242 m); links ab, direkt zu dem schräg stehenden Gipfelplateau hinauf. Falls die Mitternachtssonne scheint, möchte man sich am liebsten STUNDEN für diesen Ort ZEIT NEHMEN; das haben uns auch Leser bestätigt – also einen Vorrat für's Picknick in den Rucksack packen (und etwaigen Müll selbstverständlich wieder mit nach unten nehmen).

Der Weg zurück zur Uferstraße, von der wir aufgebrochen sind, ist kürzer. Am Kvalvika-Strand halten wir inseleinwärts auf einen Geröllsattel zu, der den Namen **SKOREN** trägt und nach etwa 10 Min. erreicht ist. Einen Pfad sucht man vergebens, aber die Richtung ist klar, geradeaus über den Sattel in das sich anschließende Hochtal.

Nach weiteren 5 Min. steht man auf 140 m ü.d.M. und blickt hinunter auf eine Wiesenmulde, die zum Torsfjord hin abfällt, entlang dem die **STRASSE** verläuft, von der uns noch ca. 20 Min. (1 km) trennen. Auch hier ist das Terrain weglos; so halten wir in gerader Linie auf den Fjord zu, steigen dabei konstant ab, passieren im letzten Teil (direkt oberhalb der Straße) ein verlassenes Gehöft – und stehen unten auf dem festen Schotterbelag, wo ein Holzschild in die Richtung weist, aus der man gekommen ist.

Wir folgen der Piste nach rechts, stoßen nach rund 2,5 km auf eine Querstraße, biegen rechts ab (links ab geht es nach Kyrkstad) und erreichen rund 20 Min. später (1,5 km) den Start- und Endpunkt der Wanderung: MARKA.

... und nachmittags zum Teil im Schatten befinden. Einen Schnappschuss »von oben« finden im Farbbildteil 2 auf Seite 206 unten.

Wanderung 11 – Moskenesøya: Zum See des Sonnenbären

IM ÜBERBLICK

◎ **DAUER/LÄNGE**: ca. 1 Std./3 km.

◎ **WEGVERLAUF/HÖHEN-/ENTFERNUNGSANGABEN** (Rundwanderung): Mølnarodden (10 m) – Fjellrücken (50 m, 5 Min.) – Fjordarm (3 m, 5 Min.) – See Solbjørnvatnet (82 m, 15 Min.) – Hütte (81 m, 10 Min.) – Fjellriegel (120 m, 10 Min.) – Mølnarodden (10 m, 20 Min.).

◎ **WEGBESCHAFFENHEIT**: Felsbahnen, etwas Geröll sowie eine Feuchtstelle.

◎ **ORIENTIERUNG**: problemlos; der Startpunkt ist deutlich markiert.

◎ **KARTE**: Topokarte »Vest-Lofoten« im Maßstab 1 : 50.000; ist nicht unbedingt erforderlich, zumal nur die ersten paar hundert Meter der Route eingezeichnet sind.

◎ **ANFAHRT**: über die E 10 bis Mølnarodden; am Nordrand des Dorfes macht eine direkt an der Straße aufgestellte Info-Tafel (ist nur zu sehen, kommt man aus Richtung Flakstadøya) auf den Wanderweg aufmerksam.

Sowohl von Richtung Leknes als auch von Å her verkehren mehrere Busse über Mølnarodden.

◎ **KURZBESCHREIBUNG**: ein Spaziergang zum Solbjørnvatnet, einem Bergsee von dramatischer Schönheit. Der Weg ist schnell gefunden, relativ leicht zu begehen, zur Not sogar mit Turnschuhen.

Ausgangsort des Spaziergangs ist das am Kåkersund gelegene Fischerdorf **MØLNARODDEN**, das gen Osten auf den schönen Ort Sund blickt, im Westen von einem nur 800 m breiten und knapp 120 m hohen Felsrücken vom Solbjørnvatnet getrennt ist.

Am Start- und Zielpunkt der Wanderung – dem kleinen PARKPLATZ direkt westlich der E 10 – soll eine Karte über den Wegverlauf der Tour informieren; sie ist inzwischen allerdings völlig unlesbar. Das soll nicht stören, denn der Pfad ist gut sichtbar und kaum zu verlieren: Er beginnt direkt links an der Info-Tafel und zieht sich in gerader Linie auf den parallel zur Küste verlaufenden **FJELLRÜCKEN** hinauf. Nach 5 Min. etwa, auf einer Höhe von 50 m, genießen wir das Panorama auf Mølnarodden und auf den Kåkersund und können im Osten deutlich das Örtchen Sund aus dem Vestfjord aufsteigen sehen. Nach rechts fällt das nur mit Moosen und Flechten bewachsene Felsband in eine Wiesenmulde ab, und voraus, an der südlichen Stirnseite des Rückens, öffnet sich eine Kluft. Auf diese Wegmarke halten wir zu, auch wenn der Pfad jetzt nicht immer klar auszumachen ist.

Nach weiteren 5 Min. ist man wieder bis auf 5 m abgestiegen und steht direkt über einem gerade mal 2 m breiten **FJORDARM**, der sich der rechts klaffenden Felskerbe anschließt. Dort hinein führt der Weg. Wir lassen ein kleines Steinhaus (ein Umspannwerk) rechts liegen und steigen in die Kluft ein, die aussieht, als hätte ein Wildbach sie in Millionen von Jahren aus-

Unsere Übersichtskarte zur Wanderung 11 finden Sie auf Seite 253.

gewaschen. Ihre Sohle ist lediglich 2 m breit, gesäumt von lotrecht aufragenden Felsschenkeln. Eine schwarze Wasserleitung zieht sich durch das Schattental, und der Pfad verläuft mal rechts, mal links des Rohres, windet sich bald durch ein Geschiebe von mächtigen Felsblöcken und steigt sanft, aber konstant bis auf 80 m an.

Dann öffnet sich die Kerbe, rechts von einer etwa 3 m hohen, künstlich angelegten Felsmauer begrenzt. Dort hinauf geht es, ans Südufer eines kleinen Stausees und geradeaus weiter auf eine zweite, diesmal etwa 10 m hohe Mauer zu; diese staut den See **SOLBJØRNVATNET**, von dem man hier aber nur einen kleinen Zipfel erhaschen kann.

Wir halten uns rechts, folgen einem Felsband parallel zum östlichen Ufer. Nach 10 Min. ist eine direkt am See gelegene **HÜTTE** erreicht. Von hier aus hat man einen prächtigen AUSBLICK auf die mehr als 5 km lange Wasserfläche, die ein so INTENSIV BLAUES LICHT verstrahlt, ab wäre sie von innen erleuchtet. Zu unseren Füßen hingegen, dort wo weißgraue Felsplatten eine Bucht umfassen, schimmert das Wasser in einem – so wirkt es auf uns – opalisierenden Grün, während sich die wild zerklüfteten Berge, die den Rahmen des Farbenspiels bilden, in düsterem Anthrazit abheben.

Dieser Anblick macht das Besondere der Wanderung aus. Er kann jedoch noch eine Steigerung erfahren. Dann nämlich, wenn man nach halbrechts auf den **FJELLRIEGEL** steigt. Von dort, 40 m über dem Solbjørnvatnet sowie 120 m über Mølnraodden, überschaut man nicht nur Seen und Berge, sondern ebenso (und mit vielen Kontrasten) Vestfjord, Meer und Küsten, so wie etwa die Haustupfen von Sund im Osten und das, sich weit dahinter am HORIZONT erstreckend, Kaledonische Gebirge.

Als WEG ZURÜCK geht man entweder retour, oder man steigt – auf undeutlich markierter Spur – in die östlich angrenzende Wiesenmulde ab, wo auch Stromleitungen verlaufen. Man muss sich den Pfad suchen, von Felsterrasse zu Felsterasse, schließlich durch das morastige Muldental und unter den Leitungen hindurch auf den Fjellriegel hinauf, über den man von Mølnarodden aus aufgestiegen ist. Für diesen Abschnitt sind etwa 15 Min. anzusetzen, und nach weiteren 5 Min. ist der Startpunkt der Tour wieder erreicht.

Wanderung 12 – Moskenesøya: Blicke wie aus dem Flugzeug

IM ÜBERBLICK

◎ **DAUER/LÄNGE**: ca. 3 Std./ca. 3 km.

◎ **WEGVERLAUF/HÖHEN-/ENTFERNUNGSANGABEN**: Kreuzung der E 10 mit der Straße Richtung Zentrum von Reine – 5-stämmige Birke (50 m, 20 Min.) – Panorama-Sattel (420 m, 50 Min.).

◎ **WEGBESCHAFFENHEIT**: sehr steil ansteigender Erd- und Wiesenpfad, nur bei trockener Wetterlage begehbar.

◎ **ORIENTIERUNG**: ist problemlos, obwohl der Weg nicht markiert ist.

◎ **KARTE**: Topokarte »Vest-Lofoten« im Maßstab 1 : 50.000; für die Wanderung zum Hausberg von Reine nicht erforderlich, ebenso nicht für die Anschlusswanderung, wohl aber für die (nur für wirklich Berg-erfahrene Kletterer geeignete) Tour zum Helvete.

◎ **ANFAHRT**: über der E 10 nach Reine, wohin von allen größeren Orten des Archipels täglich Busanschluss besteht.

◎ **ZELTTOUR**: Hoch oben über Reine verteilen sich ein paar kleine Wiesennischen am Felskamm/-grat, für die aber nur ein Mini-Zelt oder, besser, ein Biwaksack taugt. Brennholz ist ebenso wenig vorhanden wie Wasser.

◎ **ANSCHLUSSWANDERUNGEN**: Sehr zu empfehlen ist ein kurzer Abstecher vom Panorama-Sattel auf den GIPFEL DES REINEBRIGGEN (je Weg etwa 10 Min.). Eine andere Anschlussmöglichkeit besteht vom Sattel aus nach links, wo sich ein zusehends zum Grat werdender Felsrücken erstreckt. Für ca. 15 Min. können noch die Meisten folgen, was aber danach ansteht, ist mehr als knifflig und sollte den Bergcracks vorbehalten bleiben.

◎ **KURZBESCHREIBUNG**: Wenn es auf den Lofoten nun eine Wanderung gibt, die man unbedingt unternommen haben sollte – dann ist es diese, die auf den Hausberg von Reine führt. Unseres Erachtens gibt es im gesamten Nordskandinavien (wo wir bis dato mehr als 150 Touren erwanderten) keine vergleichbare Wandertour, die in solch kurzer Zeit zum Aussichtspunkt führt, von dem aus man ein derartig atemberaubendes, definitiv nicht in Worte zu fassendes Panorama erleben kann. Wer schon einmal oben auf dem Reinebriggen stand, wird sich Zeit ihres/seines Lebens daran erinnern. – Dabei ist der Aufstieg zwar steil, extrem steil, aber doch nur von ca. 80 Min. kurzer Dauer und kann von allen (auch wenn es bei bescheidener Kondition einiges mehr an Zeit in Anspruch nehmen wird) gehtüchtigen Wanderern bewältigt werden; als Einsteigertour eignet er sich nicht.

Trekkingschuhe sind allerdings unverzichtbar, ein Stock ist beim steilen Abstieg unbedingt zu empfehlen.

Ausgangspunkt zum »Höhenflug« ist die **KREUZUNG** der E 10 mit der ins Zentrum von Reine führenden Straße, wo sich ein Parkplatz finden lässt. Nun hält man sich auf der E 10 Richtung Å, wo bald ein Tunnel erreicht wird. Vor diesem biegen wir auf die alte Küstenstraße ab, bis wir nach ungefähr 500 m ab Ausgangpunkt an der Kreu-

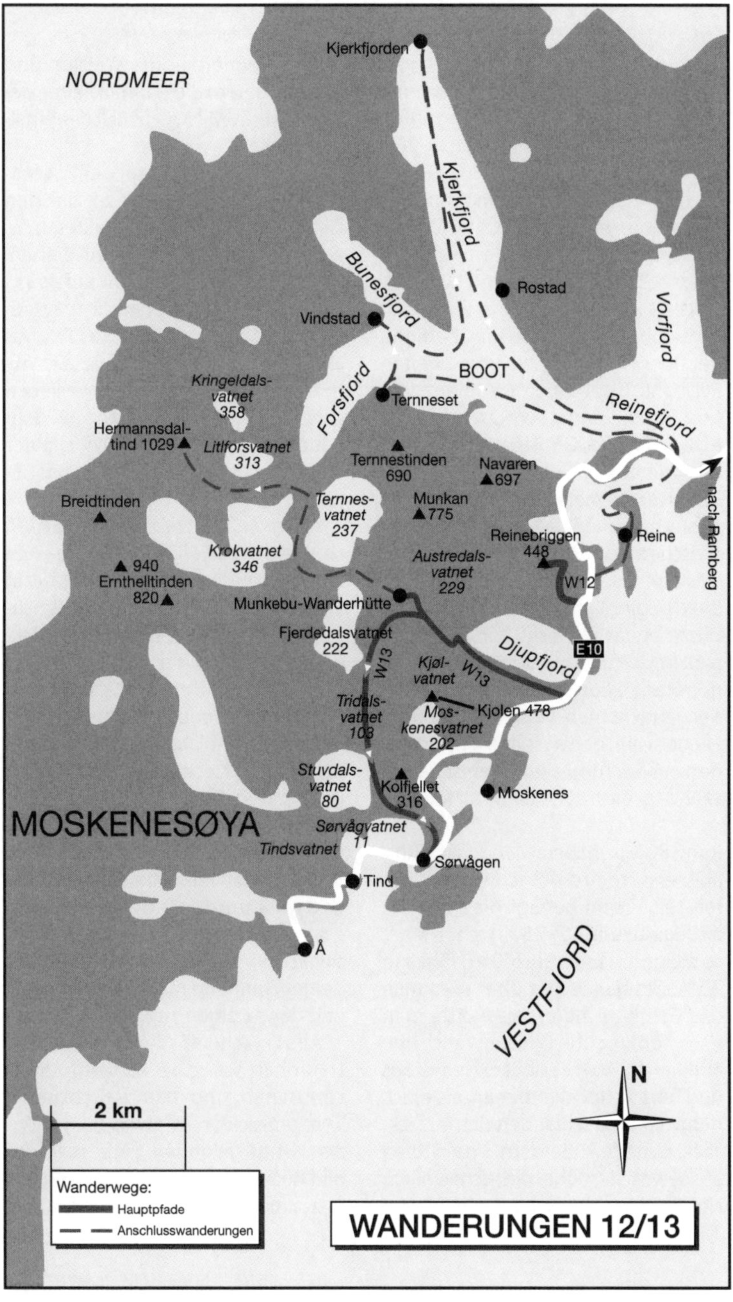
NORDMEER
Kjerkfjorden
Kjerkfjord
Bunesfjord
Rostad
Vorfjord
Vindstad
BOOT
Forsfjord
Ternneset
Reinefjord
Kringeldals-
vatnet
358
Hermannsdal-
tind 1029
Litlforsvatnet
313
Ternnestinden
690
Navaren
697
Breidtinden
Ternnes-
vatnet
237
Munkan
775
nach Ramberg
Reinebriggen
448
Reine
Krokvatnet
346
940
Ernthelltinden
820
Austredals-
vatnet
229
W12
Munkebu-Wanderhütte
Fjerdedalsvatnet
222
E10
Djupfjord
W13
Kjøl-
vatnet
W13
Tridals-
vatnet
103
Mos-
kenesvatnet
202
Kjolen 478
Stuvdals-
vatnet
80
Kolfjellet
316
Moskenes
MOSKENESØYA
Sørvågvatnet
11
Tindsvatnet
Sørvågen
Tind
Å
VESTFJORD
N
2 km
Wanderwege:
Hauptpfade
Anschlusswanderungen
WANDERUNGEN 12/13

zung rechts am Hang einen ausgetretenen und deutlich sichtbaren Pfad ausmachen, der den Einstieg zu dieser Wanderung markiert.

Ca. 10 m oberhalb am Hang markiert ein unübersehbarer STROMMAST die weitere Richtung. Vom Mast zieht sich eine ca. 2 m breite und rund 10 m lange glatt polierte Felsbahn weiter, an deren oberem Rand ein Pfad beginnt, der über eine Wiese zu einer zweiten Felsbahn führt. Auch ihr folgen wir; dort wo sie endet, erhebt sich eine **FÜNFSTÄMMIGE BIRKE**. Während hier früher noch eine Weggabelung irritierte und manche Wanderer geradeaus und damit falsch liefen, soll inzwischen nur noch der richtige Pfad existieren, der direkt rechts hinter der Birke beginnt und von Wiese und Gebüsch etwas verdeckt sein kann. Hat man ihn gefunden, kann man die ausgetretene Spur bis hinauf zum Wanderziel nicht mehr verlieren. Wer trotz alledem fehl gehen sollte, hält sich an den zur Rechten ansteigenden Wiesenhang, dem auch der Pfad folgt.

Rund 80 Min. haben wir noch vor uns, aber es werden durchschwitzte Minuten sein: Denn beträgt die Steigung zu Beginn rund 45 %, bald schon 60 %, so steigert sie sich ab 200 m Höhe auf 70 %. Die ganze Zeit über wird man das Gefühl nicht los, als würde man eine senkrechte Wiesenwand hinaufkraxeln. Aber es sieht extremer aus und hört sich schlimmer an, als es ist, denn der Weg schlängelt sich im Zickzack hinauf. Außerdem sind Stufen ausgewaschen, über die recht einfach Höhe gemacht werden kann; bis auf 250 m säumen einige Weiden und Krüppelkiefern die Himmelsleiter, deren ÄSTE ZUM HOCHZIEHEN herhalten müssen.

Bei 300 m Höhe endet der Wiesenhang vor dem Felsbuckel, der den Gipfel des Reinebriggen bildet, bzw. zieht sich nach links um ihn herum. Ein Stück weiter, nunmehr auf 350 m Höhe, öffnet sich die begrünte Schräge in der Höhe zu einem **SATTEL.** Als wir diese Landmarke AUF ALLEN VIEREN KRIECHEND erreichten, blieben wir eine kleine Ewigkeit lang auf dem Bauch liegen und vergaßen vor lauter Begeisterung alles andere um uns herum:

420 m tief fälllt nämlich der Blick in senkrechtem Fall hinunter auf den amöbenförmigen REINEFJORD, der in allen Skalen von Grün und Blau leuchtet und mit zahllosen Inseln gespickt ist, zu deren größten sich sechs weiß schimmernde Bogenbrücken herüberspannen. Jede Insel ist von einem Ring aus Grünblau umgeben und mit den bunten Klecksen von Hauskuben geschmückt. Die Berge, die dieses unfassbar anmutige Bild auf drei Seiten umrahmen, erscheinen ohne eine Spur vegetativen Lebens. Sie stehen dort wie am ersten Tag der Schöpfung – modifiziert nur durch Eiszeiten und der Erosion – und kontrastieren mit der leuchtenden Klarheit des Meeres und den farbigen Tupfen der Häuser.

Alles erscheint so unwirklich und traumhaft wie eine vorsintflutliche Landschaft, und man braucht seine Zeit, um sich an so etwas zu gewöhnen. Ist es gelungen, kann man das Bild noch um ein paar Grade steigern – zumindest, wenn es kein Problem

Unterwegs zum Reinebriggen: Blick auf Reine ▶

ist, 2 m an einer (Trittstufen bietenden) Felswand hinaufzuklettern. Gemeint ist der Aufstieg zum Gipfel des Reinebriggen, der unseren Sattel um rund 30 m überragt; lediglich die ersten 2 m muss man kletternd überwinden, dann beginnt ein Pfad, der ganz hinaufführt. Keine 10 Min. nimmt dieser Abstecher in Anspruch, und zum Lohn gibt's ein Panorama, das den im Westen klaffenden KJERKFJORD ganz umfasst – womöglich eines der spektakulärsten Trogtäler des Nordens –, obendrein auch den See Reinevatnet, der im Gegensatz zum Meer von tiefschwarzer Farbe ist und sich zu Füßen eines »Amphitheaters« aus opalgrauen Felswänden kreisrund ausbreitet. Dieser See liegt 60 m ü.d.M., ist aber 69 m tief und gehört in Relation zur Größe seiner Oberfläche zu den tiefsten Seen der Erde (siehe auch die Seiten 20 ff.).

Zu einer anderen Anschlusswanderung lädt der links des Sattels aufsteigende Felsrücken ein. Ein klar sichtbarer Pfad führt sanft nach oben, und während der ca. 15 Min. bis auf 500 m (am Wegesrand warten mehrere Zeltnischen) genießt man ebenfalls einen konstanten Blick aus der Vogelperspektive. Zum Panorama gesellt sich leichter NERVENKITZEL: Der Rücken wird schmal und schmaler, bald fällt das Land auch zur linken Seite so gut wie senkrecht ab, schließlich wandelt man auf einem GRAT, nur 1 m breit, über dem beidseitig klaffenden Abgrund. Wer schwindelfrei ist und sich auch sonst sicher fühlt, kann hier euphorisch losgelöste Momente erleben; andere Naturen jedoch sollten den Grat um jeden Preis meiden und zum Sattel zurückgehen.

Wen es nach noch mehr dürstet, folgt dem Grat, muss danach einen Felsen auf schmalem Sims links umtasten (Vorsicht, da Absturzgefahr), steigt an und erreicht ein Plateau voller Blumen und Wiesenpolster, von dem man – jetzt 600 m hoch – direkt auf den Reinevatnet blicken kann, ebenso gen Süden zum Djupfjord sowie hinüber zu den Monolithen, Felslanzen und Tafelbergen im Süden der Insel, wo der Hüne HERMANNSDALTIND mit 1029 m den Himmel stürmt.

Versierte KLETTERER mit viel Erfahrung (und möglichst einer Seilsicherung) können noch höher hinaus. Auf sie wartet gleich jenseits des Plateaus das MAXIMUM an Nervenkitzel: Der Grat wird nämlich noch schmaler als zuvor, misst stellenweise nur 40 cm Breite. Wer ihn quert, »reitet« gewissermaßen über den (beidseitigen) Abgrund, denn stehend ist die Stelle nicht mehr zu bewältigen. Von der anderen Seite aus ist es nur noch ein Katzensprung zur 730 m hohen HELVETE (Hölle), von der aus man relativ problemlos über Felsbänder und -terrassen zum Djupford hinabsteigen kann, dessen südliches Ufer wieder zur E 10 zurückführt (siehe Folgewanderung).

Doch zurück zum Sattel, von wo aus der Abstieg über eben jenen Weg erfolgt, den man gekommen ist. Wer keinen Stock dabei hat, wird es bitter bereuen, denn das extreme Gefälle malträtiert Knie, Bänder und Sehnen auf schmerzhafte und im Hinblick auf weitere Wanderungen nicht förderliche Weise. Wichtig ist, sich Zeit zu lassen, am besten so viel wie für hinauf.

Zum Abschluss dieser Wanderung vielleicht ein wenig Labsal für den Körper? Dafür sei die »Gammelbua« in Reine (siehe Seite 312) empfohlen: etwa Waffeln mit Sahne und Blaubeeren, auf der Fjordveranda oder in der rustikalen Stube.

Wanderung 13 – Moskenesøya: Wo die »Wand« am monumentalsten ist

IM ÜBERBLICK

◎ **DAUER/LÄNGE**: etwa 3 Std. bis zu der Munkebu-Wanderhütte; ca. 2 Std. von dort nach Sørvågen (6 km).

◎ **WEGVERLAUF/HÖHEN-/ENTFERNUNGSANGABEN** (Rundwanderung): Djupfjord-Brücke (10 m) – Felsnase (50 m, nach 45 Min.) – Djupfjordvatn (10 m, 20 Min.) – Wiesenbalkon (250 m, 50 Min.) – Sattel (510 m, nach 40 Minuten) – Munkebu-Wanderhütte (450 m, 10 Min.) – Sørvågen (10 m, 1,5 Std.).

◎ **WEGBESCHAFFENHEIT**: im ersten Abschnitt bis zur Munkebu-Wanderhütte weitgehend über wegloses Terrain, mal von Wiese sowie Heidekraut bedeckt, meistens jedoch von Steinen und Geröll; in manchen Passagen behindern Weidedickichte und Feuchtstellen. Von der Wanderhütte aus nach Sørvågen auf einem relativ stark frequentierten und recht leicht zu begehenden Wanderweg.

◎ **ORIENTIERUNG**: Die Richtung der (oft weglosen) Tour ist zumeist klar ersichtlich; sporadisch finden sich Markierungen (Steinhaufen) – die Orientierung kann hier und da Probleme bereiten, weshalb man unbedingt die u.g. Topokarte dabei haben und dennoch damit rechnen muss, bis hinauf zur Munkebu-Wanderhütte mehr Zeit zu benötigen, als angegeben. Von der Wanderhütte abwärts geht es über einen kaum zu verfehlenden Pfad.

◎ **KARTE**: Topokarte »Vest-Lofoten« im Maßstab 1 : 50.000; der erste Wanderabschnitt bis hinauf zur Wanderhütte ist größtenteils verzeichnet, der Weg von der Wanderhütte nach Sørvågen komplett auf der Karte markiert.

◎ **ANFAHRT**: über die E 10 zum Südrand des Djupfjords mit Brücke zwischen Reine und Moskenes; auf dieser Strecke (zwischen Å, Reine, Hamnøy, Leknes sowie Stamsund) verkehren mehrere Busse.

◎ **RÜCKFAHRT**: Ab Sørvågen verkehren täglich mehrere Busse sowohl in Richtung Å (nur ein Stück weit entfernt) als auch nach Reine und Leknes.

◎ **ZELTTOUR**: Es finden sich durchaus viele Zeltplätze, gerade auch im Umfeld der Wanderhütte, die im Sommer häufig überbelegt ist. Wer bei der Hütte zeltet und die Hütte zum Kochen etc. benutzen will, zahlt 100 NOK in die Hüttenkasse; ein Besuch in der Hütte mit Nutzung der Kochgelegenheit kostete zuletzt 60 NOK, die Übernachtung 200 NOK. Im Sommer ist die Wanderhütte üblicherweise geöffnet, aber um sicherzugehen, sollte man im Touristenbüro Moskenes zuvor nachfragen; oder alternativ im Sørvågen Handel (dem kleinen Supermarkt an der E 10 im Ort selbst; Tel. 7609 1215), wo man ebenfalls den SCHLÜSSEL gegen ein Depositum von 300 NOK bekommen kann.

◎ **ANSCHLUSSWANDERUNGEN/ KÜRZERE VARIANTEN**: Auf dem Weg von der Wanderhütte nach Sørvågen kann man den auf der Topokarte verzeichneten Abstecher auf das 346 m hohe KOLFJELLET anschließen, wofür hin und zurück etwa 2 Std. einzuplanen sind (gut 200 Höhenmeter).

Unsere Übersichtskarte zur Wanderung 13 finden Sie auf Seite 259.

Alternativ zu dem Aufstieg ab dem Djupfjord zur Wanderhütte kann man die Tour als STRECKENWANDERUNG machen und in Sørvågen beginnen: Von dort hinauf nach Munkebu sind etwa 2 Std. anzusetzen, die Orientierung ist dann problemlos (markierter Wanderweg), zumal ebenso am Ausgangspunkt, in Sørvågen, der Startort (nahe dem Sørvågen Handel, s.o.) gekennzeichnet ist. – Macht man es so, ist die Tour als moderat (anstatt als schwer) zu bezeichnen; lediglich eine gewisse Kondition ist für diese Variante Voraussetzung.

◎ **KURZBESCHREIBUNG**: Die Wanderung führt in das Zentrum der von alpinen Gipfeln sowie Bergseen geprägten Insel und muss wegen der zahlreichen Steigungs- sowie Gefällstrecken, der Dauer sowie der Schwierigkeit des Terrains zu den schweren Touren gezählt werden; aber auch zu den eindrucksvollsten, den abwechslungs- und nicht zuletzt zu den aussichtsreichsten auf dem Archipel. Es geht am Djupfjord entlang zu einem kleinen Bergsee; Aufstieg durch eine Felskerbe zu einem Sattel mit Blick auf die gigantischen Berge der Westwand; dann der Abstieg nach Munkebu, von wo aus man etwa ein halbes Dutzend Seen und den Vestfjord überblickt. Der Abstieg von der Munkebu-Wanderhütte nach Sørvågen verläuft auf einem leicht zu gehenden Pfad.

Ausgangspunkt der Wanderung ist der direkt südlich der **BRÜCKE** über den **DJUPFJORD** über dem Meer gelegene Parkplatz. Gegenüber, an der Felswurzel des Steffennakken, liegt ein stillgelegter, kleinerer (Feldspat-) Steinbruch, und etwa in der Mitte zwischen diesem und dem Südufer des Djupfjords beginnt ein Trampelpfad, der 20–50 m über dem Meeresarm bis zu dem 2 km entfernten Fjordschluss verläuft. Üppig wucherndes Farnkraut reicht in manchen Abschnitten bis zur Brust, auf dem Weg liegende Felsbrocken erschweren den Marsch, und zahlreiche von Moos und Wiese überwucherte Höhlungen zwischen den Steinen erfordern Konzentration. Es geht recht langsam voran: Für den ersten Kilometer bis zu einer markant aus der Flanke vorspringenden FELSNASE benötigt man gut und gern 40–45 Min.

Jenseits dieses zu übersteigenden Hindernisses können wir am Westufer des Meeresarmes ein kleines Ferienhaus ausmachen. Dann fällt der Weg – sporadisch mit Steinhäufchen markiert – ans Ufer ab, das hier Wiesen und schräg ins Wasser gleitende Felsplatten bilden. Diese Stelle ist zum BADEN UND ANGELN gleichermaßen gut geeignet. Nach weiteren 15 Minuten über den nun leicht zu begehenden Pfad ist der Fjordschluss erreicht, an dem wir uns halblinks halten müssen, auf das Südufer des sich anschließenden Sees **DJUPFJORDVATNET** zu. Hier beginnt der Aufstieg zur Djupfjordheia, der alles andere als leicht ist: Einen Pfad kann man nicht mehr ausmachen, aber der Zulauf des Sees soll ab jetzt den rechten Wegrand markieren. Wir folgen ihm in Richtung auf die westlich aufragende Felswand zu. Der Boden ist nachgiebig und morastig, Weidegestrüpp erschwert das Fortkommen, auch zwischen den Wurzelstöcken versteckte Wasserläufe und Löcher behindern. Die Steigung ist mäßig, es geht von Wiesenbuckel zu Wiesenbuckel. So währt es gut 20 Min. bis zu einer Höhe von 100 m.

Über Felsbahnen, Wiese und Heidekraut geht es weiter. Nach insgesamt 50 Min. ab Djupfjordvatnet steht man auf einem ca. 250 m hoch gelegenen **WIESENBALKON** und kann erkennen, dass sich sowohl zur Linken (zwischen Djupfjordheia sowie Merraflestinden) als auch auf der rechten Seite (zwischen Djupfjordheia sowie Munkantinden) je eine Felskerbe zu einem Sattel öffnet.

Wir wählen den Aufstieg zu der rechts klaffenden Kerbe, folgen also weiterhin dem Bach auf seiner linken Seite und stoßen bald auf einen kleinen, von ihm gebildeten See. Jetzt beginnt die eigentliche Steigungsstrecke innerhalb der nicht zu verfehlenden Kerbe. Es geht steil und zum Teil über Geröll hinauf. Auf 480 m Höhe ist die QUELLE des Baches passiert, von wo noch 30 Höhenmeter bis zum **SATTEL** zu bewältigen sind.

Ein 180°-Panorama ist der Lohn für die Mühen, und so geschafft man auch sein mag: Es hat sich gelohnt! Über Wiesenhänge gleitet der Blick hinunter zum Fjerdedalsvatnet, der durch eine schmale Felsmauer vom rechts angrenzenden Ternnesvatnet getrennt ist. Über diesem, ebenfalls nur durch einen Felswulst getrennt, erstreckt sich der Krokvatnet zu Füßen 500 m hoch aufragender, glatt geschmirgelter Felswände, die droben in der Höhe zu Zinnen und Zacken erodiert sind. Wo die gigantische Bastion mildere Züge annimmt – rechts über dem Krokvatnet –, stürmt der 1029 m hohe Hermannsdaltind, das »Matterhorn« Moskenesøyas, den arktischen Himmel.

Wir überqueren den Sattel, halten uns halbrechts und steigen über sanft geneigte Wiesenhänge und einen mehr oder weniger deutlichen Pfad zu einem 10 Min. entfernten Mini-See ab. Schon auf dem Weg hinunter wird das Herz aller Wanderer höher schlagen, denn neben dem See und in einzigartiger Panorama-Lage findet sich die vom LOFOTEN TURLAG in mühsamer Arbeit errichtete **MUNKEBU-WANDERHÜTTE**. Ausgestattet ist sie mit mehreren Schlafzimmern (darin Etagenbetten, Matratzen, Decken, Kopfkissen) sowie einem großen Wohn-/Schlafraum mit Küche: Gekocht wird mit Gas, und Töpfe, Geschirr etc. sind ausreichend vorhanden. Eine gut bestückte Buchecke (mit Wanderliteratur über Norwegen) weckt Lesefreuden. Die Benutzung der Wanderhütte ist kostenpflichtig und das Bezahlen Ehrensache: Den Tarif stecken die Benutzer in eine Art »Briefkasten« – die Preise sind ohne Zweifel moderat, bedenkt man, was es gekostet hat, die Komforthütte hier oben zu errichten: Die meisten Bauteile wurden mit Helikoptern transportiert.

Ein Wegweiser vor der Hütte weist den anschließenden Weg ebenso wie auch viele weitere, etwa den Aufstieg zum 775 m hohen MUNKAN und dem mit 1029 m höchsten Berg der Insel, dem HERMANNSDALTIND, den zu besteigen (8 Std. hin und zurück) aber »alpenstarken« Wanderern vorbehalten bleibt. Von der Route zum Forsfjord hinunter sollte man unbedingt Abstand nehmen, denn von hier oben aus ist die (zwar auf der Topokarte verzeichnete und) knifflige Route nur sehr schwer zu finden.

So machen wir uns nun auf den Rückweg nach SØRVÅGEN, der zwar nicht markiert, allerdings relativ stark frequentiert und daher ausgetreten und kaum zu verfehlen ist. Was aber nicht heißt, dass nicht auch auf dieser, rund 6 km langen Strecke noch zahlreiche landschaftliche Höhepunkte am Weg liegen.

Dank der vielen Seen, oberhalb deren es entlanggeht, vor allem jedoch Dank des stets schlicht hinreißenden Panoramas bleibt auch diese einfache Teilstrecke immer kurzweilig:

Im Ort angekommen, bietet es sich an, etwa bei »Maren Anna« (siehe Seite 313) am Kai einzukehren und es sich gutgehen zu lassen.

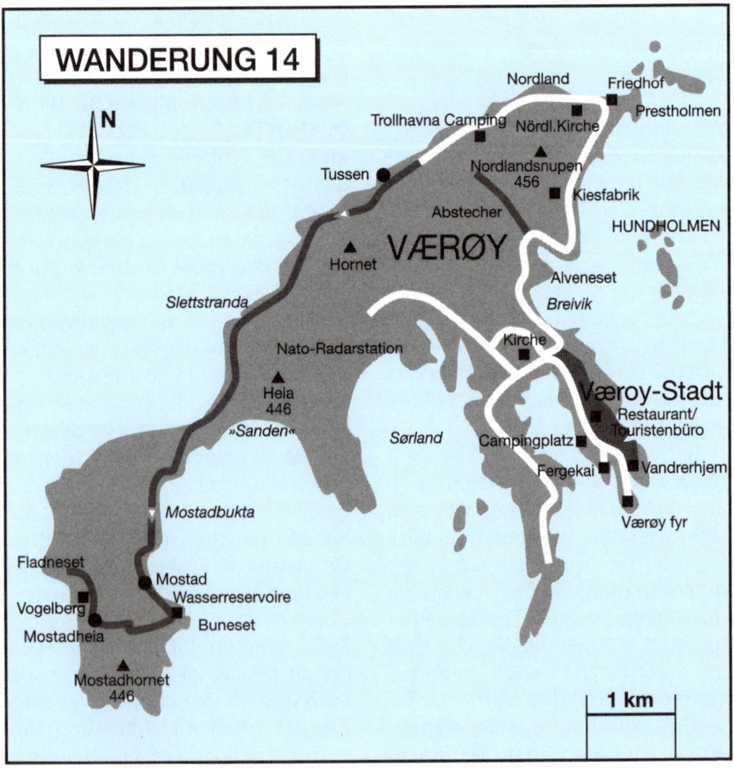

Wanderung 14 – Værøy: Ein Paradies nicht nur für Seevögel

IM ÜBERBLICK

◎ **DAUER/LÄNGE**: je Strecke ca. 6–7 Std. / rund 16,5 km. Ideal wäre es, am Morgen in Værøy-Ort (noch besser: in Nordland) zu beginnen, bis Mostad zu wandern, dort (im Zelt) zu nächtigen, den ganzen nächsten Tag dem Vogelberg zu widmen sowie anschließend zurückzuwandern.

Zwei Tage sollte man sich also mindestens Zeit geben.

◎ **WEGVERLAUF/HÖHEN-/ENTFERNUNGSANGABEN** (Streckenwanderung): Fährkai (2 m) – Sattel (70 m, 25 Min.) – Nordland (3 m, 90 Min.) – Tussen (2 m, 15 Min.) – Wiesensattel (20 m, 15 Min.) – Mostad (2 m, 30 Min.) – Mostadheia (300 m, 60 Min.) – Fladneset (400 m, 30 Min.).

◎ **WEGBESCHAFFENHEIT**: Asphalt bis Nordland, Schotter bis Tussen, ein schmaler, steiniger Saumpfad bis zum Wiesensattel und über einen breiten Wiesenweg nach Mostad; der Aufstieg zur Heia folgt einem schmalen, streckenweise rutschigen Lehmpfad, der absolute Trittsicherheit und auch Schwindelfreiheit erfordert (denn es besteht Absturzgefahr!).

◎ **ORIENTIERUNG**: ist problemlos.

◎ **KARTEN**: Auch für Værøy ist die Topokarte »Vest-Lofoten« zuständig; die Wanderung ist in ihrer gesamten Länge eingezeichnet.

◎ **ANFAHRT**: In der Hauptsaison täglich 1–4 x verkehrt eine Autofähre von Moskenes auf Moskenesøya nach Værøy (und Røst), ebenso in der Gegenrichtung aus Bodø kommend (siehe Seite 279).

◎ **ZELTTOUR**: Ein Zelt ist ideal, allein schon, da man es dann auf dem Trollhavna-Campingplatz (siehe Seite 294) zwischen Nordland und Tussen nahe dem Start der eigentlichen Wanderung aufbauen kann; aber auch unterwegs ergeben sich mehrere Möglichkeiten, insbesondere bei Tussen, zudem bei Eidet, im Bereich des Wiesensattels, entlang der Küstenebene bei Mostad und in Mostad selbst; auf der Mostadheia und dem Fladneset kann ebenfalls ein Zelt aufgeschlagen werden; Brennholz ist freilich keines vorhanden und Wasser aus Mostad mitzubringen.

◎ **KÜRZERE VARIANTE**: Man kann sich mit dem Taxi zum früheren Airport (heute das Trollhavna-Camping) oder gleich nach Tussen bringen lassen und verkürzt die Strecke damit um 7 bzw. 8 km.

◎ **ANMERKUNGEN**: Wasserflasche nicht vergessen! Trinkwasser gibt es nur in Værøy-Ort, in Nordland und in Mostad.

◎ **KURZBESCHREIBUNG**: Die Wanderung führt um die äußere Ost- und Nordseite von Værøy herum zur Westseite aufs Mostadgebirge, Heimat für eine der größten Seevogelkolonien im Norden. Unterwegs passiert man weiße Sandstrände, das charmante Nordland-Dorf, folgt der zerrissenen Steilküste und gelangt nach Mostad, einem seit den 1950er Jahren verlassenen Fischerdorf. Es liegt unter Klippen eingebettet, die sich bis zu einer Höhe von 400 m erheben und auf der dem Meer zugewandten Seite von Papageitauchern, Gryllteisten, Trottellummen, Kormoranen, Eistauchern, Möwen ... bevölkert werden.

Die Route gehört zu den abwechslungsreichsten auf dem Archipel, und gleichzeitig zu den leichteren – etwa bis Tussen könnte man allemal mit Turnschuhen wandern. – Der Aufstieg zum Vogelberg jedoch ist schweißtreibend, erfordert Schwindelfreiheit, Trittsicherheit und gutes Schuhwerk.

Beginnen wir am **FERGEKAI**, wo sogleich klar wird, wovon die weniger als 800 Einwohner der rund 17,7 km^2 großen Insel leben: von Klipp- und Stockfisch. Für ersteren braucht man SALZ: Tonnenweise stapelt sich grobkörniges (meist aus Nordafrika importiertes) Natriumchlorid vor Fischereibetrieben, die den (einzigen) Hafenweg säumen. Gestelle zum Trocknen werden für beide Fischspezialitäten benötigt, und die dreieckigen HOLZGERÜSTE bestimmen somit das Bild der von einigen kürzeren Fjordarmen zergliederten Ortschaft. Früh im Jahr, bis Mitte Juni, machen zigtausende ZUM TROCKNEN AUFGEHÄNGTE Kabeljau-Leiber von sich riechen und löschen die Fischer fortwährend ihre schuppigen Ladungen.

Für rund 500 m bestimmen diese Bilder die Wanderung. Dann beginnt der eigentliche Ort, und die weitere Richtung ist klar – geradeaus. Während der folgenden 10 Min. bis zu einer Kreuzung ist die lang gestreckte Siedlung zu durchqueren. Wohl jedes Häuschen besitzt einen kleinen Garten, und in vielen wird WACHOLDER gezogen.

An der Kreuzung biegen wir rechts ab, folgen also derjenigen Asphaltstraße,

die sich in ausgesetzten Kurven zu einer Kerbe im Küstengebirge emporschlängelt. Ca. 10 Min. dauert der Aufstieg zum knapp 70 m hohen **SATTEL**; während der ganzen Zeit hat man ein tolles Panorama auf die von Prielen und von Meerzungen durchschnittene Siedlungsebene, die im Norden in den lang gestreckten Felsriegel des Hornet übergeht. Auf der höchsten Erhebung, der 446 m hohen Heia, ist die graue Wabenkuppel einer NATO-Lauschstation auszumachen; der Aufzug hinauf verläuft lotrecht im Inneren des Berges. Weit hinten im Südwesten ragt die grünbraune Kuppe der Mostadheia aus dem Meer, das Ziel der Wanderung.

Jenseits des Sattels fällt der Blick auf die zwei türkis schimmernden Buchten von Breivik und Alveneset, die beide in weiße Sandbänder auslaufen. Im Nordwesten steigt Moskenesøya auf, oben im Norden sind die verwischten Konturen der Lofoten-Wand von Austvågøya zu erblicken – immerhin mehr als 100 km entfernt.

Es geht weiter, bald zur Küstenebene hinunter und dann in den Norden der Insel hinauf, der mit dem Friedhof von Værøy erreicht wird. Wer dort gebettet ist, liegt sozusagen in Gesellschaft von Nordmeer, Moskenstraumen und Lofoten-Wand.

Während des folgenden Kilometers, vorbei an der empfehlenswerten Unterkunft GAMLE PRESTEGAARDEN (siehe Seite 304), verläuft die Straße durch das lang gezogene Dorf **NORDLAND**, dessen zwei Dutzend Häuser eine vielleicht 500 m breite Wiesenebene schmücken, die über Geröllstrände ins Meer übergeht. Dieser Ort hat CHARME: Jedes Haus ist in einer anderen Farbe getüncht, am auffälligsten allerdings präsentiert sich die purpurrote HOLZKIRCHE, auf deren Schieferdach eine Zwiebel-förmige (!) Kuppel thront. Die Kirche wurde im Jahr 1714 errichtet – und zwar auf Austvågøya, von wo sie 1799 hierher umzog. Sein blendendes Aussehen erhielt das Gotteshaus während Restaurierungsarbeiten 1974, und zu bedauern ist nur, dass das schlicht-schöne Innere mit einem 250 Jahre alten Altar nur zu den sonntäglichen Gottesdiensten zugänglich ist.

2 Std. sind wir jetzt unterwegs, als das letzte Haus von Nordland hinter uns zurückbleibt und sich vor uns die Landebahn des früheren Flughafens erstreckt. Der wurde schon vor mehreren Jahren stillgelegt; das Wiesenareal zwischen Landebahn und Meer dient heute TROLLHAVNA-CAMPING (siehe Seite 294) als Zeltplatz. Auch ein Pub/Restaurant ist angeschlossen.

Wer direkt weiter will, sollte hier unbedingt noch einmal die WASSERFLASCHE AUFFÜLLEN, denn bis nach Mostad lässt sich nichts Trinkbares mehr auftreiben.

Nach etwa weiteren 10 Gehminuten ist **TUSSEN** erreicht, wohin sich »solvente Wanderer« ab Værøy-Ort mit dem Taxi bringen lassen können. Tussen – mit Tisch, Bank und Abfallkorb ausgestattet – stellt einen idealen ZELTPLATZ dar: ein ebenes Wiesenterrain, das in einen kleinen Sandstrand ausläuft und sich inseleinwärts mit begrünten DÜNEN bis an den Fuß der felsigen Barriere hinzieht. Ein paar

◀ **Am Anleger von Værøy, zur Linken Säcke mit Salz aus Nordafrika. Das Bild ist inzwischen schon einige Jahre alt, die Stimmung aber nach wie vor den Abdruck wert.**

Tümpel (hinter dem Dünengürtel) bieten sich zum Baden und Waschen an, aber trinken sollte man das Wasser nicht, da es die hier grasenden Schafe verschmutzen.

Wo die Schotterpiste endet, beginnt ein breiter Pfad. Rote Pfeile auf säumenden Felsen zeigen, dass man richtig ist. AUFGEPASST! Nach links oben führende Farbtupfen sind zu ignorieren: Sie haben lediglich einen Aussichtspunkt zum Ziel. Der richtige Weg steigt sanft bis auf 50 m an, führt durch eine Felskerbe, jenseits der sich die ganze KÜSTE der Insel bis hinunter nach Eidet überblicken lässt. Das Gestade macht einen wilden, unzugänglichen Eindruck: Hausgroße Felsbrocken liegen am Meeresrand, die Brandung hämmert gegen die Klippen, und das Land steigt bis zu 60° steil aus dem Meer empor. Der Hang ist größtenteils mit Wiese bewachsen, und die braune Spur eines ausreichend breiten Trampelpfads zieht sich deutlich sichtbar hinüber.

Über diese Passage – rund 3,5 km lang und in 70 Min. gut zu bewältigen – ist nicht viel zu sagen. Der Weg ist eindeutig, nicht zu verlieren, steigt mal bis (maximal) 80 m an, fällt wieder ab bis auf Meeresniveau. Wir passieren wildromantische SANDBUCHTEN, staunen etwa auf halber Strecke eine 440 m aufragende Steilwand empor, auf der ganz oben, häufig von Wolken umhüllt, jene bereits gesichtete RADARKUPPEL der NATO thront. In der Regel leisten kreischende Möwen auf diesem Teilstück Gesellschaft.

Imponierender als der Radar wirken die (vergeblichen) Bemühungen der norwegischen Bauingenieure, entlang dieser Küste eine Straße zu bauen. Immer wieder erinnern deutliche Spuren daran, dass hier früher eine streckenweise gerade mal Fahrzeugbreite Verkehrsader entlangführte – dieses Projekt wurde 1950 gestartet, denn man wollte Nordland mit Mostad verbinden und hätte es wohl erreicht, hätten nicht Felsstürze immer und immer wieder die Arbeit zunichte gemacht. Das Scheitern bedeutete schließlich das Aus für Mostad; doch darüber mehr auf Seite 271.

Über eine geröllüberhäufte Felsterrasse gelangen wir schließlich an jene Stelle, wo im Gebirgsrücken der Insel ein über 400 m tief eingeschnittenes TROGTAL klafft. Ihm zu Füßen gabelt sich der Weg: Während es geradeaus nach Eidet ausgeschildert ist, geht es links ab nach Mostad, in unsere Zielrichtung.

Ein breiter, vorübergehend sogar gepflasterter Pfad führt in den Trog und auf einen 20 m hoch gelegenen **WIESENSATTEL** hinauf. Hinter uns das Nordmeer, vor uns der Vestfjord, in den sich die sichelförmige Bucht von Mostad öffnet.

Bald blicken wir auf SANDEN – der Name kommt von »Sand« und ist treffend gewählt, denn es handelt es sich um einen geradezu SPEKTAKULÄREN SANDSTRAND, schneeweiß und blendend vor einer türkisfarbenen Bucht. Er geht in einen schmalen Wiesenstreifen über und ist von senkrechten, teils sogar überhängenden Steilwänden gesäumt. Als Wanderer kann man ihn leider nicht erreichen (bzw. nur nach haarigen Klettereien, von denen wir abraten).

5 Min. später sind wir sanft auf 100 m angestiegen und befinden uns auf einem 1,5 m breiten Sims, den ein Eisengeländer sichert. Voraus erstreckt sich die etwa 1,5 km lange, bis 500 m breite Küstenebene von Mostad, die inseleinwärts eine 350 m hohe, durchgehende Felswand begrenzt. Niedrige Steinmauern legen nahe, dass Mostad ebenfalls von der Schafzucht lebte. Nur, heute sucht man die Tiere vergebens, denn Mostad, das den südlichen Rand der Ebene markiert, ist inzwischen verlassen.

Knapp 1,5 km sind wir noch vom »Geisterdorf« **MOSTAD** entfernt, das in den 1950er Jahren aufgegeben wurde, nachdem also die geplante Straßenverbindung gescheitert war. Die Räumung ging ohne Widerstand vonstatten – wer ging, bekam auf Staatskosten ein neues Heim in Værøy-Ort. Zu der Regelung hatte man sich entschieden, weil sich nicht nur der Bau der Straße als undurchführbar erwiesen hatte, sondern da auch die Stromleitungen so oft von STEINSCHLÄGEN zerstört worden waren, dass die Einwohner zumeist ohne Elektrizität auskommen mussten. Strom gibt es noch immer nicht, auch keine festen Siedler mehr, aber an den Wochenenden sowie in den Sommerferien erwacht Mostad zu neuem Leben: Die meisten Häuser sind renoviert, kleine Hütten wurden außerdem neu errichtet. Mostad fungiert heute zunehmend als Feriendomizil für »gestresste« Bürger aus Værøy-Ort.

Und ist natürlich ein Ziel für Wanderer. Aber nicht nur das eigentliche Dorf übt eine fast magische Anziehung aus, sondern auch der von hier schnell (wenn auch nicht leicht) erreichbare VOGELBERG. Schon vom Wiesensattel über Eidet erkennt man südlich von Mostad einen Serpentinenpfad zum Mostadhornet hinauf. Dieser Spur ist zu folgen, wofür das Dorf zu durchqueren ist, bis von dem auch weiterhin breiten Weg ein TRAMPELPFAD nach rechts an den Fuß dieses Wiesenberges abzweigt.

Die folgende Strecke ist steil, serpentinenreich und kann sehr rutschig (Lehm) und dann ziemlich gefährlich sein. Es besteht ABSTURZGEFAHR, da die etwa 30 cm breite Spur mehrmals direkt am Abgrund entlangführt. Ein sicherer Tritt, angemessenes Schuhwerk und Schwindelfreiheit sind unumgänglich. Dann wendet sich der Saumpfad vom Abgrund weg, um in schräger Linie den Wiesenhang emporzusteigen, der sich auf 300 m wiederum in eine weit geschwungene Mulde abflacht.

Ein paar Meter noch, dann ist die **MOSTADHEIA** genommen, stürzt der Blick senkrecht auf das offene Meer hinunter, von wo das Rauschen der gegen die Klippen drängenden Brandung zu uns heraufdröhnt. Die finster wirkende graue Felsmasse, deren Grundfesten von schäumenden, schmalen Buchten und unheimlich aussehenden Landspitzen zernagt ist, gilt als eine der größten Seevogelkolonien; hier achtet man nicht mehr auf Panoramen, sondern nur noch auf Vögel, die auf der Westwand des Inselklotzes sitzen, sich von ihr abstoßen, als zerfetzte weiße Fahnen aufs Meer gleiten, bevor sie wieder auffliegen, um sich vom Wind zurücktragen zu

Leser erlebten die Restaurierungsarbeiten in Mostad in vollem Gange und entdeckten auf ihrem Rundgang sogar ein »Sauna-Fass«.

lassen. Vogelkot bedeckt die Simse, ja die ganze Felswand scheint damit getüncht, und wo sich Ansammlungen von Erdreich befinden, hat der Guano als Dünger gewirkt – so dass fettes Gras, der gelbe Arktische Mohn sowie der prächtige Blaue Himmelsreiter im Überfluss gedeihen. Der beißende Gestank des Guano dringt in die Nase, und die Ohren dröhnen von dem Rufkonzert, das von der Kolonie heraufschallt.

Hoch oben, weit über diesen kreischenden Brutkolonien, treiben SEEADLER wie Schwertblätter vorüber. Vor wenigen Jahrzehnten noch war der König der Lüfte ein seltener Anblick auf den Lofoten, denn auf den Kopf des auch Lämmer schlagenden Greifs waren Preise ausgesetzt, und die Bewohner von Værøy waren berühmt für ihre Kunst des Adlerfangs. Ein einziger Fallensteller konnte innerhalb eines Jahres durchaus mehr als 100 Vögel fangen, wofür er sich einer künstlich angelegten Grube bediente, die mit einer Steinplatte gedeckt und mit einem Sichtschlitz versehen war. Vor der Grube wurde ein Köder abgelegt, üblicherweise ein Stück rohes Fleisch, das an einem in die Grube führenden Seil befestigt war. Stieß ein Adler nieder und begann – nachdem sein Hungergefühl allen Argwohn besiegt hatte – richtig zu fressen, zog der Fallensteller den Köder vorsichtig zu seinem Sichtschlitz hin. Sobald sich dann der Vogel in Griffweite befand, schoss die behandschuhte Hand des Fängers hervor, ergriff die Beine des Tieres und zog es in die Grube. Seit der Adler in den 1960er Jahren unter NATURSCHUTZ gestellt wurde, sind diese Methoden verboten, und langsam, aber sicher geht es wieder bergauf im Bestand dieses weißschwänzigen Giganten, der bis 2,5 m FLÜGELSPANNWEITE erlangen kann.

Der beste BEOBACHTUNGSPLATZ sowohl für Adler als auch die anderen Bewohner des Vogelbergs *(fuglefjell)* ist jedoch nicht der auf 300 m gelegene Wiesensattel der Heia, sondern der rechts an sie grenzende **FLADNESET**, der bis auf 400 m ansteigt und über einen Saumpfad innerhalb von etwa 30 Min. erreicht werden kann. Von dort blickt man nicht in gerader Linie auf die belebten Felssimse hinunter, sondern vielmehr schräg hinüber, hat gewissermaßen die ganze Wand aus weißen Flügeln direkt vor Augen und genießt obendrein das schönstmögliche Panorama auf die Mostadbukta, den kompletten Inselklotz von Værøy, die Lofoten-Wand im Norden, die Konturen von Røst im Süden. Doch anders als das Panorama lassen sich die Vögel nur sehr schwer ablichten: Sie sind zu weit entfernt, und wer sich nicht auf eine schnell lebensgefährliche Klettertour einlässt, muss eben auf prächtige Vogelportraits verzichten, zumindest sofern man in Eile ist. Wer Zeit mitbringt, hier oben sein Biwak aufschlägt und sich bewegungslos der Beobachtung hingibt, an den gewöhnt sich das gefiederte Volk. Insbesondere die Papageitaucher vermögen ihrer Neugierde nicht lange zu widerstehen und hüpfen bis auf nur wenige Meter an einen geduldigen Menschen heran.

Leser bestätigen, dass für Fladneset Schwindelfreiheit erforderlich ist. Das Panorama sei in der Tat herrlich, doch bei Nebel und/oder tiefen Wolken lohne der Aufstieg nicht.

Praktischer Teil

Information – Transport – Unterkunft
Essen und Trinken – Ferien aktiv – Praktisches A-Z
Wörterkladde – Anreise – Reisevorbereitungen

Information

Mit allen Fragen wende man sich an das TURISTKONTOR (= Fremdenverkehrsamt) auf der jeweiligen Insel; es wird ENGLISCH, OFT AUCH DEUTSCH gesprochen.

AUSTVÅGØYA

◎ **DESTINATION LOFOTEN**, Box 210, N–8301 Svolvær, Torget (Marktplatz am Hafen), Tel. 7606 9800, Fax 7607 3001, E-Mail: lofoten@lofoten.info, www.lofoten.info. Zuständig für die Insel Austvågøya sowie Archipelweit. Ganzjährig geöffnet.

Etwa 20.5.–10.6. Mo–Fr 9–16 Uhr, Sa 10–14 Uhr; 11.6.–24.6. Mo–Fr 9–20 Uhr, Sa 10 –14 Uhr und So 16 –19 Uhr; 25.6.–5.8. Mo–Fr 9–22 Uhr, Sa 9–20 Uhr, So 10–20 Uhr; 6. bis etwa 25.8. Mo–Fr 9–20 Uhr, Sa 10–14 Uhr; sonst Mo–Fr 9–15.30 Uhr.

VESTVÅGØYA

◎ **TURISTINFORMASJON LEKNES**, Storgata 31, N–8376 Leknes, Tel. 7608 7553 und 7605 6070, Fax 7608 6467, www.lofoten-info. Im Zentrum von Leknes gelegen. Ganzjährig geöffnet.

Ende Mai bis etwa 20.6. Mo–Fr 10–16 Uhr, Sa 10 –14 Uhr; bis etwa 10.8. Mo–Fr 9 –19 Uhr, Sa 10–14 Uhr, So 10–14 Uhr; bis etwa 20.8. Mo–Fr 10–16 Uhr, Sa 10–14 Uhr; sonst Mo–Fr 9–15.30 Uh.

FLAKSTADØYA /MOSKENESØYA

◎ **TURISTKONTOR FLAKSTAD**, N–8380 Ramberg (E 10), Tel. 7609 3450, Fax 7609 3778. Etwa 25.6.–12.8. Mo–Sa 10–17 Uhr, So 12–18 Uhr. Leser berichten von freundlichem Service.

◎ **MOSKENES TURISTINFORMASJON**, Moskenes havn (Hafen), N–8392 Sørvågen, Tel. 7609 1599 und 8801 7564, Fax 7609 2425, E-mail: tour-off@lofoten-info.no, www.lofoten-info.no. Ende Juni bis etwa 12.8. täglich 10–19 Uhr, ab 2.5. sowie bis etwa 25.8. Mo–Fr 10–17 Uhr, bis etwa 20.11. Mo–Fr 10–14 Uhr. In der Nebensaison zeitweise nur via Telefon sowie E-mail zu kontaktieren. Am Fähranleger.

VÆRØY

◎ **TURISTKONTOR VÆRØY** (Rathaus), N – 8063 Værøy, Telefon 7605 1500, Fax 7605 1501.

Geöffnet 1.6.–31.8. Mo–Fr 9–15 Uhr.

RØST

◎ **RØST TURISTKONTOR**, N – 8064 Røst, Tel. 7609 6411, Fax 7605 0501.

Etwa 10.6.–12.8. Mo–Sa 10–13.30 Uhr und bei Ankunft der Fähre, So bei Ankunft der Fähre.

ZU DEN ÖFFNUNGSZEITEN

Bitte beachten Sie, dass sich die Öffnungszeiten nicht immer nach festen Daten wie einem Monatsanfang richten, sondern ebenso schon/erst an einem dem runden Datum naheliegenden Wochenende wechseln können; dadurch sind von Jahr zu Jahr leichte Verschiebungen möglich, abgesehen von den fast jährlichen Änderungen, die eine noch rationellere Auslastung der Angestellten zum Ziel haben.

Falls Sie von zu Hause anrufen oder faxen wollen: Die Landesvorwahl Norwegens lautet 0047 – danach folgt die achtstellige Rufnummer; eine Ortsvorwahl gibt es nicht. Mehr zum Telefonieren im Praktischen A–Z auf Seite 338.

DIE LOFOTEN IM INTERNET

Die folgende Übersicht erhebt nicht den Anspruch, die besten Webseiten über die Lofoten präsentieren zu wollen; Autoren und Redaktion haben informative, teilweise liebevoll betreute Seiten zusammengestellt, die in bestimmten Bereichen (oder zu Themen) Akzente setzen.

◎ www.lofoten-online.de – privat gepflegte und nicht kommerzielle Homepage, die allen, die sich für die Lofoten interessieren, etwas mitzuteilen hat, seien es Neugierige vor dem ersten Sprung in den Norden oder echte Nordland-Kenner. Neben Landeskunde und einer Bibliothek sind Reiseberichte, Reisetipps (auch für Fahrradfahrer), natürlich Links und Adressen sowie viele schöne Fotos und weitere lesenswerte Texte zu Lofoten-typischen Stichworten enthalten.

◎ www.digermulen.de – ähnlich aufgemachte, ansprechende Seiten über eine kleine Ortschaft, der zwar nicht direkt auf den Lofoten liegt, aber ganz in der Nähe (siehe unsere Kaiserroute auf den Seiten 144 ff.); wieder mit der gelungenen Mischung aus Appetithappen, Landeskunde sowie praktischen Informationen. Hier können Sie auch historische Postkarten betrachten und etwas über den »Kaisermarsch« erfahren...

◎ www.lofotposten.no/webkamera – die Webseite der Lokalzeitung zeigt sechs Webcams: in Svolvær, Storvågan/Kabelvåg, Henningsvær, Gimsøy, Leknes, Reine.

◎ www.lofoten-startside.no – kommerzielle Website, die das gesamte Inselreich abdeckt. Auch auf Deutsch.

◎ www.museums-of-lofoten.no – Start- und Verteilerseite für die spannendsten Museen auf dem Archipel, mit den entsprechenden Links. Auch auf Deutsch.

◎ www.lofoten-info.no/history.htm – wer sich eingehend mit der lokalen Geschichte befassen möchte, kann sich hier satt lesen, allerdings auf Englisch. Im Mittelpunkt steht die Historie der benachbarten Inseln Flakstadøya und Moskenesøya, mit umfangreichen Texten zu Fischfang, Mahlstrom, geschichtlichen Fundstätten u.a.

◎ www.lofoten-turlag.no – wer so viel Zeit mitbringt, dass die Wanderungen in diesem Buch nicht ausreichen, findet auf der Homepage des lokalen Wandervereins weitere Anregungen und ergänzende Informationen. Für die schwierigeren Touren reichen diese knappen Angaben jedoch keinesfalls als Orientierungshilfe aus.

◎ www.177nordland.com – unter dem Link »Rutetabeller« gelangen Sie zu den Fahrplänen im »fylke« Nordland, zu dem auch die Lofoten gehören. Download möglich, trotz nur norwegischer Sprache hilfreich.

◎ www.met.no – ein Klick unter »Velg sted« auf Svolvær zeigt das aktuelle Lofoten-Wetter plus Vorhersage; ein Klick auf »UV-varsel« informiert über die Sonnenintensität.

Transport

Mit dem eigenen Fahrzeug

Die Länge des Lofoten-Straßennetzes zwischen Fiskebøl auf Austvågøya im Norden sowie Å auf Moskenesøya im Süden beträgt insgesamt ca. 400 km. Das ist nicht viel, aber wer jede Straße mal gefahren sein will – und eine jede hat ihren besonderen REIZ – kommt, da es sich öfter um Stichstraßen handelt, dennoch gut und gerne auf über 800 km. Und wie es die Statistik will, legt jeder Urlauber im Durchschnitt mehr als 1000 km während seiner Ferien auf den Inseln zurück. Macht mindestens 20 Std. hinter dem Lenkrad, denn die Straßen sind zwar durchweg in gutem Zustand, mittlerweile auch meist asphaltiert, aber dennoch schmal und kurvenreich.

Als 1963 der LOFOTEN-HIGHWAY zwischen Fiskebøl und Å fertiggestellt wurde, bedeckte nur Schotter die gerade Fahrzeug-breite Piste, die sieben Mal von Meeresarmen unterbrochen war. Inklusive der Fährzeiten benötigte man für die 168 km lange Strecke mindestens einen ganzen und zwar ziemlich langen Tag. Nach und nach aber hat man alle Inseln durch BRÜCKEN miteinander verbunden: 1990 fiel die letzte Fähre weg, seitdem der 1,8 km lange Nappstraum-Tunnel die Meerenge zwischen Vestvågøya und Flakstadøya bis zu 60 m tief unter der Wasseroberfläche unterquert.

VORSICHT

◎ Besonders in kleineren Siedlungen muss man auf spielende **KINDER** achten.

◎ Seit vereinzelte **ELCHE** den Weg auf den Archipel fanden, gilt es sich vorzusehen, sobald man einen solchen Koloss am Straßenrand entdeckt oder ein Schild vor ihm warnen sollte. Zusammenstöße mit Elchen enden in der Regel fatal für die Fahrzeuginsassen.

◎ Die Lofoten-**SCHAFE** sind stur und machen nicht unbedingt Platz, wenn ein Fahrzeug daherkommt.

◎ Mancherorts können entgegenkommende Fahrzeuge ein Problem darstellen, denn nicht überall passen **ZWEI NEBENEINANDER**. – Wohnmobilisten tun gut daran, auf der Hut vor vereinzelt auftauchenden SCHLAGLÖCHERN zu sein, die die Stoßdämpfer belasten.

WERKSTÄTTEN / PANNENFALL

Wer sonst einen Schaden am Fahrzeug hat, findet auf dem Archipel Vertrags-Werkstätten der gängigen europäischen sowie japanischen Automarken, Schwerpunkte sind Leknes auf Vestvågøya und Svolvær auf Austvågøya.

◎ Auskünfte über **ADRESSEN** etc. erteilen die Touristenbüros; ferner sind die einzelnen Werkstätten in den *gule sider* (»Gelbe Seiten«) des Telefonbuchs für das fylke NORDLAND – siehe dazu die Erklärung ganz unten – aufgelistet: nachzuschlagen unter

Seit Ende 2007 sind die Lofoten via Lofast ans Festland angeschlossen (siehe Seite 349). – Ein »fylke« kann man, grob vereinfacht, mit einem Bundesland vergleichen, ist aber anders strukturiert. Die Lofoten gehören zum fylke Nordland.

bilverksteder, dort unter den jeweiligen Orten.

◎ Für **ABSCHLEPPDIENSTE** zuständig ist VIKING REDNINGSTJENESTEA: Tel. 06000.

TANKSTELLEN

... SIND RAR gesät auf den Lofoten; man tut gut daran, stets auf einen gefüllten Tank zu achten. Fünf Stationen waren zuletzt abends/nachts mit Automat (Kreditkarten) ausgestattet, nur die in Svolvær und Leknes auch sonntags geöffnet. Auf Austvågøya gibt es Sprit in Svolvær (9–22/24 Uhr, sonst mit Automat), auf Gimsøya gar nicht, auf Vestvågøya in Borg (auch mit Automat), Leknes (9–22/24 Uhr, sonst mit Automat) und Stamsund, auf Flakstadøya in Ramberg und auf Moskenesøya in Reine (beide auch mit Automat).

Leihwagen

Internationale Autovermieter gibt es auf Austvågøya und Vestvågøya; die Leihwagen können bereits zu Hause gebucht werden. Ohne KREDITKARTE läuft allerdings nichts. Der nationale FÜHRERSCHEIN reicht aus; viele Vermieter geben Fahrzeuge nur an Personen ab, die älter als 25 Jahre sind.

Die PREISE sind DRASTISCH, unter ungefähr € 100 pro Tag läuft hier gar nichts für einen Kleinstwagen, wobei man bei diesem »günstigen« Angebot nur 200 Freikilometer hat.

◎ IN **SVOLVÆR** AUF AUSTVÅGØYA: Avis Biltutleie Lofoten (Havnekvartalet und am Flughafen, beide Tel. 7607 1140, Buchung auch via www.avis.de). – Hertz Bilutleie (Austnesfjordgate 24, Tel. 7607 0720, hertz.svolvaer@hertz.no, Buchung auch via www.hertz.de).

◎ Die gängigen Vermieter sind auch in **LEKNES** AUF VESTVÅGØYA vertreten (Avis Tel. 7608 9300, Hertz Tel. 7608 1844), zudem auf den benachbarten Vesterålen in Sortland und teilweise in Stokmarknes sowie Andenes (www.budget.de).

GEBRAUCHTWAGENVERMIETUNG

Endlich gibt es Konkurrenz zu den teuren internationalen Verleihfirmen: Wer auf den Lofoten einen gebrauchten Wagen mietet, zahlt, je nach Modell, zwischen 350 und 500 NOK, Mini-Busse kosten um 750 NOK; diese Tarife verstehen sich inklusive Versicherung sowie unbegrenzter Kilometerzahl! Die Fahrzeuge sind alle gepflegt, haben eben schon ein paar Jahre auf dem Buckel. Preisgünstiger kann man den Archipel selbst mit öffentlichen Verkehrsmitteln kaum bereisen.

◎ **RENT A CAR**, Svolvær, am Fährterminal der Skutvik-Fähre (Fähr-Café), Tel. 4764 3560. Dutzende Fahrzeuge aller Kategorien im Angebot.

Öffentliche Verkehrsmittel

Wer öffentliche Verkehrsmittel benutzen will oder muss, sollte vor Ort das Touristenbüro in Svolvær kontaktieren oder im Voraus dessen Webseite ansteuern (siehe Elch-Tipp unten).

Auf der Webseite www.lofoten.info sind unter dem Stichwort »An- und Abreise« alle Verkehrsmittel mit Fahrplänen aufgelistet.

◎ **INFORMATION**: Im Internet sind alle Fahrpläne zu finden über www.177nordland.no; TELEFONISCH erhält man (auch auf Englisch) Auskunft zu allen Transportmitteln über Tel. 177 (nur innerhalb des fylke Nordland) oder Tel. 8150 0178 (auch wenn man von außerhalb Nordlands anruft).

BUS

Für alle Routen im Archipel sowie zu den Vesterålen, nach Narvik, Fauske und Bodø ist NORDTRAFIKK (Tel. 76 11 1111, www.nordtrafikk.no) zuständig.

◎ Die **FAHRPLÄNE** *(Rutehefter)* bekommt man im Bus und in den Touristenbüros (siehe Seite 277).

◎ Die Bushaltestellen sind deutlich markiert, die Busse selbst komfortabel und modern, die **TARIFE** moderat.

RABATT: Wer unter 16 Jahre jung oder über 67 Jahre alt oder Inhaber eines Interrail/Scanrail-Tickets ist, erhält 50 % Rabatt. Kinder unter 4 Jahren fahren kostenlos; ein zusammen reisendes Paar bezahlt für Strecken über 60 km nur den 1,5-fachen Preis eines Normalbillets; für FAHRRÄDER gilt der Kindertarif oder maximal 60 NOK.

◎ Die **HAUPTROUTE** im Archipel entlang der E 10 sowie die Strecken von Svolvær nach Kabelvåg und Henningsvær werden 6–8 x täglich bedient; ab Leknes werden auch Stamsund und Ballstad täglich mehrmals angefahren; auf den **NEBENROUTEN** allerdings gibt es so gut wie keinen Busverkehr mehr.

◎ **AUSSERHALB DER LOFOTEN** wird von Å aus via Leknes und Svolvær 2 x täglich Harstad angefahren, dazu 1 x täglich Narvik und auch Bodø (via Fauske). Nach Sortland auf den Vesterålen geht es von Svolvær aus immerhin 4 x täglich. Im Rahmen der ERÖFFNUNG von LOFAST (siehe Seite 349) wird es neue Direktverbindungen nach Lødingen geben (und damit zum Evenes-Flughafen); auch Narvik wird vermutlich häufiger bedient (siehe dann via www.edition-elch.de).

SCHIFF

Dem Schiff als Transportmittel kommt auf Austvågøya, Vestvågøya, Gimsøya, Flakstadøya sowie Moskenesøya heute keine Bedeutung mehr zu – lediglich zwei Routen sind dort für Touristen von Interesse. Værøy und Røst hingegen kann man nur per Schiff ab Moskenesøya erreichen (und zudem, nur ab Bodø, mit dem Helikopter).

◎ **SYKKELBÅT**: Das »Fahrradboot« bietet sich für Radfahrer an, die den Nappstraum-Tunnel umgehen wollen, sowie für alle, die an einer landschaftlich eindrucksvollen Sightseeing-Bootstour interessiert sind.

Zwischen dem 15. Juni und 15. August verkehrt die »MS Fosengutt« täglich ab Kræmmervika Rorbuer in Ballstad/Vestvågøya (11 Uhr) – Nusfjord/Flakstadøya (11.40 Uhr) – Reine/Moskenesøy (12.40 Uhr) – wieder Nusfjord (13.40 Uhr) – Ballstad (14.10 Uhr) sowie täglich auf der Strecke Ballstad (18.10 Uhr) – Mortsund (18.25 Uhr) – Stamsund (19.30 Uhr) – wieder Ballstad (20.30 Uhr) – Nusfjord (21.10 Uhr) – Ballstad (21.40 Uhr).

Eine frühzeitige Reservierung wird empfohlen, da nur jeweils 12 Passagiere befördert werden: Kræmmervika Rorbuer, Ballstad, Tel. 7606 0920, post@growth.no – Nusfjord Rorbuer, Tel. 7609 3020, booking@nusfjord.no

– Reine Rorbuer, Tel. 7609 2222, post @reinerorbuer.no.

Die Passage zwischen Ballstad und Nusfjord kostet 215 NOK, Kinder unter 12 Jahren bezahlen die Hälfte.

◎ **REINEFJORD**: »MS Fjordskyss« (Tel. 9949 1805) verkehrt 2 x täglich auf der landschaftlich sehr attraktiven Route quer über Reinefjord und Kjerkfjord von Reine via Rostad, Kjerkfjord und Vindstad nach Reine zurück. Das Schiff fasst 30 Personen, die Rundfahrt kostet 100 NOK; die Tickets gibt es an Bord sowie in Reine am Kai.

◎ **NACH VÆRØY UND RØST**: Ab Moskenes startet sommers 1–4 x täglich eine Autofähre nach Værøy (1,5 Std., 60 NOK/Person, 201 NOK/je Fahrzeug bis 6 m Länge) sowie weiter nach Røst (2 weitere Std., der Tarif ab Moskenes 111/397 NOK); anschließend fährt das Schiff weiter nach Bodø bzw. (je nach Wochentag) nach Moskenes zurück.

Mit dem Fahrrad

Dass die Lofoten ein Dorado für Radfahrer sind, glaubt man kaum angesichts der steil aufragenden Gebirgsmasse der Lofoten-Wand. Aber die Straßen führen nicht durchs Gebirge, sondern stets nur an ihren Wurzeln entlang und verlaufen zum allergrößten Teil eben. – Lediglich die E 10 auf Vestvågøya kennt eine kräftige Steigung; hier müssen die Radler eventuell eine Zeitlang schieben.

AN-/WEITERREISE

Dass der Fahrradtransport im Flugzeug und auch Zug durch Schweden und Norwegen problemlos ist, wird auf Seite 351 beschrieben. Wer sich dafür entscheidet, wird entweder von Bodø aus oder von Narvik aus auf die Lofoten übersetzen wollen: ab Bodø

DIE LOFOTEN-ROUTE

In den letzten Jahren haben sich die Lofoten zu einem der populärsten Radler-Reviere des Nordens entwickelt: Inzwischen sind hier im Sommer Tausende unterwegs. Der Popularitätsgrad bei in- und ausländischen Bikern ist so groß, dass stellenweise Wegweiser für Fahrradfahrer montiert wurden.

◎ Seit dem Jahr 2007 verkehrt die bewährte Bike-Fähre **SYKKELBÅT** zwischen Stamsund, Mortsund und Ballstad auf Vestvågøya und Nusfjord auf Flakstadøya sowie bis nach Reine auf Moskenesøya (siehe Seite 278).

◎ Der **SYKKEL GUIDE LOFOTEN** beschreibt eine Radreise über die Inselgruppe in Tagesetappen, erhältlich in den Touristenbüros. – Auch das Raftsund-Gebiet gegenüber dem Trollfjord kommt darin zur Geltung, alles in allem etwa 275 km Radler-Strecken. Ausgestattet ist das Heft obendrein mit großformatig dargestellten Kartenausschnitten (Topokarten) je Tagesetappe. Tip-top gemacht!

Internet-Adressen zur Vorabinfo:

◎ www.bike-norway.com
◎ www.slf.no
◎ www.lofoten.info
◎ www.lofoten-online.de

Die Bewohner von Værøy und Røst sind in der Mehrzahl unzufrieden bis ungehalten über die Fährverbindung, die zuletzt von Ende August bis Ende März am Samstag überhaupt keine Abfahrt vorsah.

per Flugzeug nach Leknes oder Svolvær, oder mit der Autofähre von Bodø nach Moskenes, oder mit der Hurtigruten (Bodø – Stamsund – Svolvær), oder mit dem Schnellboot von Narvik nach Svolvær (siehe Seite 353).

◎ Wer aus Narvik anreist, sollte zwar das Schnellboot in Richtung Svolvær nehmen (siehe Seite 353), aber schon IN **HOLAND** AUF der Insel HINNØYA AUSSTEIGEN. Von dort aus hat man nämlich seit Fertigstellung der Brücke über den RAFTSUND die Möglichkeit, über verkehrsarme Seitenwege via DIGERMULEN und Kongselv nach Fiskebøl im Norden der Lofot-Insel Austvågøya zu radeln (siehe Route 5, Seite 144 ff.). Diese Strecke ist traumhaft schön, bald durchgehend asphaltiert, insgesamt gut 43 km lang sowie kaum befahren.

◎ Anstatt in Holand kann man alternativ auch am nächsten Haltepunkt an Land gehen: in **BRETTESNES** im Süden der rund 34 km^2 großen Insel STORE MOLLA. Von dort ist die bis zu 750 m aufragende und nur von wenigen dutzend Menschen bewohnte Insel im Lauf einer entspannten Radeltour auf guter Schotterstraße zu umrunden; unterwegs finden sich beste Zeltplätze; von FINNVIKA im Norden, rund 18 km entfernt, verkehrt bis zu 3 x täglich eine Fähre hinüber nach Digermulen (15 Min.), wo man die o.g. Route anschließen kann.

◎ Wer von Narvik auch wieder **NACH HAUSE** reisen möchte, kann dementsprechend nach Befahrung der Lofoten bis hinauf nach Fiskebøl von dort aus nach Brettesnes oder Holand weiterfahren sowie dort das Schnellboot nach Narvik besteigen.

FARBSEITEN 281 – 288, WINTER UND FRÜHJAHR:

Seite 281:
Privater Lofoten-Fischfang im Februar
(Fotos: Arnstein Larsen)

Seite 282:
Winter am Vestpollen
(Foto: Annette Ster)

Seite 283 oben:
Unterwegs auf Walsafari
(Foto: Jann H. Engstad)

Seite 283 unten:
Loipe bei Ørsnes / Vågakallen
(Foto: Annette Ster)

Seiten 284 und 285:
Winter in Henningsvær
(Fotos: Annette Ster)

Seite 286 oben:
Blick auf Svolvær vom Tjeldbergtinden
(Foto: Annette Ster)

Seite 286 unten:
Originalgetreue Nachbildung des Gokstad-Schiffes: Wikingerschiff Lofotr
(Foto: Vikingmuseet på Borg)

Seite 287:
Licht über Lofot,
oben auf Værøy, Sørlandsvågen
(Fotos: Annette Ster)

Seite 288:
Der Vestfjord vor Kabelvåg im Januar-Licht
(Foto: Annette Ster)

DIE PACKTASCHEN

Die Packtaschen müssen für die Lofoten-Reise wasserdicht, möglichst einzeln aufhängbar und ferner so konzipiert sein, dass sie ebenfalls als Reise-/Schultertaschen einzusetzen sind.

Wir haben beste Erfahrungen mit den wasserdichten, strapazierfähigen sowie mit einem Schnellverschlusssystem ausgerüsteten Packtaschen »20 Proof« der Firma »Vaude« gemacht.

AUSRÜSTUNG / WERKSTÄTTEN

An speziellen Ausrüstungsgegenständen benötigt man dringend einen HELM; dies auch wegen Unfallgefahr, doch insbesondere, da nichts besser den Kopf vor UV-Strahlung schützt, die auf den Lofoten mitunter recht intensiv sein kann. Auch sollte man eine starke SONNENBRILLE aufsetzen, und dies nicht einmal nur bei eitel Sonnenschein.

Sehr von Vorteil ist speziell leichtes, aber vor allem wasser- und winddichtes, dabei möglichst atmungsaktives Biker-REGENZEUG, so wie es ebenfalls von »Vaude« angeboten wird. GUTE QUALITÄT bedeutet neben der zuverlässigen Wasserdichtigkeit niedriges Gewicht, kleines Packmaß und Tragekomfort, soll heißen: ein angenehmes »Klima« unter den Regenklamotten, das spezielle Unterbekleidung etwa gegen Kälte ergänzen kann.

Die üblichen Rad-Verschleißteile sollte man eventuell mit sich führen, obwohl es heute kein Problem mehr ist, vor Ort gängige Teile nachzukaufen; es kommt halt darauf an, auf welcher Insel man sich bevorzugt aufhält. Reparaturwerkstätten gibt es in Svolvær und Leknes:

◎ **G-SPORT**, Sivert Nilsens gate 26, Svolvær, Tel. 7607 2770.

◎ **SPORTSENTERET**, Roald Amundsengt. 15 (hinter dem Rathaus), Svolvær, Tel. 7607 5855.

◎ **SPORT 1**, Storgata 8, Lofotsentret, Leknes, Tel. 7608 9017.

RENT A BIKE

Wer darauf verzichten möchte, das eigene Fahrrad von zu Hause mitzunehmen, hat kein Problem, vor Ort eines zu mieten. Allerdings schlägt die Miete mit stolzen 200 NOK pro Tag zu Buche, wobei Langzeitmietern Rabatte eingeräumt werden.

Einzelne Unterkünfte haben ebenfalls ein paar Fahrräder untergestellt; man sollte sich aber im Voraus vergewissern.

Die entsprechende TOP-ADRESSE im Archipel ist allerdings, sowohl bei der Auswahl als auch Qualität:

◎ **LOFOTEN SYKKELUTLEIE**, Vestfjordgt. 7, Svolvær, Tel. 7607 3000 und 9223 1324, www.lofoten-aktiv.no.

Hier findet sich das größte Angebot, die Räder haben höchsten Standard. Auch Fahrradtaschen und komplette Campingausrüstungen sind zu mieten. Vor allem wird hier die EINWEGMIETE angeboten – zum Beispiel in Svolvær mieten, in Stamsund auf Vestvågøya oder in Sørvågen auf Moskenesøya oder gar in Sortland oder in Andenes auf den Vesterålen an der Wal-Route (siehe Seite 150 f.) wieder abgeben, oder eben umgekehrt.

Ein Fahrrad kostet 200 NOK je Tag oder 175 NOK ab dem 5. Tag, Fahrradtaschen kommen auf 45 NOK, Gepäckanhänger gibt es zu 175 NOK.

Unterkunft

Campingplätze

Insgesamt gibt es 16 Campingplätze auf den Lofoten: sechs auf Austvågøya, einen auf Gimsøya, vier auf Vestvågøya, zwei auf Flakstadøya sowie drei auf Moskenesøya. Da das Camping die populärste Art des Urlaubs auf dem Archipel ist, kann es während der Hochsaison zwischen dem 15.6. und 15.8. – insbesondere IM JULI – trotzdem ZU ENGPÄSSEN KOMMEN. Die Preise sind relativ günstig, in Relation zu Norwegen wie Westeuropa! Für ein Wohnmobil oder einen Caravan (inklusive zwei Personen) bezahlt man 120–250 NOK, in der Hochsaison mitunter etwas mehr, und nur das Zelten ist um 100–150 NOK etwas teurer als notwendig. Heiß duschen kostet in der Regel extra (5–10 NOK), ebenso Strom (20–40 NOK, Kabeltrommel mit 50 m Minimum mitbringen). Ferner eignen sich simple Hütten (ab 250 NOK) bei Schlechtwetter als Notquartier. Auch BOOTE (mit und ohne Außenborder) sind vielerorts zu mieten, in einzelnen Fällen sogar Seekajaks.

AUF AUSTVÅGØYA

◎ **HAMMERSTAD SJØHUSCAMPING**, Vaterfjord, 8300 Svolvær, Tel. 7607 0305, www.hammerstad.info. Ganzjährig geöffnet.

Rund 10 km nördlich Svolværs (und ca. 2 km nördlich vom Flughafen) etwas unterhalb der E 10 auf einer kleinen Halbinsel zwischen dem dramatisch schönen Austnesfjord und dem Vaterfjordpollen. Das kleine, aber feine Wiesenareal blickt auf das Meer, ebenso die Hütten (siehe unter »Rorbu-/Sjøhuscamps«). Die sanitären Anlagen sind korrekt, ein kleiner Spielplatz ist vorhanden. Die nahe Europastraße stört kaum, es ist vielmehr angenehm ruhig, und das fast hochalpin anmutende Umland lädt zu Fjellwanderungen ein.

Motor- und Ruderboote werden vermietet; bei der exponierten Lage direkt vor dem fischreichsten Fjord der Lofoten (dem Austragungsort der Weltmeisterschaften im DORSCHFISCHEN) ist klar, dass der Platz UNTER ANGLERN SEHR BELIEBT ist. Ein an der Straße aufgestelltes Schild macht im Sommer auf Fisch-Verkauf aufmerksam: Günstiger ist DORSCH kaum anderswo auf der Insel zu bekommen.

Die Besitzer, aus Südnorwegen eingewandert, sind freundlich und hilfsbereit. Dieser Platz ist auch für einen Langzeitaufenthalt zu empfehlen.

◎ **SANDSLETTA CAMPING**, 8315 Laukvik, Tel. 7607 5257 u. 9166 7672, www.camping-lofoten.com. 1.6.–15.9.

An der äußeren Seite Austvågøyas, erreichbar ab Fiskebøl oder der E 10 bei Vestpollen: den Schildern nach Straumnes folgen. Großes Wiesenterrain direkt über dem Vatnfjord (Kiesufer). Sehr gute sanitäre Anlagen, eine Camperküche, ein kleiner Lebensmittelshop und ein Kinderspielplatz. Ideal für Leute, die ihre RUHE haben wollen. Siehe auch Seite 297.

In Norwegen zahlt man meistens pro Zeltstellplatz, egal wie viele Personen im Zelt schlafen, allerdings auf normale Zeltgrößen und nicht Gruppen bezogen. Wer ohne Auto reist, zahlt pro Platz weniger (um 100 –120 NOK).

◎ **SKIPPERGAARDEN CAMPING**, 8315 Laukvik, Tel./Fax 7607 5197, http://home.c2i.net/skippergaarden. Das ganze Jahr über geöffnet.

Ebenso an der äußeren Seite von Austvågøya gelegen, zu erreichen entweder direkt ab Fiskebøl (gleich hinter dem Fähranleger nach rechts abbiegen) oder ab Vestpollen an der E 10 und vorbei am »Sandsletta Camping« (s.o.), noch ungefähr 10 km. Die Wiesenlage auf einer ins offene Meer reichenden Halbinsel mit Blick auf die Westlofoten sowie die Vesterålen ist beeindruckend, die MITTERNACHTSSONNE VERZAUBERT hier im Sommer jede Nacht. Im spärlich besiedelten Umland verlaufen mehrere Wanderungen, unsere Nr. 2 ganz in der Nähe. Wer ANGELN möchte, kommt ebenfalls auf seine Kosten.

◎ **LOFOTEN SOMMERHOTELL**, Finnsveien, 8310 Kabelvåg (unterhalb der Lofoten-Kathedrale an der E 10 ausgeschildert), Tel. 7606 9898, Fax 7606 9899, www.vandrerhjem.no. 1.6.–10.8. Auf der Wiese der Jugendherberge (siehe Seite 305) dürfen Zelte aufgeschlagen werden.

◎ **ØRSVÅGVÆR**, Ørsvåg, 8310 Kabelvåg, Tel. 7607 8180, Fax 7607 8337, www.orsvag.no. Ganzjährig geöffnet.

Etwa 1 km südlich von Kabelvåg zweigt eine deutlich ausgeschilderte Straße von der E 10 zum Campingplatz ab, gleichzeitig eins der größten Rorbu- und Sjøhuscamps der Insel. Die Anlage verteilt sich auf einer felsigen, teils terrassierten Halbinsel, die in die weite Bucht von Ørsvåg reicht und auf ein fantastisches BERG- UND MEERPANORAMA blickt. Die SONNE SCHEINT von morgens bis abends, die sanitären Einrichtungen sind vorbildlich, Waschmaschinen und Trockenautomaten stehen zur Verfügung, zudem eine Camperküche, Lebensmittelladen, Pub und Restaurant, Minigolfanlage und ein großer Spielplatz.

Die schönsten Stellplätze für Zelt, Wohnmobil wie Caravan findet man rechts der Zufahrtstraße zum Sandvika-Camp in der Wiesenmulde; einen kleinen Sandstrand gibt's bei Ebbe, ideale Liegeplätze fürs Boot und im Vestfjord nahebei mit die besten LOFOTEN-INSIDER-FISCHGRÜNDE.

◎ **SANDVIKA FJORD- OG SJØHUS-CAMPING**, 8310 Kabelvåg, Tel. 7607 8145, Fax 7607 9010, www.sandvika-camping.no. Camping nur 1.5.– 31.8., die Hütten ganzjährig.

Gleiche Einfahrt wie zum Ørsvågvær-Campingplatz (s.o.), zusammen mit jener Anlage der deutschen Urlauber, SPORTANGLER, TAUCHER und WINDSURFER liebstes Ziel: Der große Filetierplatz am Meer ist ebenso vorbildlich ausgestattet wie die sanitären Anlagen. Waschmaschinen und Trockenautomaten sind vorhanden, ein gut ausgestatteter Kiosk und TV-/Aufenthaltsraum sowie Restaurant. Stellplätze gibt's direkt am schönen Sandvika-STRAND (ideal zum Baden und Schwimmen, auch für Kinder; außer bei starker Ebbe), in einer schmalen Felskerbe und auf einer gepflegten Wiese, die mit 150 Stellplätzen groß genug ist, den sommerlichen Andrang aufzufangen. Es ist WINDGESCHÜTZT, und von den säumenden Felskuppen aus, wohin ein paar Pfade führen, hat man einen tollen Blick auf den Vestfjord, die Schären und das Festland.

Mancherorts bezieht sich die Angabe »ganzjährig geöffnet« lediglich auf die überdachten Unterkünfte mit kompletter Ausstattung; wer also in den dunklen, kalten Monaten zelten will, sollte sich vorher erkundigen.

◎ **LYNGVÆRSTUA/BOBILCAMP**, 8333 Kleppstad, Tel. 7607 7778, Fax 7607 7881, www.lofoten-bobilcamping.no. 1.5.–31.8.

Unterhalb der E 10 zwischen Rørvik und Kleppstad, direkt am Gimsøyastraumen, verteilt sich der Platz auf großen Wiesenterrassen: LAGE FANTASTISCH, Panorama einzigartig, famose Strände auf den vorgelagerten Schären, Spielplatz sowie Kiosk. Die Straße stört nicht sonderlich. Ein Tipp nicht nur für Angler.

AUF GIMSØYA

◎ **HOV FERIEGÅRD**, 8314 Gimsøsand, Tel. / Fax 7607 7157, www.hov-feriegard.no . Camping nur 1.6.–15.9.

Den Schildern in Richtung »Golfbane« folgen, am Golfplatz vorbei und noch ein paar hundert Meter. Wunderschöner, kleiner Wiesenplatz unterhalb komfortabler Rorbuer, durch die (wenig befahrene) Straße vom offenen Nordmeer mit Sandstrand getrennt. Die sanitären Einrichtungen sind okay. FAMILIÄRE ATMOSPHÄRE. Ein sicherer, kleiner Bootshafen freut die Sportfischer, der Golfplatz die Golfer und der Hovden (371 m, siehe Seite 197) die Wanderer. Ein idealer Ferienplatz für alle, die es RUHIG lieben.

AUF VESTVÅGØYA

◎ **BRUSTRANDA SJØCAMPING**, 8370 Strandslett, Tel. 7608 7100, Fax 7608 7144, www.brustranda.no. Das ganze Jahr über geöffnet.

IDYLLISCH auf einer felsigen, von Wiesen gesäumten HALBINSEL am nördlichen Teil des ROLVSFJORDS. Die sanitären Einrichtungen sind top, Boote werden vermietet. Von allen Plätzen Vestvågøyas ist dieser mit Abstand DER POPULÄRSTE: ideal für einen entspannten Aufenthalt, ja, für einen ganzen Urlaub. Der Platz liegt an der Str. 815, rund 10 km nördlich von Stamsund.

◎ **STORFJORD CAMPING**, 8340 Stamsund, Tel. 7608 6804, Fax 7608 9283, www.storfjordcamping.no. Das ganze Jahr über geöffnet.

Ebenes Wiesen- und Erdterrain am Ablauf des Sees Storfjordvatnet in den Storfjord, nahe der Kreuzung der Str. 815/817. Zwar macht die Aussicht nicht viel her, aber SCHWIMMEN UND BADEN kann man gleich in dem (recht warmen) See wie auch im Meer. Es ist sehr RUHIG, die Ausstattung mit Gemeinschaftsküche, Gästetelefon, Aufenthalts- sowie TV-Zimmer, Kinderspielplatz, Supermarkt, Sauna, Boots- und Fahrradvermietung vorbildlich. Es werden auch Hütten vermietet.

◎ **LOFOTEN TURISTSENTER**, Alstad, 8370 Leknes, E 10, Tel. / Fax 7608 6444, www.lofoten-info.no/turistsenter. Ganzjährig geöffnet.

Anlage auf weitläufigem Wiesenareal, das jedoch die angrenzende E 10 vom Fjord trennt. Die Serviceeinrichtungen sind tadellos. Restaurant und Kiosk angeschlossen. Die meisten der Touristen begnügen sich mit ein oder zwei Nächten vor Ort.

◎ **UNSTAD CAMPING**, 8360 Bøstad, Tel. 7608 6433, www.lofot-ferie.com. Ganzjährig geöffnet, Camping 1.5.–30.9.

Ab der E 10 bei Bøstad / Borg ausgeschildert, noch 9 km. Kleiner Campingplatz auf dem Gelände des ehemaligen Schulhofes von Unstad, mitten im schön gelegenen Einöddorf.

Lyngvær Bobilcamp auf Austvågøya, im Hintergrund Moland auf Vestvågøya ▶

Ein CAFÉ/Pub ist angeschlossen, geöffnet von Juni bis September. Hütten werden ab 400 NOK vermietet. Der Platz ist der TREFF für Wellenreiter auf den Lofoten; es werden Kurse angeboten und Bretter vermietet.

AUF FLAKSTADØYA

◎ **SKAGEN CAMPING**, Flakstad, 8388 Ramberg, Tel. 9503 5283, www.lofoten-info.no/skagen. Nur zur Hochsaison geöffnet.

Satt grün, eben die Wiese, schneeweiß und traumhaft schön der Sandstrand, famos die Blicke aufs offene Meer, die Mitternachtssonne, die säumenden Berge. – Kurz und gut: Die LAGE ist so FASZINIEREND, dass man hier einfach mal eine Nacht verbracht haben sollte, auch wenn die Einrichtungen eher bescheiden sind. Liegt in direkter Nähe der unübersehbaren Flakstad-Kirche rechter Hand der E 10.

◎ **RAMBERG GJESTEGÅRD**, 8388 Ramberg, Tel. 7609 3500, Fax 7609 3140, www.ramberg-gjestegard.no. Ganzjährig geöffnet.

Wem es nicht nur um Natur geht, sondern auch vielleicht um lokales Fischerdorfmilieu, sollte den GEPFLEGTEN Platz für seinen Aufenthalt wählen. Der Gast wohnt (auch in Hütten) direkt am schneeweißen Halbrund des gut 1 km langen Ramberg-Strandes – damit dennoch MITTEN IM ORT, der sich als buntes Gewürfel kleiner Holzhäuser präsentiert; auch von hier aus ist die MITTERNACHTSSONNE zu bestaunen. Die sanitären Einrichtungen sind bestens. Außer Booten werden Fahrräder und Seekajaks vermietet; wobei die Seekajaks laut Leser-Er-

fahrung nicht seetauglich, an einem windstillen Tag aber allemal ausreichen, zumal sie preisgünstig sind. Zur Anlage gehören ferner ein Spielplatz und ein Restaurant mit leckeren Speisen (siehe Seite 312).

AUF MOSKENESØYA

◎ **FREDVANG STRAND- OG SJÆRGÅRDSCAMPING**, in Fredvang, Tel. 76094288, Fax 76094112, www.datadesign.ws/fredcamp.htm. 20.5.–15.9.

Von der LAGE her einer der BESTEN Campingplätze im Inselreich, der so viele Stellplätze bietet, dass es selten zu einem Engpass kommen kann. Das Terrain (eine riesige, von Hecken gesäumte ehemalige Kuhwiese) grenzt direkt ans offene Nordmeer, das hier zahlreiche kleine wie große schneeweiße Feinsandbuchten ausspart. Die sanitären Einrichtungen sind nicht zu bemängeln. Ferner gibt es ein Haus oder auch nur einzelne Zimmer darin relativ preiswert zu mieten. Auf einem Hügel über dem Platz thront ein Café mit Sonnenveranda. Nach Fredvang, Indre- und Ytresand sind es nur Minuten zu Fuß. Zu erreichen ist das Camp über die bei Finnbyen von der E 10 abbiegende und nach Fredvang ausgeschilderte Straße, die auf zwei Brücken den Røssøstraumen überquert.

◎ **MOSKENESSTRAUMEN CAMPING**, in Å, 8392 Sørvågen, Tel. 7609 1148, Fax 76091202. Von Mai bis Ende August.

Dramatischer als hier – ÜBER DER BRANDUNG – können Rorbu-Hütten auch auf den Lofoten kaum stehen. Von dem für Zelte frei gehaltenen Wiesenareal oberhalb der Hütten schaut man auf die Lofoten-Wand, auf den Vestfjord, hinüber zum Festland und über das Meer bis Værøy. SCHÖNER ZELTET MAN NIRGENDS, viele Interrailer sorgen jeden Sommer für eine internationale Atmosphäre. Eine Camperküche mit Aufenthaltsraum ist ebenso vorhanden wie ein Kiosk mit Café; ins Dorf geht man kurze Zeit, die sanitären Einrichtungen sind basiserprobt, mehr nicht. VORSICHT: Die Zeltwiese befindet sich in exponierter Lage, so dass bereits Zelte ins Meer geweht wurden – also stets die Sturmspannung anlegen! Der Womo-Stellplatz ist allerdings öde gelegen.

◎ **MOSKENES CAMPING**, Moskenesvågen, 8392 Sørvågen, Tel. 9948 9405. Nur 150 m vom Moskenes-Fährhafen entfernter Platz insbesondere für Wohnmobile und Caravans; aber auch einige Zeltplätze stehen zur Verfügung. Bestens gelegen, sofern man frühmorgens die Fähre nehmen will.

AUF VÆRØY

◎ **TROLLHAVNA**, Værøy Gamle Flyplass (Flughafen), 8063 Værøy, Tel. 9002 5221, www.trollhavna.com.

Im Norden der Insel, direkt zwischen dem alten (nicht mehr benutzten) Flugplatz und dem offenen Nordmeer liegt dieser kleine Campingplatz auf sattgrüner Wiese. Er ist ein idealer Ausgangspunkt für die Wanderung zum Vogelberg der Insel und verfügt außerdem über einen rustikalen Pub mit Restaurant.

AUF RØST

◎ **RØST HAVFISKE CAMPING**, 8064 Røst, Telefon 9925 8348, www.rosthavfiske.com. Ganzjährig geöffnet.

Diese Anlage wird bevorzugt von

ANGLERN frequentiert (Bootsvermietung). In dem großen Sjøhus werden mehrere Einzel- (350 NOK), Doppel- und Familienzimmer (750 NOK) vermietet. Die Wiese vor dem Haus ist zum Zelten freigeben (80 NOK).

Wildcampen

Wer vom Allemannsretten Gebrauch macht, das – großzügig ausgelegt – das Übernachten in freier Natur unter bestimmten Bedingungen ermöglicht, spart nicht nur Geld, sondern kann auch an Plätzen stehen, die unvergleichlich schön sind. Viele Touristen wollen das, und gerade die deutschen sind in den Ruf geraten, KEINE MÜDE KRONE während ihres Lofoten-Aufenthalts auszugeben. Ein Lofoter beschrieb die Situation wie folgt: »Sie kommen mit ihren Wohnmobilen daher, haben Lebensmittel wie ein Supermarkt an Bord, annektieren die schönsten Strände, und für uns bleibt nur das nach ihren Fäkalien stinkende Umland...«. – Ganz so Unrecht hat er nicht, dieser Lofoter, und die Stimmung auf dem Archipel lässt die Einschränkung des Allemannsretten in absehbarer Zukunft möglich erscheinen. Damit die Leser BERECHTIGTEN ÄRGER vermeiden können, haben wir einen ausführlichen Text zum sogenannten »Jedermannsrecht« ins Buch aufgenommen (siehe Seite 121 f.).

Im Rahmen der Routenbeschreibungen finden sich eine Reihe Hinweise. Es folgen ein paar Informationen zur Lage auf den einzelnen Inseln sowie zu den beliebtesten Refugien im Inselreich, die für Wohnmobile, Caravans und Zelte gleichermaßen geeignet sind:

◎ **AUSTVÅGØYA**: Gute Möglichkeiten finden sich an der Außenseite der Insel, erreichbar über die direkt am Fähranleger in Fiskebøl abzweigende Schotterstraße, die einen weiten Bogen schlägt, bevor sie bei Vestpollen wieder auf die E 10 mündet. Vor allem am Nordpollen (Beginn der Wanderung Nr. 2) und am südlich angrenzenden Vaterfjord lässt sich mancher idyllische Platz aufspüren, außerdem zwischen Straumnes und Vestpollen.

An der E 10 zwischen Fiskebøl und Svolvær machen sich gute Plätze rar; nur die beiden Rastplätze (der erste knapp 1 km südlich von Fiskebøl, der zweite direkt südlich von Vestpollen über dem Fjord) eignen sich für eine Nacht, jedoch nicht mit Zelt.

Will man in Svolvær übernachten, etwa wenn man nachts mit der Fähre von Skutvik aus ankommt, bietet sich der Parkplatz des Fähranlegers an; der große Parkplatz im Zentrum bei den Supermärkten ist tabu, will man nicht unangenehm auffallen.

Bei Kabelvåg gibt es kaum Möglichkeiten, auch südlich an der ausgeschilderten Ørsnesvika nicht; erst bei Kalle (als Badestrand an der E 10 ausgeschildert), gegenüber Hopen, lädt eine große Wiese direkt am (gezeitenabhängigen) Sandstrand ein. Die Lage ist grandios, Toilette und Trinkwasser sind vorhanden.

Am Rørvik-Strand (vor Ort Toilette vorhanden), direkt hinter dem Tunnel an der Abbiegung nach Henningsvær, ist das Kampieren im Hochsommer

Noch einmal: Wir legen Ihnen unser Kapitel zum sogenannten Jedermannsrecht ans Herz, um Missverständnissen und (unabsichtlichem) Fehlverhalten vorzubeugen (siehe Seite 121 f.).

untersagt – erst wieder zwischen Sydalen und Brenna (vor der Brücke nach Gimsøya rechts) kann man Zeltstellplätze ausmachen.

Bleibt der große Parkplatz vor der Brücke nach Gimsøya, der aber nur für Wohnmobilisten in Frage kommt (Toilette vorhanden).

◎ **GIMSØYA**: Die spärlich bewohnte Insel besteht je zur Hälfte aus Gebirge und Moorflächen; nur im Bereich zwischen Gimsøy, Hovsund sowie Årrstranda – zu erreichen über die bei den Sundbrücken nach Norden abzweigenden Straßen – ist ein einsamer Platz für die Nacht aufzuspüren.

◎ **VESTVÅGØYA**: Entlang der E 10 herrscht eine relativ große Bevölkerungsdichte und wo die Str. 815 / 817 verlaufen, drängen die Berge oft bis ans Meer. So bleibt die äußere Inselseite, durch gigantische Trogtäler gegliedert und reich an Sandstränden.

Möglichkeiten finden sich zum Beispiel entlang der (ab der E 10) nach Kvalnes ausgeschilderten Straße, bei Unstad, Elltoft und Mærvoll sowie natürlich bei Eggum und Vik, den beiden beliebtesten Wildcampplätzen: Bei Eggum bzw. dem 1 km weiter westlich am Ende der Fahrstraße gelegenen Tøan handelt es sich um ein mit Wiese bewachsenes Dünenareal zwischen dem Meer (jedoch ohne Bademöglichkeiten) und dem großen See Heimredalsvatnet. Abfallkörbe sowie WC sind vorhanden; das Wasser entnimmt man dem See. Für den »Komfort« zahlt man (nur im Hochsommer) gern die 20 NOK Benutzungsgebühr.

◎ **MOSKENESØYA / FLAKSTADØYA**: Die gebirgigsten Inseln des Archipels bieten kaum Platz genug für die Häuser der Anwohner, und Wildcampplätze wird man kaum finden, sofern Schöneres gewünscht ist als nur schmale Parkstreifen oder die schlichten Rastplätze südlich von Flakstad sowie von Reine.

Rorbu-/Sjøhuscamps

Rorbuferie, ob in Rorbu oder Sjøhus, erfreut sich enormer Popularität bei in- wie ausländischen Touristen: Zwischen dem 15.6. und dem 15.8. ist die Nachfrage oft größer als das Angebot. Rechtzeitiges RESERVIEREN ist für diesen Zeitraum also angebracht, ebenso wie das Feilschen um den Tarif in der Nebensaison, der dann nämlich bis zu 50 % günstiger ausfallen kann.

Nachfolgend eine Auswahl an Hütten, die fast alle mit Kochstelle, Kühlschrank und WC, meist auch mit Dusche und Veranda ausgestattet sind:

AUF AUSTVÅGØYA / NÖRDLICH VON SVOLVÆR

◎ **HAMMERSTAD SJØHUSCAMPING**, Vaterfjord, 8300 Svolvær, Tel. 7607 0305, www.hammerstad.info. Ganzjährig geöffnet. Siehe auch unter »Campingplätze«, Seite 290.

Schön gelegene Hütten von klein, einfach, billig (300 NOK) bis zu komfortabel sowie teils auf Pfählen über dem Meer errichtet (Platz für 6–8 Personen, 450 / 600 / bis zu 925 NOK), bis auf die kleinen (für 3 Personen) alle mit Dusche, Toilette ausgestattet sowie voll wintertauglich. Dementsprechend geht hier die Saison rund ums

RORBUER, SJØHUS

Mit als erstes vermelden die Chroniken über die Lofoten, dass 1120 bei STORVÅGAN, heute Kabelvåg, König Øystein Rorbuhütten (auch: *rorbue* oder *rorbuer)* errichten ließ. Diese »Wohnstätten« *(bu)* »für die Ruderer« *(ror)* waren winterfest, beheizbar und sollten den von weither zum Fischfang gekommenen Fischern als Quartiere dienen. Die Aufgabe hatten sie bis ins 20. Jahrhundert, doch heute, nachdem die Zahl der Fischer stark gesunken ist, sind die Rorbuer mehr Grundlage des Reiseverkehrs im Inselreich.

ROT GESTRICHEN sind sie fast alle, grundsätzlich AUS HOLZ erstellt; jedoch längst nicht mehr müssen sie auf Pfählen im Meer stehen. Als die Rorbuer ausschließlich DEN FISCHERN dienten, roc h es überall nach Schuppentieren, und im (einzigen) Wohnraum lagen die Nylonleinen für den Dorschfang und andere Gerätschaften kreuz und quer herum. Ein Extra-Kabuff mit Vorhang fungierte als Schlafzimmer, ein Plumpsklo als Toilette, fließend Wasser gab es nicht.

Solche Hütten gibt es kaum noch, denn die Touristen wollen es sauber, gemütlich, aufgeräumt, ohne Gerüche und mit WC, Dusche, Küchenecke ausgestattet. Heute erfüllen viele Rorbuer solche Wünsche und nehmen es darin mit Ferienhäusern auf; vor allem die Sjøhus (am treffendsten zu übersetzen als »Kaihäuser«, Häuser am Wasser) genügen oft hohen Ansprüchen.

Jahr, frequentiert auch zur Zeit der LOFOTEN-FISCHEREI. Eine Reservierung ist empfohlen, Bettwäsche mitzubringen oder zu mieten.

◎ **SKIPPERGÅRDEN CAMPING**, 8315 Laukvik, Telefon/Fax 7607 5197, http://home.c2i.net/skippergaarden. Ganzjährig geöffnet. Siehe auch unter »Campingplätze«, Seite 291.

Hütten um 400 NOK, die Anlage gepflegt und nett.

◎ **SANDSLETTA CAMPING**, 8315 Laukvik, Tel. 9166 7672 u. 9166 7672, www.camping-lofoten.com. Siehe ferner unter »Campingplätze«, Seite 290.

Kleine Hütten 250 NOK (2 Betten), sehr gut eingerichtete Sjøhus MIT MEERBLICK, Dusche, Bad etc. (für bis zu 6 Personen) 700–1000 NOK.

◎ **SILDPOLLNES SJØCAMP**, Sildpollnes, 8315 Laukvik, Tel. 7607 5812, Fax 7607 0288, www.sildpollnes-sjocamp.no. Ganzjährig geöffnet.

Die Lage direkt neben der Sildpollnes-Kirche mitten im spektakulärsten Abschnitt des Austnesfjords ist famos. In dem zweigeschossigen Haupthaus werden 11 Wohnungen vermietet, je 34 m^2 groß, urgemütlich mit viel Holz vertäfelt sowie komplett ausgestattet. Die Preise liegen im Hochsommer bei 790 NOK, sonst 550 NOK. Auch 2 Zimmer werden vermietet (mit Kochecke, 400 und 450 NOK), des Weiteren Boote und Kanus. Eine gute Adresse ganz und gar nicht nur für Angler.

AUF AUSTVÅGØYA / SVOLVÆR UND KABELVÅG

◎ **SVINØYA RORBUER**, Gunnar Bergs vei 2, 8300 Svolvær, Tel. 7606 9930, Fax 7607 4898, www.svinoya.no. Ganzjährig geöffnet.

Falls Sie die Endreinigung einer komfortableren Rorbu nicht selbst vornehmen möchten, sind dafür 300–400 NOK zu veranschlagen; fragen Sie im Voraus. – Übrigens: Mehrere Leser äußerten sich sehr positiv über Sildpollnes Sjøcamp.

Auf dem landfesten Inselchen Svinøya wohnt man nur einen Steinwurf vom geschäftigen Zentrum Svolværs entfernt und doch im Kontrast zu ihr: Die Rezeption ist in der 1828 eröffneten KRAMBUA untergebracht, die als ältestes Geschäft von Svolvær gilt und authentisch eingerichtet ist – eine Welt voll NOSTALGIE. Die 24 Rorbuer (1200–1500 NOK, bis zu 6 Personen) stehen fast alle romantisch direkt am Meer, sind urig-rustikal und komfortabel. Ein paar Gehminuten entfernt gibt es zudem Budgetzimmer im zur Anlage gehörigen KLØFTERHOLMEN SJØHUS (450 NOK für 2 Personen).

Das Restaurant gilt als eins der besten auf den Lofoten. Das AKTIV-Programm umfasst Seekajaktouren, Walsafaris, Deep Sea Rafting, Fahrradvermietung, geführte Wanderungen u.a. Es werden Boote ausgeliehen, ein mit Fishfinder etc. ausgestatteter KUTTER wartet auf Sportangler.

◎ **SVOLVÆR SJØHUSCAMP**, Parkgt. 12, 8300 Svolvær, Tel. 7607 0336, Fax 7607 6463, www.svolver-sjohuscamp.no.

Direkt am Hafen von Svolvær gelegenes Sjøhus mit holzvertäfelten DZ, die zwar »nur« ein Gemeinschaftsbad haben, aber mit Preisen ab 440 NOK ausgesprochen GÜNSTIG sind. Angeschlossen sind eine Gemeinschaftsküche, Aufenthaltsraum sowie Hafen-Terrasse. Zentral und preisgünstig.

◎ **MARINEPOLLEN SJØHUS**, Marinepollen, Jektveien 10, 8300 Svolvær, Tel. 7607 1833, Fax 7607 1877, www.lofoten-rorbuer.no.

Am Nordrand des Hafenbeckens gelegen, mit dem Wahrzeichen Svolværgeita im Rücken. Das 2005 komplett renovierte Gebäude ist eines der ÄLTESTEN ERHALTENEN in der Stadt.

Angeboten werden 11 Zimmer für 2-4 Personen; davon sind 8 mit einer Kochecke eingerichtet. Die Bewohner verfügen über Gemeinschaftsbäder, eine Gemeinschaftsküche und einen GEMÜTLICHEN Aufenthaltsraum unter dem Dach. Mit 490–850 NOK (für 2 bis 4/5 Personen) sind die Preise gut.

◎ **LOFOTEN RORBUFERIE**, Vikabakken 25, 8310 Kabelvåg, Tel. 7607 8444, Fax 7607 8453, www.lofoten-rorbuferie.no. Ganzjährlg geöffnet.

80 Jahre alte, komplett renovierte, aber im ursprünglichen Stil erhaltene Rorbuer bilden EIN LEBENDES MUSEUM MIT MODERNEM KOMFORT. Die ruhige und doch zentrale Lage am Ortsrand von Kabelvåg ist von beeindruckender Schönheit. Chef *Arnstein Larsen* ist ein Tausendsassa, der sich um seine Gäste kümmert und sehr gut Deutsch spricht.

Nirgendwo sonst auf den Lofoten ist uns eine so große AUSWAHL AN gepflegten BOOTEN von 5 m bis 14 m Länge bekannt. Selbst die kleinsten sind mit GPS ausgestattet, die meisten zusätzlich mit Echolot, andere mit Kabine und Funk; auf den größeren fährt ein Guide und Skipper mit hinaus zu den ergiebigsten Fischgründen. Angelzeug, Thermodress, Echolot etc. sind zu mieten. Der 110 m lange BOOTSSTEG mit Kran sowie Bootschleppe ist ideal auch für das eigene Boot. Ein (geheizter) Filetierraum, Vakuumsverpackungsmaschine, Tiefkühltruhen und Kühlraum ergänzen die Infrastruktur für Sportangler.

Fahrräder, Mietwagen und Sauna komplettieren das Angebot; man er-

Sandvika Fjord- og Sjøhuscamping auf Austvågøya, nahe Kabelvåg ▶

hält Frühstück, Mittag- und Abendessen: Vollpension ist relativ preiswert möglich. Die Rorbuer kosten je Nacht ab 1036 NOK.

◎ **NYVÅGAR RORBUHOTELL**, Storvåganveien 22, 8310 Kabelvåg, Telefon 7606 9700, Fax 7606 97 01, www.nyvaagar.no. Ganzjährig geöffnet.

Vor einigen Jahren komplett renoviert, gilt die Anlage mit als komfortabelste ihrer Art im Inselreich. Bei den 30 Rorbuer handelt es sich um zweigeschossige EDELBAUTEN mit je zwei SCHICK MÖBLIERTEN Schlafzimmern, Wohn- und Esszimmer, Küche, Bad sowie Schreibecke, ausgelegt für 4–6 Personen und auf den kleinen privaten YACHTHAFEN dieser Anlage blickend. Das Restaurant genießt bei den Lofoten-GOURMETS einen exquisiten Ruf. Eine Sauna ist ebenfalls vorhanden. Die Preise liegen gemäß dem Komfort bei 1500–1700 NOK.

AUF AUSTVÅGØYA / SÜDLICH VON KABELVÅG

◎ **ØRSVÅGVÆR**, Ørsvåg, 8310 Kabelvåg, Tel. 7607 8180, Fax 7607 8337, booking@orsvag.no, www.orsvag.no. Ganzjährig geöffnet. Siehe auch unter »Campingplätze«, Seite 291.

Mit schlichten Campinghütten und zahlreichen recht komfortablen Rorbuhäusern (für bis zu 7 Personen, mit 2 Schlafzimmern, Wohnraum, Küche, Badezimmer und großer Meerterrasse) deckt die Anlage eine große Bandbreite ab; dies auch im Preis, denn die 1050 NOK (850 NOK Nebensaison) für die großen Rorbuer und die 390 NOK (300 NOK Nebensaison) für die Campinghütten sind angemessen.

◎ **SANDVIKA FJORD- OG SJØHUS-CAMPING**, 8310 Kabelvåg, Tel. 7607 8145, Fax 7607 9010, www.sandvika-camping.no. Siehe auch unter »Campingplätze«, Seite 291.

ZUM VERLIEBEN schön steht eine Rorbu auf Pfählen direkt am Strand/Meer. 10 weitere blicken aufs Meer, 4 andere liegen am Wiesenrand, und ein großes Haus gibt's am Bootsanleger, darin 4 schicke kleine Rorbu-Ferienwohnungen. Gemütlich eingerichtet sind sie alle. Die Preise belaufen sich auf 1200 NOK für die 4-Bett-Rorbuer. Es gibt auch 4 einfache Hütten ab 550 NOK sowie generell Rabatt in der Nebensaison.

◎ **KALLE FERIE- OG FISKEVÆR**, Kalle Hovedgård, 8310 Kabelvåg, Tel. 7607 7600, Fax 7607 7601, www.kalle.no. Von März bis September.

Direkt zu Füßen des gigantischen Vågakallen-Bergs liegt am Rand der geschützten BUCHT VON HOPEN die sowohl bei FAMILIEN als auch unter ANGLERN beliebte Anlage. Sämtliche Rorbuer (ab 650 NOK) sind originalgetreu erhalten, mit Küche und Bad eingerichtet und für 4 Personen ausgestattet. Auch Doppelzimmer sowie üppig ausgestattete Wohnungen (bei 40 km^2) sind zu haben. In allen Tarifen ist das kostenlose Ausleihen von Kanus, Ruderbooten und Fahrrädern sowie das Benutzen der Badmintonhalle eingeschlossen.

AUSTVÅGØYA / HENNINGSVÆR

In Henningsvær, der Inseln größtem Fischerdorf und – wie viele meinen – dem malerischsten dazu, laden inzwischen gut ein halbes Dutzend Rorbuanlagen ein. Trotz dieser Beliebtheit kommt hier selbst in der Hochsaison kein Touristenghetto-Gefühl auf, da Henningsvær unverändert ein intaktes Fischerdorf ist.

◎ **JOHS. H. GIÆVER SJØHUS**, 8330 Henningsvær, Tel. 7607 4719, Fax 7607 4900, www.giaever-rorbuer.no. Das ganze Jahr über geöffnet.

Das direkt am Hafen aufragende HANDELSHUSET der Giæver-Familie wurde 1868 als Fischannahmestelle errichtet und dient bis heute, insbesondere während der Lofoten-Fischerei, dieser Bestimmung. Auch Gäste sind herzlich willkommen: Zur Auswahl stehen mehrere Zimmer in früheren Fischerherbergen (mit Gemeinschaftsduschen, Küche, Aufenthalts-/TV-Raum) und aufwändig eingerichtete Wohnungen mit 1–2 Schlafzimmern. Motorboote werden vermietet, Angeltrips und TEILNAHME AM LOFOTEN-FISCHFANG organisiert. Mit 650–1200 NOK je Wohneinheit sind die Tarife moderat. Nächtigen in echtem Lofoten-Fischermilieu.

◎ **FISKEKROGEN**, 8312 Henningsvær, Tel. 7607 4652, Fax 7607 4655, www.fiskekrogen.net. In der Nebensaison nach Vereinbarung.

Fiskekrogen ist der Name nicht nur des besten Restaurants in Henningsvær (siehe Seite 311), sondern auch einer empfehlenswerten, zu dem Restaurant gehörenden Rorbuanlage. In der Auswahl stehen 10 komplett eingerichtete Wohneinheiten, GEMÜTLICH MIT HOLZ VERKLEIDET und mit 550–575 NOK recht preisgünstig.

◎ **HENNINGSVÆR RORBUER**, 8312 Henningsvær, Telefon 7606 6000, Fax 7606 6001, www.henningsvar-rorbuer.no. Ganzjährig geöffnet.

Mit über 70 Betten in rund 20 Rorbuhütten ist diese Anlage die größte ihrer Art in Henningsvær – hier kann man sich den Traum von einer HÜTTE AUF DER EIGENEN INSEL erfüllen. Die ältesten Rorbuer stammen aus dem 19. Jahrhundert, aber alle sind komfortabel und gemütlich eingerichtet, mit Küche, Bad, Dusche und Telefon ausgestattet. Café, Aufenthaltsraum, Sauna und Solarium sind vorhanden, Boote (bis zu 23 Fuß Länge, zum Teil mit Echolot) werden vermietet, nebst kompletten Angelausrüstungen. Mit dem hauseigenen KUTTER werden in der Feriensaison TÄGLICH Fahrten organisiert. Tarife ab 900 NOK.

AUF VESTVÅGØYA

Die großen Rorbuzentren auf dieser Insel heißen Stamsund und Ballstad.

Wer eine Unterkunft am offenen NORDMEER bevorzugt, wird Mærvoll, Eggum oder Unstad auswählen.

◎ **KRÆMMERVIKA RORBUER**, 8373 Ballstad, Tel. 7606 0920, Fax 7606 09 26, growth@online.no, www.lofoten-adventure.com. 1.3.–1.10.

Die 125 Betten in 25 Rorbuhütten auf Pfählen am /über dem Meer und die 30 Betten im großen Sjøhus bilden die größte Anlage auf Vestvågøya; zur Zeit der Recherche wurde an weiteren Zimmern gebaut. Die Hütten aus dem 19. Jh. sind IM URSPRÜNGLICHEN STIL RENOVIERT sowie mit Bad und Kitchenette eingerichtet. Untereinander mit Stegen verbunden, sind sie in Ausstattung und Wohnlichkeit verschieden und kosten ab 750 NOK. Das Restaurant (siehe Seite 312) serviert norwegische Spezialitäten, die Bar ist gut bestückt, und an kalten Tagen prasselt Feuer im gemauerten Kaminraum. Die Anlage ist das Zentrum auch des ANGELTOURISMUS auf der Insel: Es werden Boote mit 10 sowie 40 PS vermietet; auch Kühltruhen etc. stehen zur Verfügung

◎ **SKJÆRBRYGGA**, 8378 Stamsund, Tel. 7605 4600, Fax 7605 4601, www.skjaerbrygga.no.

19 urgemütliche Rorbuer (für 2 Personen 1000 NOK) DIREKT AM MEER, nahe Hurtigrutenkai – fast 100 Jahre alt, aber unlängst komplett renoviert. Dazu ein Restaurant, das bereits als eines der besten in Norwegen ausgezeichnet wurde. Umfassend das Aktivitätenprogramm, Bootsvermietung.

◎ **YTTERVIKS RORBUER**, 8378 Stamsund, Tel. 7608 9356, www.yttervik.no. Ganzjährig geöffnet.

Nur wenige Gehminuten vom Hurtigrutenkai entfernte Anlage mit 12 Rorbuhütten (1 oder 2 Schlafzimmer), die vollständig ausgestattet sind und 575–1200 NOK kosten. Auch Motorboote und Fahrräder sind zu mieten, und ANGLER findet alles nach ihren Vorstellungen.

◎ **JOH L UNSTAD SJØHUS**, Mærvollveien 205, 8360 Bøstad, Tel. 7608 5427 sowie 9065 0202, funlofoten@yahoo.no.

Die Uferlage am bergummauerten Fjord direkt gegenüber des himmelstürmenden HIMMELTINDAN ist einfach atemberaubend, und vom eigenen Kai kann man sich an der Landschaft SATT SEHEN. Das Sjøhus selbst bietet 9 Rorbuzimmer mit 2–6 Betten, die zwar einfach eingerichtet, jedoch außerordentlich preiswert sind, nämlich nur 350-600 NOK kosten. Auch ein urgemütliches FERIENHAUS wird vermietet (4 Personen, als Wochentarif 3600 NOK). Die Wanderung Nr. 6 (siehe Seite 236) kann man verlängern und direkt hier beginnen, die Wanderung Nr. 7 (siehe Seite 239) beginnt sozusagen vor der Haustür.

◎ **EGGUM SJØHUS**, Eggum, Telefon 7608 4616 u. 91100084, E-mail: rudolf.edvinsen@c2i.net, www.rudolfs-fiskeweekend.com.

Das zweigeschossige Sjøhus liegt direkt AM kleinen HAFEN von Eggum mit Blick auf die Mitternachtssonne. 10 schlichte Zimmer auf klassischem Jugendherbergsniveau, die für 2 Personen 350 NOK kosten. Das Frühstück wird für 60 NOK serviert, ein Aufenthaltsraum ist angeschlossen, und die Skolestua Kafe bringt gutes Essen für wenig Geld auf den Tisch: Fischsuppe kostet hier unvergleichliche 45 NOK, gebratener Lachs 65 NOK und Bacalao 80 NOK.

AUF FLAKSTADØYA

◎ **RAMBERG GJESTEGÅRD**, 8388 Ramberg, Tel. 7609 3500, Fax 7609 3140, www.ramberg-gjestegard.no. Ganzjährig geöffnet. Siehe auch unter »Campingplätze«, Seite 293, sowie »Essen und Trinken«, Seite 312.

10 strandnahe Hütten mit Küchen(ess)ecke sowie Bad laden zum Übernachten ein. Die Preise belaufen sich, je nach Größe, auf 700–1000 NOK.

◎ **NUSFJORD RORBUANLEGG**, Nusfjord, 8380 Ramberg, Tel. 7609 3020, Fax 7609 3749, www.nusfjord.no. Das ganze Jahr über geöffnet.

Über die Schönheit der Wohnlage mag man streiten, aber unbestreitbar wohnt man in Nusfjord am Nusfjord am LOFOTEN-ÜBLICHSTEN: Die Berge ringsum sind so SCHROFF, dass sie beklemmend wirken können, das Wasser unter den Pfahlbauten schillert in bestechenden Farben, Boote sowie Trawler liegen allenthalben im Hafenbecken vor Anker. Die 34 Rorbuhütten (für 2–8 Personen) kosten 700 bis 1000 NOK und sind authentisch, soll heißen: URIG und ROMANTISCH eingerichtet.

AUF MOSKENESØYA

Von Henningsvær und Nusfjord abgesehen, gelten Hamnøy, Reine und Å auf Moskenesøya als Paradedörfer; in den drei Orten ist die Rorbu-Nachfrage im Sommer am größten, weshalb es sich lohnt, die begehrtesten Objekte Monate vor der Anreise zu reservieren. Was dabei klar sein sollte – mit Ferien in der Einsamkeit oder direkt am Strand können diese Siedlungen nicht dienen.

◎ **ELIASSEN RORBUER**, Hamnøy, 8390 Reine, Tel. 7609 2305, Fax 7609 2440, www.rorbuer.no. Ganzjährig geöffnet.

Ein Panorama wie das von Hamnøy bekommen selbst Weltenbummler nicht allzu oft zu Gesicht! Nirgendwo präsentiert sich die Lofoten-Bergwelt dramatischer, ja unwirklicher als hier vor dem Prospekt bunt gestrichener Pfahlbauhäuser, die Hamnøy bilden. Mittendrin und RINGS UM DAS KLEINE HAFENBECKEN herum laden die 19 Rorbuhütten der Eliassen-Familie ein, die 550 bis 750 NOK kosten (mit 1–2 Schlafzimmern, Küche und Bad). In der Benutzung gratis ist ein RUDERBOOT (Motor geht extra); ferner gibt es einen Filetierplatz und einen Kühlraum für gefangenen Fisch.

In der Nebensaison können Sie nicht davon ausgehen, dass die Rezeptionen tagsüber ständig besetzt sind. Leser berichten von Problemen in der Gegend...

◎ **SAKRISØY RORBUER**, Sakrisøy, 8390 Reine, Tel. 7609 2143, Fax 7609 2488, www.lofoten.ws. Ganzjährig geöffnet.

Zwischen Hamnøy und Reine liegt in dem verführerisch grün-blau schimmernden Fjord die kleine Insel Sakrisøy mit den 11 ungemein malerischen, zur Abwechslung mal ockerfarbenen Rorbuhütten dieser Anlage. Alle sind AUTHENTISCH, ABER KOMFORTABEL eingerichtet, mit Platz für 2–10 Personen. Je nach Größe der Hütte liegt der Tarif bei 550–1150 NOK. Ein Ruderboot steht gratis zur Verfügung.

◎ **REINE RORBUER**, 8390 Reine, Tel. 7609 2222, Fax 7609 2225, www.reinerorbuer.no. Ganzjährig geöffnet.

In Reine gibt es die meisten Rorbuer und Sjøhus im Inselreich. Während der Saison hängen an vielen Häusern im Dorf mehrsprachige Schilder, die auf privat vermietete Hütten sowie Zimmer in Hütten hinweisen. Diese Unterkünfte sind billigst (beginnen im Preis ab etwa 350 NOK), entbehren aber auch den üblichen Komfort und sind nicht im Voraus zu buchen. Wer Behaglichkeit sucht und auf Nummer Sicher gehen will, sollte sich an Reine Rorbuer wenden, die Anlage mit der größten Auswahl. Tarife ab 1000 NOK.

◎ **LOFOTEN SJØHUS & RORBUER**, 8392 Sørvågen, Tel. 7609 1155, Fax 7609 1156, www.lofotentravel.no.

In Sørvågen, kurz vor Ende der E10, finden sich alles in allem mittlerweile bereits 8 Rorbuanlagen. Mit herrlicher Uferlage gefällt vor allem Lofoten Sjøhus & Rorbuer, wo zahlreiche TRADITIONELLE Rorbuer (ab 590 NOK in der Saison) und Sjøhus-Zimmer (ab 450 NOK) zu beziehen sind.

◎ **Å HAMNA RORBUER**, Å, 8392 Sørvågen, Tel. 7609 1211, Fax 7609 1114, www.lofotenferie.com. Ganzjährig geöffnet. Siehe auch Seite 305.

Wo Å beginnt, liegt linker Hand das einzigartige Tørrfiskmuseum (Stockfisch-Museum), das unter der selben Leitung wie diese aus 24 Rorbuhütten bestehende Anlage steht. ALLE HÜTTEN AUF PFÄHLEN AM, ÜBER BZW. IM MEER, alle authentisch, gemütlich sowie komfortabel eingerichtet, Preise ab 650 NOK. Ferner stehen Betten in einem Haus für Selbstverpfleger bereit (Zimmer ab 400 NOK).

Es werden komplette Angelausrüstungen und Boote vermietet und Aktivitäten organisiert. Besitzer Steinar Larsen spricht fließend Deutsch, so dass die Zahl der deutschen Stammgäste groß ist.

◎ **Å RORBUER**, Å, 8392 Sørvågen, Tel. 7609 1121, Fax 7609 1282, www.lofoten-rorbu.com. Ganzjährig geöffnet.

Diese Hütten gehören zur Jugendherberge (siehe dort) und zum Norske Fiskeværmuseum. Insgesamt 40 Rorbuer mit Platz für 3–9 Personen kosten von 850 bis 1550 NOK. In einem Haus zu gemeinschaftlicher Nutzung zahlen Backpacker 250 NOK pro Person und Nacht.

◎ **MOSKENESSTRAUMEN CAMPING**, in Å, 8392 Sørvågen, Tel./Fax 7609 1202. Von Mai bis Ende August.

Hier einmal eine Ferienhütte zu bewohnen gehört für uns zu den Dingen eines Lofoten-Aufenthalts, die man sich einfach gönnen sollte. Zyklopenhaft aufgetürmt die Lofoten-Wand im Rücken, bunt und unecht scheinend das Dorf zur Linken, während nach

... von Reine und Å, Anfang September eine Hütte anzumieten. Also besser im Voraus telefonieren und sich ankündigen...

rechts der Blick bis Værøy reicht, doch gen Osten den Vestfjord überbrückt, fast 90 km. Die (naturfarbenen) Häuser stehen AUF NATÜRLICHEN FELSBALKONS sowie in Felsnischen hoch über dem Meer – das Donnern der Brandung tönt bis zur Veranda hinauf. Preise ab 650 NOK.

AUF VÆRØY

Da früher oft von Fischern frequentiert, verfügt die Insel über viele Rorbuer, die während der Saison von Privatleuten vermietet werden – achten Sie auf Hinweisschilder. Gewerbliche Anlagen sind rar; alternativ bietet sich folgende Adresse an:

◎ **GAMLE PRESTEGAARDEN**, Nordland, 8063 Værøy, Tel. 7609 5411, Fax 7609 5484, www.prestegaarden.no.

Der alte »Priesterhof« in Nordland, panoramareich im Norden der Insel gelegen und ungemein hübsch anzusehen, dient nun als B & B-Herberge: 11 Zimmer, als Doppelzimmer inklusive Frühstück 690 NOK (eigenes Bad) oder 600 NOK (Gemeinschaftsbad).

AUF RØST

Viele Touristen verschlägt es nicht bis nach Røst: Wer hier Unterkunft nimmt, ist entweder begeisterter Sportangler oder ornithologisch interessiert.

◎ **KÅRØYA SJØHUS CAMPING**, 8064 Røst, Tel. 7609 6238, Fax 7609 6118. Ganzjährig geöffnet.

Die Anlage hat 56 Betten in Doppelzimmern, 4- und 6-Bett-Zimmern ab 350 NOK, untergebracht in einem GROSSEN SJØHUS. Es werden Boote vermietet und Touren zu den VOGELFELSEN und zum Skomvær-LEUCHTTURM arrangiert.

◎ **RØST HAVFISKE CAMPING**, 8064 Røst, Telefon 9925 8348, www.rosthavfiske.com. Das ganze Jahr über geöffnet. Siehe auch unter »Campingplätze«, Seite 294 f.

Dem Namen gemäß, beziehen hier vor allem ANGLER Quartier (Bootsvermietung). In dem großen Sjøhus sind Einzelzimmer (350 NOK), Doppelzimmer sowie Familienzimmer (750 NOK) zu haben.

Jugendherbergen und Hostels

Die Familien- und Jugendherbergen tragen in Norwegen den leicht irritierenden Namen »Wandererheime« *(vandrerhjem)*. Dabei stehen sie ALLEN OFFEN – unabhängig von Alter und Mitgliedschaft – und sind mit Tarifen von derzeit 150 bis 250 NOK die billigsten Unterkünfte. In ganz Norwegen verteilen sich 72 der überwiegend modern ausgestatteten und oft schön gelegenen Häuser.

Wer über Land von Oslo her anreist, findet entsprechende Herbergen an den großen Verkehsknotenpunkten Oslo, Bergen, Trondheim, Bodø sowie Narvik. In den meisten bekommt man preiswerte warme Mahlzeiten serviert; mitunter entspricht der Komfort dem eines Mittelklasse-Hotels; die Atmosphäre ist INTERNATIONAL und niemals steif. Auf den Lofoten gibt es drei dieser empfehlenswerten Unterkünfte.

Bei den nachfolgend aufgeführten

Preisen handelt es sich um solche für Nicht-Mitglieder; der übliche internationale Jugendherbergsausweis wird dabei anerkannt und bringt 15 % Rabatt. Einige PRIVATHOSTELS liegen im Preis noch etwas tiefer.

◎ **LOFOTEN SOMMERHOTELL / VANDRERHJEM**, Finnsvn., 8310 Kabelvåg (ab E 10 ausgeschildert), Telefon 7606 9898, Fax 7606 9899, www.vandrerhjem.no. 1.6.–10.8.

Eigentlich das Schülerheim der lokalen Volkshochschule sowie Kunstschule, eher ZWECKMÄSSIG als schön ausgestattet, aber mit 260 NOK für eine Person im Doppelzimmer inklusive opulentem Frühstück im Preis-Leistungs-Verhältnis ziemlich gut.

◎ **DEN SISTE VIKING**, 8312 Henningsvær, Tel. 7607 4911, Fax 7607 4646, www.nordnorskklatreskole.no. 15.3.–31.8., sonst nach Absprache.

Der Nord Norsk Klatreskole (Nordnorwegische Bergsteiger- bzw. Kletterschule, siehe auch Seite 322) angeschlossene Herberge, DIREKT AM HAFENBECKEN. Das Publikum ist JUNG (viele Interrailer), die ATMOSPHÄRE LOCKER. Geradezu romantisch sitzt man im hauseigenen Café/Pub auf der KAITERRASSE. Die Preise für die Unterkunft sind unschlagbar, wohnt man doch für gerade einmal 250 NOK pro Person im 2- oder 4-Bett-Zimmer (Selbstverpflegung möglich). Eventuell Rabatt in der Nebensaison.

◎ **STAMSUND VANDRERHJEM / VESTVÅGØYA**, Justad Rorbuer, 8340 Stamsund, Telefon 7608 9334, www.vandrerhjem.no. 1.3.– 15.10. Das Bett kostet ab 120 NOK.

Man wohnt in einer DIREKT AM FJORD gelegenen großen Rorbuanlage, kann sich auf der großen Veranda der Sonne hingeben, dem Treiben an den Kais zuschauen und diverse Fahrzeuge mieten. 2-/4-/8-Bett-Zimmer. Die URIGSTE Jugendherberge.

◎ **Å HAMNA RORBUER**, Å, 8392 Sørvågen, Tel. 7609 1211, Fax 7609 1114, www.lofotenferie.com. Ganzjährig geöffnet. 100 NOK je Bett.

Das »Independent Hostel« ist sogar billiger als die benachbarte Jugendherberge. Gutes Frühstücksbuffet.

◎ **Å VANDRERHJEM / MOSKENESØYA**, Å, 8392 Sørvågen, Telefon 7609 1121, Fax 7609 1262, www.vandrerhjem.no. Ganzjährig geöffnet. Das Bett kostet 180 NOK, ein Doppelzimmer 360 NOK.

Schöner alter HOLZBAU, direkt im pittoresken Fischerdorf mit Fischereimuseum gelegen. Die 27 Zimmer (EZ bis 4-Bett-Zimmer) sind einfach, aber GEMÜTLICH eingerichtet. Man kann selbst kochen sowie ein Boot oder ein Fahrrad mieten.

Hotels

Die meisten Hotels auf den Lofoten, wie in Norwegen oder Skandinavien schlechthin, sind ausgesprochen teuer bei zum Teil zwar zweifelsohne hohem, jedoch öfter »steril« wirkendem Komfort. So sind diese Hotels im Normalfall mehr nach dem Geschmack von Geschäftsleuten als von Touristen, obwohl sie in der Sommerzeit mit günstigen »Sommerpreisen« um Reisende werben. Es folgen vier positive Ausnahmen:

Elch-Tipp: bei Schönwetter auf der Kaiterrasse von Den siste Viking frühstücken

◎ **RICA HOTEL SVOLVÆR**, Lamholmen, 8301 Svolvær, Tel. 7607 22 22, Fax 7607 2001, www.rica-lofoten.no.

Das LUXUSHOTEL auf der landfest gemachten Insel Lamholmen, mitten im Hafenbecken von Svolvær, gilt ARCHITEKTONISCH als eines der schönsten im Land, denn es springt mit dem BOOTSFÖRMIGEN DESIGN UND DER VOLL VERGLASTEN FRONT geradezu ins Auge. Das Stadtzentrum ist nur einen Steinwurf entfernt, Panorama-Restaurant und Panorama-Bar erlauben traumhafte Blicke. Die 147 Zimmer im »Fischerhütten-Stil« sind gemütlich wie komfortabel. Die Tarife liegen derzeit bei 1395 NOK für Doppelzimmer, das opulente Frühstücksbuffet selbstverständlich eingeschlossen, das in Qualität sowie Auswahl vor Ort keine Konkurrenz kennt.

◎ **ANKER BRYGGE** RORBUSUITER, Lamholmen, 8301 Svolvær, Tel. 7606 6480, Fax 7606 6470, www.anker-brygge.no.

Will man nicht nur ein Zimmer, sondern gleich ein APARTMENT oder eher schon eine SUITE mieten und spielt Geld eine eher unbedeutende Rolle, dann bietet es sich an, in diesem über 100 Jahre alten, renovierten weißen Prachtbau zu nächtigen. Was die frühere Brygge von außen verspricht, hält sie auch von innen mit elegant-gemütlichen Suiten, die zwar kein Gegenstück auf dem Archipel haben, jedoch auch im Preis ziemlich abheben: ab 1600 NOK.

Angeschlossen sind das Spitzenrestaurant KJØKKENET (siehe Seite 309) sowie ein Bryggecafé draußen über dem Hafen.

◎ **KABELVÅG HOTELL**, Kong Øysteinsgt. 4, 8310 Kabelvåg, Tel. 7607 8800, Fax 7607 8003.

Wer ein GUTES MITTELKLASSE-HOTEL vorzieht, wählt in Kabelvåg dieses 1995 IM TRADITIONELLEN DORFSTIL errichtete Haus, das 28 Komfortzimmer umfasst, die inklusive Frühstück 900–1400 NOK je nach Saison kosten.

◎ **HENNINGSVÆR BRYGGEHOTEL**, 8312 Henningsvær, Tel. 7607 4750, Fax 7607 4730. www.henningsvaer.no. Ganzjährig geöffnet.

Der HOLZ- UND GLASARCHITEKTUR wegen AUSGEZEICHNET – zum Teil auf Pfählen direkt am Hafenbecken erbaut. Die Lage ist top, und soll es keine Rorbu sein, führt für den VERWÖHNTEN REISENDEN in Henningsvær kaum ein Weg um dieses Haus herum. Die komfortablen (wenn auch, wie manche finden, ein bisschen steril wirkenden) Zimmer beginnen im Preis bei 1400 NOK, wobei das Frühstück auch hier selbstredend inklusive ist.

Essen und Trinken

Die nordische Küche

Eine spezielle Lofoten-Küche gibt es nicht, und die norwegische ist weder berühmt noch berauschend. Kulinarische Feinheiten sind selten gefragt. Man will satt werden, deshalb wird – in den meisten Lokalen – die Portion eine große sein. Wer auf international Anonymes wie Wienerschnitzel oder Spaghetti ausweicht, bekommt etwas unverkennbar Norwegisches, nur dass statt der obligatorischen Kartoffeln Pommes oder gar Nudeln als Beilage serviert werden. So war es noch vor 15 Jahren fast überall.

Es haben sich in den letzten Jahren aber einige Restaurants etabliert, die internationale Küche zelebrieren, sie zum Teil mit norwegischer verbinden oder sogar als Schwerpunkt norwegischer Küche zu ungeahnter Geltung verholfen haben.

Die Hotelrestaurants servieren in der Regel sowohl mehr oder weniger anspruchsvolle Tellergerichte als auch – nicht zuletzt für die organisiert Reisenden – üppige BUFFETS, zu Beginn oft wie Stillleben hergerichtet. Während sich das Buffet zum Frühstück (FROKOST) nur begrenzt von denen in anderen Ländern unterscheidet, werden beim Mittag- (Lunch oder LUNSJ) und Abendessen (MIDDAG !) durchaus nordische Akzente gesetzt, seien es die diversen Fischhappen, Krabben oder anderes Meeresgetier. Die Kenner beginnen mit den vielen Heringsvariationen, von denen man aber nur bescheiden kosten sollte, um dem geräucherten oder gepökelten Lachs die ihm gebührende Anerkennung zuteil werden zu lassen. Ein paar Garnelen vielleicht, ein mit Kaviar gefülltes Ei, einige Muscheln, ein Stück vom Hummer. Nach dem Fisch widme man sich dem kaltem Braten, Aufschnitt, Pasteten, Sülzen und (wieder) Salaten. Jetzt ist Selbstdisziplin erforderlich: Nur die Amateure tragen schon zu Ende dieses Gangs die gelbliche Gesichtsfarbe der unersättlichen Gourmands. Beim nächsten Akt buhlen warme Gerichte um die Gunst der Feinschmecker. Und für alle, die einen Sieg über sich errungen und noch Kraft für den Epilog haben, ist auch die Auswahl an Desserts erfreulich, wobei farbige Pudding-Regimenter als klassisch norwegisch gelten dürfen.

SPEZIALITÄTEN

◎ Als das älteste, in einfacherer Form direkt bis auf die Steinzeit zurückgehende Gericht gilt heiße, in Scheiben geschnittene Blutwurst, serviert mit Zucker und Butter. Für **BLODPUDDING** (Blutpudding) wie auch LUNGEMOS (Lungenhaschee) muss man wohl als Norweger geboren sein.

◎ Für nicht-norwegische Gaumen gewöhnungsbedürftig sind auch die verschiedenen Sorten **ZIEGENKÄSE**: Der milde *Gudbrandsdalsost* aus Kuh- und Ziegenmilch und der hellbraune Ziegenkäse *Geitost* schmecken nach Karamell und sollten nur in hauchdün-

Der organisierten Reisenden wegen servieren mittlerweile auch Restaurants ohne Hotelbetrieb Schlemmerbuffets, bevorzugt in der Hochsaison.

nen Scheiben, mit einem Käsehobel abgenommen, auf Knäckebrot oder flatbrød (siehe unten) verzehrt werden. Schärfer ist der *Gammelost* aus geronnener Milch.

◎ **RØMMEGRØT** ist eine fette Sauerrahmgrütze, die mit Zimt und Zucker (oder süßem Johannisbeersaft) schmackhaft gemacht wird. Eine billige Speise zum Sattwerden, urnorwegisch und ein wahrer Energiespender. Als vollwertige Mahlzeit delikater, als es sich lesen mag.

◎ Eine **BROT**-Tradition auf Hefebasis gibt es nicht im Norden, wo traditionell Hafer und Gerste angebaut wurden, Getreidesorten, die sich nicht für Hefebrote eignen. Brot ist entweder *loff* (wie Weißbrot), *kneipp-brød* (Grauweißbrot, mit Backpulver aufgetrieben), *flatbrød* (papierdünnes und trockenes Fladenbrot) oder *lefser,* eine süße Fladenspezialität aus Kartoffeln und Mehl, mit Butter, Marmelade oder Streichwurst zu kosten. Wird der Teig aus gekochten und gemahlenen Kartoffeln hergestellt, handelt es sich um die lefser-Variante *potetlompe,* die man entweder mit Wurst als Schnellimbiss zu sich nimmt oder als Beilage zum Kaffee.

FISCH

Dem Fisch steht ein eigenes Kapitel zu, denn Norwegen ist das Land der Lachse und Forellen, der Heringe und Makrelen und natürlich des Kabeljau oder Dorsch. Wer Risiken scheut und etwas Ausgezeichnetes sucht, wählt Fisch. Dies gerade auf den Lofoten, dem »Archipel des Kabeljau«. Es gibt zahlreiche Arten der Zubereitung: Eine so dem Fisch verbundene Nation isst natürlich nicht nur Filet, um den Rest wegzuwerfen:

Der *rogn* (Rogen) etwa wird gebraten, die *lever* (Leber) hingegen gekocht, und beide Gerichte werden als Hauptmahlzeit serviert. *Mølje* gibt's eher zu festlichen Anlässen: Rogen und Leber, kräftig gewürzt, damit kein traniger Geschmack aufkommt. Die *tunger* (Zungen) des Kabeljaus erfreuen sich nicht nur unter französischen Gourmets großer Beliebtheit; sie werden gebraten oder gekocht und mit saurer Sahne oder heller Currysauce aufgetragen. Aus Fischköpfen sowie Meeresfrüchten bereitet man *fiskesuppe,* zwar nicht so raffiniert wie die Bouillabaisse, aber eine Kostprobe wert.

Eher nordisch-exotisch ist *rakørret:* Forelle, die drei Monate in Salzlake lag sowie mit Brot und Butter zu Bier und Aquavit serviert wird.

GETRÄNKE

Während Kaffee und Milch vom Preis her eher günstig sind, ist Mineralwasser hingegen teuer, weil meist importiert. Denn in Norwegen sprudelt nur eine Quelle; die heißt *Farris* und trägt den Übernamen »The King of Table-Waters«, was aber nicht auf den Geschmack zurückzuführen ist, sondern auf den Umstand, dass die Quelle dereinst dem Königshaus gehörte. Säfte enthalten tendenziell viel Zucker und Wasser, doch wenig Frucht; doch die Qualität bessert sich allmählich.

◎ Die Norweger trinken liebend gerne **KAFFE** (Kaffee), nämlich morgens, mittags, abends, nachts; und nur Magenkranken sieht man es nach, wenn sie auf Tee umsteigen, der im hohen Norden keine Tradition besitzt.

Hallo Kaffeetrinker, achten Sie auf oder fragen Sie nach *påfyll* – Nachschenken ist traditionell kostenlos, wobei es mittlerweile Lokale (und Imbissstuben) gibt, die dafür Geld verlangen, wenn auch weniger als für die erste Tasse.

◎ **MELK** löscht hier auch »Männerdurst«. Die Qualität der norwegischen Milch ist im Vergleich zum gewöhnlichen EU-Kuhsaft sehr gut.

◎ **ØL** (Bier) fließt reichlich durch norwegische Kehlen. Es wird nach dem Reinheitsgebot gebraut, ganz ähnlich wie in Deutschland auch. Es schmeckt aber anders, nur ist das normal, denn Bier schmeckt den Deutschen immer anders als zu Hause. Es gibt solches mit 7 % Alkohol *(gulløl, bokkøl)*, anderes mit 4 % *(pils, bayerøl)*, mit 2 % *(lettøl)* und alkoholfreies *(zero, vørterøl)*, das an Malzbier erinnern kann.

◎ Alles in allem gibt es eigentlich nur eine nordische Spirituose, die auch im Ausland einen guten Namen trägt: **AQUAVIT**, insbesondere, wenn von »Linie« oder, noch besser nach unserem Geschmack und auch doppelt so teuer, von »Gilde« gebrannt.

Restaurants, Cafés und Treffs

»Man isst schlecht auf den Lofoten«, hört man immer wieder Touristen in enttäuschtem Ton sagen. Weil sie sich vom allgemein höheren Preisniveau einschüchtern lassen und im erstbesten Selbstbedienungsrestaurant am Straßenrand einkehren oder sogar in den Cafeterias von Campingplätzen, die nun wirklich nicht mehr als Imbissbuden sind. Man muss wissen, wohin die Lofoter gehen, wenn sie SCHLEMMEN wollen, und stellt fest, dass es im Inselreich zwar eher wenige Restaurants gibt, die kulinarische Genüsse garantieren, dass aber diese wenigen wirklich SO GUT sind, dass man jeden Tag aufs Neue einkehren möchte, sofern die Reisekasse dies genehmigte.

IN SVOLVÆR/AUSTVÅGØYA

◎ **BØRSEN SPISERI**, Svinøya Rorbuer, Gunnar Bergs vei 2, Svinøya, Tel. 7606 9930. Ganzjährig geöffnet, ab 16 Uhr; für den Abend reservieren.

Die Børsen Spiseri gilt bei Kennern als eines der speziellsten Restaurants im Archipel, dem die begehrte Olavsrosa verliehen wurde – der Qualitätsstempel steht für AUTHENTISCHE, in diesem Fall auf 1828 zurückgehende Räumlichkeiten mit massiven Blockwänden, Balkenkonstruktionen usw. Hier sitzt man URIG-GEMÜTLICH. Die Qualität der Gerichte (vor allem FISCH UND MEERESFRÜCHTE) steht diesem Ambiente in nichts nach, ebenso das von Ende Juni bis Mitte August jeden Abend ab 19 Uhr aufgetischte ARKTISCHE BUFFET (325 NOK). Unterkunft bei Svinøya Rorbuer (siehe Seite 297).

◎ **KJØKKENET (ANKER BRYGGE)**, Lamholmen, Tel. 7606 6480. Ganzjährig geöffnet, täglich ab mittags; für die Abendstunden reservieren.

Top-Restaurant mit Pub in einem über 125 Jahre alten LAGERHAUS auf einer kleinen (landfesten) Insel im Hafenbecken von Svolvær. An sonnigen Tagen gibt es nichts Schöneres, als draußen über dem Wasser zu sitzen. Der Pub ist im urigen Wohnzimmerstil gehalten, das Restaurant rustikal-elegant mit großem Kamin. Die Gerichte der NORWEGISCHEN UND INTERNATIONALEN KÜCHE sind exquisit und kosten ab 250 NOK. Zu Anker Brygge gehören auch Edel-Rorbuer.

Unsere Liste umfasst empfehlenswerte, nicht allesamt erstklassige Lokale. Die norwegischen Cafés/Kafés haben den internationalen Trend übernommen und servieren tagsüber leichte, schmackhafte Gerichte zu annehmbaren Preisen.

◎ **BACALAO**, Havnepromenaden 2, Tel. 7607 9400. So–Do 10.30–1 Uhr, Fr+Sa bis 2.30 Uhr.

Das direkt um die Ecke vom Torget am Kai gelegene Lokal ist DER CAFÉ- UND NACHTTREFF in Svolvær – herrlich ist´s, hier im Sommer draußen am Hafenbecken zu sitzen, das Kommen und Gehen der Motor- und Segelyachten sowie Ausflugsboote zu verfolgen. Der große Innenraum ist vor allem im Winterhalbjahr als gemütlich zu bezeichnen, wenn im verglasten Kamin ein Feuer prasselt. An den Wochenendabenden (nach 22 Uhr oft nur ab 21 Jahre Einlass) spielen meist norwegische BANDS auf. Die Preise sind moderat: Kosten Soft Drinks sowie der Kaffee 25 NOK (*påfyll*, siehe Seite 308, ganz unten), so Bier 55 NOK der halbe Liter; zu essen gibt es vor allem Bacalao und Fischsuppe (120/98 NOK); zu empfehlen sind auch Salate, Snacks und die Lunchgerichte (120–140 NOK). Alle Schankrechte.

◎ **DU VERDEN**, J E Paulsens gate 12, 7607 7099. Täglich 11–23 Uhr.

Nur einige Meter vom Bacalao entferntes Restaurant unter Leitung von *Roy Magne Berglund*, der 2003 als bester norwegischer Küchenchef preisgekrönt wurde und eine sogenannte NEO-NORWEGISCHE Küche pflegt, die kulinarische Bereicherungen bevorzugt aus dem Mittelmeerraum aufgenommen hat. Die Einrichtung – viel Chrom und Schwarz – könnte ein wenig wärmer sein. Die Lunchgerichte (11–16 Uhr) machen nicht so viel her und sind überteuert, wohingegen die abends servierten Speisen als gut (jedoch ebenfalls teuer) zu bezeichnen sind: Die Vorspeisen wie etwa marinierter Lachs liegen um 125 NOK, für Hauptgerichte sind um 250 NOK anzusetzen, für Menüs mit drei Gängen 495 NOK, mit vier Gängen 595 NOK. Alternativ gibt es Pizza (98–260 NOK). Bei solchen Preisen dürfte man Service anstatt Selbstbedienung erwarten!

◎ **VIVA ITALIA**, Vestfjordg. 1, Tel. 7607 0635. Täglich ab 12 Uhr.

Die Pizzabäcker in dem direkt am Torget einladenden Lokal kommen zwar aus dem Nahen Osten und nicht aus Italien, aber das tut der QUALITÄT keinen Abbruch. Außerdem sind die Preise recht niedrig: ab 75 NOK, und die große Pizza für 120 NOK kann allemal zwei Personen sättigen.

IN KABELVÅG/AUSTVÅGØYA

◎ **PRÆSTENGBRYGGA**, Torget, Tel. 7607 8060. Täglich ab 10 Uhr und bis gegen 1 Uhr morgens.

Die in einem alten und aufwändig renovierten SPEICHERHAUS untergebrachte Præstengbrygga steht AUF PFÄHLEN IM MEER am Marktplatz, den sie dominiert. Das Innere, offen bis unters Dach und mit alten Bildern und Gebrauchsgegenständen so geschmackvoll wie gemütlich dekoriert, ist so recht geeignet für einen verregneten Tag. Draußen, wo Stühle und Tische zum Platz-Nehmen animieren, herrscht an sonnigen Tagen eine fast schon urbane Café-Stimmung, finden dann die frisch gezapften Biere einen reißenden Absatz. Serviert werden jeden Tag wechselnde Gerichte DEFTIGER HAUSMANNSKOST, die FISCHSUPPE (100 NOK) ist köstlich. An den Wochenenden spielen häufig Jazz-, Blues-, Folkbands auf und gibt sich die Kabelvåg-Szene ein Stelldichein.

Wein *(vin)* trinken die Norweger inzwischen natürlich auch, aber von einer entsprechenden Kultur möchte man noch nicht reden. – Bei dem sogenannten halben Liter Bier *(halvliter)* handelt es sich mitunter nur um 0,4 l fassende Gläser.

◎ In **STORVÅGAN** bei Kabelvåg bieten sich gleich zwei Restaurants an: Wer ohnehin das Lofotakvariet (Tel. 76078665; im Sommer täglich 10–21 Uhr) besuchen möchte, kann im zugehörigen Restaurant und Café Frühstück, Mittag- oder auch Abendessen einnehmen. Man sitzt im verglasten Innenraum oder davor auf der Veranda über dem Fjord und kann sich u.a. an Kuchen, Brötchen und Eis sowie Fleisch- und vor allem FISCHGERICHTEN laben, die man kaum irgendwo sonst so preiswert wie hier bekommt.

Soll's etwas Besonderes sein, empfiehlt sich das Restaurant des as Aquarium grenzenden Nyvågar Rorbuhotel (Tel. 76069700; täglich von morgens bis in die späten Abendstunden, siehe auch Seite 299): gepflegtes bis ELEGANTES AMBIENTE, famose Lage über dem Fjord und eine große Zahl ausgesuchter WILD- UND FISCHGERICHTE, schon vom König persönlich gekostet. Die Preise entsprechen der Qualität.

IN HENNINGSVÆR/AUSTVÅGØYA

◎ **FISKEKROGEN**, Henningsvær Feriebrygge, links der Hauptstraße am Hafenbecken (ist ausgeschildert), Tel. 76074652. Im Sommer täglich ab 11 Uhr, Reservierung wird empfohlen.

Henningsvær ist eine typische Fischersiedlung auf den Lofoten, auf alle Fälle eines der am meisten abgelichteten Dörfer auf Austvågøya und bietet mit einem großen rechteckigen Hafenbecken, ringsum von Rorbuhütten und Landungsbrücken gesäumt, viel Lofoten-Übliches. Jedoch auch Unübliches: das Fiskekrogen, zu dem ein Pub (mit allen Schankrechten) und eine »Speisebrücke« gehören. Der PUB ist mit Holz getäfelt, mit Polsterstühlen und Tischen nüchtern möbliert und bildet den Rahmen, in dem die Fischer (und ehemaligen Eisbär-, Robben- und Waljäger) abends ihr Seemannsgarn spinnen.

Die »Speisebrücke« ist eine teilweise überdachte (und mit Heizstrahlern versehene) HAFENVERANDA: Dieser Stelzenbau wird weniger zum Dinieren als mehr zum Kaffeetrinken und Kuchenessen frequentiert.

Doch zu dem RESTAURANT, das als GEHEIMTIPP unter schlemmerfreudigen Lofotern gehandelt wird. Das Interieur ist gutbürgerlich, man sitzt bequem vor großen Festerfronten und erfreut sich – wie auch schon der jetzige norwegische König anlässlich eines Besuchs auf dem Inselreich – an FISCHKREATIONEN, die zum Erlesensten gehören, was man im Norden Europas kosten kann! Man merkt, dass ein Meisterkoch in den Töpfen rührt: Wer hier einmal eine Fischspezialität gekostet hat, jede mit einer anderen Sauce kreiert, hat sein Stammrestaurant für den Urlaub gefunden. Dabei sind die Portionen gut bemessen, die Preise ab 180–200 NOK adäquat und ist die Bedienung zuvorkommend.

◎ **DEN SISTE VIKING**, am Hafenbecken in Henningsvær nahe Bryggehotel (ausgeschildert), Tel. 76074911. Im Sommer täglich ab 10/11 Uhr bis in die Nachtstunden.

Der Kletterschule angeschlossenes Café / Pub am Hafen. Die LAGE AM KAI ist schlicht traumhaft, mit Abstand am schönsten sitzt man auf der Brygge-Terrasse über dem Wasser. Die Gerichte sind preisgünstig (ab 120 NOK).

Folgende gastronomische Betriebe bieten auch Unterkunft an: Fiskekrogen (siehe Seite 300), Den siste Viking (siehe Seite 305).

Es herrscht eine Art internationale STRASSENCAFÉ-ATMOSPHÄRE, und abends erklingt oft Live-Musik.

AUF VESTVÅGØYA

◎ **SKJÆRBRYGGA**, Stamsund, Tel. 76054600. Täglich ab 12 Uhr, von Mitte Juni bis Mitte August Sommermenü 17–22 Uhr.

Der Rorbuanlage (siehe Seite 301) angeschlossen: ein urgemütlich eingerichtetes Restaurant, das in den insularen Feinschmeckerkreisen einen Spitzenamen trägt und 2001/2002 als eines der BESTEN Norwegens ausgezeichnet wurde. Die Küche bietet vor allem norwegische Traditionsgerichte: An Vorspeisen listet das Menü geräucherten Wal (135 NOK) sowie gegrillte Königskrabbe (135 NOK) auf; von den Hauptgerichten empfehlen sich vor allem Bacalao (185 NOK) und Lofotenlamm (275 NOK).

Auch in dem angrenzenden Pub, »dem« Treff in Stamsund, sind Mahlzeiten zu bestellen (ab 12 Uhr) – hervorzuheben sind dabei die Fischsuppe (115 NOK), der Skjærbrygga-Salat (115 NOK) und die voluminöse Pizza (ab 145 NOK).

◎ **KRÆMMERVIKA RORBUER**, Ballstad, Tel. 76060920. 1.3.–1.10.

Das Restaurant mit vollen Schankrechten ist LOFOTEN-TYPISCH eingerichtet: mit altem »Fischerzeugs« dekoriert. Die ARKTISCHE KÜCHE hat sowohl nationale als auch internationale Gerichte zur Auswahl, das Preisniveau ist relativ günstig, und an Sommertagen sitzt man trefflich auf der HOLZVERANDA mit Hafenblick. Hier kann man auch Unterkunft beziehen.

AUF FLAKSTADØYA

◎ **RAMBERG GJESTEGÅRD**, Ramberg, Tel. 76093500. Ganzjährig von morgens bis 24 Uhr (die Küche bis 23 Uhr), an den Wochenenden bis 1 Uhr.

Bei nur knapp 1600 Einwohnern auf der gesamten Insel überrascht es schon, dass man in dem einzigen Restaurant der Gemeinde auf KULINARISCHE ENTDECKUNGSREISE gehen kann. Als Mitglied der Kette »Die Arktische Küche« ist es Ziel des modern eingerichteten, großzügig verglasten Hauses, bevorzugt nordnorwegische Produkte zu verwenden und die lokale Küche zu kultivieren. Vorspeisen um 80–100 NOK, Hauptgerichte um 200–250 NOK.

AUF MOSKENESØYA

◎ **GAMMELBUA**, Reine / Moskenesøya, Reine Rorbuer, Tel. 7609 2222.

Die (200 Jahre) »alte Hütte« mit Schmuckdekor aus längst vergangenen (Fischer-)Zeiten ist eine INSTITUTION in Reine. Selbst ein altes »Nordlandboot« hat in dem zweigeschossigen Bau Platz gefunden. Ob man ein Café sucht, ein Restaurant, eine Kneipe oder nur einen Platz zum Sitzen oder Lesen, Denken, Plaudern oder gar Schreiben – die Gammelbua ist alles in einem. Die TORTEN, mit Blau-, Molte-, Erd- und Brombeeren wirklich reich gedeckt, sind allemal EINE SÜNDE WERT, ebenso die Eisbecher.

Das Bier kommt aus dem Zapfhahn, einen »Biergarten« gibt's hinter dem Haus, mit Blick auf Hafen, Reinefjord und natürlich auf die »Wand«.

◎ **FISKMAT** in Reine, direkt vor der Gammelbua. Zwar nur eine Verkaufsstelle für Fisch, aber ein paar Tische la-

Folgende gastronomische Betriebe bieten auch Unterkunft an: Skjærbrygga (siehe Seite 301), Kræmmervika Rorbuer (siehe Seite 301), Ramberg Gjestegård (siehe Seite 302).

den drinnen und draußen zum Sitzen ein. Hier gibt es die mit Abstand besten FISKEKAKER weit und breit: Fischfrikadellen entweder aus Dorsch, Sei (Seelachs), Lachs oder Steinbeißer – die Preise liegen bei 12–15 NOK das Stück. Man kann den Einkauf mitnehmen oder gleich hier essen.

◎ **SJØMAT**, Sakrisøy, Reine. Eine weitere Fisch- und Meeresfrüchte-Institution ist das auf Sakrisøy direkt bei der Bogenbrücke an der E10 gelegene »Seafood«, wo man nicht nur fast alles, was es an Frischfisch auf den Lofoten gibt, kaufen kann, sondern auch zubereitete Leckereien wie Räucherwal, Fischburger, -frikadellen, -brötchen und anderes mehr.

◎ **MAREN ANNA**, Sørvågen, Tel. 7609 2050. Im Sommer täglich ab der Mittagszeit.

Schon die Kailage mit SPEISETERRASSE spricht für sich, das Restaurant selbst präsentiert sich im Stil der alten Zeit (war früher eine Trankocherei). Die Speisen sind bodenständig, lecker und relativ günstig, und natürlich dreht sich hier fast alles um Fisch. Ab 23 Uhr, wenn das Restaurant schließt, gibt es oft Live-Musik, und dann wird in aller Regel eine Cover-Charge in Höhe von 100 NOK erhoben.

Kulinarisches Lexikon

ALLGEMEINES

Was wünschen Sie: *Hva ønsker De?*
Ich möchte gerne...: *Jeg vil gjerne ha...*
Guten Appetit: *Vel bekomme!*
Prost: *Skål!*
Noch etwas: *Litt mer?*
Ja danke, gern: *Ja takk, gjerne*
Nein danke, nicht mehr: *Nei takk, ikke mer*
Kann ich die Rechnung bekommen: *Kann jeg få regningen?*
Das ist für Sie: *Det er til Dem*
Behalten Sie den Rest: *Behold resten*
Frühstück: *frokost*
Mittagessen: *lunsj*
Abendessen: *middag, kveldsmat*
Café: *kafé, café*
Imbissstube: *snackbar, gatekjøkken*
Gasthaus: *gjestgiveri*
Restaurant: *restaurant*

FISCH (FISK)

abbor: Barsch
blekksprut: Tintenfisch
blåskjell: Miesmuschel
flyndra: Scholle
hellefisk: Heilbutt
hjerteskjell: Herzmuschel
hvitting: Weißling
hyse: Schellfisch
hummer: Hummer
høvring: Krabbe
krabbe: Krabbe
kolje: Schellfisch
kveite: Heilbutt
laks: Lachs
makrell: Makrele
pale: Seelachs
paletorsk: Krabbe
piggvar: Steinbutt
reker: Garnelen
rødsprette: Scholle
sei: Seelachs
sild: Hering
sjøtunge: Seezunge
skjell: Muschel
skrei: Kabeljau
snegler: Schnecke

Da das Mittagessen im Berufsleben oft nur ein kleines, wie ein zweites Frühstück ist, heißt es *lunsj*. Das warme große Essen (im Familienkreis) wird eher am späten Nachmittag/frühen Abend eingenommen und heißt darum (auch) *middag*.

ørret: Forelle
østers: Austern
steinbit: Steinbeißer, Seewolf
torsk: Dorsch
ål: Aal

GEMÜSE (GRØNNSAKER)

agurk: Gurke
blomkål: Blumenkohl
bønner: Bohnen
ert: Erbse
gulrot: Mohrrübe
kål: Kohl
løk: Zwiebel
rødkål: Rotkohl
sopp: Pilz
surkål: Sauerkraut

FLEISCH (KJØTT)

får: Schaf
kalv: Kalb
lam: Lamm
okse: Rind
svin: Schwein
bryst: Brust
lår: Keule
pølse: Wurst
stek: Braten

GEFLÜGEL/WILD (FJÆRFE/VILT)

and: Ente
elg: Elch
grillet kylling: Grillhähnchen
gås: Gans
hare: Hase
kalkun: Truthahn
kylling: Hähnchen
rapphøne: Rebhuhn
reinsdyr: Ren
rådyr: Reh

OBST (FRUKT)

bjørnebær: Brombeere
blåbær: Blaubeere
bringebær: Himbeere
eple: Apfel
jordbær: Erdbeere
kirsebær: Kirsche
molte: Moltebeere, Multebeere
pære: Birne
rips: Rote Johannisbeere
solbær: Schwarze Johannisbeere
tyttebær: Preiselbeere

GETRÄNKE

sterk: stark
svak: schwach
søt: süß
tørr: herb
flaske: Flasche
glass: Glas
kanne: Kanne
kopp: Tasse
krus: Krug
kaffe: Kaffee
lettøl: Leichtbier
melk: Milch
saft: Saft
te: Tee
vann, vatn: Wasser
med/uten sukker: mit/ohne Zucker
bayer: dunkles Bier
bitter: Magenbitter
brennevin: Branntwein
fatøl: Fassbier
hvitvin: Weißwein
konjakk: Cognac, Weinbrand
likør: Likör
moltebærvin: Moltebeerwein
musserende: Sekt
pils: Pils (helles Bier)
rom: Rum
rødvin: Rotwein
toddi: Grog
vin: Wein
øl: Bier

Angaben zur Zubereitung – *bakt:* gebacken, *kokt:* gekocht, *krydret:* gewürzt, *ristet:* geröstet, *saltet:* gesalzen, *stekt:* gebraten.

Ferien aktiv

Die Lofoten sind ein PARADIES für Naturfreunde, Sportbegeisterte, Abenteuerlustige! – Pfade aller Schwierigkeitsgrade steigen auf grandiose GIPFEL und führen über ALPINE PÄSSE, durch Hochmoore, Sumpflandschaften und Tundraweiten, über Bergblumenwiesen, durch Birkenwälder, zu majestätischen WASSERFÄLLEN und verschwiegenen Seen sowie entlang menschenleerer TRAUMSTRÄNDE im Felssaum unter dem Licht der Mitternachtssonne.

Auf Bergsteiger und alpine Kletterer warten in der Gebirgswelt der Lofoten anspruchsvolle Herausforderungen; und wer im Rahmen einer organisierten Wanderung die Bergwildnis erkunden möchte, findet kompetente Ansprechpartner. – Die Palette der Wassersportarten reicht von Deep-Sea-Rafting-Fahrten im Vestfjord über Kanutouren auf Seen bis hin zu Seekajakfahrten entlang der Küste. Im Meer wimmelt es von kleinen, großen und allergrößten Fischen; es springen die Tümmler, man kann sich zur Beobachtung von Pott- und Schwertwalen hinausfahren lassen, »Fischer für einen Tag« sein, Seehund-Kolonien besuchen, windsurfen und natürlich tauchen, auch hinunter zu Wracks, die das raue Meer einforderte.

Fahrradtouren, Reiten und Golf, einige der größten Vogelfelsen überhaupt, Adler-Safaris sowie im Winter das Skifahren und Snowboarden, Rodeln und Eisklettern und... und... komplettieren die Möglichkeiten, in den Ferien auf den Lofoten aktiv zu sein. Zur Information vor Ort eigenen sich besonders die beiden Touristenbüros in Svolvær und Moskenes.

Bootstouren

AB MOSKENESØYA

Reine, Moskenes, Hamnøy und Å sind hier die Zentren für organisierte Ausflüge aufs Meer. Über alle aktuellen Touren kann man sich im Touristenbüro von Moskenes (siehe Seite 274) informieren. Doch buchen kann man dort nicht mehr; das geht nur über die einzelnen Veranstalter.

FISCHER FÜR EINEN TAG

Motto ist es, das Alltagsleben eines Fischers kennenzulernen. Man erfährt alles Wesentliche über's Rudern und Fischen, das Abschuppen und Ausnehmen – und hat reichlich Möglichkeit, selbst etwas an die Leine zu bekommen. Bei stabilem Wetter sieht man unterwegs Kormorane, Seehunde, Robben und vielleicht sogar Wale.
◎ **ABFAHRT**: 1.6.–31.8. täglich um 12 Uhr sowohl in Reine als auch in Å.
◎ **DAUER**: 3 – 4 Stunden.
◎ **TICKET**: 500 /250 NOK für Erwachsene / Kinder; gebucht werden muss am Vortag oder bis 10.30 Uhr am Abfahrtstag direkt am Schiff, wo auch bar zu bezahlen ist: für Reine zuständig ist der Fischkutter »M/K Hellvåg«

Uns ist landesweit keine andere Region bekannt, deren Outdoor-Angebot so breit gefächert ist wie auf den Lofoten. Deshalb müssen wir uns auf eine Auswahl beschränken, die einzelne Angaben im Inselrouten-Teil ergänzen.

(Tel. 9077 0741), für Å ist es der Kutter »M/K Carina« (Tel. 9134 5599).

HÖHLENMALEREIEN / MITTERNACHTSSONNE

Ab Reine geht es mit einem Schlauchboot um den Südzipfel der Lofoten-Wand, dann durch den berüchtigten Moskenstraumen sowie rund um die Nordseite der Landspitze zur heute verlassenen Fischersiedlung Revsvik vor schönem Strand und steilen Klippen. Von dort aus sind es zu Fuß rund 45 Min. zur Refsvik-Höhle – eine Natur-Kathedrale von etwa 115 m Länge und 50 m Höhe, in der sich rund 3000 Jahre alte Steinzeit-Zeichnungen von »Ur-Lofotern« befinden. Im Sommer scheint die Mitternachtssonne direkt in den Höhleneingang!

◎ **ABFAHRT**: 1.7.–20.8. Mo, Mi, Fr, Sa 17 Uhr in Reine, Treffpunkt Marktplatz.

◎ **DAUER**: rund 6 Stunden.

◎ **TICKET**: 800/400 NOK für Erwachsene / Kinder; zu buchen über »Moskstraumen Adventure«, Tel. 9077 0741, www.moskstraumen.com.

REINEFJORD

Der Reinefjord, womöglich einer der schönsten auf Erden, bildet mit seiner bizarren, über 1000 m hohen Bergkulisse den Rahmen dieser Tour. In Vinstad geht es an Land und im Rahmen einer Wanderung (ca. 1 Std.) von diesem fast verlassenen Ort hinüber bis nach Bunes an der offenen Nordseite der Insel, wo ein traumhafter Sandstrand sowie auch die Mitternachtssonne locken.

◎ **ABFAHRT**: 1.5.–30.8. täglich um 10 Uhr in Reine, Mindestteilnehmerzahl 5; von Ende Mai bis Mitte Juli zudem als »Mitternachtssonnentour« mit Abfahrt um 22 Uhr.

◎ **DAUER**: 4–5 Stunden.

◎ **TICKET**: 400/200 NOK; zu buchen am Vortag oder bis 10.30 Uhr am Abfahrtstag am Schiff »M/K Carina« (Tel. 9134 5599).

DURCH DEN MAHLSTROM

Die Schlauchboottour beginnt wie die zu den Höhlenmalereien, führt um den Südzipfel der Insel herum und in den Moskenstraumen hinein. Die Teilnehmer erleben hautnah die ungeheuren Kräfte, die in dem Gezeitenstrom wirken. Anschließend wird auf der Außenseite von Moskenesøya der heute verlassene ehemalige Fischerort Hell angefahren, wo es an Land geht.

◎ **ABFAHRT**: 20.5.–30.8. Di, Do und Sa um 12 Uhr in Reine; von Ende Mai bis Mitte Juli auch als »Mitternachtssonnentour«, Abfahrt 2.30 Uhr. Treffpunkt jeweils am Marktplatz.

◎ **DAUER**: rund 3 Stunden.

◎ **TICKET**: 600/300 NOK; zu buchen über »Moskstraumen Adventure«, Tel. 9077 0741, www.moskstraumen.com.

BODYSURFING IM MAHLSTROM

Mit dem Boot in den mächtigen Moskenstraumen. Wenn der Zeitpunkt der stärksten Gezeitenströmung gekommen ist, steigen die Teilnehmer in einen sogenannten Überlebensanzug und stürzen sich, mit einer Leine gesichert, in die reißenden Fluten.

◎ **ABFAHRT**: 1.4.–1.9. täglich ab Sørvågen-Kai, Mindestteilnehmerzahl 4.

◎ **TICKET**: 500 NOK; zu buchen über das Aktivitätszentrum »Holmen Lofoten« am Sørvågen-Kai, Tel. 7609 2230, www.holmenlofoten.no.

Zum Moskenstraumen beachten Sie bitte auch den Kastentext auf Seite 185.

MITTERNACHTSSONNEN-GENUSSTOUR (FAMILIENTOUR)

Auf einem Ausflugsboot um die Lofot-Wand herum zur Außenseite der Insel, um im Licht der Mitternachtssonne zu fischen sowie die Eindrücke zu genießen. Anschließend geht es an Land, wo über dem Lagerfeuer gegrillt wird sowie verschiedene Spiele und Aktivitäten für Kids angeboten werden.

◎ **ABFAHRT**: 1.6.–1.8. täglich ab Sørvågen-Kai (»Holmen Lofoten«).

◎ **DAUER**: rund 4 Stunden.

◎ **TICKET**: 500/400 NOK; buchen bei »Holmen Lofoten«, Sørvågen-Kai, Tel. 7609 2230, www.holmenlofoten.no.

BOOTS- UND FJELLTOUR

Um den Südzipfel der Insel herum zur Außenseite, wo die (verlassenen) Fischerorte Hell oder Kalvhagen angefahren werden. Weiter zu Fuß hinauf zur HELLSEGGA, einem der schönsten Aussichtsplätze der Lofoten, von wo aus sowohl der Vestfjord als auch das offene Meer zu überblicken sind. – Die geführte Tour ist teils ANSTRENGEND: Man muss schon gut zu Fuß sein und Bergschuhe tragen.

◎ **ABFAHRT**: 15.5.–15.10. täglich ab Sørvågen-Kai (»Holmen Lofoten«). Als Mindestteilnehmerzahl 5.

◎ **DAUER**: rund 6 Stunden.

◎ **TICKET**: 500 NOK; zu buchen über »Holmen Lofoten«, Sørvågen-Kai, Tel. 7609 2230, www.holmenlofoten.no.

RUND UM MOSKENESØYA

Die Schlauchboottour umrundet die Insel. Stationen sind die Revsvik-Höhle (Höhlenmalereien), eine Seevogelkolonie und verlassene ehemalige Fischerdörfer auf der Außenseite.

◎ **ABFAHRT**: von Mitte Juni bis Mitte August täglich um 12 und 17 Uhr; die Teilnehmer werden in Reine, Ramberg sowie Nusfjord abgeholt.

◎ **DAUER**: rund 6 Stunden.

◎ **TICKET**: 700/500 NOK; zu buchen bei »Coast Adventure«, Tel. 4809 0820, www.coast-adventure.no.

AB AUSTVÅGØYA

Kabelvåg, Svolvær und Henningsvær sind hier die Zentren für organisierte Bootstouren aufs Meer; zuständig für Buchungen sind die einzelnen Anbieter und das Touristenbüro in Svolvær:

◎ **DESTINATION LOFOTEN**, 8301 Svolvær, Torget, Tel. 7606 9800, Fax 7607 3001, www.lofoten.info. – Viele Touren sind auch online zu buchen.

SEEADLER-SAFARI

Unterwegs mit einem extrem motorisierten Schlauchboot, wobei nicht nur Seeadler, sondern auch Tümmler zu beobachten sind, von denen sich oft mehrere Dutzend im Bereich vor dem Vågakallen aufhalten.

◎ **ABFAHRT**: 15.6.–15.8. täglich bis mehrmals täglich in Henningsvær.

◎ **DAUER**: 1,5 Std.

◎ **TICKET**: 350 NOK; zu buchen über »Lofoten Opplevelser«, Henningsvær, Tel. 7607 5001, Fax 7607 5023, www.lofoten-opplevelser.no.

DEEP SEA RAFTING

Unter diesem Namen werden diverse Schlauchboottouren zusammengefasst, die von mehreren Veranstaltern angeboten werden und beispielsweise an der Lofoten-Wand entlang von Svolvær oder Kabelvåg aus nach Henningsvær führen, oder aber tief in den

Achten Sie darauf, ob eine Mindestteilnehmerzahl erforderlich ist. Bei Arrangements, die direkt am Schiff gebucht und bezahlt werden, können Sie nicht mit der Annahme von Geldkarten rechnen.

Austnesfjord hinein, zur Walfängerinsel Skrova hinüber, nach Lille und Store Molla sowie auch in den Trollfjord und zu anderen Zielen an der Küste. Gefahren wird mit Schlauchbooten (300 PS-Motoren); wer das Kleingeld hat, mietet ein solches Gefährt (das locker 40 Knoten macht) mit Skipper.
◎ **ANBIETER** sind u.a. »Svinøya Rorbuer«, Gunnar Bergs vei 2 in Svolvær, Telefon 7606 9930, www.svinoya.no (ganzjährig). – »Lofoten Opplevelser«, Henningsvær, Tel. 90581475, www.lofoten-opplevelser.no. – »Lofoten Explorer«, Svolvær, Tel. 9715 2248, www.lofoten-explorer.com. – »Lofoten Seafari«, Svolvær, Tel. 4147 0000, www.lofoten-seafari.no.

TROLLFJORD

Rund 2 km ist er lang, dabei aber nur knapp 100 m breit, der Trollfjord, dessen nackte Felsflanken teils senkrecht aus dem Meer ragen, das in Richtung Fjordende bis 1156 m hohe, teils leicht vergletscherte Bergriesen überragen.
◎ Ausgangspunkt der erlebenswerten Tour ist Svolvær, wo zwischen Anfang Juni und Ende August stets einige **SCHIFFE** im Hafen vor dem Marktplatz liegen, um sich den Kuchen zu teilen, den die Touristen mitbringen.

Die ersten Schiffe starten gegen 10, andere folgen um 12, 15, 16 Uhr; am Marktplatz selbst und in fast allen Unterkünften liegen Trollfjord-Prospekte von Reiseveranstaltern aus; ebenso im Touristenbüro, wo man auch buchen kann. Die Touren dauern von 2:30 h Dauer bis zu einem halben Tag, mit oder ohne Landgang im Fjord, mit oder ohne Angelstopp. Die Preise für die Tickets liegen bei 400 NOK.

Auf dem Hinweg geht es vorbei an den Berggiganten der beiden Inseln Lille Molla und Store Molla, bevor sich die Route im schmalen und eng ummauerten RAFTSUND fortsetzt, von dem der Trollfjord abzweigt.
◎ Und schließlich bleiben die Schiffe der **HURTIGRUTEN**, die auf dem täglichen Weg nach Nord und Süd ebenfalls den Raftsund durchfahren und gerne einen kleinen Schlenker in den Trollfjord wagen, wo sie AUF DER STELLE WENDEN müssen, um wieder hinauszukommen. Das »Hurtigruten«-Erlebnis kostet nicht mehr als das Ausflugsboot; man nimmt am besten den täglich um 12.30 Uhr von Svolvær in Richtung Sortland fahrenden Bus und steigt in Stokmarknes am Hurtigrutenkai aus (Ankunft um 14.10 Uhr); weiter geht es mit dem um 15.15 Uhr ablegenden südgehenden Hurtigruten-Dampfer, der im Sommer stets in den Trollfjord fährt sowie um 18.30 Uhr in Svolvær anlegt.
◎ Auch mit einem **SEEKAJAK** (siehe unten) kann man in den Fjord fahren, sollte aber die Zeiten meiden, wenn die Hurtigruten ihre Stippvisite macht.

Walsafaris

POTTWAL-SAFARIS

◎ Pottwal-Safaris starten nicht von den Lofoten aus, sondern von den benachbarten Vesterålen, vor allem von **ANDENES** am nördlichen Zipfel der Insel Andøya (siehe WAL-ROUTE ab Seite 149): Dort garantiert man eine »Trefferquote« von 90 %, da die Skip-

Im Rahmen der Trollfjord-Tour aussteigen und erst am nächsten Tag mit zurückfahren. Die märchenhafte Kulisse ganz für sich allein haben, Platz zum Zelten gibt's genug; die auf einigen Karten verzeichnete Trollfjordhütte fand einer ...

per (die früher als Walfänger arbeiteten) den Verlauf der Walzugstraße auf dem offenen Nordmeer kennen, über die alljährlich ein fester Stamm von gut 100 Pottwalen zieht. Die Meeressäuger sind bis 75 t schwer und 20 m lang und tauchen nicht selten nur wenige Meter neben dem wartenden Boot aus dem Wasser. Wer keinen Wal zu Gesicht bekommt, darf ein zweites Mal gratis mitfahren. Wissenschaftler und Biologie-Studenten arbeiten als KOMPETENTE FÜHRER AN BORD – die »Whale & Dolhpin Conservation Society« verlieh dieser Tour das Prädikat der »besten Walsafari weltweit«.

HVALSAFARI, 8483 Andenes, Tel. 76115600, Fax 76115610, www.whalesafari.no. 25.5.–15.9. Dauer 4–5 Stunden. Ticket 795/500/0 NOK (Kinder bis 13 Jahre 500 NOK, bis 4 Jahre frei).

◎ Auch **STØ**, im Norden der Vesterålen-Insel Langøya gelegen, ist in der Saison Ausgangspunkt von Pottwal-Safaris, die mit einer Seehund- und Seevogel-Safari gekoppelt sind.

ARCTIC WHALE TOURS, 8438 Stø, Telefon 7613 4300, www.arcticwhaletours.com. 15.6.–31.8. Dauer 7–8 Stunden. Ticket 780/500/0 NOK (Kinder bis 14 Jahre 500 NOK, bis 5 Jahre frei).

SCHWERTWAL-SAFARIS

Bei den von den Lofoten aus angebotenen Walsafaris handelt es sich normalerweise um Schwertwal-Safaris. Diese fälschlicherweise auch als »Killerwale« bezeichneten Meeressäuger (ein anderer Name lautet »Orca«) können zwar mit Glück das ganze Jahr im Vestfjord beobachtet werden, doch etwa AB OKTOBER bis Weihnachten, wenn es im Vestfjord VON HERINGEN WIMMELT, geht es so richtig los. Dann tummeln sich nicht selten ganze Familien von 7 bis 15 Exemplaren der bis zu 9,5 m langen und 5 t schweren Wale bei den Ausflugsbooten, katapultieren sich ab und zu aus dem Wasser und spritzen womöglich ihr Publikum nass.

◎ Wer ein paar Bilder von diesem SCHAUSPIEL sehen will, kontaktiere die Webseite von **LOFOTEN AKTIV**. Jann Engstad ist ein versierter Walfinder auf Austvågøya, bietet Safaris im HIGHSPEED-SCHLAUCHBOOT an und beantwortet den Teilnehmern als anerkannter Tierschützer alle Fragen zu Walen sowie anderen Lofoten-Natur-Themen erschöpfend – Kontakt siehe (übernächste) Seite 321.

◎ Top-Adresse für Schwertwal-Exkursionen ist aber das FORSCHUNGSZENTRUM **OCEAN SOUNDS** (siehe die ausführlichen Informationen auf den Seiten 320 und 143).

◎ **LOFOTEN OPPLEVELSER** in Henningsvær kooperiert mit **ORCA TYSFJORD**, Tel. 7577 5370, www.orca-tysfjord.no. 1.11.–31.1. täglich bei ausreichender Nachfrage. Dauer 4–6 Stunden. Ticket 800/600 NOK, der niedrigere Tarif für Kinder von 4–10 Jahren. Will man zusätzlich (in dicke Neopren-Anzüge gehüllt) ins Meer springen und mit den Walen schnorcheln, kostet der Spaß 1600 NOK.

◎ **LOFOTEN DEEP SEA RAFTING** (Svinøya Rorbuer, Gunnar Bergs vei 2, 8300 Svolvær, Tel. 7606 9930, www.svinoya.no) bietet zwischen Oktober und Dezember ähnliche Touren an. Der Veranstalter ist ganzjährig in verschiedenen Bereichen aktiv (siehe u.a. Seite 318).

... unserer Leser aber nicht, so dass er notgedrungen im Freien übernachtete. Wollen Sie das Ausflugsboot verlassen und wieder aufgenommen werden, sollten Sie das im Voraus mit der jeweiligen Besatzung klären.

MIT WISSENSCHAFTLERN AUF TOUR – OCEAN SOUNDS

Die Adresse überhaupt im hohen Norden für alle, die nicht nur an rein touristischen Erlebnissen interessiert sind, sondern wirklich an der Natur und der Umwelt des einzigartigen Ökosystems der Lofoten, ist das von deutschen Wissenschaftlern initiierte OCEAN SOUNDS-FORSCHUNGSZENTRUM in Henningsvær, das bereits auf Seite 143 ausführlich vorgestellt wird. Rund ums Jahr bietet diese mit viel Enthusiasmus geleitete Institution spannende und interessante Bootstouren, die, abhängig von der Jahreszeit, unter einem anderen Motto stehen. Besser kann man als Tourist sein Geld unserer Meinung nach kaum ausgeben.

◎ Von November bis Januar dreht sich alles um **SCHWERTWAL-FELDEXKURSIONEN**: Im Rahmen der täglichen, 6-stündigen Fahrten auf den Vestfjord hinaus begleitet man die Wissenschaftler zu den Jagdgründen der Schwertwale und wird so Teil des Forschungsprojektes. Am Abend zuvor werden die Teilnehmer in die Schwertwalbiologie sowie Forschungsmethoden eingeweiht; während der Fahrt lernt man Bilder zur Identifikation einzelner Tiere zu machen und Laute der Wale aufzunehmen. Mit dem Unkostenbeitrag in Höhe von 1000 NOK / Person unterstützt man das auf privater Initiative beruhende Ocean-Sounds-Projekt und nimmt einzigartige Eindrücke mit nach Hause, ebenso wie die selbst GESAMMELTEN TON- UND BILDDATEN, die auf einer CD gespeichert werden. Wer sich auf dieses Erlebnis einstimmen will, sollte die Webseite aufrufen, wo unter dem Stichwort »Galleri« faszinierende Schwertwal-Fotos zu sehen sind.

◎ Im Frühling dann, von März-April, werden täglich **FELDEXKURSIONEN ÜBER DEN LOFOTEN-DORSCH** angeboten. Eingeleitet werden diese Touren mit einer Multimedia-Präsentation über das Leben des Dorsche, bevor es dann im Zodiak-Schlauchboot für 2–3 Std. zu den Laichplätzen geht, wo die Tiere erforscht und Tonaufnahmen angefertigt werden. Die Teilnahme kostet 500 NOK; auch hierbei geht der Erlös direkt in die Forschung.

◎ Im Sommer, von Mai bis Oktober, bietet Ocean Sounds von Biologen geführte TAGESTOUREN ZUM THEMA **NATUR UND MEERESLEBEN DER LOFOTEN** an. Nach einer Multimedia-Präsentation geht es mit einem Zodiak-Schlauchboot für 2–3 Stunden auf den Vestfjord hinaus, wo die Teilnehmer etwas über verschiedene Ökosysteme lernen und u.a. Seehunde, Seeadler und Fischotter beobachten können. Das Ticket kostet 500 NOK; wiederum geht der Erlös direkt in die Forschung.

◎ **OCEAN SOUNDS**, Hellandsgt. 63, Tel. 7607 1828 und 4142 6713, www.ocean-sounds.com auch auf Deutsch. März bis Mai Di–So 12–18 Uhr, Juni sowie 1.9.–31.10. Di–So 10–18 Uhr, 1.7.–31.8. täglich 10–20 Uhr, sonst nach tel. Absprache. Eintritt frei, Ticket Multimedia-Präsentation ohne Tourenbuchung 85 NOK.

Selbst aktiv

Ohne zumindest eine aktive Unternehmung sollte man den Archipel nicht verlassen. Sehr beliebt sind neben dem Wandern das Angeln sowie, wie nicht anders zu erwarten, Aktivitäten auf und im Wasser.

ANSPRECHPARTNER

◎ **LOFOTEN AKTIV**, Jann Engstad, Postboks 136, 8309 Kabelvåg, Telefon 9923 1100, Fax 7607 1955, www.lofoten-aktiv.no.

Jann ist gebürtiger Lofoter und gelernter Bootsbauer, der u.a. sehr gut Deutsch spricht und einige der bisher aufgezählten Unternehmungen organisiert. Seine SCHWERPUNKTE sind Wandern/Trekking/Bergsteigen und Seekajak, Windsurfen, Segeln mit einem Nordlandboot, Tauchen. Er ist für Anfänger ebenso Ansprechpartner wie für Fortgeschrittene. Last not least nimmt Jann am World-Wildlife-Fond-Projekt »Tourismus und Naturschutz in der Arktis« teil und erhielt den »Heidi Andersson Pilot Projekt Award« des »Arctic Programm« vom WWF.

ANGELN

◎ Die früher benötigte Angellizenz für das Süßwasserangeln ist seit 2002 nicht mehr bzw. nur noch für Lachs (den man auf den Lofoten in Flüssen/Seen ohnehin kaum erbeuten kann) Voraussetzung. Und so braucht, wer angeln will, eventuell nur den lokalen Angelschein, die **FISKEKORT**, die in vielen Gebieten (jedoch nicht überall) erforderlich ist; sie gilt für ein begrenztes Gebiet und einen begrenzten Zeitraum und ist u.a. in Sportgeschäften, Kiosken, Touristenbüros oder auf den Campingplätzen erhältlich.

Als die besten MONATE zum Süßwasserangeln gelten Juni, Juli sowie August. Kann man Forellen noch weit bis in den September hinein fangen, so beißen die Saiblinge – um diese beiden Fische dreht sich hier alles – am besten bis Mitte August.

Für Fliegenfischer eignen sich Ruten von 2,5 bis 3 m Länge. Vorfächer sollten aus bestem Nylon sein, die Rollen eine Kapazität von ca. 30 m Wurfschnur und 50 m Hinterschnur besitzen. Bei Nassfliegen verwendet man in der Regel die Größe 10, bei Trockenfliegen Größe 12.

◎ **MEERANGELN** darf man, wo und wie oft man will, Lizenz und Angelschein sind nicht erforderlich, und alles Wesentliche über die vorwiegend vertretenen Fischarten, wie und wann man sie fängt etc., wird in dem Kapitel »Segen der See« (siehe Seite 79 ff.) ausgiebig geschildert.

Wer eine Rorbuhütte mietet, hat oft ein Ruderboot mitgebucht (Motor gegen Aufpreis); aber in nahezu jedem Dorf sowie auf jedem Campingplatz werden ebenso Boote vermietet, wobei die Preise extrem unterschiedlich sein können. Das Standardboot ist um die 14 Fuß lang, ausgestattet mit einem 5–8 PS starken Außenborder und kostet zwischen 100 NOK/Std. sowie 180 NOK (inklusive Benzin), wobei es Vermieter gibt, die einen deutlichen Preisnachlass bei Tages- oder gar Wochenmiete geben, während man bei anderen nicht einmal 10 % Wochenrabatt bekommt.

Sich RECHTZEITIG zu informieren

Zum Golfsport auf den Lofoten steht bereits alles Wissenswerte auf Seite 155 f.

heißt also, eventuell viel Geld sparen zu können. – Lebenswichtig ist es, Schwimmweste, Ruder, Reservebenzin sowie Signalgerät mitzunehmen, was wiederum nicht bei allen Vermietern üblich ist.

Die SICHERHEITSTIPPS – weitere Seefahrtsregeln finden sich im Praktischen A–Z unter der gleichnamigen Rubrik – nicht ernst zu nehmen kann fatale Folgen haben, vergeht doch kein Jahr, in dem nicht unvorsichtige Sportangler von der Seerettung aufgefischt werden müssen. Es ist nicht lange her, dass ein Angler nur 1 km vor Røst den Motor nicht mehr starten konnte; rudern ging nicht, da zu windig, das Boot zu schwer; reparieren ebenso nicht, da kein Werkzeug; und da zudem Signalgeräte fehlten, blieb ihm nichts, als sich von Wind und Strömung treiben zu lassen – er hatte Glück, trieb nämlich nicht aufs offene Meer, sondern bis hinüber zur Küste von Vestvågøya, wo er sich schwimmend in Sicherheit brachte...

BERGSTEIGEN/KLETTERN

Die Lofoten gelten bei Bergsteigern und Kletterern als Paradies; die Nord Norsk Klatreskole in Henningsvær organisiert Bergsteigerkurse an; geübte Kletterer können komplette Ausrüstungen mieten (aber keine Kletterseile):

◎ **NORD NORSK KLATRESKOLE**, Henningsvær (siehe Seiten 142 sowie 305) Telefon 76074911, Fax 76074646, www.nordnorskklatreskole.no. Das große Programm beinhaltet neben sommerlichen Kletterkursen auf den Lofoten (Abschluss inklusive Zertifikat) winterliche Bergbesteigungen mit Skiern (in den Monaten Februar und März), Alpinkurse in den sogenannten Lyngen-Alpen der Finnmark und Besteigungen mehrerer Berge in Nordland, zum Beispiel des STETIND am Tysfjord, eines gewaltigen frei stehenden Monoliths. Ferner sind Kletterkurse für Fortgeschrittenen im Programm und Berg-Rettungskurse. BUCHEN Sie im Sommer Klettertouren mit Guide am besten einige Tage oder Wochen im Voraus! Die meisten Kurse kosten derzeit um 5000 NOK.

Auch private BERGFÜHRER werden vermittelt, ebenso wie Kajak- und Angeltrips, aber keine Boote vermietet.

FAHRRAD FAHREN

Im Kapitel »Transport« finden Sie alles Wesentliche zu Ausrüstung, Strecken, Rent-a-Bike etc. Siehe Seite 279 ff.

FISCHSAFARIS

Die Zahl der Boote, die täglich zum Hochseeangeln raustuckern, dürfte zweistellig sein – kein Fischerdorf, in dem nicht mindestens ein halbes Dutzend Skipper darauf warten, mit Touristen hinauszufahren und diesen beim Fang ein wenig unter die Arme zu greifen.

Arrangiert werden solche Touren u.a. von Unterkünften, die mit professionellen FISCHERN kooperieren. Im Rahmen solcher Touren geht es meist auf den Vestfjord hinaus, und wir trafen schon Angler, die hatten so innerhalb von 2 Std. Dorsch für über 40 kg Filet an Land bzw. Boot gezogen. Die Ausgabe kann sich also rasch lohnen.

Sehr beliebt sind die zwischen Mai und August von Å sowie Nusfjord aus täglich angebotenen Hochseeangel-

Leser-Erfahrung: Das Buch »Climbing In The Magic Mountains« von Ed Webster hilft bei Planung und Durchführung der Touren ungemein – dies gilt auch für Fortgeschrittene. Zu erstehen im Shop der Nord Norsk Klatreskole.

touren mit Fischkuttern, die ca. 3 Std. dauern. Die komplette Ausrüstung ist im Preis inklusive, doch müssen mindestens 5 Teilnehmer dabei sein, und auch das Wetter muss mitspielen.

◎ **ANBIETER**: ab Å (500 NOK) Moskstraumen Adventure, Tel. 9077 0741, www.moskstraumen.com. – Ab Nusfjord (400 NOK) Nusfjord Rorbuer, Tel. 7609 3020, www.nusfjord.no.

SEEKAJAK

Auch für diesen Sport, der im letzten Jahrzehnt enorm an Popularität gewonnen hat, ist das Inselreich ein vorzügliches Revier. Denn die innere Lofoten-Seite bleibt von den Westwinden unangetastet, und an den meisten Sommertagen liegt der Vestfjord schön glatt und ruhig da. Bei Windstille kann man selbst mit einem Kanadier hinausfahren (am besten mit Spritzdecke); jedoch allzu weit sollte man mit einem solchen Gefährt nicht paddeln, da man bei eventuell auffrischendem Wind leicht zum Spielball werden könnte. Noch ungeeigneter sind aufblasbare Kanus, die sich über jeder kleinen Welle durchbiegen und dem Wind eine (noch) größere Angriffsfläche bieten als die Kanadier.

Ideal ist ein Seekajak, das möglichst nicht aus Fiberglas sein sollte, was die Zahl möglicher Landeplätze erheblich reduziert: Denn die Küstenlinie ist oft mit scharfen Muscheln besetzt oder besteht aus scharfkantigen Steinen. So sind diejenigen aus Plast zu bevorzugen; sie sollten mit einer Ruderanlage ausgestattet sein (sehr hilfreich zum Beispiel bei stärkerem Seitenwind) und über wasserdichte Luken für's Gepäck verfügen.

Wir selbst haben ausgezeichnete Erfahrungen mit den Faltkajaks von »Klepper« gemacht, auch weil sie u.a. AUF KLEINSTES MASS zusammengepackt werden können; so finden sie in jedem Fahrzeug Platz, selbst ohne aufwändige Dachträger-Konstruktionen, und können, da mit einem praktischen Packsack geliefert, sogar von Rucksackreisenden transportiert werden, und dies auch in Bus, Zug sowie Flugzeug. Ferner sind sie UNIVERSELL auf dem Meer, auf Seen und Flüssen einsetzbar, dauert der Zusammenbau nur wenige Minuten und stehen sie in Sicherheit und Stabilität den Plast-Kajaks in nichts nach, wie zum Beispiel Arved Fuchs bewies, der mit einem Faltkajak u.a. Kap Horn umrundet sowie die Magellan-Straße bezwungen hat. Der Arzt Dr. Hannes Lindemann paddelte mit seinem »Klepper« schon 1956 über den Atlantik. Autor Paul Theroux war mit seinem Faltkajak monatelang in der Südsee unterwegs – nachzulesen in dem berühmten Buch »Die glücklichen Inseln Ozeaniens«.

◎ **ROUTEN**: Treffpunkt der Kajakfahrer ist der auch für diesen Sport überaus günstig gelegene Sandvika-Campingplatz auf AUSTVÅGØYA, bei Kabelvåg. Schon die direkt angrenzende, mit Schären gespickte Küste ist für viele Tagesfahrten gut. – Wer längere Touren bevorzugt, wird vor Ort rasch fündig. Die Strecke NACH HENNINGSVÆR ist hin und zurück in einem Tag machbar und führt an der Wurzel der Lofoten-Wand entlang.

Sehr ZU EMPFEHLEN ist die Fahrt hinüber ZUR INSEL SKROVA, von wo aus es nur ein Katzensprung zu den Nachbarinseln LILLE MOLLA, STORE

Leser-Erfahrung: Kletterer sollten mehrere größere Friends mitnehmen, da auf den Lofoten viel Risskletterern ansteht. Relativ viele Touren gehen über einige Seillängen, so dass die Beherrschung der Technik erforderlich ist.

MOLLA und Årstein ist, die allesamt herrliche Sandstrände und Zeltplätze haben. Für diese Tour sollte man sich mindestens zwei Tage Zeit lassen; von Store Molla oder Årstein aus kann man in wenigen Stunden durch den nur Fluss-breiten Raftsund in den am häufigsten abgelichteten Fjord des Nordens vorstoßen: in den berühmten TROLLFJORD. Auch hier gibt es ideale Zeltplätze; ferner kann man Lebensmittel nachkaufen sowie einem Pfad zum 167 m hoch gelegenen See Trollvatn folgen, auf dem mitten im Sommer Eisschollen treiben. Die Weiterfahrt in den Hadselfjord sollte man sich aber verkneifen (hohe Dünung); dafür ist die Küstenfahrt nach Svolvær sowie Kabelvåg empfehlenswert, ab Trollfjord in gut einem Tag zu machen – auf der Strecke durch den Raftsund sollte man jedoch die Zeiten meiden, wenn die großen Hurtigrutenschiffe durch die enge Passage fahren.

ACHTUNG: Von Austvågøya nach Vestvågøya ist der GIMSØYASTRAUMEN zu durchqueren, was LEBENSGEFÄHRLICH sein kann, paddelt man ohne Gezeitenkenntnis los: Die Flut wird eine/n unweigerlich weit in den Vestfjord drücken bzw. bei Ebbe in unglaublicher Geschwindigkeit hinaus ins offene Nordmeer. Gegen die Strömung anzukämpfen ist sinnlos.

VESTVÅGØYA ist ein ideales Revier; entlang der Küste bis Ballstad (drei Tage plus x) finden sich viele Zeltplätze.

Für den Nappstraumen, der nach Flakstadøya führt, und für den Sundstraumen, an den sich Moskenesøya anschließt, gilt das Gleiche wie für den Gimsøyastraumen: Beide können zur TODESFALLE werden, wählt man den falschen Gezeitenstand. Auf beiden Inseln sind die Küsten steil und dramatisch – unvergesslich bleibt dabei die Fahrt von Reine in den (relativ geschützen) REINEFJORD.

Viel weiter südlich als bis Å sollte man sich NICHT VORWAGEN: Der am Südzipfel von Moskenesøya entlangfließende Moskenstraumen wirbelt und strudelt und ist nicht zu queren!

Wer nach Værøy und Røst übersetzen will, muss das Schiff nehmen: Die Fähre ab Moskenes (oder in Gegenrichtung aus Bodø) transportiert natürlich auch ein Kajak.

Auf Værøy lohnt insbesondere eine Fahrt hinüber NACH SANDEN UND MOSTAD (siehe Wanderung Nr. 14); auf Røst befindet man sich mitten im Schärengürtel: Hunderte von kleinen wie großen Inseln – auch die Vogelinseln – sind im Meer verstreut; meidet man die Außeninseln, stellt die Atlantik-Dünung keine Gefahr dar. Die Gezeitenströmungen sind relativ problemlos, lediglich die Passagen von Røstland nach Vedøya, von dort nach Storfjellet, weiter nach Trenyken und vor allem von dort nach Hernyken sind mit VORSICHT zu genießen: Wer ABTREIBT, egal in welche Richtung, sieht sich nach wenigen Minuten einer gewaltigen Dünung gegenüber!

◎ **KARTEN**: Topografische Karten und Gezeiten-Kalender führt zum Beispiel die Buchhandlung Rødsand Libris (Vestfjordgt. 8, Tel. 7607 5933) in Svolvær, um die Ecke vom Marktplatz /Torget. Auch die Touristenbüros halten Karten sowie Gezeiten-Kalender bereit, des Weiteren natürlich die Vermieter und die Kajakschulen auf dem Archipel:

Leser-Erfahrung: Vermietung von (seetauglichen) Kajaks auch in Festvåg, vor Henningsvær – auf Hinweisschild in einer Linkskurve achten.

◎ **VERLEIHSTATIONEN**: Das älteste Seekajakzentrum LOFOTEN AKTIV hat moderne Modelle der deutschen Kajakfirma »Prijon«; das Material ist gepflegt, und man erhält zusammen mit dem Kajak auch Karten und alles, was man sonst für kleine wie große Touren benötigt: Die Modelle sind expeditionstauglich, haben genug wasserdichte Stauräume für das Gepäck und angemessene Tarife: für 10 Stunden 420 NOK inklusive alles, für 2 Tage 840 NOK, für 5 Tage 2070 NOK und für 7 Tage 2850 NOK, danach für jeden Tag 330 NOK. Auch komplette Campingausrüstungen sind zu mieten.

◎ **KAJAK-SCHULUNG** bei »Lofoten Aktiv«: Ein 4-stündiger Einführungskurs kostet 800 NOK, ein 2-Tageskurs 2250 NOK, ebenso der Fortgeschrittenenkurs, während dessen u.a. die »Eskimo-Rolle« eingeübt wird.

◎ Unvergesslich für Kajak-Freaks ist die von »Lofoten Aktiv« angebotene 3-Tagestour **VON KABELVÅG IN DEN TROLLFJORD** sowie hinaus zur Schärengruppe Risvær. Im Programm zwischen Anfang Juli und Mitte August, einmal wöchentlich; Tarif 3450 NOK je Person, alles inklusive.

◎ Auch **TAGESTOUREN** (8 Std.) hat »Lofoten Aktiv« im Programm, meist am Mittwoch. Sie führen ab Kabelvåg südwärts an den Flanken des VÅGAKALLEN entlang. 1250 NOK.

◎ Eine **EINWÖCHIGE KAJAKFAHRT** (ab Bodø bzw. Moskenes) offeriert der Spezialist »Coastal Odyssey«, Flesnes, 8409 Gullesfjord, Telefon 9511 8062, www.coastalodyssey.com. Tagesprofile, Checkliste für die Ausrüstung u.a. auf der Homepage, ebenso Buchung möglich. Preis 22.500 NOK.

◎ **ARCTIC KAJAK RALLY**: Jedes Jahr gegen Ende Juli treffen sich europäische Kajak-Enthusiasten zu dieser siebentägigen Veranstaltung. Jedes Jahr werden auf verschiedenen Routen die VESTERÅLEN UND LOFOTEN teilweise UMRUNDET. Zwischen 350 und 550 km werden so paddelnd zurückgelegt, wobei auch Hochsee-Teilstrecken zu bewältigen sind; da die Rally von Seenot-Kreuzern begleitet wird, bestehen keine übermäßigen Risiken. Teilnehmen können alle, die Lust und ein Kajak haben. Es geht nicht darum, am schnellsten zu sein, sondern viel Freude an der Fahrt zu haben. Übernachtet wird an Land in Rorbuhütten oder Zelten. AUSKUNFT im Touristenbüro Svolvær oder via www.askr.no.

SCHWIMMEN/BADEN

◎ **AUF AUSTVÅGØYA**: SANDVIKA, direkt am gleichnamigen Campingplatz, 1 km südlich von Kabelvåg, von der E 10 ausgeschildert. Der Strand ist etwa 100 m lang, bei Ebbe 5 m breit, wird GANZTÄGIG von der Sonne beschienen, fällt sanft ins Meer ab, ist feinsandig, mit Muscheln durchsetzt und auch für die Kleinsten ideal, da die Bucht vor Wind und Wellen GESCHÜTZT liegt.

Der Strand RØRVIKA liegt an der Abzweigung E 10 und Str. 816 (nach Henningsvær). Er präsentiert sich bei Sonnenschein als schneeweißes Sandband vor einer türkisfarbenen, stets wellengeschützten Bucht. Trinkwasser gibt's im angrenzenden See Rørvikvatnet, in dem jedoch Badeverbot herrscht. Als beste Badezeit empfehlen wir den Morgen bis zum frühen Nachmittag; später liegt der Strand

Wie schon mehrfach erwähnt, erlauben es die Wassertemperaturen an sonnigen Sommertagen durchaus, ein Bad im Meer oder in einem See zu nehmen.

nämlich im Schatten. Telefon und WC sind vorhanden.

Auf der Außenseite von Austvågøya, insbesondere zwischen Straumnes und Strømstad, finden sich ebenso manche Sandstrände, aber die sind nur zum Sonnen gut, denn das Meer ist rau und mit Felsen gespickt.

◎ Auch **VESTVÅGØYA** ist mit Stränden reich gesegnet – der über 2 km lange HAUGSANDEN gilt landesweit als einer der schönsten Sandstrände: Er zieht sich als bis zu 200 m breites Band rings um die HALBMONDFÖRMIGE Bucht Vikspollen, die sich landeinwärts in ein idyllisches Blumen-Trogtal öffnet, das mehrere hundert Meter hohe Berge flankieren sowie aufs offene Nordmeer blickt, wobei es vor Wind und Wellen geschützt liegt. An den Sommerwochenenden geht's hier wie in einem deutschen Freibad bei Hitzefrei zu, aber die Scharen verlaufen sich. Ausgestattet ist Haugsanden mit Abfallkörben, Dusch-/WC-Häuschen, Süßwasser. Anfahrt: ab der E 10 nördlich Leknes' den Schildern nach Haukland/Utakleiv folgen (etwa für 6 km).

Auch an der UNSTADVIKA bei Unstad (zu erreichen ab E 10, ca. 12 km nördlich Leknes) lässt es sich stellenweise trefflich baden. Bei Eggum (ab E 10 zu erreichen) badet man nicht im Meer, sondern im direkt dahinter angrenzenden NEDRE HEIMREDALSVATN. Beliebt ist ferner die Bucht VALBERGSVIKA im Südosten der Insel, bei Valberg (Str. 815). Entlang einer RUNDFAHRT um den Nordzipfel von Vestvågøya (von der E 10 in Richtung Kvalnes abbiegen) ist der eigene kleine Privatstrand zu entdecken.

◎ **AUF FLAKSTADØYA**: Bei Ebbe säumen die Ufer des FLAKSTADPOLLEN zwischen Vareid und Flakstad mehrere Meter breite, sanft abfallende, mit Felsbrocken gespickte Sandstreifen; der Meeresarm schimmert in bestechenden Grün- und Blautönen, die säumenden Berge krönen bis in den Juli hinein Schneehauben.

Flakstad selbst, ein anheimelndes Dorf, liegt auf einer teilweise begrünten Sandnase am offenen Nordmeer; die E 10 in Richtung Ramberg erlaubt einen Blick auf ein kilometerlanges, sanft geschwungenes Sandband von bis über 150 m Breite, das sich jedoch besser zum Sonnen, Spazierengehen sowie Muscheln-Sammeln als zum Baden oder Schwimmen eignet: Denn das Meer ist vor Ort ziemlich tief, das Wasser von schneidender Kälte (um 12° C), die Wellen erreichen öfter beachtliche Höhen. Direkt am Westrand dieser Strandfläche und neben der E 10 breitet sich eine Wiesenfläche aus, auf der sich im Sommer Wildcamper mit Zelt, Caravan oder Wohnmobil breit machen; ein Klohäuschen ist ebenso vorhanden wie Süßwasser (aus einer Wasserleitung).

Ramberg ist erreicht. Es liegt an der Halbmond-Bucht von SANDBUKTA, die auf ihrer gesamten Länge von ca. 2 km ein herrlicher Sandstrand säumt – ein Campingplatz ist vorhanden, Stellplätze über dem Meer, das aber auch hier von eisiger Kälte ist und weniger zum Baden taugt; sehr wohl jedoch zum Windsurfen sowie zum Beobachten der Mitternachtssonne.

◎ **AUF MOSKENESØYA**: Der Nordzipfel von Moskenesøya ist ein einziges Strandparadies!

FKK – oben ohne vielleicht, ganz ohne nie, es sei höchstens dort, wo man von Fremden nicht gesehen wird.

Bei SANDBOTN vor der Ortschaft Ytresand handelt es sich um eine vor Wind und Wellen GESCHÜTZE Bucht von im Schnitt nur 2 m Wassertiefe; der Sand ist fein und grauweiß, Baden und Schwimmen sind gut möglich.

Idyllischer noch präsentieren sich die Strände bei dem benachbarten FREDVANG Strandcamping: Hier laden gleich mehrere kleine Buchten zum Sonnen und zum Baden ein, der Sand geht landeinwärts in Wiesen über; für das leibliche Wohl sorgt das kleine Lokal des Campingplatzes.

Der Doppelstrand von KVALVIKA (siehe Wanderung Nr. 10) ist fast VON KARIBISCHER SCHÖNHEIT – und unser LIEBLINGSSTRAND.

◎ **AUF VÆRØY**: Bei TUSSEN, ungefähr 1 km südwestlich des Flugplatzes / Nordland, wurde ein Picknickplatz eingerichtet; aber der Strand ist kurz und schmal und allemal nur bei Flut zum Baden tauglich.

Unvergleichlich schöner zeigt sich SANDEN, ein mehrere hundert Meter langer, breiter Strand, der an senkrechte Felsen geschmiedet und nur per Boot zu erreichen ist (siehe Wanderung Nr. 14, Seite 270).

TAUCHEN/SCHNORCHELN

Die Lofoten-Küste mit ihrem klaren, sauberen Wasser, der guten Sicht und der dank Golfstrom vielfältigen Unterwasserflora und -fauna gewährt ungeahnte Möglichkeiten in erster Linie für VERSIERTE Sporttaucher; auch WRACKS sind populäre Ziele. Selbst von den Tropen verwöhnte »Absteiger« zeigen sich fasziniert, nicht zuletzt wegen der Sicht von bis zu 50 m und gigantischer Tangwälder.

Die TAUCHSAISON beginnt gegen Mitte Mai, wenn alle Jahre wieder der schwedische Tauchclub aus Piteå anreist und die gut und gern 30 Mitglieder bei Wind und Wetter, an jedem Tag und in (heller) Nacht im Wechsel zu den Schären und Holmen im Vestfjord hinausfahren.

Gegen Ende Juni kommen die ersten deutschsprachigen Tauchergruppen auf den Archipel. Bis Mitte/Ende August gehören die in Neoprenanzüge eingemummten Sportler zum täglichen Bild auf dem SANDVIKA-Campinplatz, dem internationalen Sporttaucher-Treff. Dort stehen Waschbecken und Hochdruckschläuche zum Reinigen der Ausrüstung zur Verfügung; alles andere (auch Kompressor) muss mitgebracht werden.

◎ **LOFOTEN OPPLEVELSER,** Henningsvær, Tel. 9058 1475, www.lofoten-opplevelser.no. Einziger Anbieter für geführte Schnorcheltouren, in deren Rahmen man im Laufe von 2 Std. ins kristallklare, belebte Nass vor Henningsvær eintauchen kann. Im Preis (500 NOK) inklusive ist auch ein Trockenanzug, so dass einer/m die Wassertemperaturen egal sein können. 15.6.–15.8. täglich um 11 u. 16.30 Uhr.

◎ **LOFOTDYKK**, Kaiveien 15, 8310 Kabelvåg, Tel. 9963 9166, www.lofotdykk.no. Die einzige Adresse auf Austvågøya für Tauchexkursionen (1.5. bis 30.9.). Die Ausrüstungen sind top, ein Dive Master geht mit in die Tiefe. Im Programm stehen u.a. Wracktauchen, Strömungstauchen, Fisch- und Safari-Tauchen und SCHWERTWAL-Tauchen (Oktober bis Weihnachten – nur mit Schnorchel, um die Tiere nicht durch die aufsteigenden Luftblasen zu irritieren) vom Land, Schlauchboot oder einem speziellen Segelboot aus. Auch Tauchkurse werden angeboten, Ausrüstungen können gemietet sowie eigene Flaschen aufgefüllt werden.

VOGELBEOBACHTUNG

Neben den Hebriden besitzen die Lofoten an Papageitauchern und Dreizehenmöwen die größten Vogelkolonien der Erde; die zwei »Haupt-Vogelinseln« VÆRØY sowie VEDØYA (Røst) besiedeln viele Millionen Brutvögel.

◎ **ANREISE**: mindestens einmal täglich per Fähre von Moskenes.

◎ **VOR ORT**: Die Touristenbüros (siehe Seite 274) organisieren während der Saison täglich geführte Bootstouren zu den Vogelfelsen. Auch die Unterkünfte (siehe Seiten 294 und 304) vermitteln bzw. bieten dies selbst an.

WANDERN

Dem Wandern widmet sich ein ausgiebiger Teil dieses Buches (siehe ab Seite 189). Wem die darin vorgestellten Touren immer noch nicht ausreichen, schaue im lokalen Buchhandel nach, ob Neuerscheinungen (eventuell auf Englisch) vorliegen.

WELLENREITEN

Im Magazin »Transworldsurf« war zu lesen, dass sich vor den Lofoten die besten und HÖCHSTEN Wellen im hohen Norden überhaupt brechen. DER SURFSPOT im Archipel ist UNSTAD an der Außenseite von Vestvågøya (siehe Seite 165), wo nicht selten mehrere Meter hohe Wellen im perfekten Break auf den Sandstrand zurollen.

◎ Als **BESTE ZEIT** für erfahrene Wellenreiter gelten die Monate August bis November, wenn die Wellenhäufigkeit am größten sowie die Wellen selbst am höchsten sind; die Monate zwischen etwa Ostern und Juni markieren die zweitbeste Saison.

◎ **ANFÄNGER** werden den Sommer bevorzugen, wenn ein sanfter Break ideale Lernbedingungen ermöglicht. Dann auch ist das Wasser mit ungefähr 12° C am wärmsten, aber da hier ohnehin niemand ohne Neopren (als absolutes Minimum 5 mm) aufs Brett klettert, ist das relativ egal.

◎ **UNSTAD**, in Surferkreisen seit den 1960er Jahren ein Begriff, steht also in dem Ruf, der nördlichste TOP-SURF-SPOT überhaupt zu sein, der beste in Norwegen ohnehin. Treff der Wellenreiter ist der Unstad-Campingplatz (Tel. 76086433 und 91860494, www.lofot-ferie.com; siehe Seite 292 f.), wo man nicht nur wohnen, sondern auch die Ausrüstung mieten kann: Das Brett kommt auf 250 NOK, der Neopren auf 200 NOK, Schuhe 50 NOK, Handschuhe 50 NOK, und wer komplett mietet, bezahlt 400 NOK pro Surftag (4 Std.). Zudem werden im Sommer an jedem Mo, Mi, Fr und So Surfkurse abgehalten (10–14 Uhr, 500 NOK alles inkl.).

◎ **INFORMATION**: Wer sich zu Hause einen Wellenüberblick verschaffen will, rufe www.windguru.cz auf, dann im Menü das Such-Stichwort »Spot« und wähle schließlich Unstad aus; mit Wellenvorhersage.

WINDSURFEN

Die Winde aus östlichen Richtungen sind in aller Regel sanft und bauen, wenn überhaupt, nur kleine Wellen auf, die sogar Anfänger ziemlich einfach meistern können.

Welche Vogelarten die (Hobby-)Ornithologen auf Værøy und Røst womöglich zu sehen bekommen, ist der Tabelle auf Seite 53–57 zu entnehmen. Wie man die Kolonien erreicht, schildern die Wanderung Nr. 14 und die Route Nr. 12.

Anders ist es mit den Westwinden, die auch im Sommer durchaus mal bis weit über 6 Bft. auffrischen und den Könnern ein Großmaß Spaß bringen.
◎ **SURFSPOTS**: Die Bucht vor dem SANDVIKA-Campingplatz auf Austvågøya gilt als ideales Ostwindrevier für Anfänger. Hier werden Boards vermietet – wir bemerkten ziemlich alte Allrounds mit Sechsersegeln. Vorsicht muss man außerhalb der Bucht walten lassen: da Windabdeckung durch Schären, im Schärenbereich Bruchgefahr durch Riffe, oft starke Fallwinde, die entgegengesetzt zum Ostwind von der Lofoten-Wand herunterhämmern und sehr kabbelige Wellen aufbauen können.

RAMBERG auf Flakstadøya ist für die Lofoten das, was Corralejo auf Fuerteventura: ein Funboard-Spot der SUPERLATIVE. Die Bucht ist weit nach Westen geöffnet, die säumenden Flanken sind niedrig (keine Windabdeckung), für jede Windrichtung lässt sich ein idealer Startplatz finden. Westwind baut in kürzester Frist bis zu 2 m hohe, schön lang gezogene Dünungswellen auf, die ewige Abfahrten erlauben und so manchen himmelhohen Katapultflug ermöglichen. Hingegen ist die Bucht bei Süd- sowie Nordwestwind vor Wellen geschützt und peitscht der Wind das Meer spiegelglatt; jetzt holen die lokalen Cracks ihre Guns hervor: Sie setzen die kleinstmöglichen Segel bei kurzen Gabelbäumen und legen Ersatzmasten am Strand bereit: Speedfahren ist angesagt.

WINTERSPORT

Als Sommerziel sind die Lofoten weltberühmt und stehen ganz oben auf der Rangliste der beliebtesten Ferienziele in Nordnorwegen, ja werden von den Norwegern selbst sogar als »Top of Top« im Königsreich gepriesen.

Doch auch die kalte Jahreszeit hat hier ihre Reize: Wenn ab November die tief stehende Sonne wie eine feurige Kugel über die Gebirge rollt, zieht es die Schwertwale oder Orcas in den Vestfjord. SCHWERTWAL-Safaris mit Boot oder Kajak stehen bis Januar auf dem Programm, während ab Dezember SCHNEESCHUHTOUREN in die beschneite Hochgebirgswelt geführt werden. Das NORDLICHT ist bei klarer Wetterlage im Winterhalbjahr fast jede Nacht zu bestaunen.

Ab Januar auch sind dutzende SKI-LOIPEN gespurt, spätestens im Februar öffnen die ALPINPISTEN von Svolvær und Stamsund, Februar/März stehen im Zeichen der Lofot-FISCHEREI, im März/April findet die Weltmeisterschaft im DORSCH-ANGELN statt. Anfang April, wenn es nachts schon fast nicht mehr dunkel wird, lockt der SKI-/SNOWBOARDCUP von Lofoten Freeride Extremsportler aus aller Welt.
◎ **INFORMATION**: Das Touristenbüro informiert umfassend, und über die Webseite www.lofoten.info kann man u.a. den Winter-Aktivitäten-Plan downloaden.

Weitere Info-Quellen sind die Webseiten www.lofoten-winter.com und (zeitweise) www.lofotenfreeride.no.
◎ Das umfassendste Programm an **WINTERTOUREN** (auch Bergtouren) mit Skiern und Schneeschuhen bietet Jann Engstad von »Lofoten Aktiv«, der auch NORDLICHT-Touren durchführt: www.lofoten-aktiv.no.

Praktisches A–Z

APOTHEKEN

Medizin ist in Norwegen nur in Apotheken *(apoteker)* erhältlich – vieles bekommt man nur auf Rezept eines norwegischen Arztes.

Touristen müssen (wie die Norweger auch) ihre Medizin erst einmal BAR bezahlen (Erstattung leistet die heimische Krankenkasse).

In Ortschaften, in denen es keine Apotheke im üblichen Sinn gibt, bekommt man Medizin im *medisinutsalg* (Medizinverkauf), der häufig zu einem Supermarkt gehört, worauf draußen hingewiesen wird.

◎ **AUF AUSTVÅGØYA** befindet sich die EINZIGE APOTHEKE IN SVOLVÆR: Svolvær Apothek, Sentrum, im AMFI-Einkaufszentrum am Ortsrand, Tel. 7606 0740. – Medisinutsalg (Medizinverkauf): u.a. in Kabelvåg (Prix-Supermarkt am Torget) sowie in Henningsvær (Supermarkt).

◎ **AUF VESTVÅGØYA** in Leknes: Vestvågøy Apotek, Rådhusgt. 6, Tel. 7605 5570. – Medisinutsalg in Ballstad und Stamsund u.a.

◎ **AUF FLAKSTADØYA** (Ramberg), **MOSKENESØYA** (Reine), **VÆRØY** u. **RØST** gibt es je einen Medisinutsalg.

ÄRZTLICHE VERSORGUNG

Wer ärztliche Hilfe benötigt, wendet sich an die *legevakt* der jeweiligen Insel – die Arztvermittlung, die in aller Regel rund um die Uhr besetzt sowie außerhalb der Geschäftszeiten auch für die Zahnärzte zuständig ist. – Oder an *legesenter, legekontor,* die Ärztestation. – Oder an das *sykehus,* das Krankenhaus in GRAVDAL (bei Leknes) auf Vestvågøya, denn nur dort gibt es etwa Röntgen- sowie Ultraschallgeräte, bzw. an den Zahnarzt *(tannlege)* oder an die Zahnarztstation *(tannklinikken, tannhelsetjenesten).* Nicht jede Insel, schon gar nicht jedes Dorf verfügt über solche Einrichtungen, und der Zentralisierungswahn geht voran...

◎ **NOTFALL**: Tel. 113.

◎ **AUSTVÅGØYA**: Tel. 7542 0480 *(legevakt).* – In Svolvær ist die *Helsestasjon* zuständig (Kong Øysteingt. 7, Tel. 7606 8900), außerdem *Torget En Legesenter* (Sjøgt. 16, Tel. 7606 6170) direkt am Torget (Marktplatz).

Die *tannklinikk* in Kabelvåg befindet sich im Zentrum (Sjøgt. 16, Tel. 7605 8775 u. 7565 5080.). – In Svolvær ist die Klinik zuständig (Vestfjordgt. 39, Bibliotekbygget, Tel. 7607 0766).

◎ **VESTVÅGØYA**: Tel. 7608 3999 *(legevakt,* Krankenhaus Gravdal). – Ein *legekontor* gibt es in Leknes (Tel. 7605 6400) und Stamsund (Tel. 7605 6420). – Das *Lofoten Sykehus* in Gravdal ist zu erreichen: Tel. 7606 0100 u. 7608 3999 (außerhalb der Geschäftszeiten).

Zahnärzte sind in Bøstad/Borg (Tel. 7608 4305), Leknes (Tel. 7605 5400) und Stamsund (Tel. 7608 9220) niedergelassen.

◎ **FLAKSTADØYA**: Tel. 7608 3999 *(legevakt);* nachts ist das Krankenhaus von Vestvågøya zuständig. – Das *helsesenteret* ist in Ramberg ansässig (Tel. 7609 3271), ebenso der *tannhelsetjenesten* (Tel. 7609 3182).

Gesundheitsvorsorge: Für Norwegen-Reisende wird generell der Abschluss einer zusätzlichen privaten Auslandsreisekrankenversicherung empfohlen.

◎ **MOSKENESØYA**: Tel. 7605 3113 *(legevakt);* nach 15 Uhr ist das Krankenhaus auf Vestvågøya zuständig. – Das *legekontor* findet sich in Reine (Tel. 7605 3113), der *tannlege* in Moskenes (Tel. 7609 1222).

◎ **VÆRØY**: Tel. 7552 6510 *(legevakt)* in Bodø! – Auf Værøy *legekontor* (Tel. 7609 8080) und *tannklinikk* (Tel. 7609 5120).

◎ **RØST**: Tel. 7609 6399 *(legevakt).* – *Legekontor* (Tel. 7605 0540) und *tannklinikk* (Tel. 7609 6151).

DIEBSTAHL

Wo findet man das sonst noch in Europa: Häuser, die nicht abgeschlossen sind, Autos, die mitsamt Zündschlüssel darin abgestellt werden, ungesicherte Kanus, Boote...? – Kurz und gut: Diebstahl ist (fast) kein Thema auf den Lofoten, doch tut man trotzdem gut daran, übliche Sicherheitsvorkehrungen zu treffen. Allein der Fahrradklau geht mitunter um, wobei Mountainbikes besonders gefährdet sind.

Vorsicht ist aber auf den Strecken in Richtung Lofoten zu empfehlen: Insbesondere im Süden Schwedens sowie Norwegens kommt es zu Autoaufbrüchen. Gefährlich sind vor allem die großen Rastplätze an den Hauptverkehrsadern, wo »Spezialisten« auf Beute warten und sich mitunter nicht einmal nachts davon stören lassen, dass die Besitzer in den Fahrzeugen schlafen: Sie schneiden zum Beispiel die Gummidichtung der Scheiben durch, nehmen die Scheiben heraus und halten sich schadlos. Was keineswegs bedeutet, dass Sie dort überall und jederzeit mit solchen Zeitgenossen rechnen müssen.

DIPLOMATISCHE VERTRETUNGEN

◎ **DEUTSCHLAND**: Botschaft der Bundesrepublik Deutschland *(Forbundsrepublikken Tysklands Ambassade),* Oscarsgate 45, N-0258 Oslo, Tel. 2327 5400, Fax 2244 7672, www.oslo.diplo.no.

◎ **SCHWEIZ**: Botschaft der Schweiz *(Sveitsisk Ambassade),* Bygdøy Allé 78, N-0268 Oslo, Tel. 2254 2390, Fax 2244 6350, www.eda.admin.ch/oslo.

◎ **ÖSTERREICH**: Botschaft von Österreich *(Østerriksk Ambassade),* Thomas Heftyesgt. 19–21, N-0244 Oslo, Tel. 2255 2348, Fax 2255 4361, www.bmeia.gv.at.

FESTE UND FEIERTAGE

◎ Zwischen Mitte Juni und Mitte August folgt ein **FESTIVAL** aufs andere. Als wichtigste Ereignisse gelten die WELTMEISTERSCHAFT IM DORSCHANGELN (März/April), der MITTELALTERMARKT in Kabelvåg (Ende Juni) und das LOFOTEN INTERNATIONALE KAMMERMUSIKFESTIVAL in Svolvær (Mitte Juli). Da die Daten von Jahr zu Jahr wechseln, macht es keinen Sinn, hier ein Fest-Verzeichnis vorzulegen.

◎ TYPISCH SKANDINAVISCH ist der MITTSOMMERTAG, der in Norwegen JONSOK und ST. HANS heißt und stets auf den 24. Juni fällt. Am Vorabend – **ST. HANSAFTEN** – wird die kürzeste Nacht des Jahres mit Feuer, Musik und Tanz gefeiert.

◎ **FEIERTAGE** sind der 1. Januar, die Ostertage von Gründonnerstag bis Ostermontag, der 1. Mai, der Nationalfeiertag am 17. Mai, Christi Himmelfahrt, Pfingstsonntag und Pfingstmontag sowie der 25. und 26. Dezember.

Die aktuelle Auflistung der Feste und Festivals ist bei Destination Lofoten zu finden (siehe Seite 274).

FEUER IM FREIEN

Zwischen dem 15. April und dem 15. September ist es in ganz Norwegen per Gesetz verboten, Feuer im Freien zu machen. Ob die Regelung auch bei einem Strandfeuer (mit Treibholz als Brennmaterial) gilt, liegt ein wenig im Ermessen der Behörden. – Die Lofoter feuern zumindest.

FOTOGRAFIE

Sparsamkeit ist unangebracht, denn der Archipel ist ein einziges großartiges Motiv.

◎ Wer analog fotografiert, sollte die **FILME** von zu Hause mitbringen; wer vor Ort nachkaufen muss, zahlt zum Teil über 50 % mehr: Diafilme kosten umgerechnet ab 8 €. Gut sortiert ist »Foto Hasselberg« in Svolvær, Torget.

◎ **SPEICHERKARTEN** sind als Elektronikartikel nur geringfügig teurer als von zu Hause bekannt, wenn überhaupt. Ein breites Sortiment führt »Elkjoep« in Svolvær und in Leknes.

INTERNET

Norwegen gilt als Land mit stärkster Internet-Nutzung. Deshalb gibt es vor Ort kaum Internet-Cafés.

Da die meisten Unterkünfte über Internetanschluss verfügen, sollte es für den Gast kein Problem sein, dort ein wenig im Netz zu surfen. Ansonsten bieten sich die BIBLIOTHEKEN in den jeweiligen Gemeindezentren an. Das Touristenbüro in Moskenes (siehe unter »Information« auf Seite 274) offeriert während der Saison einen Internet-Service. In SVOLVÆR kann man in der Rathaus-Eingangshalle kostenlos ins Lofoten-relevante Netz gehen (Transport, Unterkunft, Information), und hier gibt es ein simpel ausgestattetes Internet-Café: am Torget (Marktplatz) im Spezialitätengeschäft / Café direkt gegenüber des Fotoladens, an der Ecke zur Roald Amundsengata.

KARTEN

Wo es topografische Karten (für Wanderungen, Kajakfahrten etc.) zu erstehen gibt, erfahren Sie unter »Pfade in die Bergwildnis« und »Vor der Reise, Karten« sowie als Fahrradfahrer unter »Transport, Mit dem Fahrrad«.

Autokarten kauft man entweder vor Ort oder im spezialisierten Buchhandel (siehe Seite 364). Die beste auf den Inseln selbst zu erstehende Karte ist die LOFOTEN TURISTKART, Maßstab 1 : 150.000, von Statens Kartverk Nordland, erhältlich in den Buchhandlungen von Svolvær und Leknes, in Tankstellen und Touristenbüros (98 NOK).

LEBENSMITTEL

Die »guten alten Zeiten«, als man auf den Lofoten nur Fisch, Kartoffeln und Kohl erstehen konnte, sind lange vorbei. Deshalb ist es überflüssig, von zu Hause wahre Lager an Lebensmitteln mitzuschleppen. – Wobei DIE PREISE dieses für Lofoten-Fahrer übliche Tun schon eher zu rechtfertigen scheinen: Die sind in Norwegen generell hoch, für manche Artikel gar ziemlich hoch nach Mitteleuropa-Maßstäben.

Man muss das SYSTEM KENNEN, also WISSEN, dass man zum einen nur in den größeren Ortschaften einfkaufen sollte, wo es nicht selten bis zu 50% billiger ist als im Abseits, andererseits nur in großen Supermärkten – die kleinen, vor allem die zu Tankstellen/Campingplätzen gehörenden

Elch-Tipp: Auf Skandinavien spezialisierte Buchhandlungen können fast alle Bücher und Karten aus dem Norden bekommen und an ihre Kunden liefern. Im

sind extrem teuer. Zudem sind PREISVERGLEICHE in den Supermärkten vor Ort von enormem Vorteil: Es gibt häufig zwei, drei Stück, oft schön nebeneinander gelegen, und es ist nämlich nicht die Ausnahme, sondern fast die Regel, dass die Preise für identische Waren von Laden zu Laden überaus unterschiedlich sind, dass man z.B. im einen Geschäft 40 NOK für 1 kg Tomaten bezahlt, nebenan 10 NOK im Angebot, gegenüber nur 15 NOK (ohne Angebot). »Angebote« sind mit *tilbud* angepriesen bzw., wenn's super billig sein soll, mit *knall-tilbud.*

◎ An **SUPERMÄRKTEN** herrscht also kein Mangel, geöffnet in der Regel: Mo–Fr 9–20 / 22 Uhr, Sa 10–18 Uhr. Außerhalb der Geschäftszeiten kann man auf Tankstellen und Kioske ausweichen, die als kleine Shoppingzentren eingerichtet sind.

Am preisgünstigsten sind Lebensmittel auf den großen Inseln Aust- sowie Vestvågøya. In Svolvær liegen die Supermärkte direkt beieinander im Zentrum. Bei »Coop« im AMFI-Einkaufszentrum wählt man aus dem inselweit größten Sortiment, zu empfehlen für Obst und Gemüse, gut bestückt ist die Fleisch- und Fischtheke. Gegenüber bei »Rimi« gibt's oft ebenfalls Frischfisch. Ansonsten ist »Rema« für das in der Breite preiswerteste Lebensmittelsortiment bekannt. In Kabelvåg sei auf den am Marktplatz gelegenen »Prix«-Supermarkt verwiesen, kaum teurer als die in Svolvær.

Auf Vestvågøya kauft man bevorzugt in Leknes ein, wo sich die Preise mit denen von Svolvær in etwa die Waage die halten bzw. mitunter sogar noch günstiger sind. Gut ein halbes Dutzend Supermärkte gibt es vor Ort, preiswert sind zumeist »Prix«, »Bunnpris« und »Rema«. – In Stamsund bietet sich »Joker« und in Børstad »Spar-Mat« an, doch beide Läden sind teurer als die Konkurrenz in Leknes.

Flakstadøya ist im Normalfall bereits spürbar teurer als Vestvågøya, einen Supermarkt hat nur Ramberg: das »Ramberg Matsenter«. Kleine Läden gibt es in Napp (»Napp Handel«) und in Nusfjord (»Landhandel«).

Die Preise auf Moskenesøya entsprechen denen auf Flakstadøya, im »Reine Handel« und »Reine S-Marked«, im »Mosken Handel« in Moskenes und im »Å Daglivarer« in Å.

Auf Værøy sowie Røst schließlich ist es mit Abstand am teuersten; es gibt je einen Supermarkt.

◎ **WOCHENMÄRKTE** gibt es keine im Inselreich. Lediglich der Marktplatz (Torget) in SVOLVÆR am Hafen beim Touristenbüro kann in der Hochsaison ein wenig an einen Markt erinnern, wenn mobile Gemüse- und Obstverkäufer und meistens auch ein Fischwagen und ein aus Lappland anreisender Wurstwagen (auch Rentier- und Elchwurst) ihre Waren feilbieten. Am angrenzenden Kai verkaufen die Fischer Garnelen *(reker)* vom Kutter.

◎ **FISCH** ist im Supermarkt auf den Lofoten kaum billiger als in Mitteleuropa, oft auf Tiefkühlkost beschränkt, wobei *sei,* Seelachs, am preiswertesten ist (um 30–40 NOK/kg). Geräucherter »Kühltheken-Lachs« aus Kanada ist billiger als der einheimische, den Subventionen »sei Dank«.

FRISCHEN FISCH, gut und billig, gibt es auf Austvågøya nur in Svolvær, im Supermarkt von »Coop« im AMFI-

... Fall der Karten lohnt es sich aber, nach dem Jahr der Drucklegung zu fragen; das Erscheinungsjahr ist am Blattrand aufgedruckt.

Einkaufszentrum und gegenüber im »Rimi«; eine gute Adresse ist auch der kleine »Spar«-Laden am Storøyveien nahebei (vor »Rema« ausgeschildert), und im Sommer steht auf dem Torget meist ein Fischwagen, wo auch Trockenfisch zu bekommen ist. – Auf Vestvågøya verkauft »Ferskvare« in Leknes (Tel. 7608 1855) u.a. Trockenfisch, frisch geräucherten Lachs, übrigens auf Wunsch auch vakuumverpackt. – Auf Moskenesøya empfehlen sich in Reine »Sjømat« auf Sakrisøy sowie am Marktplatz die Fischsnacks von »Fiskmat«, direkt vor der Gammelbua; ferner »Feskarbrygga Fisketorg« in Å.

◎ **GESUNDHEITSKOST**: auf Vestvågøya in Leknes, an der Hauptstraße im Zentrum: »Kitty's Helsekost«, Storgt. 20, Tel. 7608 2387. – In Svolvær auf Austvågøya findet sich ein Laden mit kleinem Sortiment im AMFI-Einkaufszentrum: »Vita«, Tel. 7607 2440.

MITTERNACHTSSONNE / POLARNACHT

Da die Achse der Erde nicht rechtwinklig zur Umdrehungsebene steht, sondern eine Neigung (23,5°) hat, die das ganze Jahr über konstant bleibt, kommen die Polgebiete zeitweise in den vollen Strahlungsbereich der Sonne (Mittsommernacht) bzw. zeitweise komplett aus ihm heraus (Polarnacht). Die Grenzzonen verlaufen bei 66,5° nördlicher sowie südlicher Breite. Diese beiden Schwellen sind die POLARKREISE. Am nördlichen Polarkreis bleibt die Sonne nur eine einzige Nacht – vom 22. zum 23. Juni – über dem Horizont. In Bodø herrscht der Tag, der die Nacht mit einbezieht, vom 2.6. bis 10.7. In Svolvær auf Austvågøya wird es zwischen dem 27.5. und 17.7. nicht dunkel, in Tromsø vom 17.5. bis 25.7. und am NORDKAP vom 13.5. bis 31.7.

So wie es am Polarkreis nur eine einzige Nacht lang hell bleibt, kommt es dort auch nur für einen einzigen Tag zur Polarnacht. In Bodø wird es zwischen dem 15.12. und 30.12. nicht mehr hell, in Svolvær verdunkelt die Polarnacht vom 8.12. bis 6.1. den Himmel, in Tromsø vom 25.11. bis 16.1., in Hammerfest, der nördlichsten Stadt der Welt, vom 20.11. bis 23.1. und am Nordkap ebenso vom 20.11. bis 23.1.

MÜCKENSCHUTZ

Der »Fluch Lapplands« – Mücken und Bremsen, Fliegen und Kriebelmücken – ist nur vereinzelt im Inselreich unterwegs. Selbst im Juli, wenn man sich auf dem Festland stellenweise nur um sich schlagend und fluchend fortbewegt, hält sich das Aufkommen der Plagegeister in Grenzen.

NOTRUF

◎ **POLIZEI**: Tel. 112

◎ **KRANKENWAGEN**: Tel. 113.

◎ **FEUERWEHR**: Tel. 110.

ÖFFNUNGSZEITEN

◎ **BANKEN**: Mo–Mi und Fr 8.30 –15 / 15.30 Uhr, Do bis 16.30 Uhr.

◎ **POST**: Mo–Fr 8 –16.30 / 17 Uhr, Sa bis 9–12 / 13 Uhr.

◎ **GESCHÄFTE**: 9 –16/17 Uhr, Do bis 19/20 Uhr, Sa bis 13 Uhr, So geschlossen. Supermärkte bis 20/21/22 Uhr, Sa bis 18 Uhr.

◎ **ALKOHOLLADEN**: Mo–Mi 10 –16 Uhr, Do bis 17 Uhr, Fr 10 –16 Uhr, Sa 9–13 Uhr.

Die verkürzten Öffnungszeiten bei Banken, Postämtern sowie gewöhnlichen Geschäften gelten im Sommer, vom 15. Mai bis zum 1. September. Viele Unterkünfte, aber auch einige Museen öffnen – auf das Jahr bezogen – nicht an ...

◎ **TANKSTELLEN**: Mo–Sa normalerweise 8/9/10–20/21/22/24 Uhr. Sonntags geöffnet haben nur die Tankstellen in Svolvær und Leknes. Mehr auf Seite 277.

POST

◎ **PORTO**: Briefe (bis 20 g) und Postkarten kosten 9 NOK bei A-Post (Luftpost, nach Mitteleuropa 2–4 Tage unterwegs) bzw. 8,50 NOK bei B-Post (auf dem Land-/Luftweg, 5–7 Tage). Für A-Post benötigen Sie den passenden BLAUEN AUFKLEBER, den Sie am Postschalter beim Briefmarkenkauf erhalten (sollten).

◎ **POSTÄMTER** machen sich rar im Inselreich, da überall auf dem Land die kleineren Postämter geschlossen wurden bzw. werden. Nun gibt es auf den Lofoten nur noch im jeweiligen GEMEINDEZENTRUM ein Postamt; in kleineren Ortschaften (selbst in Kabelvåg oder Henningsvær) sind inzwischen Geschäfte oder Kioske für den Postverkehr zuständig.

◎ **POSTE RESTANTE**: Wer (noch) keine feste Adresse vor Ort hat, sollte sich deshalb postlagernde Sendungen möglichst nur nach Svolvær (mit Postleitzahl 8300), Leknes (8370), Ramberg (8380) oder Reine (8390) schicken lassen. Der Standardbriefkopf sieht dann so aus:

- Name
- Poste Restante
- N–Postleitzahl mit Ortsname
- Lofoten
- Norwegen

RADIO

Um auf Langwelle etwas zu hören, benötigt man eine lange Antenne (von ca. 2 m). Bleibt die KURZWELLE, auf der folgende Sender ausstrahlen:

◎ **DEUTSCHE WELLE**: 6.074 kHz, 49,0 m und 31,0 m; wer wissen will, was wann läuft, bestellt das kostenlose Programmheft: Deutsche Welle, Kurt-Schumacher Str. 3, 53113 Bonn, Tel. 0228/4290, www.dw-world.de.

◎ **DEUTSCHLANDFUNK**: 6.090 kHz, 49,0 m.

◎ **RADIO BREMEN**: 6.190 kHz auf 48,5 m.

◎ **SÜDWESTDEUTSCHER RUNDFUNK**: 6.030 kHz, 49,8 m.

◎ **RADIO SCHWEDEN**: 6.065 kHz, 49,1 m. Mehrmals zwischen 16.30 bis 19.30 Uhr halbstündige Sendezeit auf Deutsch, über ganz Skandinavien.

Die KOMMUNALEN SENDER des Lokalfunks senden:

◎ **VÅGAN**: Radio Lofoten, UKW 104,7 MHz (Svolvær). – 105,6 MHz (Henningsvær). – 106,5 MHz (Gimsøya).

◎ **VESTVÅGØYA**: Radio Vestvågøy, UKW 104,4 MHz (Leknes). – 107,1 MHZ (Hagskaret).

◎ **FLAKSTADØYA**: Moskenesradioen, UKW 107,7 MHz (Ramberg). – 105,5 MHz, 106,0 MHz (Fredvang).

◎ **MOSKENES**: Moskenesradioen, UKW 105,3 MHz (Sørvågen). – 106,3 MHz (Hamnøy).

◎ **VÆRØY**: Radio Værøy, auf UKW 103,9 MHz.

◎ **RØST**: Radio Røst, UKW 100,8 MHz.

RAUCHEN

In öffentlichen Verkehrsmitteln und Gebäuden herrscht seit 2004 absolutes Rauchverbot. Dies gilt ebenso für Restaurants und Cafés, Bars, Kneipen, Discos etc.

... runden Daten, sondern am Wochenende davor oder danach; deshalb finden Sie in diesem Buch zum Teil Angaben wie »von Anfang Mai bis etwa 20.8.«, da ein 4.6.–18.8. im nächsten Jahr bereits überholt und damit Humbug wäre.

REISEBÜROS

Reisebüros finden sich in Svolvær und in Leknes (Schiffs-, Bus-, Flug-, Zugsowie Kombitickets). Ansonsten informieren sämtliche Touristenbüros über Verkehrsverbindungen. Wer ein Reisebüro benötigt:

◎ **BENNETT REISEBYRÅ** in Svolvær, Vestfjordgt. 7, Tel. 7606 7880.

SEEFAHRTSREGELN

Wer mit dem eigenen oder einem geliehenen Boot aufs Meer hinausfährt, sollte sich an folgendes halten:

◎ Benutzen Sie ein **TYPEN-ANERKANNTES** Boot. Vor dem Start prüfen Sie Boot und Motor.

◎ Machen Sie sich vertraut mit der **SICHERHEITSAUSRÜSTUNG** an Bord. An Grund-Ausrüstung müssen vorhanden sein: Schöpfgefäß, Ruder, Ruderplöcke, Tau, Doppelhaken, Signal und Schwimmwesten.

◎ Richten Sie sich nach dem **WETTER** und beachten Sie die Wettermeldungen. Benutzen Sie das Boot nur in den Gewässern, wo es sicher ist; für den Moskenstraumen und die anderen GEZEITENSTRÖME zwischen den Inseln sind kleine Boote ungeeignet!

◎ Sorgen Sie für typen-anerkannte **SCHWIMMWESTEN**.

◎ Nehmen Sie Rücksicht auf andere, seien sie **UMWELTBEWUSST**: Plastiksack für Müll nicht vergessen.

◎ **AUSGERUHT** und **NÜCHTERN** sollte ein Bootsführer sein.

◎ Geben Sie **BESCHEID**, wenn Sie hinausfahren. Sagen Sie auch, wohin es geht und für wie lange etwa. An KOMPASS (eventuell auch SEEKARTE) denken: Mitunter treten ganz rasch undurchdringliche Nebelbänke auf.

◎ In kleinen **PLASTIKBOOTEN** ruhig sitzen. Bei Platzwechsel immer nur eine Person auf einmal. Schuhwerk mit Gummisohlen benutzen.

◎ Bleiben Sie an Bord, falls das Boot **KENTERT**.

◎ Beachten Sie die **SEEFAHRTSREGELN**, weichen Sie rechtzeitig aus.

◎ **RESPEKTIEREN** Sie die zugelassenen HÖCHSTGESCHWINDIGKEITEN. Innerhalb eines Hafenbeckens stets langsam fahren.

SOUVENIRS

In den größeren Ortschaften wie Leknes und Svolvær, Kabelvåg und Henningsvær, Ramberg und Reine laden Kunstgewerbegeschäfte ein - auch mit HUSFLIDEN bezeichnet –, wo traditionell norwegische Produkte verkauft werden: so etwa die berühmten Strickpullover, Strickjacken etc. im Norweger-Muster, überhaupt Strickwaren jeder Art, Glas- und Zinnwaren, gewebte Wandteppiche nebst handbemalten Holzgegenständen, Textildrucken, Schmuck, Keramiken u.v.a. In Henningsvær und Vikten stellen Glasbläsereien teils ansprechende Arbeiten her, und auch Trolle stehen im »Land der Trolle« fast überall im Souvenir-Angebot. In Leknes und Svolvær bieten sich zudem Sportgeschäfte mit einer ordentlichen Auswahl an qualitativ hochwertigen Messern an (handgeschmiedete Klingen); beliebte Mitbringsel sind aber auch Angel-Utensilien.

Den preisbewussten Urlaubern sei empfohlen, möglichst in denjenigen Geschäften zu kaufen, die dem TAX-FREE-System angeschlossen sind (siehe Seite 337).

SPIRITUOSEN

Ohne Zweifel gibt es einen innigen ZUSAMMENHANG ZWISCHEN KLIMA UND TRINKGEWOHNHEITEN – und in Norwegen ist das Klima hart; je nördlicher man kommt, desto härter wird es, sprich: desto mehr wird getrunken – bis die gegen Ende des 19. Jhs. aufkommenden Absolutisten mit Erfolg gegen den »Teufel Alkohol« zu Felde zogen. Heute wird der Stoff, der das Walhalla der Wikinger erst zum Paradies machte, nur noch zu hohen Preisen (Wein ab 80 NOK, »harte Sachen« im Durchschnitt 250–400 NOK, 1 Dose Pils gut 25 NOK) über ein staatliches Ladennetz verkauft. Im Pub kostet der halbe Liter (oft nur 0,4 l) um 55 NOK.

Der BALANCEAKT zur Drosselung des Verbrauchs FUNKTIONIERT offiziell gut, zum Vergleich: in Frankreich werden 13,3 l reiner Alkohol pro Kopf verbraucht, in der BRD 11, in England 6,6, in Schweden 5,5 und in Norwegen 3,8 l – obwohl es auffällt, dass Norwegen mit den höchsten HEFEKONSUM überhaupt hält. Der Gärstoff wird in solchen Mengen abgesetzt, dass laut Statistik jede/r NorwegerIn täglich ein selbst gebackenes Hefebrot verzehren müsste – doch sein Brot selbst zu backen ist eher unüblich.

Wer als Urlauber seiner Leber keine Ruhe gönnt, muss die Reisekasse belasten wie auch die Nerven strapazieren auf der Suche nach den rar gesäten ALKOHOLLÄDEN, die den Namen VINMONOPOLET A/S tragen und im Volksmund nur *Polet* heißen. Auf den Lofoten muss man nach Svolvær auf Austvågøya, wo sich ein Vinmonopolet im AMFI-Einkaufszentrum verbirgt (Erdgeschoss, ganz hinten rechts); in Leknes gibt es einen Alkoholladen im Einkaufszentrum »Lofotsenter« an der Hauptstraße, Storgt. 8 (siehe die »Öffnungszeiten« auf Seite 334).

Bier bekommt man in Svolvær im direkt gegenüber vom Alkladen eingerichteten ØLUTSALG; weitere Bier-Verkaufsstellen findet man auf Austvågøya lediglich in Kabelvåg neben dem Torget (ab Torget der Straße neben dem MIX-Kiosk folgen) sowie in Henningsvær (dem Kiosk am Marktplatz angeschlossen). – In den Supermärkten wird hier noch kein Bier verkauft: Bald soll darüber ein Volksentscheid bestimmen. – Auf Vestvågøya wird dies freizügiger gehandhabt, wo man in den größeren Supermärkten fündig wird.

Nur Leichtbier (2,8 %) und alkoholfreies Bier ist überall zu erstehen (Kioske, Tankstellen, Supermärkte etc.).

Der Gerstensaft ist von hoher Qualität. Die Lofoter schwören übrigens auf MACK'S, gebraut in Tromsø, in der »nördlichsten Brauerei der Welt«.

TAX-FREE-SYSTEM

Ob Kunstgewerbe, Schmuck, Keramiken, Textildrucke, Webstoffe, Strickwaren oder -garn, Holzarbeiten, Silber-, Bronze-, Emaille-, Glas-, Zinnwaren, Glas oder Porzellan – kaufen Sie möglichst nur in solchen Geschäften, die der Tax-free-Aufkleber markiert. Bei Waren im Wert ab 315 NOK kann man sich dort einen TAX-FREE-Scheck ausstellen lassen, mit dem an Flughäfen, auf Fähren und an den größeren Grenzübergängen ein Teil der Mehrwehrtsteuer abzüglich einer Gebühr in bar vergütet wird. Dabei muss man seinen Wohnsitz außerhalb Skandina-

viens haben und einen Pass oder Personalausweis vorlegen. Die Ware darf vor der Ausreise nicht gebraucht werden und muss spätestens vier Wochen nach Kauftermin außer Landes sein.
◎ **INFORMATION**: Global Refund Norge, Postboks 48, N–1332 Østerås, Tel. 6715 6010, Fax 6715 6029, www.globalrefund.no.

TELEFON

Es macht Sinn, das Handy von zu Hause mitzubringen und für Norwegen freischalten zu lassen oder vor Ort eine eigene SIM-Karte zu kaufen. Denn öffentliche Telefonzellen gibt's kaum noch auf den Inseln. In Svolvær, Kabelvåg, Henningsvær, Leknes, Ramberg und Reine findet sich gerade noch je eine, und die sind zudem oft außer Betrieb. Wenn´s denn doch klappt: Die Bedienung ist wie üblich, zudem verfügt jede Kabine über eine mehrsprachige Anleitung (auch auf Deutsch).

Die Fernsprecher akzeptieren Telefonkarten und zumeist auch Münzen (1- und 5-, 10- sowie 20-NOK-Stücke). Telefonkarten gibt es u.a. in Kiosken und an Tankstellen zu kaufen.

Die Gebühren für ein dreiminütiges Gespräch nach Deutschland liegen derzeit bei etwa 8 NOK (Startgebühr rund 5 NOK, je Minute ca. 1 NOK).
◎ Für **AUSLANDSGESPRÄCHE** wählt man die 00, gefolgt von Landeskennzahl, Ortsnetzkennzahl (ohne 0) und gewünschter Rufnummer.
◎ **LANDESKENNZAHLEN**: Deutschland 00-49, Österreich 00-43, Schweiz 00–41, Luxemburg 00-352, Belgien 00-32, Niederlande 00-31.
◎ **LANDESKENNZAHL NORWEGEN**: 00-47.
◎ **ORTSKENNZAHLEN** gibt es nicht in Norwegen: Alle acht Ziffern der Rufnummer müssen gewählt werden, ob man sich im Ort selbst befindet oder von außerhalb anruft.
◎ **MOBILTELEFONE** sind in Norwegen populär. Vorwahlen gibt es auch hier keine, Mobilnummern erkennt man an der ersten Ziffer, entweder eine »9« oder eine »4«. Zu nutzen sind die Systeme GSM 900 (= D-Netze), GSM 1800 (= E-Netze) und NMT.

TRINKGELD

Trinkgelder sind in Norwegen nicht üblich, da neben der Mehrwertsteuer die Bedienung im Endbetrag enthalten ist; doch eine Aufrundung wird gern entgegengenommen. Vor allem im Restaurant hat es sich eingebürgert, die Summe aufzurunden. Taxifahrer erwarten rund 10 %.

ZEIT

In Norwegen gilt – wie in Mitteleuropa auch – die MEZ und auch die Sommerzeit (vom letzten März- bis zum letzten Oktoberwochenende).

ZEITUNGEN

Deutschsprachige Zeitschriften und Zeitschriften (Welt, Süddeutsche Zeitung, Zeit, Bild; Spiegel, Stern, diverse Frauenzeitschriften u.a.) sind während der Saison (Mitte Juni bis Mitte August) in den Kiosken von Svolvær aufzutreiben. Das umfangreichste Angebot hat das Zeitschriften- und Süßwarengeschäft am Torget/Marktplatz schräg gegenüber des Touristenbüros, am Anleger des Trollfjord-Boots.

Wer viel innerhalb Norwegens mobil telefonieren will, kauft ein Startpakke (mit Chip) etwa von »Netcom«, meldet sich per Anruf an und kann ohne Formalität sofort und mit eigener Rufnummer loslegen. Die Kosten sind relativ niedrig.

Wörterkladde

Ein Land, zwei Sprachen

Die älteste in Norwegen nachweisbare Sprache ist das URNORDISCHE, das im 2. Jh. auftauchte und mit den gemeingermanischen 24 Runen geschrieben wurde. Gegen 600 n.Chr. wurde aus dem Urnordischen das ALTWESTNORDISCHE, das ins Ältere Altwestnordische (Wikingerzeit – Runen) sowie ins Jüngere Altwestnordische (bis 1350 – lateinische Buchstaben) zerfiel.

Als 1314 der königliche Hof von Bergen nach Oslo umzog, wandelte sich das Altwestnordische zum MITTELNORWEGISCHEN, das 1525 vom DÄNISCHEN abgelöst wurde, da die Dänen damals die Herren auch von Norwegen waren. So blieb es bis ins 19. Jahrhundert hinein, und als Norwegen 1814 aus der Union mit Dänemark austrat, hatten die Norweger die DÄNISCHE SCHRIFTSPRACHE, sprachen aber zahlreiche Dialekte, die nationalbewusste Zeitgenossen als Norwegisch bezeichneten.

Das Nationalbewusstsein war erwacht – eine eigene Schriftsprache musste her. Die Sprachenfrage wurde ein heiß umstrittenes Thema: Es entstanden zwei Lager, und jedes begab sich an die Arbeit. Das eine wollte das Dänische als Ausgangspunkt nehmen und es Wort für Wort »norwegisieren«. Das andere Lager empfand solches Vorgehen als unzureichend und wollte gleich eine neue norwegische Sprache schaffen, die auf einem »rein« norwegischen Dialektsubstrat aufzubauen und durch altnordische Elemente zu ergänzen sei.

Auf diese Weise entstanden zwei Schriftsprachen, das *Riksmål,* das heute BOKMÅL genannt wird, sowie das *Landsmål,* heute als NYNORSK gebräuchlich. 1985 wurden BEIDE ALS OFFIZIELLE Schriftsprachen Norwegens anerkannt; während die (nicht nur) ländliche Bevölkerung vor allem des Südwestens und des Westens auf Nynorsk schwört, halten es der Großraum Oslo, Wirtschaft, Verwaltung, Literatur sowie das Gros der Presse mit dem Bokmål.

Zur Zeit sprechen 14 % der Bevölkerung Nynorsk, weshalb öffentliche Formulare stets zweisprachig sind. Sogar für den Landesnamen existieren zwei parallele Varianten, wie auf Banknoten und Briefmarken dokumentiert: NORGE steht für Bokmål, NOREG für Nynorsk.

Die Lofoter sprechen hauptsächlich Bokmål oder – wenn sie unter sich sind – ihren eigenen Lofoten-Dialekt. Englisch versteht fast jeder, auch mit Deutsch kommt man gut durch, und wer »norddeutsches Platt« spricht, wird oft verstanden und kann selbst viel verstehen.

Man kommt immer irgendwie zurecht. Wer sich jedoch die Mühe gibt, seine Wünsche in der Landessprache zu artikulieren, wird auf offenere Ohren stoßen.

Aussprache/Betonung

Die Vokabeln zu kennen ist eine Sache, sie richtig auszusprechen und zu betonen eine andere.

◎ **VOKALE**: In der Orthographie weist die norwegische Sprache mehrere BESONDERHEITEN auf. Es sind dies die Buchstaben:

- *å* und *Å* = o (O), wie in »Nord«
- *æ* und *Æ* = ä (Ä)
- *ø* und *Ø* = ö (Ö)

Die übrigen Vokale sprechen sich wie im Deutschen aus, *o* jedoch meistens wie »u« und *u* wie »ü«.

◎ Mit den **KONSONANTEN** ist es etwas schwieriger:

- *d* ist stumm vor s und nach n sowie l und als Endkonsonant nach r und l
- *g* wird vor i und y wie »j« ausgesprochen
- *gj* wird wie »j« ausgesprochen
- *h* vor j und v ist stumm
- *k* vor i und y wird wie «ch» ausgesprochen
- *kj* ebenfalls wie »ch«, nach Vokalen hingegen wie »i«, sonst wie »j«
- *s* ist stimmlos (geht in vielen Dialekten schon in Richtung »sch«)
- *sk* wird vor i und j wie »sch« ausgesprochen
- *sj* stets wie »sch«
- *v* wie »w«

Auf Karten und Schildern werden Sie gelegentlich bemerken, dass Namen ein »et«, »en« oder »a« angefügt ist. Es handelt sich hierbei um **BESTIMMTE ARTIKEL**, die, anders als im Deutschen, an das Substantiv gehängt werden: »et« und »en« stammen aus dem Bokmål, »a« aus dem Nynorsk. Das Anhängen des bestimmten Artikels an das Substantiv ist eine Eigenheit der skandinavischen Sprachen.
Streng genommen, müsste es im Deutschen der (Gipfel) Glomtind heißen anstatt der Glomtinden. – Doch selbst Profis, die tagtäglich mit den skandinavischen Sprachen umgehen, verwenden die vor Ort übliche Schreibweise, gebrauchen Sie quasi als Eigennamen.
Einzige Ausnahmen in diesem Reiseführer sind die eingedeutschte Bezeichnung Fjord (Vestfjord statt Vestfjorden) sowie dal für Tal (Rangeldal statt Rangeldalen). Ebenso haben wir auf den angehängten Artikel verzichtet, wenn dies auf den für Wanderer wichtigen norwegischen topografischen Karten so gehandhabt wurde – um Missverständnisse draußen im Gelände auszuschließen.

Mini-Lexikon

GRUNDZAHLEN

1: *en*
2: *to*
3: *tre*
4: *fire*
5: *fem*
6: *seks*
7: *syv, sju*
8: *åtte*
9: *ni*
10: *ti*
11: *elleve* (sprich: ellw)

Um die jeweiligen Wörterlisten besser überschauen zu können, finden Sie Begriffe zu Topografie und Wetter bei den Wanderungen (siehe Seiten 194–196) sowie ein Kulinarisches Lexikon unter »Essen und Trinken« (siehe Seite 313 f.).

12: *tolv* (sprich: toll)
13: *tretten* (sprich: tr'etn)
14: *fjorten* (sprich: fj'uhrtn)
15: *femten* (sprich: femtn)
16: *seksten* (sprich: s'e-istn)
17: *sytten* (sprich: s'ütn)
18: *atten* (sprich: otn)
19: *nitten* (sprich: n'itn)
20: *tjue, tyve*
25: *tjuefem, femogtyve*
30: *tretti*
40: *førti*
50: *femti*
60: *seksti*
70: *sytti*
80: *åtti*
90: *nitti*
100: *hundre*
150: *hundreogfemti*
200: *to hundre*
1000: *tusen*
2000: *to tusen*

ORDNUNGSZAHLEN

1.: *første*
2.: *andre*
3.: *tredje*
4.: *fjerde*
5.: *femte*
6.: *sjette*
7.: *sjuende*
8.: *åttende*
9.: *niende*
10.: *tiende*
100.: *hundrede*
1000.: *tusende*

ZEITBEGRIFFE

Montag: *mandag*
Dienstag: *tirsdag*
Mittwoch: *onsdag*
Donnerstag: *torsdag*
Freitag: *fredag*
Samstag: *lørdag*
Sonntag: *søndag*

Januar: *januar*
Februar: *februar*
März: *mars*
April: *april*
Mai: *mai*
Juni: *juni*
Juli: *juli*
August: *august*
September: *september*
Oktober: *oktober*
November: *november*
Dezember: *desember*

Frühling: *vår*
Sommer: *sommer*
Herbst: *høst*
Winter: *vinter*

Sekunde: *sekund*
Minute: *minutt*
Stunde: *time*
Tag: *dag*
Woche: *uke*
Monat: *måned*
Jahr: *år*
Werktag: *hverdag/kvardag*
Feiertag: *helligdag*

ALLGEMEINES

ja/nein: *ja/nei*
Entschuldigung: *unnskyld*
Bitte: *vær så snill!*
Danke: *takk!*
Vielen Dank: *mange takk!*
Sprichst du Deutsch:
Snakker du tysk?
Ich verstehe nicht: *jeg forstår ikke*
Mann: *mann*
Frau: *kvinne, dame* oder *frue* (Ehefrau) oder *fru* (Anredeform)

Das Duzen ist in Norwegen üblich. Lediglich die Mitglieder des Königshauses, einige hoch gestellte Politiker (ihres Amtes wegen) und ältere Menschen, denen man ausdrücklich Respekt zollen möchte, sollten gesiezt werden.

Sohn/Tochter: *sønn/datter*
Wie heißt du: *hva heter du?*
Mein Name ist ...: *jeg heter ...*
Ich bin auf Urlaub: *jeg er på ferie*
Hallo: *hei!*
Guten Tag: *god dag*
Guten Abend: *god aften*
Gute Nacht: *god natt*
Auf Wiedersehen: *farvel, adjø*

RUND UMS FAHRZEUG

Wie komme ich nach ...:
Hvordan kommer jeg til ...?
Wieviele Kilometer sind es bis ...:
Hvor mange kilometer er det til ...?
Wo ist die nächste Tankstelle:
Hvor er nærmeste bensinstasjon?
Bitte volltanken: *Full tank, takk*
Zeigst du mir das bitte auf der Karte:
Kan du vise meg det på kartet?
Wie weit ist das: *Hvor langt er det?*
Darf ich hier parken:
Kan jeg parkere her?
Es ist ein Unfall passiert:
Det er skjedd et ulykke
Mein Auto hat eine Panne:
Bilen har motorstopp
Der Motor springt nicht an:
Motoren vil ikke starte
Mein Auto hat eine Reifenpanne:
Bilen har punktert
Bilverksted: Autowerkstatt
Blindvei: Sackgasse
Bomvei: Mautstraße
Dårlig veidekke: schlechte Fahrbahn
Enveiskjøring: Einbahnstraße
Fartsgrense:
Geschwindigkeitsbegrenzung
Forbudt: verboten
Forbikjøring forbudt:
Überholen verboten
Gjennomkjøring forbudt:
Durchfahrt verboten
Innkjørsel: Einfahrt
Kjør sakte: langsam fahren
Lekeplass: Kinderspielplatz
Livsfare: Lebensgefahr
Omkjøring: Umleitung
Privat vei: Privatweg
Rett frem/fram: geradeaus
Stengt: geschlossen
Stopp: Halt
Stopp forbudt: Halten verboten
Svake kanter:
Fahrbahnrand nicht befahrbar
Toll: Zoll
Veiarbeid: Baustelle

Abblendlicht: *nærlys*
Abschleppdienst: *redningstjeneste*
Achse: *aksel*
Anlasser: *selvstarter*
Auspuff: *eksosrør*
Auto: *bil*
Autofähre: *bilferje*
Autovermietung: *bilutleie*
Batterie: *batteri*
Benzin: *bensin*
Blinker: *blinklys*
Bremse: *bremse*
Dichtung: *pakning*
Ersatzrad: *reservehjul*
Fehler: *feil*
Fernlicht: *fjernlys*
Führerschein: *førerkort*
Getriebe: *gir*
Handbremse: *håndbremse*
Hupe: *horn*
Keilriemen: *vifterem*
Kühler: *kjøler*
Lenkrad: *ratt*
Leihwagen: *leiebil*
Moped: *moped*
Motor: *motor*
Motorrad: *motorsykkel*
Öl: *olje*

Um die jeweiligen Wörterlisten besser überschauen zu können, finden Sie Begriffe zu Topografie und Wetter bei den Wanderungen (siehe Seiten 194–196) sowie ein Kulinarisches Lexikon unter »Essen und Trinken« (siehe Seite 313 f.).

Panne: *uhell, motorstopp*
Reifen: *dekk*
Rücklicht: *baklys*
Scheinwerfer: *frontlys*
Sicherheitsgurt: *sikkerhetsbelte*
Sicherung: *sikring*
Straße: *gate*
Ventil: *ventil*
Vergaser: *forgasser*
Verteiler: *fordeler*
Werkstatt: *bilverksted*
Windschutzscheibe: *frontglass*
Zündkerze: *tennplugg*
Zündschlüssel: *tenningsnøkkel*
Zündung: *tenning*
Zylinder: *sylinder*
Zylinderkopfdichtung: *topp-pakning*

ARZT/APOTHEKE

Arzt, Zahnarzt: *lege, tannlege*
Apotheke: *apotek*
Chirurg: *kirurg*
Frauenarzt: *kvinnelege*
Hals-, Nasen-, Ohrenarzt:
øre-, nese- hals-spesialist
Internist: *indremedisiner*
Kinderarzt: *barnelege*
Unfallstation: *legevakt*
Erste Hilfe: *førstehjelp*
Wo ist hier eine Apotheke:
Hvor er det et apotek?
Ich habe ein Rezept: *Jeg har en resept*
Ich möchte ...: *Jeg vil gjerne ha*
ein Beruhigungsmittel:
et beroligende middel
ein Hustenmittel:
et middel mot hoste
ein Schlafmittel: *et sovemiddel*
ein Mittel gegen: *et middel mot*
Durchfall: *diare*
Erkältung: *forkjølelse*
Halsschmerzen: *halssmerter*
Kopfschmerzen: *hodepine*
Zahnschmerzen: *tannverk*
Antibabypille: *p-pille*
Antibiotikum: *antibiotika*
Binde: *bind*
Hustensaft: *hostesaft*
Kamille: *kamille*
Magentropfen: *magedråper*
Pflaster: *plaster*

POST

Wo ist das nächste Postamt:
Hvor er nærmeste postkontor?
Wo ist ein Briefkasten:
Hvor er det en postkasse?
Absender: *avsender*
Adresse: *adresse*
Ansichtskarte: *prospektkort*
Brief: *brev*
Briefmarke: *frimerke*
Briefumschlag: *konvolutt*
Drucksache: *trykksak*
Einschreiben: *rekommandert brev*
Empfänger: *mottakker*
Formular: *blankett*
Gebühr: *gebyr*
Gewicht: *vekt*
Luftpost: *luftpost*
Paket: *pakke*
postlagernd: *poste restante*
Telefon: *telefon*
Vermittlung: *sentral*

HERBERGE

Wo ist eine gute Pension:
Hvor er et godt pensjonat?
Hast du ein freies Zimmer:
Har du et ledig værelse/rom?
Ich habe ein Zimmer bestellt:
Jeg har bestilt et værelse/rom
Kann ich das Zimmer ansehen:
Kan jeg få et blikk på rommet?
Ich bleibe eine Nacht/Tage/Wochen:
Jeg blir en natt/dager/uker)

Wieviel kostet das Zimmer je Tag/Woche: *Hvor mye koster rommet per døgn/uke?*
Einzelzimmer: *enkeltrom*
Dopppelzimmer *dobbeltrom*
Dusche: *dusj*
Balkon: *balkong*
mit: *med*
ohne: *uten*
Toilette: *toalett*

EINKAUFEN
Wo hast du ... : *Hvor har du ...?*
Wieviel kostet ...: *Hvor meget koster ...?*
Das gefällt mir (nicht): *Dette liker jeg (ikke)*
Gib mir ...: *Gi meg ...*
Das ist zu ...: *Det er for ...*
- teuer: *dyrt*
- klein: *liten*
- groß: *stort*
- kurz: *kort*
- lang: *langt*

Ich möchte gerne ... kaufen: *Jeg vil gjerne kjøpe ...*
Brot: *brød*
Schwarzbrot: *dansk rugbrød*
Fladenbrot: *flatbrød*
Knäckebrot: *knekkebrød*
Weißbrot: *loff*
Brötchen: *rundstykke*
Käse: *ost*
Milch: *melk*
Vollmilch (3,8%): *helmelk,* abgekürzt *H-Melk*
Halbfett-Milch (1,5%): *lettmelk*
Magermilch (0,1%): *skummet melk*
Buttermilch (3,8%, eher mit Kefir zu vergleichen): *kulturmelk*
Buttermilch (0,1%): *skummet kulturmelk*
Sauermilch: *surmelk*
Saure Sahne (35%): *seter-rømme*
Saure Sahne (20%): *lett-rømme*
Sahne: *fløte*

ÖFFENTLICHE VERKEHRSMITTEL
Abfahrt: *avgang*
Ankunft: *ankomst*
Bahnhof: *stasjon*
Fahrkarte: *billett*
Kinderfahrkarte: *barnebillett*
Rückfahrkarte: *returbillett*
Erste Klasse: *første klasse*
Nichtraucher: *ikke-røkere*
Taxi: *drosje*
Bus: *buss*
Haltestelle: *stoppested*
Zug: *tog*
Flugzeug: *fly*
Flughafen: *flyplass*
Schiff: *skip*
Fähre: *ferje*
Hafen: *havn*
Wie komme ich zum Bahnhof (Hafen, Flughafen): *Hvordan kommer jeg til stasjonen (havn, flypass)?*
Wohin willst du: *Hvor skal du hen?*
Ich will nach ...: *Jeg skal til ...*
Welcher Bus geht nach ...: *Hvilken buss går til ...?*
Welche ist die beste Verbindung nach ...: *Hva er den beste forbindelsen til ...?*
Wann fährt der nächste Zug nach ...: *Når går det nest tog til ...?*
Einmal zweiter (erster) Klasse nach ...: *En enkelbillett andre (første) klasse til ...*
Wie lange ist die Karte gültig: *Hvor lenge gjelder billetten?*
Hält der Zug in ...: *Stanser toget in...?*
Verzeihung, ist dieser Platz besetzt: *Unnskyld, er denne plassen opptatt?*

Um die jeweiligen Wörterlisten besser überschauen zu können, finden Sie Begriffe zu Topografie und Wetter bei den Wanderungen (siehe Seiten 194–196) sowie ein Kulinarisches Lexikon unter »Essen und Trinken« (siehe Seite 313 f.).

Anreise

Mit dem eigenen Fahrzeug

Wir skizzieren die Anreisevarianten durch Norwegen und Schweden: Beträgt die kürzeste Straßendistanz von Oslo zum Archipel ca. 780 km (bzw. 1350 km bei Benutzung der Fähre Skutvik – Lofoten), muss man von Göteborg aus rund 2200 km ansetzen; jedoch ist die Fahrzeit bei beiden Routen fast gleich (ca. 28 Std.), denn während – auf die ganze Strecke bezogen – innerhalb Norwegens mit nur wenig mehr als 60 km/h im Schnitt zu rechnen ist, ist Schweden mit etwa 80 km/h im Schnitt zu durchfahren.

Hierzu addieren sich die Anfahrtzeiten zum dänischen oder zum deutschen Fährhafen, zweitens die Fährzeiten vom Kontinent nach Skandinavien sowie die Strecke vom norwegischen Festland auf die Lofoten; die neue Øresund-Verbindung zwischen Dänemark und Schweden ermöglicht zwar die Anfahrt ohne Fähre, bedingt jedoch hunderte weiterer Kilometer, da man zunächst Dänemark in seiner ganzen Breite durchqueren und anschließend von Südschweden aus weiter muss; zudem kostet das Tunnel- und Brückenband Gebühr (für einen Pkw inklusive aller Personen zuletzt 34 €, auch Kreditkartenzahlung möglich, ebenso Kombitickets für die Brücke sowie bestimmte Fähren der Reederei »Scandlines«), so dass diese Variante für eine Reise nach Nordskandinavien nicht billiger und schon gar nicht schneller ist; auf der Fähre können Sie zudem schlafen, am Lenkrad nicht.

Fazit: Es ist unrealistisch, von Norddeutschland aus schneller als in etwa zweieinhalb Tagen die Lofoten zu erreichen; für hin und zurück sollte man im Sinn des Reise-Erlebnisses wenigstens eine Woche ansetzen, will man unterwegs etwas von der Fahrt haben und nicht mehr als 12 Stunden täglich hinter dem Lenkrad verbringen.

FÄHRVERBINDUNGEN NACH NORWEGEN UND SCHWEDEN

Eine Schiffsreise ist ein angemessener Auftakt für die Lofoten-Tour. Wer zwischen Mitte Juni und Mitte August anreist, ist gut beraten, rechtzeitig zu RESERVIEREN, da sonst mit mehrtägigen Wartezeiten am Anleger zu rechnen ist; dies gilt besonders, wenn man an bestimmte Tage – freitags und samstags – gebunden ist. Welche der Verbindungen in Frage kommen – siehe Seite 346 f. –, hängt vom Wohnort, der Routenwahl und natürlich auch vom Budget ab.

Ein PREISVERGLEICH lohnt stets; man sollte sich in einem mit Skandinavien vertrauten Reisebüro beraten lassen oder selbst die Angebote der Reedereien genau miteinander vergleichen und das Ticket schon vor der Abreise erstehen: das kommt in vielen Fällen merklich billiger, als zahlte man

Über die Öresundbrücke zwischen Dänemark und Schweden informiert die auch deutschsprachige Webseite www.oeresundsbron.com. Die Mautstelle befindet sich auf der schwedischen Seite.

die Passage erst am Fährhafen; außerdem gibt es zahlreiche Spartarife (Autosparkete mit allen Personen inklusive), die aber kontingentiert und mitunter rasch vergriffen sind.

◎ **DEUTSCHLAND-NORWEGEN**: Kiel–Oslo (Reederei »Color Line«).

◎ **DÄNEMARK-NORWEGEN**: Frederikshavn–Oslo (»Stena Line« und »Color Line«), Hirtshals–Langesund (»Kystlink«), Hirtshals–Larvik (»Color Line«), Hirtshals–Kristiansand (»Color Line«), Kopenhagen–Oslo (»DFDS Seaways«), Hanstholm–Egersund–Haugesund–Bergen (»Fjord Line«), Hirtshals–Stavanger–Bergen (»Color Line«); die beiden letztgenannten Fährrouten nach Westnorwegen sind nur in der (kostspieligen) Kombination mit der Weiterreise auf einem Hurtigruten-Schiff denkbar (siehe Seite 354).

◎ **DEUTSCHLAND-SCHWEDEN**: Kiel–Göteborg (»Stena Line«), Travemünde–Trelleborg (»TT-Line«), Rostock–Trelleborg (»Scandlines« sowie »TT-Line«), Sassnitz–Trelleborg (wieder mit »Scandlines«).

◎ **DEUTSCHLAND-DÄNEMARK-SCHWEDEN**: Puttgarden–Rødby/DK in Kombination mit der Øresundbrücke oder Helsingør/DK–Helsingborg (»Scandlines«), Rostock–Gedser/DK in Kombination mit Øresundbrücke oder Helsingør/DK-Helsingborg (»Scandlines«).

◎ **DÄNEMARK-SCHWEDEN**: Frederikshavn–Göteborg (»Stena Line«) sowie Helsingør–Helsingborg (»Scandlines«); da diese Routen sehr kurz sind und von Westen nach Osten verlaufen, taugen sie nicht, die totale Wegstrecke nach Zeit oder Kilometern zu verkürzen.

DIE REEDEREIEN

◎ **COLOR LINE**, Postfach 60 80, (Norwegenkai) 24121 Kiel, Tel. 0431 – 7300 300, Fax 0431 – 7300 400, via E-mail: kundendienst@colorline.com, www.colorline.de.

◎ **DFDS SEAWAYS**, Högerdamm 41, 20097 Hamburg, Tel. 01805 – 304 350, www.dfdsseaways.de.

◎ **FJORD LINE**, c/o MVP travel, Postfach 1203, 18302 Ribnitz-Damgarten, Telefon 03821 – 709 4410, Fax 03821 – 709 4411, fjord.line@mvp-travel.eu, www.fjordline.de.

◎ **KYSTLINK**, c/o Karl Geuther GmbH, Martinistraße 58, 28195 Bremen, Tel. 0421 – 1760 362, Fax 0421 – 18575, kystlink@geuther.com, www.kystlink.de.

◎ **SCANDLINES**, Hochhaus am Fährhafen, 18119 Rostock, Tel. 01805 – 11 66 88, Fax 0381 – 5435 678, buchung@scandlines.de, www.scandlines.de.

◎ **STENA LINE**, Schwedenkai 1, 24103 Kiel, Tel. 01805 – 916 666, info.de@stenaline. com, www.stenaline.de.

◎ **TT-LINE**, Zum Hafenplatz 1, 23570 Lübeck-Travemünde, Telefon 04502 – 8010, www.ttline.de.

ANFAHRT DURCH NORWEGEN

Im Vergleich der Distanzen schneidet die Route von Oslo nach Bodø (Fährhafen), Skutvik (Fährhafen) oder Svolvær (via Narvik und die E 10) am besten ab: Insgesamt sind bis Bodø gut 1200 km zurückzulegen, bis Skutvik 1350 km, nach Narvik 1550 km (plus 230 km bis Svolvær).

Die Strecke ab Egersund ist je nach Reiseziel ca. 300 km länger, die ab Kristiansand um 400 km, die ab Bergen ca. 150 km, die ab Larvik um 120 km.

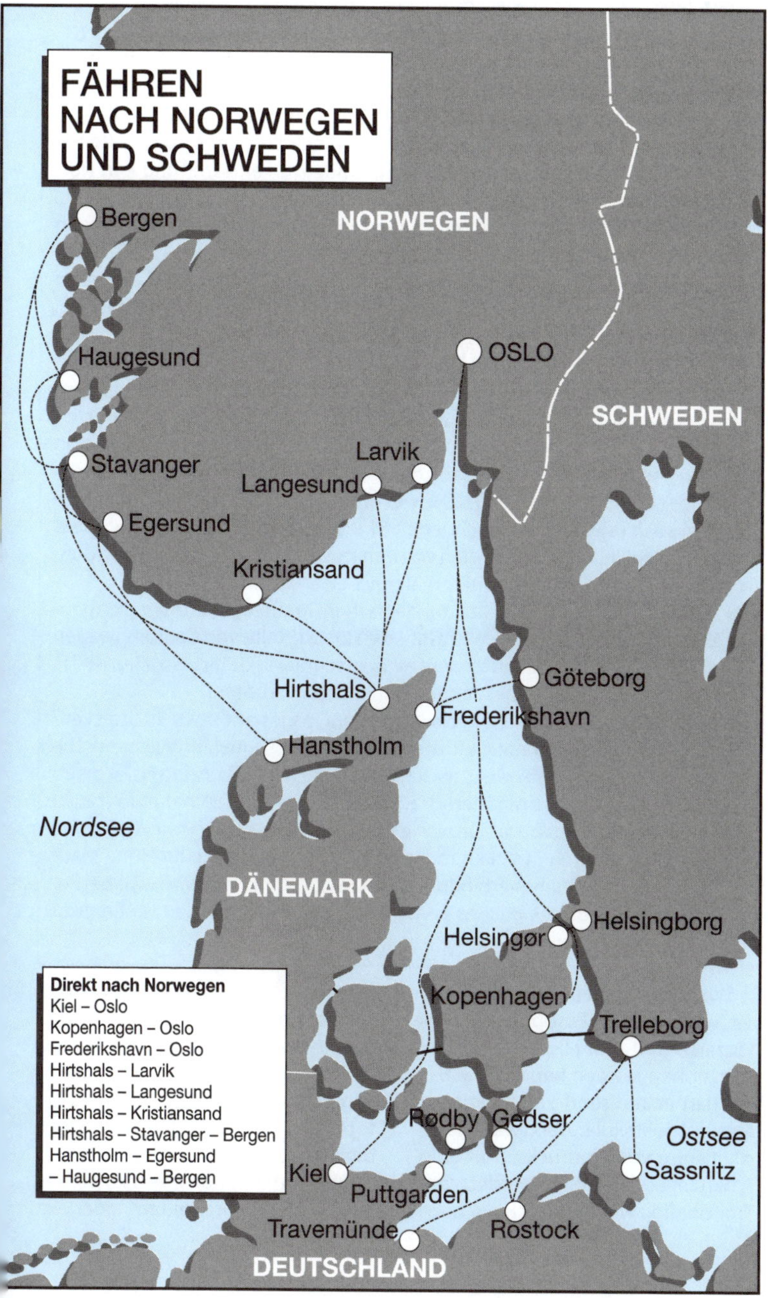
FÄHREN
NACH NORWEGEN
UND SCHWEDEN
NORWEGEN
SCHWEDEN
Bergen
Haugesund
Stavanger
Egersund
Kristiansand
Langesund
Larvik
OSLO
Göteborg
Hirtshals
Frederikshavn
Hanstholm
Nordsee
DÄNEMARK
Helsingør
Helsingborg
Kopenhagen
Trelleborg
Rødby
Gedser
Ostsee
Kiel
Puttgarden
Sassnitz
Travemünde
Rostock
DEUTSCHLAND
Direkt nach Norwegen
Kiel – Oslo
Kopenhagen – Oslo
Frederikshavn – Oslo
Hirtshals – Larvik
Hirtshals – Langesund
Hirtshals – Kristiansand
Hirtshals – Stavanger – Bergen
Hanstholm – Egersund
– Haugesund – Bergen

AUTOFAHREN IN NORWEGEN

◎ Verschiedene **HOCHGEBIRGSSTRASSEN** sind im Winter (teils schon ab Oktober) und Frühling (teils bis in den Juni hinein) gesperrt. Auskünfte darüber erhält man beim Norwegischen Fremdenverkehrsamt und – in Norwegen – über Statens Vegvesen, Tel. 175 und 81 54 89 91, www.vegvesen.no. Auch dies ist ein Grund, mit dem eigenen Fahrzeug nicht in Westnorwegen gen Lofoten zu starten, da dort einige Passstraßen anstehen.

◎ Die **NAF-NOTRUFZENTRALE** (Norsk Automobil Forbund) ist 24 Std. zu erreichen unter Tel. 8100 0505. Die reine Pannenhilfe ist, wie international üblich, für Mitglieder der deutschen Automobilclubs kostenlos.

◎ **VERKEHRSBESTIMMUNGEN**: Die erlaubte maximale Geschwindigkeit liegt bei 50 km/h innerhalb geschlossener Ortschaften, 80 km/h außerhalb bzw. 60 km/h für (ungebremste) Gespanne. Eine Überschreitung der erlaubten Höchstgeschwindigkeit kann teuer zu stehen kommen: Fährt man nur 1 km schneller als erlaubt, zahlt man 600 NOK! 500 NOK muss zahlen, wer »gurtlos« erwischt wird, 2000 NOK, wer ohne Abblendlicht fährt, das in Norwegen auch tagsüber vorgeschrieben ist. – Die Strafgrenze bei Alkohol liegt bei 0,2 Promille, wobei die Strafen von hohen, einkommensabhängigen Bußgeldern bis zum Gefängnisaufenthalt reichen.

◎ **FAHRZEUGMASSE**: Die auf norwegischen Straßen genehmigte Wagenbreite beträgt 2,50 m, und – wichtig! – die Höchstbreite von Campingwagen darf 2,30 m nicht überschreiten. Auf einigen schmalen Gebirgsstraßen ist das Fahren mit Wohnwagengespannen und Bussen verboten!

◎ **MAUTPFLICHT** herrscht in Norwegen auf insgesamt etwa 30 Streckenabschnitten meist im Bereich kostenaufwändiger Tunnel, Brücken etc. Die Höhe der Gebühren schwankt zwischen etwa 15 NOK (Mautring Oslo) bis zu 160 NOK, aber auf den skizzierten Routen zu den Lofoten hat man (noch) keine Maut (mehr) zu bezahlen, wie es auch auf den Lofoten seit 2003 keine gebührenpflichtigen Strecken mehr gibt. – Ob und in welcher Höhe Maut für die Lofoten-Festlandverbindung LOFAST zu zahlen sein wird, war bei Redaktionsschluss dieses Buches immer noch nicht entschieden (siehe dazu die benachbarte Seite 349 sowie www.edition-elch.de).

Wo immer man in Norwegen startet, stets stellt die Europastraße 6 die kürzeste und schnellste Verbindung zum hohen Norden her. Diese E 6 ist auf den ersten rund 200 Kilometern eher unspektakulär, dann wieder streckenweise von eindrucksvoller landschaftlicher Schönheit, nördlich von Trondheim zwischendurch auch mal kurvenreich. Viel mehr als 60 km im Schnitt pro Stunde wird man (trotz der Neubaustrecken, jedoch bei zunehmendem Verkehr) kaum bewältigen, zumal Erholungs-, Guck- und Fotopausen im Normalfall einige Zeit beanspruchen.

Ob man von Bodø oder Skutvik aus die Lofoten-Fähre nimmt oder via

LOFAST – DIE NEUE LOFOTEN-FESTLANDVERBINDUNG

Die Fahrt auf der Ende 2007 dem Verkehr übergebenen Lofoten-Festlandverbindung, kurz Lofast genannt, gleicht einem 53 km langen »Fest für die Sinne«. Die Berg- und Fjordlandschaften entlang der Strecke sind dramatisch, spektakulär. Es geht größtenteils durch ein unbewohntes, unberührtes Gebiet, weshalb sich Naturschützer auch gegen dieses Projekt aussprachen, vergeblich. Nun sind sieben Tunnel zu durchfahren, die zum Teil Fjordarme unterqueren und deren längster, der SØRLANDSTUNNELEN, 6338 m misst. Dazu kommen drei imposante Brückenkonstruktionen, von denen die 42 m hohe RAFTSUNDBRUA 711 m lang ist und mit fast 300 m Spannweite die zur Zeit zweitlängste freitragende Brücke überhaupt sein soll.

Gut 14 Jahre dauerten die Bauarbeiten an der Verbindung, die Mitte der 1970er Jahre erstmals zur Diskussion stand. Doch damals wollte das Parlament im fernen Oslo noch nicht die nötigen Milliarden ausgeben; erst 1989 beugten sich die Politiker dem Druck des Wegbauamts und der Bevölkerung auf den Lofoten, die insbesondere im sturmreichen Winter darunter zu leiden hatte, dass der Archipel oft tagelang mehr oder weniger von der Außenwelt abgeschnitten war. Auch eine Steigerung des Tourismus versprach man sich von dem ehrgeizigen Projekt, das aber bald alle Kostenplanungen sprengte und sich als »Kronen-Loch« erwies. Von 1998 bis 2003 galt deshalb sogar ein Baustopp. Allein für die 29 km lange Reststrecke waren mehr als 1 Mrd. NOK notwendig, insgesamt wurden zwischen 2 und 3 Mrd. Kronen verbaut.

Und so stritten sich Politik, Wirtschaft, Bauträger und die beteiligten Kommunen noch kurz vor der Fertigstellung, ob die enormen Kosten durch eine Maut zu refinanzieren seien, wobei auch eine Rolle spielte, ob und in welchem Maße die bisherigen Lofoten-Fährverbindungen reduziert bzw. gar eingestellt werden (müssen). Als sicher gilt nur, dass die Verbindung Skutvik–Svolvær weniger ausgelastet sein wird und auf Probe fortbestehen soll; auch zwischen Melbu (Vesterålen) und Fiskebøl dürfte weniger zu transportieren sein als bisher, während die Strecke Bodø-Moskenes hingegen aufgewertet und eventuell zusätzliche Abfahrten erhalten wird. Die Touristenbüros auf den Lofoten (siehe Seite 274) wollen darüber ausführlich informieren.

Narvik auf der E 10 sowie über Lofast, die neue Festlandverbindung (siehe oben) auf den Archipel kommt, hängt von der insgesamt geplanten Reiseroute ab.

Da es jedoch schwierig ist, die Fahrt durch Norwegen so genau zu timen, dass man nicht Stunden beim Warten auf die Fähren verliert, empfiehlt es sich, auf der Hinfahrt zum Archipel via Narvik und Lofast zu fahren sowie die Rückfahrt mit der Fährpassage nach Skutvik oder nach Bodø einzuleiten.

Den »Umweg« über Narvik und Lofast generell auszusparen bedeutete jedenfalls, eine der SPANNENDSTEN Fjell- und Fjordstrecken in Norwegen zu verpassen.

Statistiker haben errechnet, dass (vorerst) täglich 650 Fahrzeuge auf der neuen Lofast-Reststrecke zu erwarten sind.

ANFAHRT DURCH SCHWEDEN

Ob man nun von Deutschland oder Dänemark aus nach Trelleborg oder Helsingborg oder Göteborg übersetzt: Stets hat man die Wahl zwischen der Route durch Norwegen und der durch Schweden.

Wer die Norwegen-Route bevorzugt, muss zuerst einmal nach Oslo. Die Distanz von Trelleborg dorthin (via E 6) beträgt rund 650 km, ab Helsingborg 550 km sowie ab Göteborg rund 300 km.

Die nachfolgend skizzierte Schweden-Route ist zwar alles in allem länger als die durchs Nachbarland, kann aber dennoch schneller sein, da unterwegs weniger zeitraubende Engpässe wie Städte, Passstraßen, Tunnel auf der Strecke liegen. Zudem führt die Route durch weites Waldland und über Straßen, die eine durchschnittliche Geschwindigkeit von 80 km/h ermöglichen. Einziger Nachteil ist die Langeweile, die auf der Reise durch den unendlich scheinenden Schweden-Wald öfter aufkommen kann.

Die geschilderte ca. 2200 km lange Route beginnt in Göteborg (dorthin 320 km ab Trelleborg und 220 km ab Helsingborg), wo man der Straße 45 in Richtung Karlstad (für rund 260 km) folgt. Die Fahrt geht quer durch das idyllische Dalsland, folgt dem Vänern-See bis kurz vor Karlstad, wo es nach Sunne ausgeschildert ist; dorthin bleiben rund 50 km; die folgende Strecke via Torsby und Malung nach Mora am Siljansee (ca. 200 km) gehört zu den abwechslungsreichsten unterwegs. Weiter geht es auf der 45 via Sveg nach Östersund, auf dieser 450 km langen Etappe fährt man hauptsächlich durch Fichten- und Kiefernwald. Rund 600 km beträgt die Distanz bis Jokkmokk (via Str. 45) am Polarkreis – Wald, nichts als Wald bzw. Waldwirtschaft. Rund 250 km später ist Kiruna (via Str. 45) erreicht, von wo aus es nur noch ca. 190 km (E 10) bis Bjerkvik am Nordmeer in Norwegen sind. Das letzte Stück führt durch eine der wildesten Regionen LAPPLANDS, überquert den Kaldedonischen Gebirgszug und ist als eine der eindrucksvollsten Strecken Nordskandinaviens ohnehin eine Reise wert. Ab Bjerkvik (etwa 35 km nördlich von Narvik) sind es nur noch ca. 200 km bzw. 160 km – es kommt ganz darauf an, ob man der E10 über Sortland und Stokmarknes nach Melbu (mit Fähranschluss nach Fiskebøl auf den Lofoten) folgt, oder aber der neuen Festlandverbindung Lofast, die ebenfalls Fiskebøl zum Ziel hat (siehe Seite 349).

AUTOFÄHREN (BILFERJER)

Für die Fähren von Melbu/Vesterålen nach Fiskebøl ist die »Helgelandske« zuständig; hier ist keine Reservierung möglich. www.helgelandske.no.

Für die Fährrouten von Bodø sowie Skutvik ist es die »Hurtigruten ASA«, die Reservierungen nur im Sommer annimmt: Buchungstelefon April bis August 7611 8245, www.hurtigruten.com.

◎ **FAHRPLANAUSKÜNFTE** für alle Strecken erhält man über die Touristenbüros. Auf der Webseite von Destination Lofoten – www.lofoten.info – sind unter dem Stichwort »An- und Abreise« alle Fahrpläne aufgelistet, ebenso unter www.177nordland.no. Telefonisch erreicht man die Fahrplan-

In Schweden ereignen sich jeden Tag schwere Verkehrsunfälle mit Elchen, die nicht selten fatale Folgen für die Fahrzeuginsassen haben. Wer Elch-Warnschilder als Souvenir abmontiert, handelt grob fahrlässig und wird schwer bestraft.

auskunft (auch auf Englisch) über Tel. 177 (nur innerhalb des fylke Nordland) sowie Tel. 8150 0178 und 7577 2410 (auch wenn man von außerhalb Nordlands anruft).

◎ **VERBINDUNGEN** bestehen zwischen Bodø und Moskenes (3–7 x täglich; Dauer rund 3 Std; 149 NOK/Pers., 536 NOK/Fahrzeug bis 6 m Länge) sowie Værøy und Røst (1–2 x täglich; 137/164 NOK/Person, 493/595 NOK je Fahrzeug bis 6 m Länge). – Zwischen Skutvik auf Hamarøy nahe der E 6 und Svolvær (3–11 x täglich; 2–2,5 Stunden; 73 NOK/Person, 251 NOK/Fahrzeug bis 6 m Länge). – Zwischen Melbu/Vesterålen und Fiskebøl (verkehrt etwa stündlich von 6 bis 0 Uhr; Dauer 20 Minuten; Personentarif 25 NOK, 98 NOK/Fahrzeug bis 6 m Länge).

Mit der Eisenbahn

Berücksichtigt man die Benzin- und Fährkosten, die Abnutzung am Fahrzeug, den Fahrstress und den Verlust von fast einer Woche, kann die Eisenbahnfahrt in den hohen Norden eine attraktive Alternative zum Autofahren sein. Man sitzt in bequemen Panoramawagen, genießt die Landschaft wesentlich intensiver als hinter dem Lenkrad und ist bis Bodø oder Narvik, zwei der klassischen Ausgangspunkte an der Küste, etwa 20 Std. ab Oslo, 16 Std. ab Stockholm oder 22 Std. ab Malmö unterwegs – macht immerhin eine Fahrzeit von total ca. 36 Std. ab Hamburg oder Berlin.

◎ **ZWEI ROUTEN** haben den hohen Norden zum Ziel, so dass es sich anbietet, die eine für die Hin- und die andere für die Rückfahrt zu nutzen, was einer Rundreise durch Norwegen und Schweden gleichkommt.

Von Oslo aus fährt der Zug nach Trondheim (9 Std.), von wo aus die NORDLANDSBAHN bis Bodø (11 Std.) verkehrt. Alternativ führt ab dem südschwedischen Malmö der LAPPLANDPFEIL oder ab Stockholm der NORDPFEIL über Kiruna nach Narvik. Beide Bahnstrecken zählen zu den schönsten in Nordeuropa.

◎ Die **PREISE** sind akzeptabel – vorausgesetzt, man nimmt einen der Sondertarife wahr; der reguläre Tarif ist jedenfalls viel teurer als der Flug.

Über die aktuellen Spartarife im Tarifgebiet der Deutschen Bahn sollte man sich bei der Zugauskunft oder auf der Homepage der »Deutschen Bahn« informieren: www.bahn.de.

◎ Zu empfehlen ist das **SCANRAIL-TICKET**, gültig in Dänemark, Norwegen, Schweden und Finnland, das unbegrenztes Bahnreisen in Skandinavien an 5, 8 oder 10 vorher wählbaren Tagen innerhalb zweier Monate oder an 21 Tagen erlaubt. Für 374 € (Kinder 187 €, Jugendliche 261 €, Senioren 328 €) fährt man 3 Wochen lang, für 230 € (115/149/203 €) an 5 beliebigen Tagen innerhalb von zwei Monaten, für 292 € (146/201/257 €) an 8 beliebigen Tagen innerhalb zweier Monate, für 324 € (162/224/286 €) an 10 beliebigen Tagen innerhalb zweier Monate; Kinder unter 3 Jahren fahren gratis mit. www.scanrail.com.

◎ Nur in Norwegen gilt das Rabattsystem **MINI-PRIS** (erhältlich an den Bahnhöfen und in den meisten Reise-

Ein »fylke« kann man, grob vereinfacht, mit einem Bundesland vergleichen, ist aber anders strukturiert. Die Lofoten gehören zum fylke Nordland.

büros): Es gilt an allen sogenannten »grünen« Tagen (Mo bis Do, je nach Route auch Sa), das Ticket muss mindestens einen Tag vor Reiseantritt reserviert und bezahlt werden und gewährt deutlichen Preisnachlass. Zum Beispiel berägt der ermäßigte Tarif für die Strecke von Halden an der Grenze Schweden / Norwegen via Oslo nach Bodø ab nur 199 NOK je Weg, wobei Kinder wiederum (in Begleitung eines Erwachsenen) gratis reisen.

Information und Buchung an allen Bahnhöfen, in den meisten Reisebüros sowie über »Norske Statsbaner« (NSB), Tel. 2315 0000 sowie 8150 0888 (dann »4« für englischsprachiges Personal wählen), www.nsb.no. Die o.g. Telefonnummern gelten landesweit für Reservierungen und Buchungen; sogar telefonisch bezahlen kann, wer eine Kreditkarte besitzt.

◎ Für die **BAHNSTRECKE DURCH NORDSCHWEDEN** (Stockholm / Malmö/ Göteborg bis Narvik) ist die private »Connex« zuständig, die mit attraktiven Preisen wirbt. So kostet die Strecke von Stockholm nach Narvik beispielsweise lediglich 599 SEK (etwa 65 €) für den Sitzplatz, 849 SEK für den Liegeplatz und 1099 SEK für den Schlafplatz. Buchen kann man unter Tel. 0046 (für Schweden) – (0)771 – 260 000, Fax (0)771 – 280000 oder online über www.bokatag.se (auch auf Englisch). Fahrpläne und Information: www.connex.se (auf Schwedisch).

Wer es so will, kann sogleich online oder telefonisch bezahlen und sich das Ticket zu einer Adresse nach Wahl zuschicken lassen.

◎ Da Reisebüros außerhalb Skandinaviens oft keine Unterlagen über diese Spezialtarife haben, sollte man sich an die **REISEBÜROS** wenden, die die skandinavischen Eisenbahngesellschaften vertreten:

Skandinavisches Reisebüro, Kurfürstendamm 206, 10719 Berlin, Tel. 030 – 884 6040, Fax 030 – 8846 0450, www. skandinavisches-reisebuero.de. Zweigstellen in Düsseldorf und Stuttgart.

◎ **AB BODØ** gibt es VIER VARIANTEN der Weiterreise: erstens mit der Fähre (siehe Seite 350 f.); oder mit dem Flugzeug (6 Verbindungen täglich, Tarife ab 599 NOK); oder mit dem Schnellboot (siehe Seite 351); oder mit der Hurtigruten (siehe Seite 354), die jeden Nachmittag um 15 Uhr von Bodø aus via Stamsund/Vestvågøya nach Svolvær verkehrt: Die Überfahrt dauert rund 6 Stunden, der Personentarif lag zuletzt bei 425 NOK.

◎ **AB NARVIK** ist Fliegen nur recht umständlich und teuer über Bodø möglich. Im Sommer einmal täglich (nachmittags, meist im Anschluss an den Zug aus Stockholm) verkehrt das Schnellboot nach Svolvær (siehe Seite 351).

Alternativ kann man innerhalb von 5–6 Stunden mit dem Überlandbus von Narvik nach Svolvær reisen. Der Preis entspricht dem des Hurtigbåts, und die Abfahrzeiten sind so gelegt, dass man oft Direktanschluss an einen Zug aus/nach Schweden hat; der Bus hält übrigens beim Bahnhof. Zur Fahrplanauskunft siehe Seite 350 f.

◎ Die Beförderung des **FAHRRADS** im Zug ist in Norwegen und Schweden problemlos. In Norwegen kostet der Transport allerdings 10 % des regulären Zugtickets (nicht eines even-

Elch-Tipp: Die flexiblen ScanRail-Tickets für 5, 8 oder 10 Tage innerhalb von zwei Monaten ermöglichen es, eine Lofoten-Reise mit einem Skandinavien-Trip per Bahn (via Bodø oder Narvik) zu kombinieren: www.scanrail.com (auf Englisch).

tuell ermäßigten Billets) bzw. mindestens 55 NOK.

Auch die Fähren und Schnellboote ab Bodø und Narvik befördern Fahrräder (für 50 NOK/ Strecke).

SCHNELLBOOTE (HURTIGBÅTER)

Befördert werden nur PERSONEN und FAHRRÄDER. Auf den folgenden zwei landschaftlich FASZINIERENDEN Strecken sind Hurtigbåter im Einsatz:

◎ **NARVIK – SVOLVÆR**: 1 x täglich, Dauer rund 3,5 Stunden, Personentarif 300 NOK. Fahrplanauskunft über »Lødingen Skyssbåtservice«, Tel. 7693 5409 und 4783 5980, www.lsbs.no. Information auch über die unter »Autofähren, Fahrplanauskünfte« angegebenen Stellen.

◎ **BODØ – SVOLVÆR**: 1–2 x täglich, Dauer rund 3,5 Stunden, Personentarif 290 NOK. Fahrplanauskunft über »Hurtigruten ASA«, wo Reservierungen unter Tel. 7554 8030 entgegengenommen werden; oder online unter www. hurtigruten.com.

Mit dem Bus

Die Anreise erfolgt über Oslo, das von vielen Großstädten in Deutschland, der Schweiz und Österreichs zu erreichen ist. In Oslo gilt es dann aber auf Bahn oder Flugzeug umzusteigen.

Ab Norddeutschland kostet das Ticket um 87 € für die einfache Fahrt sowie 155 € retour, ab Berlin das Retourticket 142 €, ab Köln 227 €, ab Frankfurt am Main 238 €. Ab Süddeutschland, der Schweiz und Österreich muss man ca. 50 % mehr ansetzen. Die Fäden für die europaweiten Buslinien (früher »Eurolines«) laufen aktuell zusammen bei:

◎ **DEUTSCHE TOURING**, Am Römerhof 17, 60486 Frankfurt, Tel. 069 – 7903-501, E-mail: service@deutsche-touring.com www.deutsche-touring.com.

Mit dem Flugzeug

Aufgrund der großen Entfernungen ist das Flugzeug eine attraktive Alternative zu Auto oder Bahn. Das erste Flugziel wird Oslo sein, wo man in die Maschine nach Bodø umsteigt, wo es erneut zu wechseln gilt, um entweder Svolvær oder Leknes (wieder mit dem Flugzeug), Værøy oder Røst (per Helikopter) anzufliegen. Es ist auf diese Weise gut möglich, die Lofoten von Mitteleuropa aus innerhalb eines Tages zu erreichen.

NACH OSLO, BODØ, NARVIK/HARSTAD

◎ **NORWEGIAN**, www.norwegian.no, Tel. 8152 1815 (innerhalb Norwegens), Tel. 0047 – 2149 0015 (aus dem Ausland); man kann nur online oder telefonisch buchen. Ein dichtes Netz für Flüge nach Norwegen hat die norwegische Billigflug-Airline gespannt, die mehrmals wöchentlich bis täglich ab ca. 40 € von Düsseldorf und Zürich direkt nach Oslo-Gardermoen fliegt sowie von Berlin, Hamburg, München, Salzburg, Genf via Oslo NACH BODØ, dem Absprungbrett auf die Lofoten;

Die Schnellboote kommen natürlich nicht nur für Bahnreisende in Betracht, sondern auch für diejenigen, die mit dem Flugzeug via Bodø oder Narvik anreisen.

von Oslo aus wird des Weiteren Narvik/Harstad angeflogen; dort besteht Busanschluss nach Svolvær. Diese Inlandstrecken kosten bei »Norwegian« ab etwa 300 NOK.

◎ **SAS**, www.flysas.com, Buchungstel. Deutschland 01805 – 117 002, in Österreich Tel. 0810 – 997 980, in der Schweiz Tel. 0848 – 117 100. »Scandinavian Airlines« bietet sich mit Flügen nach Oslo-Gardermoen ab 60 € an; Anschlussflüge bestehen nach Bodø sowie Narvik/Harstad.

◎ **RYANAIR**, www.ryanair.com, Buchungstel. Deutschland 0900 – 1160 500, in Österreich 0900 – 210 240, in der Schweiz 0900 – 808 008. Bleibt als dritte Möglichkeit dieser Billig-Flieger, der täglich die Routen von Frankfurt-Hahn sowie von Bremen nach Oslo-Torp (gleich Sandefjord, südwestlich der Hauptstadt) ab etwa 10 € bedient. Ab Oslo-Torp fährt ein Buszubringer nach Oslo-Gardermoen (140 NOK); ab dort kann man dann mit »Norwegian« oder »SAS« weiterfliegen.

AB BODØ

◎ **WIDERØE,** www.wideroe.no, Tel. 8100 1200 (Inland), Tel. 0047 – 7511 1111 (vom Ausland). In Bodø muss man erneut umsteigen, um Svolvær oder Leknes (mit 2-Propeller-Maschinen), Værøy oder Røst (Helikopter) zu erreichen. Für diese Strecken zuständig ist »Widerøe«, die mehrmals täglich viele Reiseziele bedient, aber für manch happige Preise bekannt ist. Da die Airline zur »SAS«-Gruppe gehört, kann man, wenn man den Flug nach Bodø zu Hause bei »SAS« bucht, den Anschlussflug gleich mitbuchen, wodurch sich einiges Geld sparen lässt.

Mit der Hurtigruten

14 sogenannte Postschiffe der weltberühmten HURTIGRUTEN verkehren (inzwischen ohne Post zu befördern) täglich auf der SIEBEN TAGE währenden Route Bergen – Kirkenes (und zurück); die Schiffe transportieren auch Pkw. Drei Tage nach dem Aufbruch in Bergen (täglich 22 Uhr) und via 13 Häfen, die kurz angelaufen werden, sind STAMSUND auf Vestvågøya und zweieinhalb Stunden später auch das Lofoten-Zentrum SVOLVÆR erreicht.

Sofern man mit einem Decks-/ Sitzplatz zufrieden ist, kommt eine Passage auf 3120 NOK (im Sommer) oder 2814 NOK (im Winter). Fahrräder werden kostengünstig transportiert, eine Reservierung muss nicht sein, wird allerdings für den Sommer unbedingt empfohlen. Wer eine Kabine braucht, muss in der billigsten Kategorie (in einer 4-Bett-Innenkabine) je nach Saison 172–204 NOK Aufschlag auf den Transportpreis/Person bezahlen; und will man auch an Bord essen, so sind zu veranschlagen: 125 NOK fürs Frühstück, 275 NOK für das Mittagsbuffet, 370 NOK fürs 3-gängige Abendessen; als Alternative für am Budget orientierte Reisende gibt es eine Cafeteria an Bord. Über die möglichen Rabatte informieren die Buchungsstellen:

◎ **HURTIGRUTEN ASA,** Havnegata 2, Postboks 43, 8514 Narvik, Tel. 7696 7600, Fax 7696 7601, Buchungstelefon 81030000, www.hurtigruten.com. In Deutschland HURTIGRUTEN GmbH, Kleine Johannisstr. 10, 20457 Hamburg, Tel. 040 – 376930, Fax 040 – 364 177, www.hurtigruten.de.

Das Hurtigruten-Schiff »Midnatsol« unterwegs ▶

Mitfahren

Die in fast allen größeren Städten etablierten Mitfahrerzentralen vermitteln preiswerte Mitreisegelegenheiten (ca. 3-4 Eurocent/km Betriebskostenbeteiligung), doch gehören dabei die Lofoten, zugegeben, nicht zu den stark nachgefragten Reisezielen. Spekulieren Sie also nicht darauf, kurzfristig fündig zu werden.

Oder möchten Sie selbst eventuell eine Mitfahrgelegenheit anbieten? Einige Zentralen in größeren Städten und Regionen haben sich zu einem Verbund zusammengeschlossen, zu erreichen unter der einheitlichen Telefonnummer (Ortsvorwahl) – 19444 sowie 01805 – 19444, www.citynetz-mitfahrzentrale.de.

Pauschalarrangement

Bei den ganz großen Firmen der Reisebranche wird man die Lofoten vergeblich im Prospekt suchen, aber viele kleinere Nordland-Spezialreisebüros haben den Archipel im Programm, zumal die Hurtigruten seit Jahren im touristischen Aufwind ist. Die kleinen Reiseveranstalter alle aufzulisten ginge an dieser Stelle zu weit, so dass wir auf das Internet sowie das Jahresheft und anderes Info-Material des Norwegischen Fremdenverkehrsamts in Hamburg verweisen (siehe Seite 356, »Innovation Norway«).

Besonders von Interesse sind dabei Fly & drive-Arrangements und Angebote im Zusammenhang mit Aktivurlaub.

Vor der Reise

Information

Allgemeine Informationen für Ihre Lofoten-Reise erhalten Sie – im deutschsprachigen Raum – bei »Innovation Norway«, so heißt jetzt das Norwegische Fremdenverkehrsamt in Hamburg. Zudem kommen überregionale Touristenbüros in Norwegen, die regionalen in Svolvær und in Moskenes sowie die lokalen (siehe jeweils Seite 274) als Ansprechpartner in Frage.

◎ **INNOVATION NORWAY**, Postfach 11 33 17, 20433 Hamburg, Tel. 0180 – 500 1548, Fax 040 – 2271 0815, www.visitnorway.de.

»Innovation Norway« beantwortet allgemeine Fragen zum Reisen und zu Reisezielen in Norwegen und versendet Broschüren wie das jährliche Heft »Der offizielle Norwegenkatalog 200x«, das vor allem für Norwegen-Neulinge etwas Orientierung verspricht. Die Leser sollten sich aber darüber im Klaren sein, dass die darin erwähnten Reiseveranstalter, Museen etc. für die Aufnahme in den Katalog im Regelfall bezahlt haben – selbst in die Info-Teile (wie A–Z) können sich Unternehmen einkaufen.

◎ **NORDLAND REISELIV**, Postboks 434, N-8001 Bodø, Tel. 0047 – 7554 5200, Fax 0047 – 7554 5210, Internet: www.visitnordland.no.

◎ **DESTINATION LOFOTEN**, Box 210, N-8301 Svolvær, Torget (Marktplatz am Hafen), Tel. 7606 9800, Fax 7607 3001, E-Mail: lofoten@lofoten.info, www.lofoten.info ausführlich auch auf Deutsch. Das größte Touristenbüro vor Ort. Öffnungszeiten siehe Seite 274.

Diplomatische Vertretungen

◎ **IN DEUTSCHLAND**: Königlich Norwegische Botschaft, Rauchstraße 1, 10787 Berlin, Tel. 030 – 505 050, Fax 030 – 505 055, emb.berlin@mfa.no, www.norwegen.no.

◎ **IN DER SCHWEIZ**: Königlich Norwegische Botschaft, Bubenbergplatz 10, 3011 Bern, Tel. 031 – 310 5555, Fax 031 – 310 5550, emb.bern@mfa.no, www.amb-norwegen.ch.

◎ **IN ÖSTERREICH**: Königlich Norwegische Botschaft, Reisnerstrasse 55– 57, 1030 Wien, Tel. 01–7156692, Fax 01–7126552, emb.vienna@mfa.no, www.norway.at.

◎ **NIEDERLANDE**: Royal Norwegian Embassy, Lange Vijverberg 11, 2513 AC Den Haag, Tel. 070 – 311 7611, Fax 070 – 365 9630, emb.hague@mfa.no, www.noorwegen.nl.

Einreisebestimmungen

◎ **PERSONALPAPIERE**: Für die Einreise benötigen Bürger der Bundesrepublik Deutschland, der Schweiz und Österreichs einen gültigen Personalausweis bzw. eine Identitätskarte oder einen Reisepass. Das Dokument sollte noch mindestens drei Monate gültig sein.

◎ **FAHRZEUGPAPIERE**: Kraftfahrzeuge müssen beim Grenzübertritt das Nationalitätskennzeichen tragen, wobei »Verstöße« nach der Erfahrung der Redaktion nicht mehr geahndet werden. – Die Internationale (Grüne) Vericherungskarte ist nicht erforderlich, wird aber empfohlen. – Der nationale Führerschein reicht aus, auch um ein Fahrzeug vor Ort zu mieten.

ZOLL

Norwegen ist bekanntlich kein Mitglied der EU; dementsprechend sind mehrere Sondervorschriften zu beachten. Unter den beim Zoll üblichen Vorbehalten (»zum Eigengebrauch«) darf man als Tourist mit festem Wohnsitz innerhalb Europas mitbringen:

◎ **ALKOHOL**: Ab 18 Jahren dürfen 3 l Wein (bis 22 %) und 2 l Bier eingeführt werden, ab 20 Jahren statt 3 l Wein auch 1,5 l Wein und 1 l Spirituosen (bis 60 %); zusätzlich zu den zollfreien Waren dürfen 4 l Spirituosen, 27 l Bier sowie Wein verzollt eingeführt werden.

◎ **TABAKWAREN**: entweder 200 Zigaretten oder 50 Zigarren oder 100 Zigarillos oder 250 g Tabak plus Zigarettenpapier. Ab 18 Jahre.

◎ Außer dem persönlichen Reisegepäck dürfen **WAREN IM WERT** BIS 6000 NOK EINGEFÜHRT WERDEN, darunter Fleischwaren, aber nur bis zu 10 kg pro Person; die Altersfreigrenze für Lebensmittel liegt bei 12 Jahren.

◎ **VERBOTEN** ist die Einfuhr von Eiern, Kartoffeln, Pflanzen sowie Waffen, Munition, Narkotika, Giften und Medikamenten, abgesehen von einer Reiseapotheke für den erkennbaren Eigengebrauch.

◎ **HAUSTIERE** : Bei der Einreise aus EU/EFTA-Ländern nach Norwegen muss man eine Bescheinigung über erforderliche Impfungen und die Gesundheit des Tieres beim Zoll vorlegen. Dazu benötigt man den blauen EU-Pass. Mit der Vorbereitung sollte man mindestens 6 Monate vor Abreise beginnen, weitere Informationen über: Mattilsynet, Postboks 383, N-2381 Brumunddal, Tel. 2321 6800 und 2321 6801, www.mattilsynet.no: über den England-Button gelangt man zur deutschsprachigen Information (!).

Geld

In Norwegen zahlt man mit NORWEGISCHEN KRONEN (generell mit NOK abgekürzt) und Øre. Das kleinste Geldstück ist 50 Øre wert – Wechselgeld wird auf- und abgerundet – und das größte 20 NOK; die Scheine haben einen Wert von 50, 100, 200, 500 und 1000 NOK. 1 Euro war zum Redaktionsschluss 7,67 NOK wert.

Es ist günstiger, erst in Norwegen zu tauschen; nur wer voraussichtlich spät nachts, samstags oder sonntags einreist, sollte sich für die Ankunft mit Bargeld eindecken. Es lohnt sich, eher große Beträge zu tauschen, da (unabhängig von der Summe) ziemlich hohe WECHSELGEBÜHREN anfallen.

Die Öffnungszeiten der BANKEN in den Städten stehen auf Seite 334.

◎ **BARGELD** (ob Euro oder Schweizer Franken) kann bei den meisten Banken getauscht werden, ebenso in den (verbliebenen) Postämtern, nicht in den Postfilialen.

◎ **GELDAUTOMATEN** finden sich mittlerweile in allen größeren Ortschaften (u.a. in Reine, Leknes, Kabelvåg, Svolvær); die meisten akzeptieren gängige Kreditkarten wie »Visa«, »Mastercard« und »American Express« sowie EC-Karten mit dem Zusatz »Maestro«, »Cirrus« oder »edc«.

Wirklich günstig ist die POSTBANK SPARCARD: Sie gilt an allen Automaten mit »Visa-Plus«-Symbol (die es fast überall gibt) und kann bis zu zehn Mal im Jahr gebührenfrei im Ausland zum Bargeld-Abheben verwendet werden (maximal 2000 € im Monat zinsfrei).

◎ Mit **KREDITKARTEN** (s.o.) kann man in den meisten Geschäften und Rorbuanlagen sowie in den besseren Restaurants bezahlen, an fast allen Tankstellen sowie in allen Hotels; aber Bargeld erhält man darauf nur an den o.g. Automaten sowie in bestimmten Banken (Personalpapier vorlegen) in Svolvær und in Leknes.

◎ **REISESCHECKS** sind sicherer als Bargeld, da verlorene Schecks von der Bank zurückerstattet werden. Das ist aber mit einigen Umtrieben verbunden (Polizeirapport, Wartezeiten). Die Bank stellt beim Verkauf generell 1 % des Scheckbetrages als Gebühr in Rechnung; dafür erzielen die Schecks auch zumeist einen etwas höheren Wechselkurs; sie werden u.a. in allen Postämtern (aber nicht allen Banken) umstandslos getauscht.

Budget

Geld kann man reichlich loswerden auf den Lofoten: um so mehr, je weniger Lebensmittel man von zu Hause mitbringt und je öfter man darauf angewiesen ist, ein Zimmer oder eine Hütte zu mieten. Konkret gesagt sind die meisten Grundnahrungsmittel ca. 50 % teurer als in heimischen Gefilden (siehe im »Praktischen A–Z« unter der Rubrik »Lebensmittel«, Seite 332 ff.).

Das PREISWERTESTE BETT schlägt in der Regel mit 150–200 NOK zu Buche, Campinghütten sind (in der spartanischen Version) ab 250 NOK (für 2 Personen) zu mieten; soll's was Besseres sein, legt man locker ab 600 NOK pro Nacht (jedoch für 4 Personen) auf den Tisch; die Endreinigung ist selbst vorzunehmen oder geht extra.

Ein einfaches Gericht im Selbstbedienungs-Restaurant ist ab ca. 80 NOK zu bekommen. TEUER sind vor allem Dienstleistungen, ebenso Benzin (um 12 NOK) und Diesel (um 10 NOK).

Wer partout seine Leber schädigen will, sollte ein spezielles Spirituosen-Budget aufstellen: Die Flasche Wein gibt's ab 80 NOK, »harte Sachen« verschlingen 250–400 NOK die Flasche.

WAS IST BILLIG? Billiger als etwa in Deutschland ist fast gar nichts; selbst Fisch, früher stets günstiger, kam im Jahr 2007 auf über 100 NOK das Kilo (Dorsch) im Supermarkt. Kauft man direkt bei den Fischern oder folgt den am Straßenrand platzierten Hinweisen auf Fisch-Verkauf, darf man dort nur um 70 NOK für das Kilo Dorsch rechnen – da die ausländischen Angeltouristen oft dem »Fischroulette«

Wegen der preisgünstigsten Betten verweisen wir auf die Jugendherbergen und Hostels (siehe Seite 304 f.)

verfallen, bekommt man ihn in Rorbuanlagen und auf Campingplätzen öfter sogar geschenkt.

CAMPINGPLÄTZE sind mit durchschnittlich 200 NOK je Wohneinheit (4 Personen im Zelt oder Wohnmobil) relativ PREISGÜNSTIG – kostenlos ist natürlich Wildcampen, das in Norwegen zwar erlaubt ist, allerdings, streng genommen, nicht für motorisiert Reisende (siehe zum »Allemannsretten«, Seite121 f.); wer mit dem nötigen Wissen und dem Knowhow vor Ort (dank eines guten Reiseführers) unterwegs ist, kann die eine oder andere Krone sparen; wobei anzumerken ist, dass sich auf den Lofoten vorwiegend Reisende einfinden, die der Lofoten wegen gekommen sind und nicht, da es dort oder irgendwo sonst billig ist.

Reisezeit

Die Lofoten liegen auf gleicher geografischer Breite wie Südgrönland, das kanadische Baffinland, Zentral-Alaska oder Nordsibirien – nur dem Golfstrom (bzw. primär den westlichen Winden) ist es zu verdanken, dass der Archipel nicht ein ins Nordmeer gesprengtes Stück Eiswüste ist. Die Temperaturen liegen im Jahresdurchschnitt 24° C über den Breitenüblichen, das KLIMA gilt als MARITIM (mehr in den einleitenden Kapiteln). Als Urlaubsland gehören die Inseln dennoch zur Kategorie »Pullover« anstatt zur Kategorie »Bikini«. Darüber muss man sich im Klaren sein; dann gibt es auch keine Enttäuschung.

◎ Besonders reizvoll ist das Inselreich **IN DEN ERSTEN SOMMERMONATEN**, von Mitte Mai bis Mitte/ Ende Juni. Es ist die Zeit, in der zahlreiche Blumen blühen, die Berge noch ihr (vollständiges) Schneekleid tragen, es Tag und Nacht hell ist. Und außerdem: Die Statistik verspricht, dass es in den Monaten Mai und Juni seltener regnet als im Juli und im August, dass die Sonnenwahrscheinlichkeit am größten ist (und die Wahrscheinlichkeit, andere Touristen zu treffen am geringsten); wobei Statistiken ihre Behauptungen nicht zuverlässig belegen. Es kann jedenfalls warm genug sein, ohne FRIEREN den Anblick des Bergwinters zu genießen.

◎ Wenn's ein Bad im Nordmeer ist, was reizt, sollte man dem Juli oder – besser noch – dem **AUGUST** den Vorzug geben. Dann jedoch präsentiert sich die Lofoten-Wand nicht mehr beschneit, können die schönsten Wildcamp-Plätze zur Mangelware werden, wie es auch auf den Campingplätzen teilweise etwas eng zugehen kann; die Ferienhütten sind meist bis aufs letzte Bett ausgebucht. Denn es herrscht Hochsaison; nicht nur Mitteleuropa, sondern ganz Skandinavien hat jetzt Schulferien, und »Urlaub im eigenen Land«, »Urlaub auf der eigenen Insel« erfreut sich großer Popularität auch unter den Norwegern.

AB MITTE AUGUST ist der Rummel vorbei. Ab etwa 22 Uhr wird es schon wieder Nacht über dem Archipel. Das bringt eine starke Abkühlung mit sich: Morgens ist mit Nebel zu rechnen, in den Hochlagen auch mit Frost, aber tagsüber erquicken noch immer angenehme, teilweise Badefreuden ermöglichende Temperaturen die Gäste ebenso wie Einheimische.

◎ Gegen Anfang September, wenn man die Touristen bereits zählen zu können glaubt, streift das Land sein farbenfrohes **HERBSTKLEID** über.

In den Bergen fällt Schnee, während mancher Nacht huscht bereits das NORDLICHT als Sonnenbote über den Polarhimmel, der von Tag zu Tag wetterwendischer wird und auch viel Sturm und Regen bringen kann.

◎ Ab Ende September gehören die Lofoten wieder ausschließlich den Lofotern. Ein Tiefdruckgebiet nach dem anderen stürmt vorüber. Ab Oktober kann der **SCHNEE** auch im Küstenbereich fallen; gegen Anfang Dezember bezieht die NACHT den Tag mit ein.

Ab Januar – noch bis Mitte dieses Monats herrscht Polarnacht – treffen jedoch vereinzelte Ausländer ein, um am »Erlebnis« LOFOTEN-FISCHFANG teilzuhaben.

Kleidung & Ausrüstung

Wann immer Sie die Lofoten besuchen, und sei es im Hochsommer: REGENZEUG und WARMEN PULLOVER sollten Sie stets im Gepäck haben – aber gern auch Badesachen, denn bei Wassertemperaturen von immerhin bis zu 18° C kann man durchaus den Sprung ins Nordmeer wagen.

Gesellschaftskleidung ist nie und nirgends erforderlich; man würde damit nur aus dem Rahmen fallen.

Selbstverständlich trägt zum Gelingen einer Reise auch die Ausrüstung bei. Nur früher, als sich Outdoor-Ausstattung noch nicht zum Selbstzweck entwickelt hatte und kein Statussymbol war, gelangen die Reisen genauso wie heute. – Dies vorweg und besonders an jene gerichtet, die ihre Barschaft betrachten und vor der Frage stehen: »Soll ich mir eine Ausrüstung kaufen oder auf Reise gehen...?«

Ein Minimum an sinnvoller Ausrüstung ist unabdingbar. Nun sind die Vergleiche von schlecht bestückten Kaufhäusern mit überteuerten Outdoor-Läden sehr zeitaufwändig, weshalb wir dazu raten, sich für eine erste Orientierung den oder die Katalog(e)/Webseiten von (einer) Ausrüstungsfirma/en zuzulegen bzw. zu vergleichen; wobei sich viele Produkte durch überzogene Preise auszeichnen, oft von solchen Firmen, die dick im Werbegeschäft mitmischen.

Wir selbst machen seit Jahren ansprechende ERFAHRUNGEN mit Produkten der Firma »Vaude«, die »alles unter einem Dach« hat, nämlich Bekleidung für Reise und Outdooraktivitäten, für jede Klimazone ebenso wie die Palette vom Schlafsack über Fahrradtaschen bis zu Ausrüstungen für Bergsport/Alpines und Outdoorspaß für Kinder. Siehe Anzeige Seite 380.

RUCKSACK

Wer mit öffentlichen Transportmitteln reist, kommt um den Erwerb eines Rucksacks nicht umhin. Sein Inhalt sollte mindestens 60 l betragen; er muss so bequem wie irgend möglich und höhenverstellbar sein, über breite und gut gepolsterte Schulterriemen ebenso verfügen wie über einen solchen Hüftgurt, sollte viele Außentaschen für Kleinutensilien haben und innen unterteilbar sein, um langes Suchen zu vermeiden.

Möglichst wasserfeste und strapazierfähige Außenmaterialien sind von großem Vorteil. Das TRAGEGESTELL sollte innenliegend sein, da außenliegende den Rucksack sperrig machen, so dass man u.a. nur beschwerlich in einen Bus steigen kann; in Norwegen sind Außengestellrucksäcke freilich immer noch relativ verbreitet.

Gut verarbeitet und vernäht muss er obendrein sein; jeder Rucksack hält nur so lange wie seine Reißverschlüsse. Wir selbst waren schon über ein Jahrzehnt mit zwei und den selben Rucksäcken unterwegs.

ZELT

Seit Jahren beste Erfahrungen machen wir mit den Zelten der schwedischen Firma »Hilleberg«: Es gibt sie in Tunnel-, Kuppel- und geodätischer Form – alle Modelle sind außerordentlich windstabil und wasserdicht, sind mit (sowohl für Mücken, Fliegen, Ameisen als auch die winzigen Sand- oder Black-Flies) undurchdringlichen Moskitonetzen versehen, optimal belüftet, trocknen schnell. »Hilleberg« hat mit die leichtesten Zelte auf dem Markt: ab 1,3 kg – unser 4-Personen-Zelt wiegt 4 kg. Alle sind sowohl für den Sommer- wie auch Wintereinsatz konzipiert und damit in arktischen Regionen ebenso gut einsetzbar wie in Wüstenzonen oder gar in den Tropen. Schließlich sei noch ihre, da handverarbeitet, lange Lebensdauer erwähnt: Unser Modell »Keron« war innnerhalb fünf Jahren rund drei Jahre im Einsatz und zeigte noch keinen Verschleiß.

»Hilleberg«-Zelte gibt's in besseren Ausrüstungsläden, obwohl es am preisgünstigsten ist, kauft man direkt beim Hersteller. Siehe Anzeige Seite 378.

SCHLAFSACK

Für den CAMPER LOHNT STETS ein Schlafsack. Zu berücksichtigen bzw. zu vergleichen sind dabei Gewicht, die Eignung für verschiedene Klimazonen und TEMPERATUR-ANGABEN für die Minimaltemperatur, die unseren Erfahrungen nach überwiegend zu großzügig ausfallen, also im realen Einsatz zum Nachteil der Kunden sind. Die Frage Daune oder Kunstfaser entscheidet der individuelle Geschmack: Schlafsäcke mit Daunenfüllung wärmen angeblich besser, sind leichter und günstiger im Packmaß. – Jedoch trocknen Kunstfaserschlafsäcke rascher, wenn sie feucht geworden sind. Das Programm von »Vaude« (s.o.) enthält rund 35 Daunen- sowie Kunstfaserschlafsäcke ab 50 €. Die Verarbeitung ist hochwertig bei minimalem Gewicht, die gemachten Temperatur-Angaben entsprechen nach unseren Erfahrungen der Realität.

Beim Schlafsackkauf ist auch an die erforderliche Unterlage zu denken, also ISOMATTEN, die es heutzutage auch selbstaufblasend gibt, wobei diese Modelle zwar günstiger zu verstauen, aber dafür schwerer und zum Teil rutschiger sind.

SONSTIGES

Außerdem sollte die Campingausrüstung eine UNTERLEGEPLANE (für das Zelt, da oft steiniger Untergrund) und einen KOCHER umfassen. ANTI-MÜ-

CKENMITTEL sind zweckmäßig, auch SONNENSCHUTZMITTEL sowie SONNENBRILLE. Und viele Situationen lassen sich mit TASCHENMESSER, REISEWECKER, VORHÄNGESCHLOSS einfacher meistern.

SCHUHE

Ohne adäquate Schuhe geht es nicht – wer auf den Lofoten (oder sonstwo) wandern oder auch nur abseits der Straßen spazieren gehen will, ist mit EINGELAUFENEN WANDERSCHUHEN (sogenannten walkern) bzw. Trekkingschuhen gut beraten. Wir hatten bereits Trekkingschuhe, die in acht Jahren rund 6000 km Bergwildnis insbesondere in Nordnorwegen und im Himalaja »auf der Sohle« hatten, ohne uns im Stich zu lassen.

Die Empfehlung gilt der mehrfach ausgezeichneten, bereits seit über 85 Jahren erfolgreichen Firma »Lowa«, die eine große Bandbreite an Modellen herstellt, neben Trekkingschuhen All-Terrain-Schuhe sowie spezielle für Speed Hiking, Approach sowie Backpacking, die sich in Sohlenarten und Außenmaterialien unterscheiden, je nach Art der Beanspruchung. Siehe Anzeige Seite 376.

Gesundheitsvorsorge

Bereits seit 2005 gilt nicht mehr der Auslandskrankenschein, sondern die EUROPÄISCHE KRANKENVERSICHERUNGSKARTE (European Health Insurance Card), die von den Krankenkassen ausgestellt wird, sofern man dort nicht eine provisorische Ersatzbescheinigung erhält. Dieser »Anspruchsnachweis« ist vor der Behandlung von einem dem *rikstygdeverket* (nationale Versicherungsbüro) zugehörigen Arzt oder bei der Einlieferung in ein Krankenhaus vorzuzeigen; aber nicht beim Zahnarzt, da eine zahnärztliche Behandlung nicht zu Lasten der norwegischen Krankenversicherung erbracht wird.

Trotz eines Anspruchsnachweises muss man für erbrachte Leistungen zuzahlen: Kostet eine normale Arzt-Konsultation 125 NOK, so werden bei einem Facharzt 195 NOK fällig. – Für Medizin sind 36 % der Gesamtkosten selbst zu zahlen (maximal 510 NOK). – Keine Eigenbeteiligung fällt bei einem Krankenhaus-Aufenthalt an.

◎ Empfohlen sei der Abschluss einer PRIVATEN **AUSLANDSREISE-KRANKENVERSICHERUNG**, da die deutschen Kassen zum Beispiel nicht mehr den Rücktransport eines Erkrankten ins Heimatland finanzieren.

Nähere Informationen kann man beim eigenen Versicherer abrufen sowie bei der DVKA (Deutsche Verbindungsstelle für Krankenversicherung im Ausland): Telefon 0228 – 95300, Fax 0228 – 953 0600, www.dv ka.de.

◎ Die Mitnahme einer üppig gefüllten, auf Vorratswirtschaft ausgerichteten **REISEAPOTHEKE** ist unnötig, da die Apotheken auf den Lofoten gut bestückt sind – aber nur mit Pharmapräparaten; für die meisten Präparate besteht REZEPTFLICHT. Homöopathische Medizin sowie Gesundheitstees sind vor Ort nicht verbreitet.

Reisende mit Handicap

Fast alle öffentlichen Einrichtungen und Hotels, aber auch Eingänge, Gehsteige, Lifts etc. sind in Norwegen auf die Belange von Rollstuhlfahrern zugeschnitten. Auch viele Unterkünfte sind auf die Belange von Behinderten eingerichtet, aber im Voraus vergewissern sollten Sie sich auf jeden Fall. Die NSB (norwegische Eisenbahn) hat eigens für Körperbehinderte ausgestattete Wagen.

Allgemeine INFORMATIONEN auf Englisch sind abzurufen bei:

◎ **NORGES HANDIKAPFORBUND**, Schweigaardsgt. 12, 0185 Oslo, Telefon 2410 2400, Fax 24102499, E-mail: nhf@nhof.no, www. nhf.no.

Reisen mit Kindern

Schon im Alter von zweieinhalb Jahren genossen es unsere Kinder sichtlich, Wasser aus fast jedem Bach trinken zu können, mit zum Fischfang hinauszurudern, ins Hochgebirge (in der Trage sitzend) zu wandern, auf von motorisierten Fahrzeugen nahezu freien Nebenstraßen Fahrrad zu fahren oder auch mal im Schwimmring hängend baden zu gehen; dies alles auf den Lofoten. Andere Kinder fanden sie dabei auch, die Lofoter sind außerdem sehr kinderfreundlich. In jedem Restaurant gibt's Wickelräume und Kinderstühle – und Spielplätze häufiger als von zu Hause gewohnt. Schön, wenn die Kids dem etwas abgewinnen können.

Literatur

Verstehen Sie sich als Bücherwurm, ist es eine Ihrer Lieblingsbeschäftigungen, sich im Urlaub richtig in Literatur über das Urlaubsland zu vertiefen? Es gibt nur wenige Bücher in deutscher Sprache, die sich primär mit den Lofoten befassen. Ergänzend stellen wir Publikationen über Lappland sowie Nordskandinavien vor.

◎ **ANDERSCH, ALFRED**: »Wanderungen im hohen Norden«. Ein Meisterwerk des bekannten Autors, Prosa von ihrer schönsten Seite.

◎ **BOJER, JOHAN**: »Die Lofotfischer«. Übersetzung von »De siste viking«, das die berühmte SCHLACHT IM TROLLFJORD schildert. Packend und stimmungsvoll geschrieben – nur ist das Meisterwerk auf Deutsch schon lange vergriffen und nur in Bibliotheken und Antiquariaten aufzuspüren.

◎ **GAARDER, JOSTEIN**: »Sofies Welt«. Teils melancholisch, teils fantasievoll nähert sich dieser derzeit international berühmteste norwegische Autor den Wundern des Denkens. Für diesen Roman – eine unerhört spannende Geschichte der Philosophie – erhielt er u.a. den Deutschen Jugend-Literaturpreis.

Auch andere Bücher Gaarders bieten viel Leselust: Mit »Der Geschichtenerzähler« legte er einen fantasiereichen Roman für Erwachsene vor, »Das Orangenmädchen« ist eine von der Presse hochgelobte Ode an das Leben, die Liebe, das Glück.

◎ **HAMSUN, KNUT**: Die stärksten Lofoten-Bezüge haben die Romane »Benoni«, »Die Stadt Segelfoss« und

Sind Bücher nur noch antiquarisch zu bekommen, findet dazu im Internet verschiedene Datenbanken.

»Landstreicher«. Der im Heimatland umstrittene LITERATURNOBELPREISTRÄGER wird im Kapitel »Die Kunst« ausführlich portraitiert.

◎ **LANG, A. / HALLING, S. / SINGER, D.**: »Nördliches Skandinavien«. Reiseführer Natur. Kenntnisreicher NATURFÜHRER über den hohen Norden, mit den bedeutenden Sehenswürdigkeiten, über 200 Fotos und zahlreichen Karten. Nur noch im Antiquariat.

◎ **LOHSE, BERND**: »Tod in den Lofoten«. Der Autor ist begeisterter Nordland-Fahrer und Pastor in Hamburg; sein Krimi spielt in den Bergen von Moskenesøya sowie in der Jugendherberge von Stamsund auf Vestvågøya.

◎ **LYBECK, SEBASTIAN**: »Latte Igel reist zu den Lofoten«. Die kleine Elfe Kirivi ist von dem grausamen Adler Groff auf die Lofoten entführt worden. Die Tiere des Waldes sind verzweifelt. Der Weg ins Inselreich erscheint endlos lang zu sein und Groff ein unbezwingbarer Gegner. So traut sich den Rettungseinsatz nur einer zu: Latte Igel. Zusammen mit Eichhorn Tjum und der Bisamratte Flurr begibt er sich auf die gefährliche Reise zur Adlerburg. Ob es ihnen gelingt, die Elfe zu befreien? – Ein Buch für Kinder ab 6 Jahre.

◎ **POE, EDGAR ALLAN**: »Sturz in den Mahlstrom«. Zwar nicht so brillant wie andere Werke aus der Feder des frühen Meisters der Horrorgeschichten, aber wer sich einmal in Å oder sonstwo auf Moskenesøya befindet, sollte sich seine Erzählung vom Moskenstraumen in einer stürmischen Nacht zu Gemüte führen. Als Hörbuch oder hin und wieder in Sammelbänden.

◎ **WASSMO, HERBJØRG**: »Das Buch Dina«. In die Zeit des 19. Jahrhunderts und an die Küste ihrer norwegischen Heimat versetzt die Autorin die Leser dieses Romans. Zwischen den Lofoten und Tromsø lebt Dina Groenelv als Herrin im Handels- und Gästehaus Reisnes. Es geht um das Leben dieser starken und ungewöhnlichen Frau.

Karten

◎ **CAPPELEN KART**: in Deutschland bei »Kümmerly + Frey«: Straßenkarte in fünf Blättern, alle 3–4 Jahre zuverlässig aktualisiert. Kann vor Ort an vielen Tankstellen nachgekauft werden. Blatt 4 (1 : 400.000) beinhaltet Mittel-Norwegen (inklusive Lofoten, Narvik), Blatt 5 Nordnorwegen (ab etwa Narvik bis Kirkenes).

◎ Zu empfehlen ist auch die »Statens Kartverk«-Originalkarte **VEIATLAS NORGE** im Maßstab 1:300.000: Norwegen auf 230 Seiten inklusive 50 detaillierter STADTPLÄNE; ausgekoppelt sind fünf Kartenblätter, zuständig für den anstehenden Bereich ist die »Veikart Nordland«, die die Region in zwei Blättern abbildet (1:400.000).

KARTENVERSAND

◎ **GEOBUCHHANDLUNG KIEL**, Schülperbaum 9, D-24103 Kiel, Tel. 0431-91002, Fax 0431-94249, im Internet: www.geobuchhandlung.de.

◎ **NORDLAND VERSAND**, Postfach 5, D-49585 Neuenkirchen, Tel. 05465-476, Fax 05465-834, im Internet: www.nordland-shop.de.

Register

Die 3 nordischen Sonderbuchstaben Æ (æ), Ø (ø) und Å (å) stehen am Ende des norwegischen Alphabets; sie sind dementsprechend eingereiht.

ORTSREGISTER

PERSONEN-/SACHREGISTER

Bildnachweis

Zu den Farbseiten 97–104 siehe S. 96, zu den Farbseiten 201–208 s. S. 200, zu den Farbseiten 281–288 s. S. 280.

Annette Ster:
alle Abbildungen außer den unten aufgeführten

Elch-Archiv, Trollskog:
Seite 71 / 133 oben

Alexander Geh:
Seite 43 / 44 / 119 / 149 / 171 / 180 / 355

Galleri Espolin / Kaare Espolin Johnson:
Seite 58 / 78 / 95 – Illustrationen aus »De siste viking« von Johan Bojer

Innovation Norway / Per Eide:
Seite 52

Arnstein Larsen:
Seite 83 / 382

Lofotakvariet:
Seite 133 unten / 377 unten

Lofotmuseet / Thomas Røjmyr:
Seite 377 oben / 377 Mitte

Lofoten Golfbane / Gunnar Strøm:
Seite 155

Vikingmuseet på Borg:
Seite 166 / 167

Familie Wissler:
Seite 273 unten

Ein aktives
Wikinger-
museum!

LOWA
simply more...
DIE SCHÖNSTEN WEGE DER WELT
WÄHLT MAN NICHT WEIL SIE BEQUEM SIND.
GUTE SCHUHE SCHON.
*
GORE-TEX
RENEGADE GTX MID | ALL TERRAIN COLLECTION
www.lowa.de
© www.fwa-muc.de, 2007

STORVÅGAN

KABELVÅG

– das komplette Erlebnis

LOFOTMUSEET
Storvågan, 8310 Kabelvåg
Tel. 7606 9790, Fax 7606 9799
E-mail: lofotmuseet@museumnord.no
www.lofotmuseet.no

1.5.–31.5. Mo–Fr 9–15, Sa,So 11–15 Uhr
1.6.–31.8. täglich 9–18 Uhr
1.9.–30.9. Mo–Fr 9–15 Uhr, So 9–15 Uhr
sonst Mo–Fr 9–15 Uhr
21.12.–1.1. geschlossen

GALLERI ESPOLIN
Storvågan, 8310 Kabelvåg
Tel. 7607 8405, Fax 7607 8985
E-mail: post@galleri-espolin.no
www.galleri-espolin.no

1.6.–14.6. täglich 10–18 Uhr
15.6.–15.8. täglich 10–19 Uhr
sonst täglich 11–15 Uhr
21.12.–2.1. geschlossen

LOFOTAKVARIET
Storvågan, 8310 Kabelvåg
Tel. 7607 8665, Fax 7607 8940
E-mail: post@lofotakvariet.no
www.lofotakvariet.no

1.2.–30.4. So–Fr 11–15 Uhr
1.5.–31.5. täglich 11–15 Uhr
1.6.–31.8. täglich 10–19 Uhr
1.9.–30.11. So–Fr 11–15 Uhr
1.12.–31.1. geschlossen

WIR SPANNEN
SIE AUF
DIE FOLTER ...
Illusion Jacket
Matthias Kimmerle, Produktmanager Textile Hartware, prüft die Reißfestigkeit verschiedener Nahtkonstruktionen im VAUDE Testcenter.
VAUDE – Ein starkes Team!
VAUDE
THE SPIRIT OF MOUNTAIN SPORTS
Mehr zu unserem Testcenter und den Schikanen, denen wir unsere Produkte unterziehen, unter www.vaude.com

Alexander Geh
Westnorwegen – Fjordland
Edition Elch

Alexander Geh
Fjorde, Gletscher, Wasserfälle
Radwandern in Norwegen
Edition Elch